普通高等学校
应用型教材

市场营销

人大芸窗
RENDAYUNCHUANG

品牌策划与推广

（第3版·数字教材版）

程宇宁　黄梅荣　著

中国人民大学出版社
·北京·

前　言

品牌作为一个营销与传播的概念在20世纪60年代由美国著名的广告大师大卫·奥格威提出。20世纪80年代末，随着冷战的结束，一个全面开放的全球市场逐渐形成，一些跨国企业凭借其拥有的知名品牌在国际市场上攻城略地，取得了骄人的业绩。在此背景下，美国知名学者戴维·阿克陆续出版了品牌理论的研究著作《管理品牌资产》《创建强势品牌》《品牌领导》。戴维·阿克的研究成果为品牌理论研究奠定了基础，也促使企业更加重视品牌在营销中的角色和地位。品牌成为营销界、传播界、广告界等频繁使用的词汇之一。21世纪初，哥伦比亚大学率先在美国成立品牌研究中心，品牌研究成为多学科、多领域相互渗透的一门新兴边缘学科。

我国改革开放40多年来，经济建设取得了令世人瞩目的成绩，GDP总量已经位居世界第二。同时，我国在品牌建设方面还存在品牌附加值低、缺乏自主创新等亟待解决的问题。如何根据我国产业的现状踏实认真地研究品牌理论，塑造和传播我国自主品牌，推动我国产业结构优化，使我国自主品牌能够在国际市场上占有一席之地，显然是品牌理论研究者和企业实践者共同面对的新课题。

与国外的品牌理论研究相比，我国对于品牌的研究还处于起步阶段，较早涉及品牌研究的大都是广告行业的专家与学者，他们从各自的专业背景出发，结合我国企业经营的实际状况，陆续出版和发表了一批关于品牌理论的教材和论文，为我国的品牌理论研究奠定了基础。

笔者从 1992 年起开始承担广告专业课程的教学任务。在完成专业教学任务之余，长期从事广告传播的具体实践，积累了较为丰富的品牌策划与传播的知识与经验。笔者站在消费者的立场与甲方（企业）就品牌的塑造与传播进行沟通和实际操作的经历为撰写本书提供了有力的支撑。具体而言，这种支撑体现在本书全新建构了与众不同的较为合理而全面的品牌理论教学体系的架构，并在体例编排、内容选择以及对品牌概念的本质理解与界定等方面都提出了独到的观点。笔者努力做到内容丰富、数据准确、观点鲜明、语言流畅，既有理论上的分析与论证，又有对具体案例的总结与研判，同时，笔者将多年来在品牌运作上的经验融入其中，还在书中插入许多图片，把读者带入活生生的现实品牌环境中，增加了本书的可读性。

笔者在撰写本书的过程中，一直在考虑品牌策划与推广所涉及的一个最为基本的问题：企业在资金短缺或法人任期有限的情况下如何开展品牌的策划与推广工作？这个问题实际上涉及两个方面：一是企业所处的环境问题；二是企业对经营理念和价值取向的判断。从文化和意识形态的角度而言，这两个方面的表层问题又可以由一个核心问题来贯穿，即品牌的策划与推广是需要时间的，需要企业具有长远的眼光而不计较眼前的利益。但是很多企业没有耐性去花稍长一点的时间来规划、培养、呵护自己的品牌，这种心态在很大程度上影响甚至阻碍了我国的品牌建设和发展。对此，作为高校教师，笔者即使不能去影响或改变企业的这种浮躁心态，也绝不能退一步被社会上的浮躁心态影响。其实，我们每个人所做的本职工作都与自身的品牌形象息息相关。

本书自 2016 年 10 月第 1 版出版至今已有七年之久，其中经历了三年疫情之痛。疫情期间，笔者接受了一些媒体的采访，专门就国内企业在疫情结束之后如何开展品牌策划与推广谈了许多自己的观点。

笔者获悉本书要进行第 3 版的修订工作，一方面这自然令我有些欣喜，另一方面更使我诚惶诚恐。我自当更加勤勉，努力将第 2 版中的内容做了更为合理的调整和完善，同时也更换了许多与时俱进的全新案例。虽然这些工作需要付出很多的时间和精力，但我希望所付出的努力能够使这本书成为品牌策划与推广教学的一个品牌之作，为构建中国特色品牌管理体系尽绵薄之力。通过中国品牌的最新实践，践行二十大报告提出的“讲好中国故事、传播好中国声音，展现可信、可爱、可敬的中国形象”。

品牌建设需要时间，也需要细节的完美。企业从市场竞争的角度需要策划和推广品牌，我们每个人从实现自己的人生价值的角度也需要规划和建立自己的品牌形象。

程宇宁
于重庆工商大学学府苑

目　录

01 第 1 章　品牌的本质与品牌定位决策

1.1　品牌的本质与构成　2
1.2　品牌的作用　16
1.3　品牌定位原理及其决策　19
1.4　品牌定位评估与管理　29

02 第 2 章　品牌传播基础分析

2.1　品牌传播环境分析　44
2.2　品牌产品（企业）竞争分析　46
2.3　品牌传播竞争分析（SWOT 分析法）　49
2.4　品牌传播对象分析　54

03 第3章 品牌文化与个性识别策划

3.1 品牌文化提炼与传播 66
3.2 品牌个性塑造 74

04 第4章 品牌形象识别策划

4.1 品牌名称策划 87
4.2 品牌标志及视觉风格策划 93
4.3 产品包装设计策划 107

05 第5章 品牌广告策划与创意

5.1 广告目标制定策略 119
5.2 广告创意概念及主题的提炼 124
5.3 广告创意的诉求策略 132
5.4 广告创意的执行 146

06 第6章 品牌传播策划

6.1 品牌传播概述 155
6.2 品牌形象传播策略 159
6.3 品牌叙事传播策略 163
6.4 公共关系传播策略 168

07 第7章 品牌传播媒介选择与组合策划

7.1 传播媒介概述 180

7.2 广告媒介评估 183
7.3 广告媒介策略 197

08 第8章 互联网媒介与数字营销

8.1 互联网媒介 208
8.2 社交媒体 215
8.3 数字营销 223
8.4 另类营销 232

09 第9章 品牌推广活动策划

9.1 直接营销 243
9.2 事件营销 249
9.3 体验营销 255
9.4 销售促进 264

参考文献 276
后 记 278

第1章 品牌的本质与品牌定位决策

本章要点

1. 品牌概念的形成过程、社会背景及其基本界定。
2. 品牌构成的基本要素及其之间的关系。
3. 品牌价值构成及其相互之间的关系。
4. 品牌定位的概念、特征及其策略。
5. 品牌定位评估的基本方法。

引 例

百年宝马　值得中国学习的品牌

1916 年 3 月 7 日，在德国巴伐利亚州慕尼黑一家公司创立了，这家公司对技术与品质以及品牌价值不懈追求与努力，百年之后，它成为享誉世界的豪华汽车制造企业，这家公司就是宝马（BMW）。

品牌不是一日建成的

宝马 1923 年推出摩托车 R32，1954 年推出微型车 Isetta，1962 年推出宝马 1500 小型轿车，这三款产品都是宝马举足轻重的产品，它们获得了德国消费者乃至全世界消费者的赞誉，今日的宝马正是通过一点一滴的积累不断成长起来的。

一位中国汽车公司的管理者曾说："什么是品牌？好的技术积累起来产生好的产品，好的产品积累起来产生好的口碑，而好的口碑积累起来才产生好的品牌。"正是弄清了这一点，这家自主品牌汽车企业在 2015 年取得了汽车销量过百万辆的好成绩。

反观另一些品牌，在还没有形成口碑之时就盲目建立新品牌，扩张渠道，造成资金和渠道的重复投资和建设，至今伤痛犹在。看看宝马，走到今日用了百年时间，我们又何必那么着急？一步一个脚印，走好当下的每一步，才能至千里，至百年！

欲速则不达，方向不能错

宝马在成立之时，其竞争对手奔驰走过了将近 30 个年头，在豪华车领域称霸一方。为何宝马仍能争得一席之地，显然，最重要的是选对方向。

当奔驰在豪华车领域叱咤风云之时，宝马选择了另一个方向：运动、科技与未来。那时的奔驰正聚焦于各种豪华加长轿车，宝马选择开辟303车型这个强调短小、运动、高性能的品类，并最终在328车型上开花结果，这些产品正是号称宝马灵魂的宝马3系的鼻祖。时至今日，无论是宝马SUV还是旗舰7系，运动仍然是其值得骄傲且固有的基因，宝马汽车别具一格，支撑这个品牌走过了百年。

今天的中国品牌能否找到适合自己的方向？中国的企业更了解中国市场，了解中国消费者的喜好是什么。品牌只有立足于此，才能基业长青。

资料来源：百年宝马　个值得中国学习的品牌案例．中国汽车报网，2016-03-07.

品牌建设绝非一朝一夕之事，它有赖于品牌所有者或规划者制定一个长期的有市场竞争力的发展战略，更需要脚踏实地在研发上不断投入、在品质上精益求精并与目标受众分享有价值的信息，否则，品牌建设就只能是一句空话。

1.1　品牌的本质与构成

一、品牌概念的界定

品牌虽说是一个使用比较频繁的词语，但对于究竟什么是品牌，或者说从理论上对品牌的内涵和外延予以规范的界定，仍然是众说纷纭，没有统一的认识。本节内容试图对品牌的概念进行界定。

1. 品牌概念的形成

（1）品牌专家对品牌形成原因的探讨。20世纪80年代末戴维·阿克推出《管理品牌资产》一书后，品牌价值说便迅速成为企业界、广告界、传媒业的热门话题。人们逐渐发现品牌概念、品牌认知、品牌个性、品牌文化、品牌精神等均是吸引消费者并维持消费者忠诚，在市场中竞争必不可少的利器，这推动着人们对于品牌进行深入研究，逐渐形成关于品牌价值的系统理论。

然而，无论是品牌专家戴维·阿克，还是其他品牌研究人士，在讨论使品牌由形而下的产品视觉识别符号向形而上的理念、文化、精神等抽象意义延伸时，均没有涉及问题的本质。

杰斯帕·昆德在论述品牌精神的形成原因时认为：消费者并非机器人，他们不只是购买产品，也在选择一种观念和态度。当面临日益多样化的选择时，消费者的购买倾向更加受制于其信仰。此时的购买动机产生于对品牌的卓越性的信仰，消费者绝不会在稀薄的空气中寻找这种信仰。①

这种从消费者的角度分析品牌精神形成的原因在品牌研究中虽不多见，却是一种非

---

① 杰斯帕·昆德．公司精神．昆明：云南大学出版社，2002.

常正确的思路，只是杰斯帕·昆德并没有（至少在他的《公司精神》一书中）对这一问题做全面深入的诠释。

（2）品牌概念形成的社会背景。唯物主义的观点认为，社会存在决定社会意识。有什么样的社会存在，就必然会产生什么样的社会意识与之相适应。同样，有什么样的市场需求，也就必然会产生与之相适应的市场理论。

20 世纪 70 年代以前，欧美国家的经济处于战后恢复时期，社会物质相对匮乏，人均收入较低。当时消费者对产品的需求自然是以“量的满足”（生理满足）为主，即十分注重产品的物质性，也就是说，产品的质量、价格是绝大多数消费者决定购买的最主要因素。70 年代中后期，欧美资本主义国家进入经济高速发展期，社会物质和人均收入较以往有了大幅提高。此时，消费者对产品的需求开始由物质性转向社会性，即越来越重视产品的精神性（身份地位、审美品位、价值观念、信仰等），产品的物质属性逐渐变得不那么重要，而针对目标消费群体精心提炼附加在产品上的价值观念、审美品位、文化修养等精神属性逐渐成为消费者购买产品的决定性因素。也就是说，随着经济的发展、物质的丰富、收入的增加、生活水平的提高，消费者对产品的需求将从原始的物质消费向后工业时代的精神消费（见图 1－1）过渡和转化。美国著名社会心理学家马斯洛早已从宏观的角度对人类的需求层次及其发展变化趋势做了精辟分析。

图 1－1　耐克品牌广告作品

说明：该广告作品的创意很好地将超越自我的抽象概念以非常形象的方式予以演绎，十分巧妙地向目标消费者传达了耐克的品牌理念。

品牌概念的内涵由最初单纯的视觉识别符号演变为集识别功能、信息浓缩功能、安全功能、价值功能于一体的全新品牌理论，这源于消费者对于产品的需求从物质性转变为精神性。

2. 品牌的定义

（1）品牌专家对品牌的定义。品牌内涵不断发展和演变，品牌定义也在不断地发展和变化，直到今天，在营销界和广告界仍然没有一个统一的、大家公认的品牌定义。

1931 年宝洁公司便确立了品牌经理制度，在世界各地销售近 300 种不同品牌的商品，但是对于品牌的定义，宝洁公司似乎并没有做出具体的表述。

1955 年奥美广告公司的创始人、著名广告大师大卫·奥格威从广告传播的角度首次提出了品牌形象理论，并对品牌的概念进行了界定：

> 品牌是一种错综复杂的象征，它是品牌的属性、名称、包装、价格、历史、声誉、广告风格的无形组合。

奥格威认为，品牌不仅是商品的名称和标志，还是一个商品所体现出来的综合形象以及它在消费者心目中的感受和所具有的社会属性的象征意义。

1960年美国市场营销协会（AMA）在《营销术语词典》中对品牌的内涵进行了定义：

> 品牌是用以识别一个或一群产品或服务的名称、术语、象征、记号或设计及其组合，以和其他竞争者的产品或服务相区别。

显然，美国市场营销协会对品牌的定义只强调了品牌的识别功能，认为品牌仅仅是一种与其他竞争产品相区别的识别符号，没有触及品牌的本质和真正的内涵。

1994年著名营销学家菲利普·科特勒对品牌的概念进行了新的界定：

> 品牌包含多方面的内容，至少有以下六个方面：属性、利益、价值、文化、个性以及用户。

应该说，菲利普·科特勒对品牌内涵的界定是最全面、最完整的，但是他的界定仅指出品牌内涵由哪些要素构成，对这些构成要素之间的相互关系并没有论及，这就使他的品牌定义过于笼统。

1998年著名品牌专家戴维·阿克对品牌提出了自己的定义：

> 品牌就是产品、符号、人、企业与消费者之间的联结和沟通。也就是说，品牌是一个全方位的架构，牵涉到消费者与品牌沟通的方方面面，并且品牌被视为一种“体验”，一种消费者能亲身参与的更深层次的关系，一种与消费者进行理性和感性互动的总和，若不能与消费者结成亲密关系，品牌就从根本上丧失了被称为品牌的资格。

戴维·阿克对品牌概念的表述涉及品牌的本质，即品牌与消费者的沟通功能。这个定义强调了品牌最终能够被市场认同是与品牌和消费者所建立的情感关系和互信关系分不开的，只是其表述过于零乱而显得缺乏层次感。

（2）本书对品牌的定义。通过上述对若干品牌定义的分析，结合笔者多年来参与一些国内外知名品牌的营销与传播活动的实践经验和体会，笔者于2005年提出了关于品牌的定义。①

> 品牌是企业组织以其具有优异品质的商品或服务为载体，以商品的功能属性或精神属性为诉求内容，通过各种营销和传播活动与目标消费者建立彼此认同的并为双方带来利益的关系总和。

对这个定义，可从以下几个方面加以理解（见图1-2）：

第一，品牌是一种关系，这种关系必须以消费者为中心。品牌的存在与发展只能以消费者是否认可为前提，没有消费者的认可，品牌就没有价值可言。因此，品牌的价值

---

① 程宇宁．从形而下的识别符号到形而上的品牌精神——也论品牌价值内涵的演变及其形成．现代广告学刊，2005（总第110期）：75.

就体现在品牌与消费者之间的关系中，这种关系绝不只是单方获益的关系，必须是能够给双方创造价值、带来利益的共生双赢的关系。

第二，品牌依托于商品的三重基本属性，即商品的内在属性、商品的精神属性以及商品的外在属性（有别于其他商品）。商品的内在属性是品牌的基础，品牌必须以优良的商品为基础，能够满足消费者的物质需求。商品的精神属性是品牌的核心，品牌必须以独特的文化和价值观念为诉求内容，以满足消费者的精神需求。商品的外在属性（识别系统）则有助于消费者对品牌形象与品牌个性的认知和理解。

第三，品牌的价值在于传播。这里的传播包括所有与消费者沟通的环节，如产品设计、包装设计、定价策略、销售推广、广告创意、公共关系、新闻报道、人员直销、展会营销等。这些传播活动有助于消费者对品牌的全面认知，所营造的品牌形象成为品牌资产的一部分。

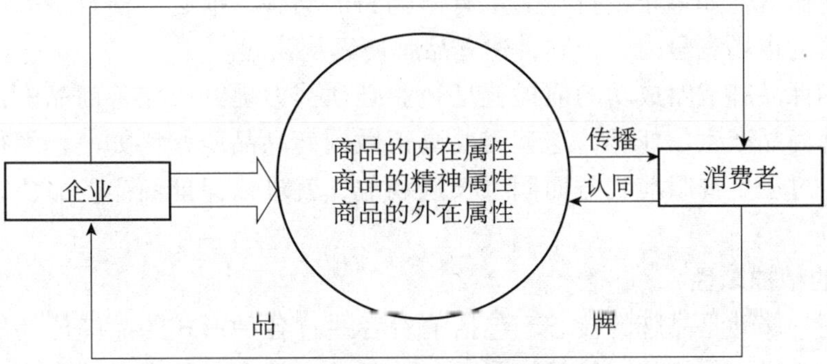

图 1－2　品牌定义的模型

二、品牌的构成

根据上述对品牌的定义，我们可以认为品牌主要是由企业、消费者以及商品这三大要素以及彼此之间的关系所构成的，这主要是从宏观的角度来界定品牌的本质，如果从微观的角度来理解品牌，品牌是由商品的内在属性、精神属性和外在属性这三大要素所构成的。

1. 商品的内在属性

商品的内在属性是构成品牌的基础，主要包括商品的原料、质量、性能、用途、技术、工艺、专利、价格、分销、配送等。商品的内在属性还可以进一步细分为功能属性、结构属性和审美属性（见图 1－3）。

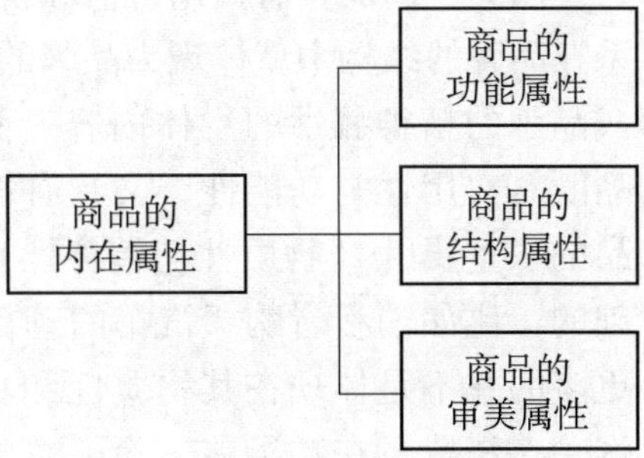

图 1－3　商品内在属性的构成

商品的功能属性是指商品能够为消费者带来实质性利益的内在属性，如海飞丝洗发水的功能属性就是“去头屑”。商品的结构属性是指商品的功能属性所体现出来的外在形式（如形状、直径等），如大众甲壳虫轿车的结构属性就是它有别于其他轿车的独特造型。商品的审美属性指的是商品在视觉上使消费者所产生的审美感受（如设计和色调），如苹果品牌的商品就具有突出的视觉上的审美属性。

商品的内在属性对消费者的判断所产生的直接影响与商品的内在属性是否容易被感知有着密切的关系。也就是说，如果商品本身的功能性能够被消费者认知和理解，那么消费者就可以通过商品的内在属性来评价和判断搜索性商品（技术含量较高的商品，如汽车、笔记本电脑、家电产品等），商品的内在属性就会对消费者的购买决策产生直接影响。

然而，对于经验性商品（技术含量较低的商品，如啤酒、咖啡、可乐、饮料等），商品的内在属性对于消费者所产生的影响就没有那么直接了。事实上，消费者在购买经验性商品之前往往是通过商品的外在属性做出判断的。虽然商品的内在属性对消费者判断此类商品的影响力极其有限，但是我们不能简单地得出商品的内在属性不重要的结论。对于一个企业而言，如果希望打造一个有影响力的品牌，就必须使自身商品的内在属性具有相当程度的市场竞争力，否则，建立品牌便无从谈起。

因此，确保品牌战略成功的前提就是企业必须努力提升或完善商品的内在属性，使消费者对品牌商品产生信任感，这就需要真正做到商品品质始终如一，经得起时间的考验。如果企业过于重视眼前利益而罔顾长远利益，就难以保证商品的品质，很有可能使品牌毁于一旦。

2. 商品的精神属性

商品的精神属性是品牌的核心，包括消费者通过各种形式的品牌传播所感受到的情感归属、审美愉悦、价值认同等精神层面的抽象的、具有象征意义的内容。商品的精神属性一方面源自商品在生产、交换和使用过程中所表现出来的象征性；另一方面依赖于广告的推波助澜。

（1）商品的双重属性。大多数商品本身就具有双重属性，也就是物质性和精神性。众所周知，企业生产商品的目的是希望通过商品来交换消费者手中的货币，赚取生产与销售之间的利差。消费者愿意用自己的货币交换商品是因为商品可以满足他们的某种需要，即交换的前提是商品必须具有使用价值。另外，商品在生产过程中必然凝聚了生产者的劳动，这也就是所谓的“客体化”过程，此过程的外在表现形式是价值。

因此，商品具有使用价值和价值双重属性。使用价值体现人与自然的关系，这一关系在品牌的结构中就体现为品牌的内在属性；价值则体现人与人的关系，这一关系即构成品牌的精神属性的主体内容。商品既是物质的、客观的，也是精神的、主观的。商品既有实用性与功能性，又具有符号性与象征性，商品就是这两种属性的统一体。商品的双重属性（物质性与精神性）之间的关系是以物质性和功能性（使用价值）为基础的。比如消费者购买汽车的理由首先就是汽车是能够代步的交通工具。商品的价值更多的并不是体现在其物质性和功能性上，而是体现在其社会性和象征性上。同样是汽车，消费者在购买前，除了需要了解汽车的诸项功能之外，还需要了解汽车的品牌以及该品牌汽车能否体现车主的身份和社会地位等生产关系方面的信息。在多数情况下，通过广告刻意强调并渲染传播的象征社会地位、身份和具有符号意义的品牌的精神属性更加重要，也是影响消费者决策的更为重要的因素。同样是汽车，选择购买劳斯莱斯而不是其他品牌的消费者，其决策依据是劳斯莱斯汽车所具有的精神属性。

（2）广告强化商品的精神属性。商品的精神属性必须依赖营销与传播人员将诸多能够反映商品个性和文化理念及价值观念等精神层面的内容赋予商品并广为传播，使商品的社会意义和象征属性进一步彰显。

在许多国家，人们会通过品牌来显示自身的社会地位。品牌对人之所以重要，是因为品牌在社会关系里所具有的符号意义。人们所见到或认识的每一样东西，都有符号意义上的解释。如果没有解释，人们就会判断这个东西毫无益处，至少与自己毫不相干。在所有的文化形态里，在任何时间，正是这种使用与符号的相互交织，为人与物普遍关系的形成提供了具体的背景条件。

我们不应该把消费行为仅仅局限在消费者对商品的物质性（功能性）需求的层面，而应该把人的消费行为看成某种文化模式的物化形式。人们通过拥有豪宅别墅、顶级轿车、意大利品牌时装、瑞士名表等商品来彰显自己的身份、地位。人们之所以需要品牌，就是因为品牌可以显示某些文化，并让文化得以继承和延续。从文化学的角度看，品牌实际上不知不觉地承担了传播者的角色。因此，消费者对品牌的选择就不仅仅是个人的私事，还是一种展示自我并与他人形成对照的社会活动。不过，品牌的符号意义大都是由广告所赋予或强化的，刚出厂的产品显然没有能力传达符号意义，是广告使产品具备了这样的能力。广告不仅仅是传播品牌的一种手段，更赋予品牌丰富的符号意义，也正是广告，才让品牌成为有意义的传播者（见图1-4）。

3. 商品的外在属性

商品的外在属性是由企业赋予商品外在的、有别于其他同类商品的识别性符号所构成的，包括品牌名称、商品包装以及商品价格等。

（1）品牌名称。品牌名称对于消费者所产生的影响主要取决于四个方面：商品在出售之前内在属性被消费者感知的程度；商品的精神属性所彰显的社会形象与象征意义；广告规模与投放量；与品牌相关的其他信息。

首先，品牌名称对消费者的影响与消费者能否感知商品的内在属性密切相关。如果消费者在购买商品之前无法感知商品的内在属性，那么消费者就必须根据商品的外在属性做出决定。比如，消费者在购买封装食品时，由于无法感知商品的内在属性，就只能依赖商品的外在属性做出购买决定。相对而言，消费者购买经验性商品比购买搜索性商品更注重商品的外在属性（见图1-5）。

具体到品牌名称来说，好的品牌名称既可以传达商品的功能属性，如飘柔洗发水、奔驰汽车、五粮液等，又可以引发消费者的联想，如雪碧可以使消费者产生清凉解渴的联想，宝马可以使消费者产生良驹纵横驰骋、绝尘而去的联想。如果消费者在购买前不能对商品的内在属性做出适当评价，那么品牌名称作为商品的外在属性对消费者的影响就会相当大。

其次，品牌名称对消费者的影响与商品的精神属性所彰显的社会形象与象征意义有关。消费者的价值观不同，对商品的不同属性往往有不同的需求。相对而言，那些已经满足了基本生理需求的消费者更看重商品的精神属性，因为消费者通过品牌可以向他人表示自己所属或希望所属的社会群体。许多高档商品可以显示拥有者的身份与地位，如

A.甘地篇

B.毕加索篇

C.希区柯克篇

D.爱因斯坦篇

图1-4　苹果电脑经典系列广告创意作品——与众不同的想法

说明：此系列广告创意作品由TBWA广告集团加州公司创作于20世纪80年代。该系列广告创意作品之所以精彩，就在于其广告口号简明扼要地道出了苹果电脑与众不同的品质，并让世界上四位在各自领域取得卓越成就的非凡人物为其背书，十分巧妙地暗示了这四位著名人物之所以能够取得非凡成就是因为他们有与众不同的想法，同样，苹果公司也必将因为有与众不同的想法而在本领域取得不同凡响的成就。

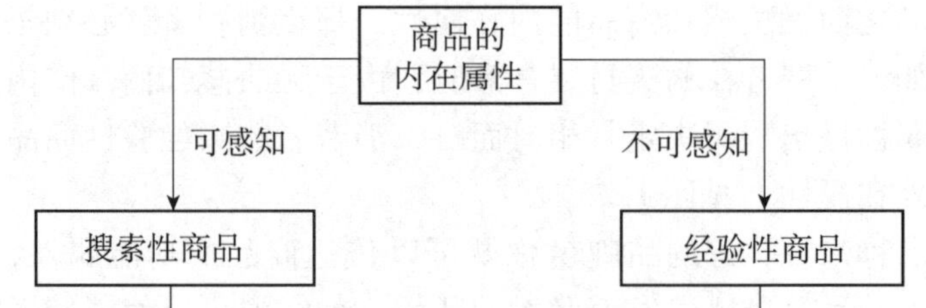

图1-5　商品的外在属性对消费者的影响

保时捷汽车、范思哲服装、香奈儿化妆品等。一般而言，品牌名称在消费者评价和判断精神属性更为明显的商品时所起的作用要远远大于消费者评价和判断内在属性更为明显的商品时所起的作用。

再次，品牌名称对消费者的影响与广告规模密切相关。企业通过较大规模的广告向消费者传播商品的相关信息，一方面希望消费者对商品的内在属性和精神属性有更多的认知；另一方面则希望通过持续的大规模广告，扩大品牌的知名度和提升品牌形象，使消费者对品牌名称产生较为深刻的印象，进而使消费者在评价商品时能够借助耳熟能详的品牌名称做出有利的判断。从实际情况来看，当消费者在若干同类品牌之间选择时，往往更倾向于选择那些投放了更多广告且知名度更高的品牌。因此，广告投放规模的大小在很大程度上可以影响消费者对商品的判断。

最后，品牌名称对于消费者的影响与品牌的其他信息有关。其他信息包括商品种类的名称、商品质量认证、原产地/国等。以商品种类的名称为例，假设消费者对商品的种类名称十分熟悉，那么品牌名称就很难替代种类名称在消费者心目中的影响力。比如，许多消费者已经习惯了“碧螺春”这一茶叶的种类名称，如果有企业试图给这一人人熟悉的种类名称再加上一个品牌名称，则几乎不太可能被消费者接受。因此，直到现在我国茶叶市场上还很少有真正意义上的茶叶品牌。

表1-1总结了决定品牌名称对消费者影响大小的四个因素。从总体上说，企业要想使品牌名称在消费者的评价过程中起到更大的作用，就必须满足几个基本条件：商品的内在属性在消费者购买前难以感知和体验，凸显商品的精神属性的社会象征意义，商品具有较大规模的广告投放，以及其他对于消费者而言具有意义的名称对习惯性名称构不成威胁。

表1-1 决定品牌名称对消费者影响大小的四个因素

品牌名称的影响小	品牌名称的影响大
商品的内在属性易被感知	商品的内在属性不易被感知
商品更具有功能性特征	商品更具有象征意义
广告投放量小	广告投放量大
受与品牌相关的其他信息的干扰大	受与品牌相关的其他信息的干扰小

（2）商品包装。商品包装在商品的外在属性中占有相当重要的地位，任何一个商品的包装都会在两个层面上发挥作用：其一，可以对商品起到物理性保护作用，使商品在物流运输过程中尽可能减少损耗；其二，可以在很大程度上影响品牌形象（见图1-6）。

图1-6 可口可乐新概念包装设计

包装对品牌形象的影响从两个方面体现，即包装的设计和材料的质感，它们会向消费者暗示商品的品质。包装也可以使消费者产生与商品的内在属性并无直接关联的心理联想。有研究显示，当两种完全相同的食品分别使用两种不同的包装材料和包装设计时，消费者几乎一致认为看起来更高级、更精致的包装中的食品要比更简陋、更普通的包装中的食品更可口、更香甜。这一研究结果证明了包装对商品的作用从最初的物理层面向现代的心理层面变化的必然趋势。从某种角度而言，包装实际上是一种无声的但对消费者进行品牌诉求的特殊媒介。这也是许多企业对商品的包装特别重视并愿意投入更多资金进行设计和制作的原因，不过，这也导致“过度包装”现象泛滥成灾。

（3）商品价格。许多关于商品价格对消费者影响的研究表明，在消费者眼里价格可以反映商品的质量，但对于不同的消费者而言价格的影响有一定区别。对商品的内在属性所知甚少的消费者常常以价格的高低作为评价商品的标准，也就是认为价格高的商品具有高品质，价格低的商品具有较低的品质。对于商品的内在属性有一定认知的消费者认为商品价格与商品品质的相关性有一定的限度，即如果商品价格低于其心中的底线，消费者就会认为该商品的品质令人怀疑，如果商品价格高于其心中的上限，消费者会认为该商品物非所值。也就是说，消费者认为商品价格与商品品质之间的关联度有一个区间值，超过或低于这一区间值，商品价格变化并不能改变他们对商品品质的看法，在区间值范围内，商品价格上升将有助于消费者对商品品质产生正相关的认识。

图1-7中的X表示一部分消费者将价格与品质完全关联，Y表示另一部分消费者认为价格与品质的关联度有一个区间范围。

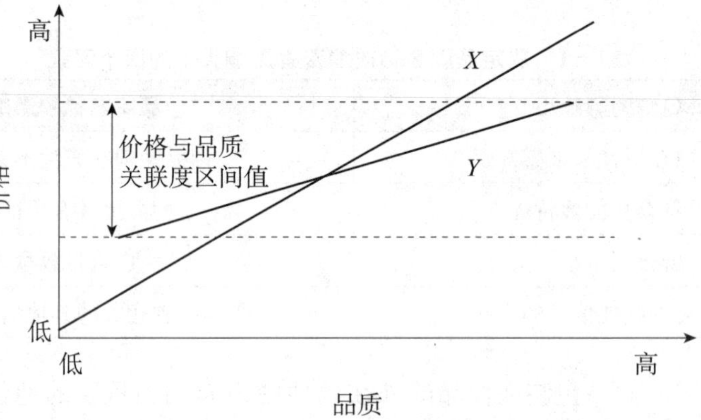

图1-7　消费者对商品价格与品质关联度的认知

三、品牌形象

品牌理论中还有一个很重要的概念是品牌形象。品牌形象是指消费者从抽象的角度理解一个品牌。品牌形象更多的是指品牌的无形元素。消费者既可以通过自身的经历直接形成对品牌形象的联想，也可以通过所接触的广告或其他信息渠道间接形成对品牌形象的联想。

1. 品牌形象的定义

虽然品牌形象的概念早已提出，但是到目前为止，关于品牌形象仍然没有一个统一的定义。许多学者从不同的角度对品牌形象的定义进行了探讨，总体上反映出学者们对品牌形象的认识在不断深化。

（1）品牌专家对品牌形象的定义。1957 年纽曼对品牌形象提出了自己的定义：品牌形象可能包括这些方面，即功能的、经济的、社会的、心理的……通过风格化为广告物建立品牌形象同产品的其他方面一样存在局限性。该定义反映了当时人们对品牌形象的认识还是基本对影响品牌形象的各种要素的探讨。

1978 年莱维提出：品牌形象是存在于消费者心智中的图像和概念的集群，是关于品牌知识和对品牌主要态度的总和。这种基于消费者的主观感受对品牌形象的内涵予以研究的做法大大丰富了品牌形象理论的研究视角，使得人们开始利用消费者心理学的理论来研究品牌形象的相关概念。

1984 年雷纳德和古特曼提出“品牌形象是在竞争中使一种产品或服务差别化的含义和联想的集合”。此定义反映了两位学者从营销策略的视角对品牌形象予以理解的思路。

1985 年西里提出“品牌形象假设具有个性形象，就像人一样……这些个性形象不是单纯由品牌的物理特征所决定的”。至此，关于品牌形象的认识进入到品牌个性的层次。

1986 年帕克等提出：品牌形象是产生于营销者对品牌管理的观念，任何产品在理论上都可以用功能的、符号的或经验的形象定位。在这里，品牌形象不仅是广告策略的主要目的，还是一种品牌管理的具体方法。

2003 年里兹·鲍斯等认为：品牌形象是消费者群体共同拥有的对某一品牌的主观心理影像。这一表述仍然强调消费者对品牌的主观感受和基本判断。

（2）本书对品牌形象的定义。品牌形象是消费者通过亲身体验或传媒资讯对某品牌的各种信息加以归纳和提炼而形成的主观认知与整体印象。由于消费者的需求、审美品位和价值观念都或多或少地随着时间有所改变，因此，消费者对品牌形象的认知也就必然呈现一种不断变化的动态特征。

至于品牌形象能否在消费者心目中形成，则要依赖三种变量的相互作用，这三种变量是品牌客体的属性、消费主体的知觉方式和知觉情境。品牌客体的属性是指一种品牌商品的品质、包装、价格和名称等。消费主体的知觉方式是指消费者对品牌客体的认知方法，不同的人对品牌客体的认知是不一样的，有的人只注重某一属性而忽略另一属性，有的人则注重多重属性甚至整体。知觉情境指的是消费者在对品牌客体进行认知的过程中所处的环境。具体而言，消费者对品牌商品的知觉环境是在超市还是在地摊，是在专卖店还是在百货商场，不同的环境背景必然会影响消费者对品牌形象的认知。

2. 品牌形象的构成

既然品牌形象是由客观的商品和消费者的主观感受所组成的混合体，那么品牌形象自然就由品牌商品本身及其相关资讯（内容）、消费者的感受和相关性三个要素构成。这些要素可以利用奥斯古德等于 1957 年提出的语义区分量表予以衡量（见图 1－8）。借助这一量表，就可以对某一品牌形象在消费者心目中的认知或评价予以量化评估。

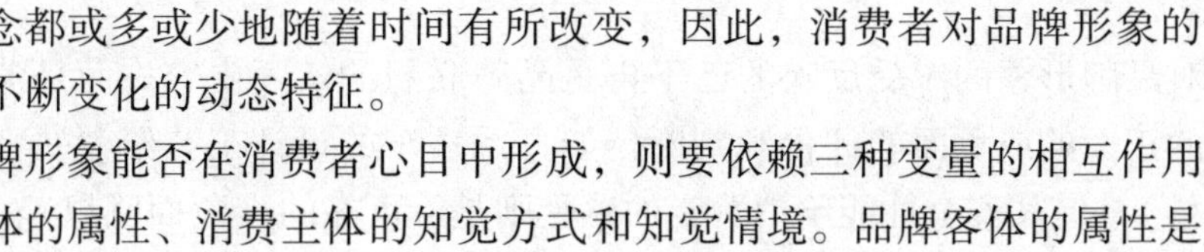

图 1－8　语义区分量表

品牌形象的内容是指消费者在品牌商品的外在属性（名称、品质、包装、价格、工艺等）和资讯传播（广告创意、公共关系等）的刺激下所产生的联想。消费者对品牌形象所产生的联想由于品牌个性的不同而有所不同，既可以是理性的，如消费者对沃尔沃汽车所产生的联想往往是“安全”，也可以是感性的，如消费者对兰博基尼汽车所产生的联想常常是“奢华”；既可以是物质的，如消费者对海飞丝洗发水所产生的联想是“去头屑”，也可以是精神的，如消费者对潘婷洗发水所产生的联想是“更自信”。

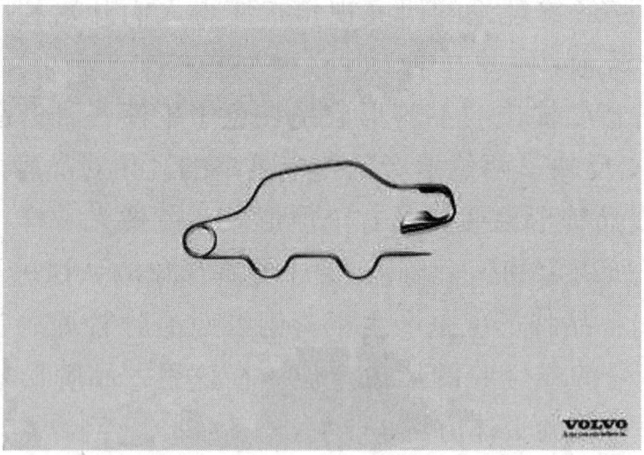

图1-9　沃尔沃汽车广告创意作品

说明：此广告创意作品曾获1997年戛纳广告节的金奖。该广告创意的构思来源于安全别针的安全的概念，安全的概念同样也是沃尔沃汽车长期诉求的概念，广告创意人员将安全别针做成一辆沃尔沃轿车的样子，从而再次明确地将沃尔沃轿车安全的诉求概念通过安全别针这一特殊的视觉符号展现给目标受众。

消费者对品牌形象的感受反映的已不再是品牌联想的实际内容，而是消费者对品牌联想所形成的正面的或负面的评价和判断。如日系轿车的设计工艺给消费者的感受是省油（正面联想），但其安全性能给消费者的感受则是不可靠的（负面联想）。

品牌形象的相关性是指消费者对某一品牌的联想与品牌相关的紧密程度。如苹果电脑让人联想到艺术和蓝色，但它给人留下的艺术感觉更加强烈，也就是说，人们将苹果的品牌形象与艺术联系得更为紧密。

上述关于品牌形象构成的三要素的分析，仅从静态的层面予以归纳和总结。事实上，一个企业的品牌形象的形成过程是一个长期的、动态的、逐渐发展的过程。在这一过程中，既需要企业对品牌形象有一个全面的规划并坚持不懈地传播，又需要目标消费者对品牌形象有一个正确的认知。

延伸阅读

从产品到品牌

“产品是工厂所生产的东西，品牌是消费者所购买的东西。产品可以被竞争者模仿，品牌却是独一无二的。产品极易过时落伍，但成功的品牌能持久不衰。”现代企划鼻祖史蒂芬·金的这段话明确地界定了产品与品牌。

更具象地说，产品是具体的，消费者可以触摸、感觉、耳闻、目睹、鼻嗅；产品是物理属性的组合，具有某种特定的功能以满足消费者的使用需求。品牌则是抽象的，是消费者对产品的一切感受的总和，包含了消费者的情绪、认知、态度及行为。显然，当产品之间的差异性越来越小时，品牌将向消费者提供购买的理由与保证。过去那种纠缠于产品使用功能差别的低端竞争必将演变为品牌之间的精神层面的高端竞争。

不过，对于大多数企业而言，所生产的产品的品牌发展之路并不是一个简单的、必然的过程，或者说，每个品牌之下都有一个产品，却不是每个产品都能成就一个品牌。

太多的产品寂寞地躺在商店的货架上，无人问津，落满灰尘。它们当中不乏品质杰出者，不乏功能独到者，却都籍籍无名。当然，它们也有一个品牌名称，但有多少消费者认识并记得它们呢？

品牌的建立实在不是一个自然的、简单的过程，春华未必秋实，这需要企业主和营销人员的努力、消费者的认可以及历经时间的锤炼。

资料来源：中国广告协会．品牌学院，内部资料，第 137 期．

四、品牌价值

品牌价值是由品牌与消费者之间的关系这一本质属性所决定的，因此，要理解品牌价值，就必须将其看作一个相对的和动态的概念，并且是由商品的客观存在与消费者的主观感受共同作用的结果。更确切地说，一个品牌价值的高低取决于消费者在长期的消费活动中对该品牌的认知、感受和判断。

1. 品牌价值的概念

品牌价值是一个十分复杂、有诸多内涵的概念。一方面，从宏观的角度而言，相对于企业的有形资产，品牌价值属于企业的无形资产。一个成功品牌的价值要远远大于有形资产的价值。另一方面，从微观的角度而言，品牌价值是由产品的客观事实（功能价值）和消费者的主观感受（情感价值）相互作用构成的。从市场营销的角度而言，企业的品牌价值反映在品牌商品的销量和利润之中。也就是说，企业的品牌价值在很大程度上要取决于消费者所赋予品牌的价值，即品牌附加值。消费者往往更愿意选择购买品牌附加值高而不是品牌附加值低的商品。因此，品牌附加值高的商品能为企业创造更多的价值。从企业内部运作来看，品牌附加值不仅体现了企业的经济优势，还体现了企业的战略和管理优势。

根据上述分析，我们可以为品牌价值下一个基本的定义：品牌价值是指品牌以产品品质为基础的客观属性和消费者的主观感受共同作用，为企业创造出的以无形资产为主的附加价值。

2. 品牌价值的构成

品牌价值由三个部分构成，即品牌的功能价值、品牌的附加价值和品牌的资产价值。

（1）品牌的功能价值。品牌的功能价值是指品牌以品质为基础，向消费者提供能满足使用需求的产品属性及其所体现出来的使用价值。这种以产品的功能为内涵的价值具有比较明显的客观属性，也是影响消费者对品牌形成判断的最基本、最直接的因素。因此，品牌的功能价值是形成品牌价值的重要基石。品牌的功能价值由产品的品质、设计、工艺水平和服务等价值要素构成。

产品的品质是构成品牌价值的前提和保证。在具体的实践中，不同的品牌对产品的品质有不同的要求。对于高科技产品，对产品品质的要求更注重可靠性、精确性和耐用性等；对于一般性日用消费品，对产品品质的要求则更注重是否具有良好的适用性，即使用方便、耐用、时尚和美观等。

产品的设计是指产品的生产主体在产品的实体形成之前对产品的生产制造过程予以事先规划的过程，也是规划主体思维能力文本化的过程。产品的设计水平高，就会保障产品在生产过程中拥有较高的品质；反之，产品的设计水平低，产品在生产过程中的品质就得不到保障。

产品的工艺水平往往可以直接反映产品的技术和文化特征。现代科学技术的发展使得产品的生产自动化程度日益提高，从而保证了每一件产品都具有完全相同的品质，但是对于某些特殊的产品，正是因为手工制作工艺才使得产品具有更高的价值。如大多数的高端乐器产品、工艺制品甚至劳斯莱斯轿车等均是因为手工制作才能保证出色的品质，并由此形成比同行业非手工制作的商品高出数倍的价值。

服务有别于上述价值要素，却是衡量产品品质的关键要素。在传统的市场营销理念指导下，企业将注意力集中于如何满足消费者的需求。随着产品同质化愈发严重，在新的营销理念下企业更加重视通过建立优质的客户关系与服务体系来形成差异化。

（2）品牌的附加价值。企业通过有目的的传播使消费者对品牌商品有积极的联想或正面的评价，使消费者愿意以高于其他同类产品的价格购买某品牌商品，超出商品正常价值的部分即品牌的附加价值。品牌的附加价值由消费者的感受功效、品牌的社会象征意义以及品牌名称认知度三个要素构成。

在介绍消费者的感受功效之前，有必要先讨论一下消费者对品牌产生联想的相关问题。品牌联想除了有理性和感性的区别之外，还有物质性与非物质性之分。比如，同样是洗发水，消费者对海飞丝洗发水产生的是“去头屑”这一物质性联想，对飘柔洗发水产生的是“自信”这一非物质性联想。对于品牌的附加价值而言，消费者对品牌产生什么样的联想并不重要，重要的是一旦消费者形成对某品牌的联想，这些联想当中有哪些对于消费者来说是最有价值的。如果消费者认为这些联想无足轻重，这些联想也就无法形成品牌的附加价值。因此，由物质性联想引起并能够获得商品的功能性利益就是消费者的感受功效。消费者的感受功效由消费者所感受到的商品品质及其功能属性的差异决定。消费者感受到的商品品质可能由于品牌商品的外在属性（如价格）的影响而与实际的品质有所差别。消费者感受到的品牌商品的功能属性与品牌商品是否因某种属性而令人产生联想有关。比如，奇骏 SUV 的三种驱动转换模式通常会使消费者感受到奇骏 SUV 的功能属性与其他 SUV 车型的差异，从而认为奇骏 SUV 的价值更大。

构成品牌的附加价值的第二个要素是品牌的社会象征意义。品牌的社会象征意义是指消费者通过非物质性联想从品牌商品所获得的社会和心理层面的附加价值。品牌的社会象征意义不仅因品牌形象而不同，还会因为品牌所属的产品类别而不同。具有高度社会象征意义的品牌，往往能够在消费者的心目中转化为具有人格化的品牌形象。阿克（1997）认为，那些希望获得社会认可的消费者往往对具有高度社会象征意义的品牌十分敏感。他将品牌的社会象征意义的内涵进一步区分，总结出品牌的社会象征意义的五个人格化特征（见图 1－10）。

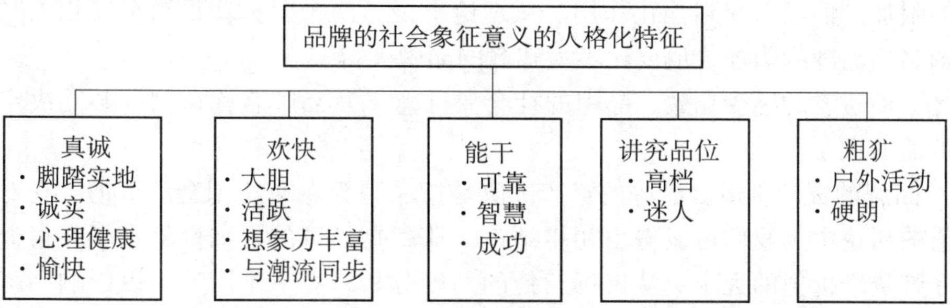

图 1－10　品牌的社会象征意义的五个人格化特征

值得注意的是，消费者的感受功效并不总是与品牌的社会象征意义的价值相当。比如，对于许多消费者而言，韩国和俄罗斯的轿车具有较低的社会象征意义，但是与俄罗斯的轿车相比，韩国轿车的感受功效又要相对较高。一般来说，德国和法国的轿车具有较高的社会象征意义，但是从两者的内在品质和品牌形象而言，德国轿车更能使人联想到较高的社会地位，法国轿车则使人感受到浪漫不羁的个性风格。不过，大多数消费者还是认为法国轿车的感受功效要低于德国轿车（见图 1－11）。

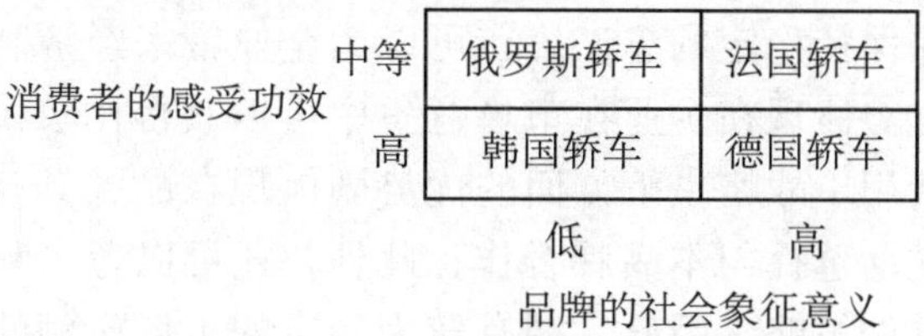

图 1－11　消费者的感受功效与品牌的社会象征意义之间的关系

构成品牌的附加价值的第三个要素是品牌名称认知度。消费者对品牌名称的认知主要有四种情况：第一种是对品牌名称未认知；第二种是对品牌名称的被动认知，即消费者被问及某类商品时不能想起该品牌的名称，但是当其获得提示后可以想起该品牌；第三种是对品牌名称的主动认知，即消费者被问及某类商品时不用提示即可说出该品牌名称；第四种是对品牌名称的首选认知，即消费者对某一类商品产生需求时首先想到的就是该品牌。

品牌名称认知度的强弱要依赖品牌的广告传播曝光率和消费者购买及使用品牌商品的频次。有研究显示，60% 的著名品牌都有 50 年以上的历史，这些品牌必然有较高的广告传播曝光率和消费者重复购买及使用的频次，这有利于在消费者心目中形成首选品牌。从降低不确定性风险的角度出发，知名品牌对于消费者自然要比不知名品牌具有更大的价值，这可以部分解释企业为什么更加注重品牌知名度而不是品牌形象。有研究表明，对市场份额的影响因素中，品牌名称认知度将起到 70% 的作用，品牌形象仅有 30% 的作用。品牌名称认知度是相对的，某一品牌名称的认知度提高往往意味着同一类别中其他品牌名称的认知度下降。

品牌名称认知度还可能对消费者的感受功效及品牌的社会象征意义起到强化作用。消费者的感受功效与品牌的社会象征意义可以决定品牌的附加价值是正还是负，品牌名称认知度则在很大程度上决定品牌的附加价值能否实现，也就是说，品牌名称认知度对于品牌的附加价值可以起到强化作用。从理论上说，两个同样获得消费者积极联想的品牌，更知名的品牌的附加价值要比不太知名的品牌大得多。

总之，消费者的感受功效、品牌的社会象征意义及品牌名称认知度共同决定了品牌的附加价值的大小。

（3）品牌的资产价值。品牌的资产价值是指品牌为企业所创造的价值。在对品牌的附加价值的讨论中，我们可以得出初步结论，那就是品牌的附加价值水平在很大程度上决定了品牌资产价值的大小。从市场营销的角度分析，有三个因素可以影响品牌资产价值的高低，即品牌市场份额的规模、市场份额的稳定性和市场带给企业的利润空间。

品牌市场份额的规模取决于消费者认可的品牌所具有的附加价值的大小。正如上述所分析的那样，消费者往往更愿意选择购买附加价值大的品牌商品，因此，从总体上说，是品牌的附加价值决定了品牌的市场份额。对于企业而言，品牌市场份额越大，自然可以为企业创造更多的资产价值。

市场份额的稳定性是指消费者不断重复购买某品牌商品，使该品牌的市场份额保持稳定的状态。品牌商品能够在市场上保持稳定的销售份额，这就表示该品牌有相当稳定的消费群体，或者说消费者对该品牌商品有相当高的忠诚度。从企业的角度而言，能够使消费者对本品牌商品保持稳定的忠诚度，可以为企业带来经济利益和战略决策两方面的优势。经济利益的优势体现在企业在市场竞争中可以获得比较稳定的市场利润，同时也可以节省营销传播费用。战略决策方面的优势则体现在品牌具有威慑潜在竞争对手的能力，并迫使经销商主动选择与本品牌合作，此外，还可以考虑利用本品牌忠诚度开发其他产品，实施品牌延伸策略。因此，拥有较为稳定的市场份额的品牌，对于企业来说自然就能够创造出更多的资产价值。

影响品牌资产价值的第三个因素是市场带给企业的利润空间。这里的利润是指品牌商品批发给经销商的价格与生产成本之间的差价。一方面，品牌商品的出厂价可以根据市场的需求调整；另一方面，品牌商品的生产成本会随着生产规模的扩大而下降。利润空间大的品牌商品当然要比利润空间小的品牌商品更具有价值。不过，作为品牌资产价值的要素之一，品牌商品的利润空间在很大程度上还是要依赖品牌的附加价值。

1.2 品牌的作用

在全球化经济中，人们对品牌的认识越来越清晰，即品牌不仅是产品或服务的标志，更是企业的产品或服务的市场信誉、市场占有率和市场竞争力的集中体现，品牌发展水平是衡量一个国家或地区的经济、科技、文化状况的重要标志。具体而言，品牌既可以为企业带来商誉利润、资金和营销投资效应，也可以使股价提升和增强投资者信心，还可以为消费者带来形象、身份和审美认同，为渠道带来货架权和周转力。

一、品牌与国家的关系

据联合国开发计划署的不完全统计，目前世界上 90% 以上的知名品牌是西方发达国家和亚太新兴工业化国家或地区的品牌。这充分表明知名品牌的多少与一个国家或地区的综合经济实力正相关。

1. 品牌与国民经济存在相关性

一般而言，一个国家或地区的经济越发达或一个企业的经济实力越强，则其品牌的市场地位也就越高。为了从实证上对上述观点进行确认，中山大学卢泰宏教授等运用回归分析法证实了经济实力（用国内生产总值反映）与品牌状况（用每年广告费投入和当年注册商标数量反映）之间确实存在理想的正相关关系。

2019 年美国《财富》杂志评选出的世界 500 强中，前 50 名的公司中美国公司有 22 个，占 44%，这也可以证实上述观点。

2. 品牌是国家形象的一种象征

品牌不仅与国民经济存在正相关的关系，还与一个国家的形象存在一种相互作用的关系。如果说一个国家的品牌声誉和名牌的数量可以反映这个国家的形象和经济实力，那么一个强大的或良好的国家形象也会不断地推动、强化该国品牌的国际地位，这种相互作用形成了一个良性互动的循环。

二、品牌与企业的关系

品牌是企业的无形资产，它对企业的根本意义在于它代表较高的经济效益和经济实力，是企业未来的现金流量，是企业持续发展的产品高附加值的来源。一个著名品牌就是企业巨大的无形资产。

1. 创造市场产权和占有率

企业通过品牌可以逐步进入某一市场，实现一定的市场占有率，包括通过品牌延伸开发新产品，进入新市场，赢得消费者的认同和忠诚，冲破一些国家或地区为保护本国或本地区的企业所设置的各种贸易壁垒等。联合国开发计划署的调查显示，著名品牌在所有品牌中所占比例不到 3%，但著名品牌所拥有的市场份额高达 40%，销售额更是超过 50%。该项数据充分说明品牌在企业发展中是多么重要。

2. 形成竞争防线

品牌通过突出产品品质或强调产品内在理念所形成的差别是竞争对手难以模仿的，品牌可以将多种差别化利益归于一体，从而充分地向市场反映企业的综合实力。强势品牌以其长期坚持的差异化诉求使企业或品牌保持市场竞争优势。在面对竞争对手的正面进攻时，品牌差异化可以筑起森严的壁垒，有效地阻挡竞争对手的攻击，对于潜在的、尚未进入市场的企业或品牌，品牌所代表的品质以及消费者对品牌的认可或推崇往往使得潜在进入者望而却步，放弃进入市场的念头，从而使企业得以长期保持较高的市场份额。

3. 提供渠道上的杠杆力

企业通过塑造和传播品牌形象，尤其是当品牌已经占有较大的市场份额而成为强势品牌时，企业在与渠道的合作和销售利润分配等方面必将占据一定的优势。毕竟销售渠道的相关人员更愿意与知名品牌合作，他们十分清楚哪些品牌的产品更受市场欢迎，如果他们过于坚持自身要获得的销售利润而拒绝与知名品牌合作，有可能失去消费者（消费者由于得不到自己所希望得到的品牌产品而选择其他商店）。因此，一个强势品牌在争夺货架空间以及取得更优惠的合作上都占有较为明显的优势。

4. 影响现金流状况

品牌对企业的现金流将产生四个方面的正面作用，在相当程度上影响股东的利益。

第一，有助于加速现金周转。有研究表明，良好的品牌有助于市场对企业的营销努力做出反应，从而加快现金周转。

第二，有助于增加现金流量。良好的品牌有助于企业与消费者之间形成较为稳定的关系，企业与消费者之间这种稳定且相互信任的关系可以大大降低企业的成本和固定投资，从而间接地帮助企业增加现金流量；反之，如果消费者对品牌产生负面的或消极的评价，品牌产品在市场上就会滞销，造成企业由于生产能力过剩或库存积压而效率低下，减少企业的现金流量。

第三，有助于现金流的稳定。企业以良好的品牌为基础，与消费者形成稳定的关系有助于企业所掌握的信息相对充分和完整，企业留住老顾客的成本远比吸引新顾客的成本低，也就是说，企业在市场营销中可以减少不稳定性和不确定因素。

第四，有助于影响现金流的剩余价值。剩余价值是指超过预期价值部分的净现值，它与企业所期望的未来现金流密切相关。比如，某品牌产品的早期使用者不仅可能继续购买该品牌产品，而且可能购买该企业的其他品牌产品，甚至有可能积极向他人推荐这些品牌产品，这就使得由该品牌所带来的现金流有可能大大超过企业的预期，为品牌产品带来剩余价值。因此，我们说品牌有助于影响企业现金流的剩余价值。

5. 获得更高的边际收益

美国的一项品牌调查数据显示，居于市场领导地位的品牌，其平均获利率是居市场第二位的品牌的4倍，相同的情况在英国则要高达6倍。大量的事实表明，消费者更愿意为购买知名品牌支付更多。对于这种现象的解释主要有两个：一是大多数消费者都认为价格往往与品质正相关，价格对消费者具有心理暗示作用。这种情况从企业的角度来看，则是品牌所代表的品质可以支持更高的价格。二是部分消费者更乐于体验拥有知名品牌的满足感与优越感，他们并不介意为此支付更多的钱。

6. 应对环境变化

品牌有助于企业在面临不利的市场环境时更具有适应性和应变性，为企业或品牌赢得宝贵的时间。在实际的市场运作中，企业常常要面对通货膨胀、原材料与能源短缺、消费者的需求或偏好发生改变、新的竞争者进入市场等不利的环境变化，如果企业拥有良好的品牌形象及较高的品牌资产，企业就有时间积极进行技术革新，对品牌重新定位，或者对品牌发展战略进行适当调整，这样就有可能使品牌产品重获生机。

三、品牌与消费者的关系

品牌能够提升消费者对产品的信心，从而缩短消费者做出购买决策的时间，减少消费者在多个品牌产品之间选择所付出的时间成本。消费者也将用三种方式回报品牌：购买产品、品牌忠诚和支付较高的价格。

1. 构建身份

消费者通过商品向他人明示或暗示自我识别，这是现代消费社会中消费者最为重要的社会性行为。自我识别在后现代社会里是个人努力向社会或他人展示自己个性的心理倾向，消费则是一种最为便利和简单的途径，也就是说，消费者往往通过消费，或者准确地说通过拥有某种品牌商品来构建自己所期望的或想要的理想形象。对于越来越多的消费者而言，展示自我或表达自我才是目的，消费只是一种手段，品牌商品是一种象征或符号。品牌商品的象征意义主要表现在两个方面：对外构建社会象征意义；对内构建自我身份，即自我象征意义。广告实际上就是这些象征意义的主要缔造者，品牌则由于蕴含文化意义而具有符号象征意义。

2. 减少交易费用

在市场经济中，交易双方除了要支付货款外，为了完成交易，双方还需支付的其他费用称为交易费用，包括商品需求者主动搜寻商品信息（如比较价格、质量等）的费用和购买后有可能发生法律诉讼等所需支付的费用及其所付出的时间成本。人们常说，消费者认可或喜爱某个品牌，是因为认可或喜爱该品牌所构建的象征意义。这里所说的品牌象征意义指的是知名品牌本身往往就凝聚了消费者所希望了解和掌握的各种信息，包括品质卓越、服务周到、企业声誉好、知名度高、市场占有率高等。在大多数情况下，这些信息有助于消费者在较短的时间里形成对品牌产品的认知和判断，这可以大大节省消费者选购商品所需花费的交易费用和时间成本。

3. 减少消费者的认知不协调

消费者在进行一次较为重要的购买之前或之后，常常会产生疑虑：“我买对了还是买错了？”这种担忧往往会使消费者在心理上产生一种认知不协调。如果消费者购买的是知名品牌的产品，则基本上不会产生上述疑虑，即使有，也会以知名品牌的影响力和声誉来消除自己的疑虑，甚至有可能以拥有知名品牌而产生一种自我满足感。比如，有100多年历史的旁氏化妆品公司针对消费者的这一心理特征为该品牌创意了一条广告，其内容是：“你可以在所有的时候愚弄某些人，你也可以在某些时候愚弄所有的人，但是你不可能愚弄每个人达123年之久。”这样的品牌诉求起到了帮助消费者在购买该品牌产品前后消除认知不协调的作用。

1.3　品牌定位原理及其决策

品牌定位策划是品牌营销与传播的前提，是企业制定市场发展战略最为关键的内容。

成功的品牌定位，能够在消费者心目中树立鲜明的、独特的品牌个性形象，为建立市场竞争优势打下坚实的基础。

一、品牌定位原理

定位的概念始于20世纪60年代末，进入80年代之后，越来越多的市场营销学者开始有意无意地将定位的概念与品牌形象的概念相互整合为彼此不分的概念。其实，定位与品牌形象在内涵上有明显的区别：定位是基于鲜明的市场竞争导向，品牌形象则包含对品牌定位的策略选择。这两者的关系应该是：品牌定位是建立（或重新塑造）一个与目标市场有关的品牌形象的过程和结果。

（一）定位理论的由来与发展

定位（positioning）这个概念最初是由艾尔·里斯和杰克·特劳特于1969年在美国《产业营销》杂志上发表的论文《定位是人们在今日模仿主义市场所玩的竞赛》中首次提出的。1972年，他们在美国《广告时代》杂志上发表《定位时代》系列文章，引起了轰动。菲利普·科特勒在总结当代营销基本理论的发展时，将定位理论列为20世纪70年代最为重要的营销概念。

1. 定位理论的基本内涵

定位理论的核心是主张在广告策略中运用一种新的沟通方法，从而创造更有效的传播效果。其基本要点有以下三个。

其一，广告传播的目的是使品牌在目标受众的心目中占据一席之地。

定位并不是要去创造某种新奇或与众不同的事情，而是明晰那些已经存在于人们心目中的对某个品牌早已有之的对应关系。

定位既可以针对产品，也可以针对某项服务、某家公司、某个组织甚或某个人。定位并不是要对产品本身做什么改变，实际上，定位是对那些有可能成为某个品牌的消费者对该品牌的看法予以改善或强化。因此，定位的目的是在目标消费者心目中为品牌确立一个有利的位置。

艾尔·里斯和杰克·特劳特认为，在当今资讯日益膨胀的社会，仅仅凭借广告的冲击力就想达成传播效果，实在是一厢情愿。广告并不是一个大铁锤，而更像一层薄薄的雾，日积月累，潜移默化地笼罩并影响着潜在消费者。

事实上，面对日益过剩的传播资讯，人们只能从中选择接受与其知识、经验、兴趣、爱好等相吻合的资讯，过滤、排斥大部分与其知识、经验、兴趣、爱好不相吻合的资讯。在传播资讯过度的社会里唯一能够取得效果的方法，就是集中火力对准目标，也就是定位。

唯有如此，才能使品牌广告的有关资讯占据潜在消费者大脑中的一个位置，从而达到理想的传播目标。

其二，通过广告创造出有关品牌资讯的“第一事件、第一说法、第一位置”。

品牌传播要尽量表达“第一”的概念，因为人们大都只对“第一”的事物有兴趣，容易形成记忆。

比如，全球第一高峰是喜马拉雅山的珠穆朗玛峰，第一位踏上月球的地球人是阿姆斯特朗，这些事实相信绝大多数人都能够记忆深刻且脱口而出。全球第二高峰叫什么名字？第二位踏上月球的是谁？恐怕没有多少人知道。之所以会这样是因为“第一事件、第一说法、第一位置”已不只是一条普通的资讯，更是一个概念、一条知识，人们在接受这些资讯时往往不自觉地把它们当做知识、概念而深深地印在大脑里，从而产生较深的记忆效果。七喜的广告作品正是利用了这一点收获了很好的效果，见图 1－12。

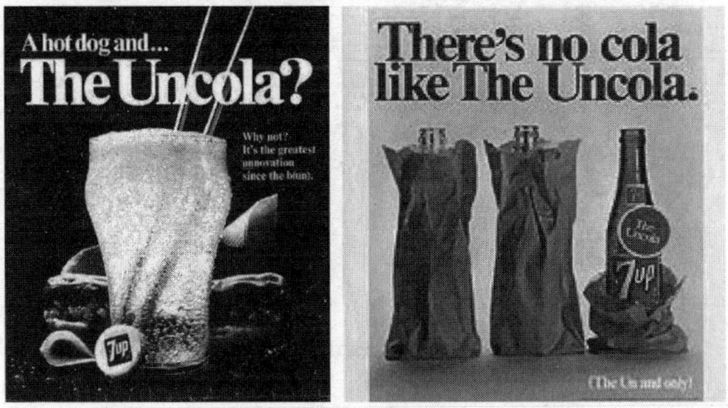

A　　　　　B

图 1－12　七喜饮料广告创意作品

说明：广告创意作品 A 的定位诉求非常清楚，即七喜是非可乐、不含咖啡因的碳酸饮料。广告创意作品 B 的定位诉求为“没有什么可乐能与非可乐一样”。七喜之所以能在市场上获得成功，与其将品牌定位为“非可乐”密不可分，七喜就是凭借此定位在饮料市场上占据一席之地。

如果能够为产品建立“第一位置”，无疑具有巨大的市场优势。比如说起白酒，人们马上就会想到茅台；说起烤鸭，人们立刻就会想到北京烤鸭；说到啤酒，人们则会想到青岛啤酒。如果我们为产品建立了“第一位置”，消费者往往会将该产品等同于第一品牌。建立“第一位置”是广告创意最为理想的传播目标。

其三，品牌传播的关键是要表现出品牌之间的类的区别。

定位理论认为，从传播者一方而言，现代产品同质化日益严重，广告在创作思路上如果还去挖掘、分析产品之间在功能上的差异就极为困难；从被传播者一方而言，消费者每天都要接触大量的广告资讯，尤其是同类产品的广告资讯彼此干扰，广告效果大打折扣。因此，广告传播策略必须另辟蹊径，避免在同类产品中做资讯内容重复的广告，而是在广告创意中表现出与同类品牌的差别。例如，大众甲壳虫汽车的广告突出产品“小”的特点，与同类汽车品牌区别开来（见图 1－13）。

2. 品牌定位的基本概念

艾尔·里斯和杰克·特劳特当年的工作背景是广告公司，广告公司在代理某品牌的产品时，这个产品已经是定型的产品，包括外形、包装、价格、名称等一般都不会有太大的变动，广告公司的工作就是想方设法让市场上更多的消费者尽早认知、接受其所代理的品牌商品，进而产生购买行为。对于广告人而言，定位就是策划人员在某品牌的商品或服务已经给定的条件下，努力研究消费者的心智模式，通过创造有利于品牌商品的相关联想，在目标消费者心目中打上美好的烙印并占据有利的位置，促成品牌产品的消费行为。

图1-13 大众甲壳虫汽车平面广告创意作品

说明：此广告创意作品是通过突出大众甲壳虫汽车小的特点，在目标消费者的心目中占据一个非常有利的位置，只要消费者产生对小型车的需求，其脑海里自然就会出现对大众甲壳虫汽车的联想。

然而，品牌商品从经营者的角度而言则是非给定的，可以根据市场状况加以更改。品牌商品的营销经历如图1-14所示的品牌商品营销循环模式。根据这个循环模式我们可以发现，品牌商品对于企业而言不是给定的，而是在一个又一个循环过程中不断改进、完善的。因此，品牌定位就应该从更宏观的角度加以理解，也就是说，在为品牌进行定位的过程中，品牌策划人员不应仅仅将策划的对象局限于消费者，而是应该将策划的视角扩大至品牌和产品。

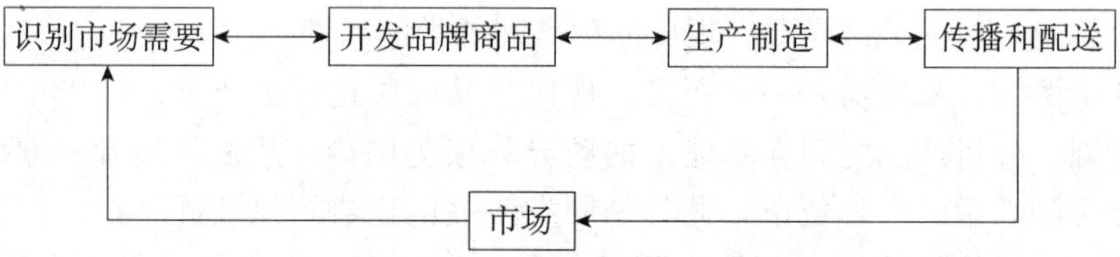

图1-14 品牌商品营销循环模式

从品牌运作的角度而言，品牌的内涵在不断发展的过程中也有改变的可能，而且这种改变非常必要。比如，实施品牌延伸战略之后，就有可能迫使企业对品牌内涵进行一些调整或改变；再如，如果品牌在传播的过程中其形象在目标消费者的眼里逐渐变得过时、老化，企业也需要对品牌重新定位，以使目标消费者重新建立起良好的品牌联想。

基于上述分析，笔者认为，品牌定位是指企业在市场调研和市场细分的基础上，努力寻找和发现自身品牌的独特个性（优势），将此优势与目标消费者心智中的空白点相对应，从而确定品牌商品在目标消费者心目中的独特位置，并借助整合营销传播手段，在目标消费者心目中建立起强有力的品牌联想和品牌独特印象的策略性行为。简而言之，品牌定位就是企业向目标消费者展示品牌商品的独特个性（优势）的过程。品牌定位要求品牌商品能够满足目标消费者的需求，能够向目标消费者提供他们购买商品的理由，而能够支撑这些理由的诉求内涵则来自品牌的独特个性。

3. 品牌定位的意义

在市场竞争日益加剧的今天，品牌定位之所以越来越被企业重视，是因为品牌定位在企业的营销与传播战略中具有重要意义。

（1）品牌定位有助于目标消费者识记品牌所传达的信息。现代社会已经进入信息化时代。新兴的、具有潜力的信息媒体以惊人的速度进入千家万户，且媒体形态多种多样。随着信息高速公路的建设和全球信息化的到来，互联网正在快速改变人们的日常生活和思维方式。现在，人们每天都要面对来自传统媒体与新媒体的大量的新闻和广告信息，在这种开放而多元的媒介环境下，消费者面对各种信息尤其是广告信息时常常无所适从，当他们面对毫无个性的品牌广告信息时就只能选择充耳不闻、视而不见，这必然导致企业巨额传播费用的浪费。其实，从传播学理论来说，一个消费者每天（次）只能接受有限的信息量。因此，企业只能尽量压缩信息，实施正确的品牌定位战略，努力为品牌塑造出极具个性、令人过目不忘的品牌形象，使目标消费者能够识记本品牌的差异化信息，使品牌在激烈的市场竞争中占据有利的位置。

（2）品牌定位是品牌整合营销传播的基础。品牌定位是企业实施整合营销传播战略的基础要素之一，或者说，实施品牌定位为整合营销传播的下一个步骤——品牌传播打下了良好的基础。品牌传播是指企业通过广告、新闻等传播工具将事先经过品牌定位所规范并设计好的品牌形象传递给目标受众，以期获得他们的认同或喜爱的过程。

品牌定位与品牌传播在企业的整合营销传播战略的实施中有时间上的接续关系。这种时间上的先后次序决定了两者之间存在相互依赖、相互制约的特殊关系。品牌定位是品牌整合营销传播的基础，任何旨在扩大品牌知名度的传播活动都必须在品牌定位的规范下开展。品牌定位的相关信息是通过营销战略组合传递给目标消费者的，营销战略组合只有以品牌定位为核心，才能在目标消费者的心目中留下整体的、一致的、独特的品牌印象。

总之，品牌定位是整合营销传播战略体系中最为基础的一个环节，也是决定企业所开展的营销传播战略能否成功的关键。经过品牌定位所规范和设计的品牌形象将有助于品牌在目标消费者的心目中保持深刻的印象；如果没有正确的品牌定位，则无论企业所生产的产品品质如何优异，也无论企业采取何种促销手段，都不可能在市场营销活动中获得真正的成功。

（二）品牌定位的原则

企业在策划品牌定位之前，必须对品牌定位的原则有一个统一的认识。就品牌定位而言，由于品牌本身包含了产品，但品牌又不仅仅是产品，品牌在产品的物质属性之上还附加了许多意识层面的精神属性，因此，相对于产品定位来说，品牌定位应该更多地从传播的层面和视角加以策划。

一般而言，品牌定位应该遵循以下六大基本原则：尽可能突出产品特征；有效整合利用现有资源条件；努力切中目标市场；形成竞争差异；追求传播成本效益最大化；简明扼要，抓住关键（见图 1－15）。

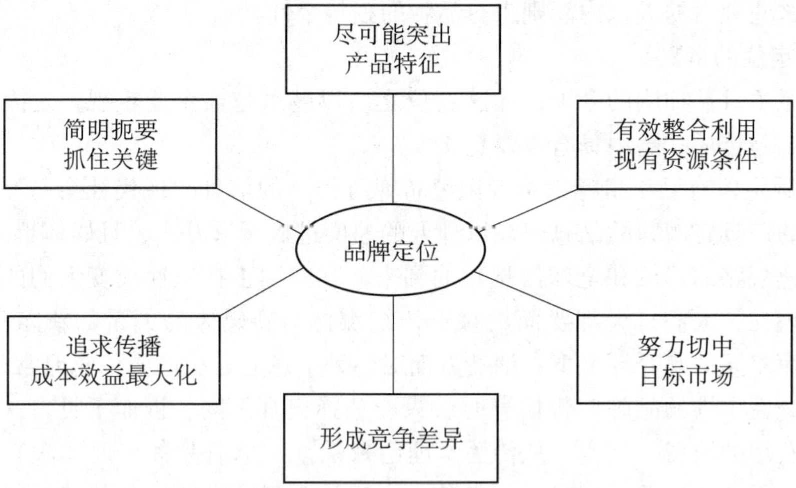

图 1－15　品牌定位六大原则

1. 尽可能突出产品特征

品牌是产品的形象化身，产品是品牌的物质载体。两者相互依存的紧密关系决定了在进行品牌定位时必须考虑产品的质量、结构、性能、款式、用途等相关因素。品牌定位应根据产品使用价值的不同而有所区别。当产品使用范围较宽时，可以扩大定位外延，以较为宽泛的定位来满足不同消费者的不同需求，像食品、饮料等大都属于这一类；当产品使用范围较窄时，定位的外延就不可太宽泛，要针对特定的目标消费群体，许多专业用品即属此类。因此，企业在进行品牌定位时，应该考虑并尽可能突出产品本身的特征。

2. 有效整合利用现有资源条件

品牌定位的最终目的是努力使产品在市场上占据有利的竞争位置，为企业带来最佳的经济效益。因此，品牌定位要充分考虑企业的资源条件，以优化配置、合理利用各种资源为宜，既不要造成资源闲置浪费，也不要超越现有资源条件，追求过高的定位，导致陷入心有余而力不足的被动境地。将品牌定位于尖端品牌，就要有尖端技术；定位于高档品牌，就要有确保产品品质的能力；定位于全球性品牌，就要有全球化的运作能力和管理水平。如百威定位于高档啤酒，成为“啤酒之王”，傲视群雄，四海独尊，是源于其卓越的产品质量。百威啤酒采用先进的德国啤酒酿造技术，口味醇厚，口感爽滑，深受人们的喜爱。传统的酿造工艺、先进的技术水平和严格的质量保证体系，保证了百威啤酒的高品质，无论是在旧金山，还是在北京，百威啤酒的口感都是一样清新、独特。如果没有全球化的经营管理水平，想做到这一点是不可能的。因此，品牌定位要与企业的资源能力相匹配，既不能好高骛远，盲目拔高自己，又不能妄自菲薄，造成资源浪费。

3. 努力切中目标市场

只有品牌定位针对目标市场，目标市场才能成为特定的传播对象，这些特定对象可能只是该品牌所有传播对象中的一部分。品牌定位须站在满足消费者需求的立场上，借助各种传播手段，让品牌在消费者心目中占据一个有利的位置。

4. 形成竞争差异

竞争者是影响品牌定位的重要因素。考虑竞争者，就是为品牌定位找到一个参照系。在市场竞争十分激烈的情况下，几乎任何一个细分市场都存在一个或多个竞争者，某一商品可以垄断的细分市场越来越少，未被开发的处女地几乎没有。在这种情况下，企业在进行品牌定位时更应考虑竞争者，和竞争者相区别，制造差异，凸显竞争优势，以己之长攻彼之短，否则，盲目跟进和模仿只会失去个性，失去消费者的信任，做得再好，至多也只是被消费者视为一个“超级模仿秀”。

5. 追求传播成本效益最大化

追求经济效益最大化是企业发展的最高目标，任何工作都要服从这一目标，品牌定位也不例外。品牌定位因企业不同、产品不同、目标不同而各有差异。从整体上讲，要控制成本，遵循收益大于成本这一原则。收不抵支只能使品牌定位失败。将洗碗布定位于高端豪华产品就不合适，因为那样只会增加产品成本，降低经济效益，没有多少人愿意出高价钱去购买最普通的家庭日用品。假如一家小型企业为了向客户提供个性化服务，建立庞大的备件和管理体系、呼叫中心、服务工程师队伍、调度调节中心、服务质量管理和监督体系、全国范围的维修站等，结果只能使经营费用大幅提高，不仅不能为企业带来利润，反而会使企业背上沉重的包袱。

6. 简明扼要，抓住关键

简明扼要就是消费者一看即知，不需要费心费力就能领会品牌定位，消费者不喜欢复杂，没有兴趣去记住太多有关品牌的信息。面面俱到，过多地罗列品牌特点，是注定要失败的。抓住关键的一两个独特点，以简洁明了的方式表达出来，让消费者充分感知和产生共鸣，这也是品牌定位的一条重要原则。“沃尔沃——安全”“Jeep——征服”“劳斯莱斯——高贵”就是典型的例子。

二、品牌定位策略

对品牌经营者而言，进行品牌定位的目的是建立企业所期盼的、对本细分市场内大量消费者有吸引力的竞争优势。因此，品牌定位决策的步骤应该以竞争为导向，进行品牌定位研究，确定品牌定位策略。

品牌定位策略是进行品牌定位点开发的策略。品牌定位点的开发是从企业经营者的角度出发来挖掘品牌商品差异点的工作。必须强调的是，品牌定位点不是产品定位点，品牌定位点可以高于产品定位点，也可以与产品定位点保持一致。品牌定位点的开发着眼点并不局限于产品本身，还可以从品牌的目标消费者、品牌竞争者、品牌识别等全方位的角度去寻找和开发品牌的定位点。

品牌定位策略有以下几种。

1. 产品定位策略

产品定位策略的基本思路是以品牌商品的物质属性为思考原点，其着眼点还是围绕品牌商品的功能属性、外观属性和价格属性等来选择与确定品牌定位。

（1）以品牌商品的功能属性为基点的定位。一些品牌商品之所以能够被消费者接受，最主要的原因是这些品牌商品具有使用上的功能属性，可以满足消费者在生理层面上的基本需求。如果某一品牌商品具有独特的使用功能，能够给消费者带来特殊的利益，满足其特别的需求，则该品牌商品就具有了与竞争品牌较为明显的差异点和竞争优势。如高露洁的没有蛀牙、佳洁士的坚固牙齿等都是以品牌商品的功能属性为基点的成功的品牌定位案例。

（2）以品牌商品的外观属性为基点的定位。商品的外观是消费者最容易识别的特征，也是消费者是否认可、接受某品牌商品的重要依据。因此，品牌管理人员如果以商品的外观这个消费者最容易识别的产品特征作为品牌定位的基点，也可以达到较为理想的营销与传播效果。如"白加黑"感冒药的品牌定位就是典型的以品牌商品的外观作为定位基点的成功案例（见图1-16）。

图1-16　白加黑感冒药的外观包装设计

（3）以品牌商品的价格属性为基点的定位。任何品牌商品的价格都是企业与消费者之间分割利益最直接、最显见的指标，价格也是竞争对手在市场竞争中经常采用的竞争手段。价格策略往往是一把双刃剑，但是在不伤及自身的前提下，一些企业还是乐于采用以价格为基点进行品牌定位的策略。此种定位策略可以非常明确地向目标消费者传递出品牌商品属于高端还是低端的品牌形象信息。一般而言，定位于高端的品牌商品可以向目标消费者显示其产品的高品质，以及暗示拥有该品牌商品的消费者具有较高的社会地位与较强的经济实力（见图1-17）；定位于低端的品牌商品则可以向目标消费者显示其大众亲民、物美价廉的品牌形象。

2. 目标市场定位策略

目标市场定位策略是指企业以消费者的需求为思考基点进行品牌定位，思考的内容包括消费者的使用场合与使用时间、消费者的购买目的和消费者的生活方式等。

（1）以消费者的使用场合与使用时间定位。红牛饮料是使用此种定位方法最为典型的案例，该品牌的定位显然是强调商品的使用场合或使用时间：困了累了喝红牛。另外，如青酒（喝杯青酒，交个朋友）、"八点以后"（After Eight）薄荷夹心巧克力（适合餐后吃的甜点[1]）等也都是采用此种方式进行品牌定位的。

（2）以消费者的购买目的定位。消费者购买商品的目的因人而异，总的来说无非有两种情况：一是自用；二是送礼。一些企业在深入研究了市场需求及消费者购买目的之后，围绕消费者购买目的进行品牌定位，大获成功，典型案例当属脑白金——送礼就送

① Eight 和 Ate（eat 的过去式）同音，意思是吃完饭后再吃巧克力。

图1－17　Steiia Artois啤酒广告创意作品

说明：Steiia Artois啤酒的定位策略使用的就是以价格为基点进行广告诉求，其广告语说得非常清楚："确实昂贵的啤酒"。本创意作品的视觉画面自然就要围绕昂贵来表现，该广告创意作品的视觉表现是使用汽车作为Steiia Artois啤酒的开瓶器都在所不惜。

脑白金。

（3）以消费者的生活方式定位。现代消费者的消费心理与以往相比有了很大的变化，其中最大的变化就是从理性消费向感性消费转变。由于目前消费者的生活方式、生活态度、心理特征和价值观念对其消费行为的影响越来越大，并已经成为市场细分的重要变量，因此，从生活方式的角度寻找品牌定位的基点，被许多企业广泛采用。针对年轻一代的消费者追求个性、展现自我的需要，品牌定位完全可以从价值观着手赋予品牌相应的意义。如贝克啤酒（喝贝克，听自己的）、耐克（想做就做）、阿迪达斯（没有不可能）等均是使用这种方法进行定位的成功案例。

3. 竞争导向定位策略

竞争导向定位策略是指企业以竞争对手的营销传播策略为参照物，有针对性地提出本品牌定位的方法，其目的是使本品牌在市场竞争中占据有利的地位。

（1）首次或第一定位。首次或第一定位就是要寻找没有竞争者的市场空隙（消费者的心智空白），并迅速占有这个空隙，成为该市场领域的品牌领导者。定位理论的提出者艾尔·里斯和杰克·特劳特特别看重"第一"的概念，将此方法列为定位方法之首。如七喜第一个提出"非可乐"的概念，获得了巨大的成功。

（2）关联或比附定位。即企业努力使本品牌商品与在市场上有相当影响力的竞争品牌商品形成一种关系，借助竞争品牌的市场影响力使本品牌商品获得市场认可。尤其是当企业在市场上处于弱势地位而竞争对手又是市场领导者时，此种定位策略更为有效。20世纪60年代美国广告大师伯恩巴克所代理的安飞士租车公司的广告，首次运用关联或比附定位策略，提出"我们是老二，但是我们更努力"的品牌定位，获得了极大的成功。

（3）进攻或防御定位。关联或比附定位的实施原则并不是去主动进攻或排挤竞争对手的市场地位，而是遵守现有市场次序和消费者的认知模式，在现有市场的结构中选择一个与竞争品牌相安无事的位置。进攻或防御定位则是为了侵占其他品牌的市场份额或防止其他品牌的进攻而采取的定位方法。

4. 品牌识别定位策略

品牌识别是品牌更本质、更内在的东西。品牌识别是内容与形式、风格与文字、图像与音乐的完整统一体。从某种程度上说，品牌识别应恒久不变。在品牌定位的过程中，可以从品牌识别的多个角度选择定位点。

（1）从品牌识别的个性角度定位。如果企业在品牌定位之前就已经确立了品牌个性，品牌管理人员也可以品牌的个性特征作为品牌的定位点。如万宝路的品牌个性是“勇敢、冒险、自由”等，其品牌定位正是以此品牌个性加以确立的。

（2）从品牌识别的文化特征定位。品牌的文化内涵既包括品牌自身特有的历史文化，又包括品牌诞生地的地缘文化。某些品牌商品经过长期的营销与传播，已经形成自身特有的品牌文化，在市场上被消费者认为是某个品类的代表。此时，跟进企业在进行品牌定位时就可以使用文化特征定位策略。如生产香水的企业只要将自己的品牌定位于法国文化特征，并反复强调本品牌香水是真正来自法国这一浪漫之都，往往会受到消费者的认可。

（3）从品牌与消费者的关系定位。品牌与消费者的结合点是寻找品牌定位点的又一途径。品牌与消费者之间的关系反映了品牌对待消费者的态度：是友好、乐于助人、关心爱护、体贴入微、抑或是冷若冰霜、拒人于千里之外？海尔品牌的定位策略就是从品牌与消费者之间的关系出发，将品牌定位为“真诚、友好、关心”，其品牌的广告语（“真诚到永远”）则根据定位生动地表述了品牌的经营理念和对待消费者的基本态度。

案例1-1

“八点以后”

——场合定位赢得欧洲市场

一种全新的薄荷夹心巧克力竟然凭借其富有魅力的“八点以后”（After Eight）品牌名称和独特的消费场合定位以及有效的整合营销传播策略，改变了人们固有的生活习惯，人们全盘接受了这种极具英国特色的产品。

该品牌的两位创立者是亨利·罗特里女士和约翰·麦肯托什女士。前者拥有一家经营巧克力生意的公司，后者拥有主要生产麦肯托什乳脂糖的公司。1969年，两家公司合并成罗特里·麦肯托什公司，主要经营糖果生意。“八点以后”是该公司的一个重要品牌，该品牌曾经在1987年创造过0.6亿法郎的销售业绩。1988年，罗特里·麦肯托什公司与雀巢公司合并，但罗特里·麦肯托什公司的市场运作仍然具有很大的独立性。“八点以后”这种适合餐后食用的薄荷夹心巧克力并没有因为企业产权的变化而影响消费者对该品牌的认同。

在英国巧克力和糖果的市场销量是很大的。早在20世纪60年代初，罗特里就认定了这一市场，生产和销售比较昂贵和高级的巧克力。不久，公司研发了一种薄荷夹心巧克力，并将其作为公司的主力产品进行市场推广。那时，智威汤逊是该公司的广告代理商，受命为这种巧克力进行营销传播策划工作。策划工作的第一步是确定品牌名称及其包装设计。智威汤逊给出的品牌名称建议是“八点以后”，关于取名过程，罗特里·麦肯托什公司的一位前辈是这么描述的：

> 杰里米告诉我该名称的灵感来自纽约杂志上的广告……他提到广告中有一种时髦衬衫的名称似乎是“六点以后”，如果“六点以后”可以表达一种思想并为许多消费者所认同，为什么不可以将品牌命名为“八点以后”？

一个看似不着边际的灵感却实实在在地反映了品牌定位的思路。就这样，“八点以后”以一种典型的场合品牌定位决定了薄荷夹心巧克力的基本战略方向，也决定了该产品的市场命运。该品牌定位的成功在于发现了消费者心智中的空白——餐后吃什么甜点，并填补了这一空白：餐后如果有高品质的巧克力，人们就可以在餐后享用，薄荷夹心巧克力与优雅、有教养和好客的主妇及其尊贵的客人联系起来。

“八点以后”定位的成功还在于品牌名称直接传达了产品的定位，品牌名称本身所产生的影响力也可以促使消费者产生消费行为。当然，定位策略不是有了一个好名称就完事大吉了，还需要通过各种营销传播工具的整合使用与运作，使消费者对定位有一个清晰、完整的认知并在特定的时刻对品牌产生即时的体验与消费的需求。

资料来源：何佳讯．广告案例教程．上海：复旦大学出版社，2002.

1.4　品牌定位评估与管理

品牌营销传播策划的专业人员在对企业的特定品牌进行定位之后，并非就完事大吉了，而是应该对品牌定位进行评估，以便确定品牌定位是否还有不妥之处，并根据定位评估的结果采取相应的措施，确保品牌定位策略的正确性和可持续性。

一、品牌定位分析工具

品牌定位分析工具是选择品牌定位点、评价品牌定位是否达到目标的重要方法，也是修正品牌传播策略的基础。品牌定位分析工具主要有：ZMET 技术、品牌定位知觉图、品牌定位排比图等。

（一）ZMET 技术

ZMET 技术是查特曼隐喻解释技术（Zaltman Metaphor Elicitation Technique）的简称。该技术的理论依据是人类在彼此的沟通交流过程中信息的传递大约有 80% 以上凭借非语言符号，因此传统的问卷调查、小组调查、个人访谈等都难以获知人们内心深处的真实想法。开展消费者调查应该使用非语言的方式来获取消费者的思想、观点和情感，只有如此，才能真正了解消费者对品牌的真实感受与评价。

ZMET 技术虽然 1995 年才提出，但使用该技术进行品牌调研和策划的企业让人印象深刻，包括美国电话电报、可口可乐、杜邦、柯达、通用汽车、宝丽来、锐步国际、太平洋煤气电力等公司。

该技术的应用程序大致如下：

第一，首先拍摄几张图片，然后运用电脑动画和后期制作技术对图片进行加工，使图片更能表现品牌商品的可能象征意义。

第二，选择目标消费者对上述图片进行测试，即哪一幅图片更能恰当地表现品牌商品的特征，或者更能够与品牌商品形成一对一的联想关系。受邀请的目标消费者的人数最好控制在20人左右。

第三，根据测试分析结果，可以画出一幅心智思考图。图1－18是对美国消费者就汰渍洗衣粉分析之后所获得的心智思考图。利用这个心智思考图，企业在进行品牌定位时就可以在多种策略中进行比较与选择，如洗后感觉、自我形象、品牌可靠性等。

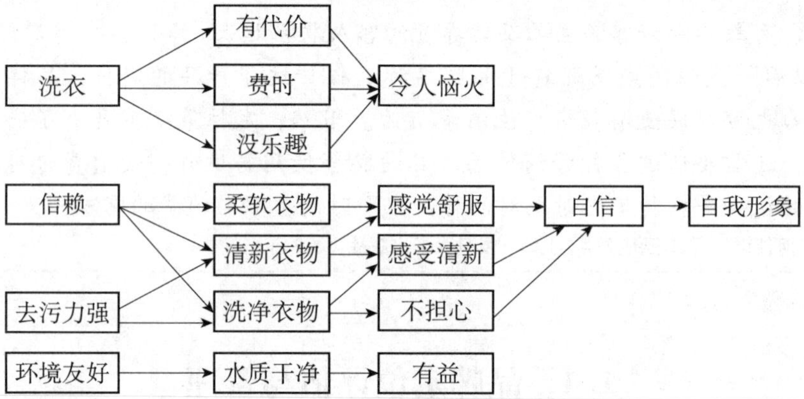

图1－18　汰渍品牌心智图

资料来源：Gwendolyn，Catchings-Castello. “The ZMET Alternative”. Marketing Research，2000，12（2）：11.

ZMET技术还远谈不上十全十美，但它至少已经把品牌商品和相应的感受都描述出来了，只要对竞争品牌也做一个相同的分析，即可了解不同品牌的差异点，从而为本品牌找到适合的定位点。

（二）品牌定位知觉图

品牌定位知觉图是一种直观简洁的分析工具，它可以用1～3个变量来描述每一个品牌的市场定位，从而直观地识别出目前市场上的空位点，有助于企业选择适当的品牌定位点或再定位点。同时，该知觉图还有助于企业判断品牌营销计划是否正确以及企业所期望的定位点与目标消费者的实际感知是否一致，以检验本品牌定位策略运作的实际成效。

品牌定位知觉图最常用的是二维知觉图。其运用原理大致如下：

第一步，选择品牌定位的基准变量。正确地选择基准变量是品牌定位知觉图成功的基础，一旦选错基准变量，之后的工作将变得毫无意义。在选择基准变量时，应将目标消费群体所关心和重视的内容作为定位的基准。

第二步，调查数据资料。如果品牌定位知觉图的坐标变量已经确定，接下来就是进行实地调查工作，以获取全面准确的数据资料。

上述两步工作完成之后，即可着手绘制品牌定位知觉图。我们以美国芝加哥地区啤酒市场为例，来解释品牌定位知觉图的制作过程。首先确定两个最重要的影响啤酒品质的变量：啤酒的口味（浓与淡）和口感（苦味与适中），然后根据这两个变量制作品牌定位知觉图（见图 1－19）。

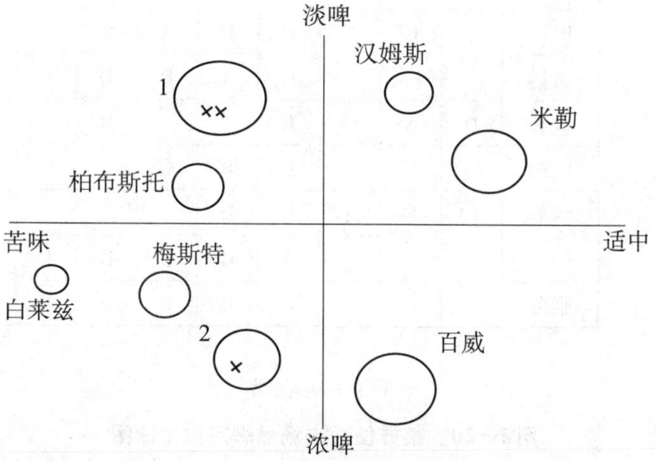

图 1－19　啤酒市场品牌定位知觉图

资料来源：仁科贞文．广告心理．北京：中国友谊出版公司，1991.

从图 1－20 中可以看出，1 号和 2 号是市场的空白点，其他品牌可以考虑进入该区域。在决定进入之前，还必须对这两个市场区域进行研究，以确定这两个区域的市场有多大的规模。如果这两个区域的市场太小，那么企业就不应该进入。

（三）品牌定位排比图

品牌定位排比图是先将各种关键因子按其重要性加以排列，对每一关键因子的重要性予以量化，然后在每一关键因子上分别比较各种品牌的优势与劣势，最后在此基础上确定品牌定位。

此方法相对于品牌定位知觉图而言具有更多的选择性和比较性。毕竟，品牌定位知觉图适合只使用两个评价因子的市场定位。在实际的市场营销过程中，影响消费者购买决策的因素往往不止两个而是更多，这时，使用品牌定位知觉图就显得勉为其难，品牌定位排比图的方法正好能够解决这一问题。

图 1－20 是一个方便面市场的品牌定位案例。从图中可以看出，影响方便面品牌评价的因子按其重要性的高低排列分别是口味、花色、价格、质量、包装、广告、营养、历史、服务。图中还列举了五个竞争品牌，分别以 A，B，C，D，E 表示。此图中的五个竞争品牌在九个关键因子的比较中，各自的特征一目了然。

二、品牌再定位

再定位的概念是艾尔·里斯和杰克·特劳特于 1972 年发表在《广告时代》杂志上的著名论文中提出的。再定位就是重新定位，也就是打破品牌商品在消费者心目中所保持的原有位置与结构，使品牌商品按照新的传播理念在消费者心目中重新排序，以期在消费者心目中构建一个对企业更加有利的品牌结构（阶梯）。

重要性（高→低）

口味		E	D	C	A			B	
花色			E	D	C		B		A
价格		C	E	B	D	A			
质量				C	A	B	D	E	
包装	D	A	C	E			B		
广告		E	A	D	B	C			
营养	C	E	A	B	D				
历史				A	C	B	D	E	
服务		A		B	D	C		E	

弱　　强

竞争品牌表现

图1-20　某方便面市场品牌定位排比图

（一）品牌再定位的必要性

企业在市场营销过程中，其核心的竞争就在于品牌的竞争，品牌竞争的起点又在于品牌的定位决策。因此，针对不断变化的市场需求，及时对品牌进行再定位，就显得非常必要。具体而言，品牌再定位的必要性主要表现在以下几个方面。

1. 市场竞争格局的变化使再定位成为必要

对于企业来说，市场竞争环境每天都在发生变化，其激烈程度表现在以下两点：竞争对手的品牌采取跟进或模仿策略，使过去市场竞争格局的品牌差异化迅速变得同质化；竞争对手往往采取不正当的竞争或倾销行为，对本品牌的品牌定位优势造成较大损害。在这种情况下，企业为保持自身品牌在市场竞争中的主动性和优势地位，不得不对品牌实施再定位的策略。

2. 消费者对品牌利益点的兴趣变化使再定位成为必要

由于消费环境的变化，目标消费者对品牌利益点的兴趣发生变化，这就使得企业有必要根据目标消费者变化的利益点为品牌进行再定位。因为消费者对原品牌的利益点会随着时尚流行元素的更新、消费习惯的改变、产品新功能的开发、科学技术的不断进步等而发生改变或转移，所以企业在实施品牌战略的过程中，必须及时把握消费者的心理需求变化，以便能够及时对品牌进行再定位。

3. 市场法规和相关政策的变化使再定位成为必要

许多国家或地区都会根据市场发展的需要制定有利于市场发展的相关法规和政策，这些法规和政策既可能会使一些企业的品牌处于有利的市场地位，又会使另一些企业的品牌处于不利的市场地位。企业要想使自身的品牌避开或化解这些不利的影响，就有必要对品牌进行再定位。

（二）品牌再定位的时机

市场每天都在发展和变化，企业是否需要经常进行品牌再定位？回答显然是否定的。

这里就有一个企业为品牌进行再定位的时机把握问题。也就是说，品牌再定位不能盲目进行，在时机的选择上，既不能滞后，又不能超前。企业应充分了解市场的变化，根据市场需求、消费者需要适时地导入品牌再定位策略。具体而言，企业应该在以下几种情况下对品牌实施再定位策略。

1. 品牌形象老化

品牌形象老化，即品牌形象的价值取向、广告的诉求点已经不能引起目标消费者的认同与兴趣，此时，如果企业不对品牌实施再定位，则品牌在市场上的生命力将逐渐衰减，极有可能被市场淘汰。如麦当劳于 2003 年 9 月在中国全面更新其品牌形象，其广告口号、品牌个性、员工制服、广告风格及主题歌曲等全面更新为"I'm lovin' it"（我就喜欢），以时尚、现代的价值观来重新诠释麦当劳的品牌理念。此案例说明，如果品牌的形象已经老化，那么企业对品牌进行再定位就是使其品牌形象重新获得生命力的有效手段。

2. 市场环境变化

经济环境的突变、市场政策的变化以及品牌产品自身潜在的不利因素，都有可能在不同程度上对品牌的原定位形成干扰，甚至造成不可预测的损害。在这种情况下，企业如果不及时对其品牌进行再定位，则该品牌就很有可能成为市场环境变化的牺牲品。因此，企业的品牌管理人员在这种由于环境的变化所导致的对品牌形象极为不利的局面下，一方面应该努力通过开展公关活动尽可能消除或减轻社会各界对本品牌产品的疑虑和误会；另一方面可以考虑通过品牌再定位，使消费者重新对品牌形象予以认知。如 2000 年 11 月，国家药监局出台新的政策规定，暂停含有苯丙醇胺（PPA）的非处方药品在市场上销售。当时，一直占据感冒药非处方药市场主导地位的康泰克因药品中含有 PPA 而成为 PPA 的代名词，直接导致该品牌损失近 7 亿元。在遭受如此大的环境变故面前，中美史克公司为保存企业主导品牌，对其开发的新产品实施了再定位策略，于 2001 年 9 月适时推出"不含 PPA 的速效感冒药"新康泰克，并开展有效的公关活动，使其品牌又逐渐获得了消费者的信任。

3. 原品牌定位有误

许多产品在上市之初（两年之内）往往不能达到预期的市场营销目标。一些企业在检讨营销业绩不尽如人意的原因时，往往将目光集中在产品策略、价格策略、渠道策略和促销策略上。其实，真正的原因很可能是品牌定位有误。此时，为品牌进行再定位，极有可能使市场业绩大为改观。如江中健胃消食片的产品定位"中药保护"，没有切合目标消费者的真正需求，导致该药品市场销售不畅。2003 年，江中制药对江中健胃消食片进行再定位，根据目标消费者的实际需求将其定位改为"日常助消化用药"，从而成功地占据了在日常消化不良用药非处方药市场领头羊的位置。

4. 消费者的产品需求观念发生改变

消费者的产品需求观念是随着社会经济的发展和市场环境的变化而变化的。如果消费者对产品需求的兴趣点发生转移，原品牌定位的利益点将很有可能不能满足消费者的兴趣欲望，此时，企业就需要对品牌的诉求利益进行重新定位。

5. 企业的发展战略调整

企业在制定市场发展战略时，主要应思考两个要素，即企业的内部资源和外部环境。

这两个要素都是典型的动态变量，企业的市场发展战略也要根据这两个变量做出调整，企业的发展战略的调整又必然涉及品牌定位的调整。因此，当企业制定出全新的发展战略时，就必须考虑对品牌实施再定位的策略。

案例1-2

香飘飘品牌重新定位

香飘飘奶茶诞生于2004年，经历了最初的创业期和后来与竞争对手的对战期，最终成就了自己行业领导品牌的地位。

初创“香飘飘”

2004年的一天，蒋建琪在杭州看到一家奶茶店门口许多人在排队，他也买了一杯，味道不错，突然想为什么不可以将奶茶做成固体饮料的方便包装呢？蒋建琪立刻付诸实施，找到专业的食品研究机构，开发出了最早的杯装奶茶原型产品。

第一年香飘飘并没有大规模生产销售，只选了温州、福州、无锡、苏州四个城市，每个城市只选一所大学、一个中学、一个超市、一个卖场，派人追踪每天的销售情况，每个月绘成图表。半年时间测试下来，销量令人满意。

于是，2005年蒋建琪决定进军全国市场，在湖南卫视投放了一两千万元的广告，配合全国糖酒商品交易会进行招商。一个月后，杯装奶茶得到了全国市场的热烈反响，产品一下子供不应求，订单、资金源源不断地汇集到公司，账面资金一下子增加了几千万元。

然而，近年来瓶装奶茶和街边奶茶店日渐兴起，奶茶大市场逐渐壮大，香飘飘作为杯装奶茶品类的创建者却陷入增长停滞。问题出在哪儿？

品牌初定位

通过深入调研、访谈、分析发现，造成香飘飘销售疲软的核心问题是战略问题，以及由此导致的企业运营层面的问题。

其中，战略层面的隐患有六个：一是消费者对杯装奶茶品类存在负面认知；二是品牌趋于低端化；三是功能性饮料崛起；四是街边奶茶店连锁化趋势增强；五是瓶装奶茶体量更大；六是顾客对品类缺乏清晰的购买理由。

运营层面的问题也有六个：一是销售运营偏弱，缺乏对市场的精耕；二是淡旺季反差明显；三是地面活动低效；四是产品包装混乱；五是媒介投放分散；六是产品数量过多。

发现上述问题后，香飘飘亟须激活品类，促进系统升级。

首先要明确战场，激活品类。

定位理论创始人特劳特说：“我们花了很多精力帮客户理清他们在卖什么，也就是在哪个领域竞争。”那么，香飘飘奶茶到底在卖什么？

通过大量调研，营销策划人员最后认为香飘飘作为杯装奶茶领导者，宜代表品类将咖啡界定为竞争对手，为奶茶赋予功能性，以获得最有利的发展机会。与咖啡相比，奶茶本身含有红茶，同样具有提神功能，如此可建立稳固而强大的消费根基，并弱化淡旺季现象。

划定竞争领域后，香飘飘制定了新的策略方向——进行品牌和品类升级，对接顾客需求，明确购买理由，培养消费习惯，回归主流消费。为此提出了“小饿小困，喝点香飘飘”的核心诉求。然而，光是这些还不够，还要给顾客购买香飘飘更多的信心，为此要强调原材料是新西兰奶源和印度红茶，给人健康感、时尚感、品质感。同时强调热销：一年12亿人次在喝，以解除新概念与心智对接时的不信任危机。

围绕战略定位，公司发展战略也必须做出相应的调整：传播策略调整为“旺季重点投放，淡季维持声量”；运营策略调整为“精耕主销终端，打造样板市场，探索可复制经验”。

在传播方面，新广告取得了开拓新顾客、激活老顾客与品类价值、化解淡旺季、引发潮流等效果；在运营方面，香飘飘主要在两点发力——驱动经销商和激励业务员。

公司通过两次经销商大会点燃了经销商的热情和信心。又通过一套创新的绩效模式将业务员都变成小老板，充分调动起业务员的积极性。

就这样，准确的品牌定位，对品牌定位传播到位的广告，企业决策人准确的判断力和果敢的决策力，团队优秀的执行力及较强的渠道控制力，使得香飘飘的新战略成果初见。

巨头窥视，竞争升级

喜之郎很快发现杯装奶茶并立即上马，取名叫“喜之郎CC奶茶”。彼时喜之郎的规模是香飘飘的十几倍，第一年投入也不少，但最终效果并不好。

喜之郎很快意识到自己所犯的错误。2007年下半年，它卷土重来，重新命名品牌（改名优乐美），更换包装，并且把市场上数百万箱旧品牌奶茶统统收回。一场真正的竞争开始了。

优乐美此番再次出手，誓言通过五重封杀两年内拿下香飘飘。一是明星封杀：香飘飘请的代言人是陈好，而优乐美请的则是超人气亚洲天王周杰伦；二是广告封杀：优乐美的广告投放力度是香飘飘的三倍；三是媒体封杀：优乐美的广告投放媒体不得与香飘飘合作，为此浙江卫视将香飘飘踢出门外（那可是蒋建琪的家乡媒体啊）；四是渠道封杀：优乐美背后的喜之郎经营了十几年的强大销售渠道不得与香飘飘合作；五是销售封杀：香飘飘只有一百多名营销人员，优乐美则有一千多，近十倍于香飘飘。

面对来势汹汹的喜之郎，香飘飘又在做什么呢？由于竞争初期喜之郎决策失误，让香飘飘觉得对手并没有什么特别厉害的地方，反而看到自己的订单和利润滚滚而来，于是在2007年出台了宏大的发展计划：第一，投资3 000万元，上一个方便年糕的新项目；第二，开奶茶连锁店，进军餐饮行业；第三，进军房地产市场。

然而，香飘飘的分兵作战让公司陷入了危机。到2008年下半年，优乐美的销量不断攀升，2009年上半年甚至逼近了香飘飘，香飘飘的形势岌岌可危。继续发展下去，香飘飘很可能会昙花一现，成为杯装奶茶市场的“先烈”。要知道，喜之郎并不是第一家做果冻的，但后来居上，牢牢占据了果冻第一品牌的位置。它也不是第一家做海苔的，但推出的“美好时光”海苔后发制人，超越了“波力”海苔。

品牌再定位（定位反击战）

2009年，香飘飘引进定位理论，做出了两个关键决策：

第一，砍掉一切与杯装奶茶不相关的业务，聚焦奶茶。痛下决心关掉了年糕项目，卖掉了设备；两家奶茶店也转手了；房地产项目正常结束后，不再涉足。

第二，启动香飘飘品牌战略定位。向消费者传达香飘飘是杯装奶茶的开创者和领导者，是全国销量最大的奶茶品牌这一关键信息。为香飘飘设计了新的广告词："香飘飘奶茶，一年卖出3亿多杯，杯子连起来可绕地球一圈。"新的广告非常有冲击力，效果奇佳。

定位理论使香飘飘展现出了威力。香飘飘奶茶销量从2008年的3亿多杯一下子跃升到2009年的7亿多杯，2010年又跃升到10亿多杯，一直到今天还是遥遥领先。广告词也从"绕地球一圈"，到"绕地球两圈"，再到"绕地球三圈"……优乐美再也没能有所进展，市场份额逐渐萎缩，双方的差距逐步拉大。

香飘飘案例思考

优乐美人力强大、财力强大、资源强大，体量十倍于香飘飘，最后还是完败，根本原因在于喜之郎不理解今日之商业竞争决战者是品牌而非产品，决战地在心智而非市场。

优乐美的五重封杀，看似强大，实则是在产品层面发力，乃典型的产品之战；反观香飘飘，运用定位在品牌层面发力，诉求领导者地位，在消费者心智上打了一场漂亮的品牌之战。这是香飘飘完胜优乐美的关键所在，而定位是完胜的秘密武器。

产品之战的核心：战场在市场，产品代表企业出战，企业工作的重点围绕产品展开。

品牌之战的核心：战场在心智，品牌代表企业出战，企业工作的重点围绕品牌展开。

产品之战的弊端：产品可以复制，易引发价格战。

品牌之战的益处：品牌无法复制，价格能够保持刚性。

资料来源：香飘飘品牌重新定位翻身案例．中国品牌策划网，2020-03-01.

关键术语

品牌	品牌形象	品牌价值	品牌的功能价值
品牌的附加价值	品牌的资产价值	定位	品牌定位
品牌传播	市场细分	品牌差异点联想	品牌共同点联想
竞争性共同点联想	品牌再定位		

思考题

1. 应该如何正确认识品牌的概念？
2. 品牌与消费者之间存在哪些关系？
3. 品牌价值如何积累，又如何增值？
4. 品牌定位的本质是什么？
5. 品牌定位决策需要掌握哪些基本原则？
6. 在为品牌定位进行策划的过程中最重要的环节是哪一个？为什么？
7. 在什么情况下应该考虑为品牌重新定位？
8. 李宁品牌的个性和定位与强势品牌耐克和阿迪达斯相比，有哪些不足之处？其内在原因是什么？

课后实践

1. 通过实地访问消费者和上网查阅相关资料，比较分析加多宝与王老吉这两个品牌之间的异同，并对这两个品牌的价值做出自己的判断。

2. 请同学们在组长的带领下对光明牛奶、雪花啤酒、汇源果汁（上述三个品牌可任选其一）的品牌定位策略进行调研，调研内容包括本品牌及其竞争品牌的目标消费者、产品各自的优劣势、营销传播的策略比较等，并在此基础上写成调研报告。

案例分析

2018 年克明面业品牌策划推广案例分析

【导读】在移动互联网时代，消费者不看广告了。消费者在移动端拥有完整的消费主权，当拥有消费主权时，消费者会选择跳过广告，所以在移动端广告越来越失灵了。这要怎么办？要给消费者内容，移动端内容成了广告最大的载体，消费者愿意看、爱看，才会被影响。在数字时代，品牌要和年轻人玩在一起，要以年轻人的语言和年轻人交流，这样才能打动、影响年轻人，才能引发年轻人共鸣，这也是品牌人格化、品牌文案崛起的原因。数字时代，每个品牌都要建立起品牌内容分发的能力，这不是做与不做的问题，这是生与死的问题。

【服务目录】策划公司为克明面业整体服务内容：

1. 赋予品牌情感附加值。
2. 构建品牌在线上的内容分发能力。
3. 借势春节热点，打造春节回家吐槽多话题。
4. 打造走心短视频，击中归家游子情绪共鸣点。
5. 歌曲及 MV 进一步强化品牌暖心形象。
6. 用年轻人的语言与年轻人一起玩耍。
7. 创造病毒化的可分享内容。
8. 诸多知名企业家的放大背书。

【项目背景】克明面业股份有限公司创立于 1984 年，以研发生产销售挂面为主，经过 30 余年的奋力拼搏，现已发展成为国内挂面行业领先企业；公司挂面产能、销售额以及市场占有率均连续多年名列行业前茅，并于 2012 年 3 月 16 日成功在深圳证券交易所挂牌上市，成为中国主营挂面第一家上市企业。在实现销售量和市场占有率均领先全国同行业水平的同时，克明面业不断加大品牌建设推广的力度，通过品牌实现差异化，把产品价值提升为品牌价值，最终将品牌打造成公司的核心竞争力。

【项目挑战】品牌与产品一样，有自己的生命周期，唯有不断地年轻化迭代，才能保持品牌活力，不被用户抛弃。时代变了，消费者也变了，传统的营销思路也得改变。

克明面业作为拥有 30 多年历史的食品企业，一直采用传统的宣传手法，在移动互联网时代，传统的广告投放方式逐渐失灵，年轻消费者在手机上消费的是内容而非广告。

品牌年轻化的一大重点就是用年轻人的语言和年轻人沟通，让品牌与消费需求快速变化的年轻人取得共鸣。可以看到许多传统品牌在新媒体下的人格化表达，这就是品牌年轻化的明显标志，但品牌年轻化绝不是在微博、微信上写写段子卖卖萌那么简单。

克明面业如何年轻化，如何与年轻消费者互动，如何进入年轻消费者的消费场景中？

【服务内容】

1. 赋予品牌情感附加值

在刚接到这个案子时，策划公司的小伙伴们首先思考的是如何用一碗面真正打动消费者。基于这个思考点，提出了几个问题。

问题一：在中国人眼中一碗面到底是什么？

没有比一碗面更家常的食物，也没有比一碗面更治愈的食物。饿了，孤独了，酒后抑郁了，一碗面会温暖你的胃，把你从虚无的绝望里拽回到充满烟火气的人间。甚至吃什么面都不重要，可奢可俭，可繁可简。

一碗面，不只是胃的满足，更是内心寻求的温暖。

问题二：陈克明先生是一个什么样的人？

一个专注做面的人，一个做面让自己获得幸福的人，一个自己获得幸福并把幸福传递出去的人。

这样的人，内心一定是温暖的，他做的面条也是。

问题三："哥吃的不是面，是寂寞"为什么会爆红？

虽然看似无厘头和非主流，看似是一场全民狂欢和吐槽，但九个字最真实地诠释了年轻人的生活心境。

把消费者的内心感受表达出来，就能赢得他们的响应。

问题四：现在年轻消费者到底需要什么？

工作、生活让年轻人感到压力山大；网络世界异常热闹，但人际交往温度冰冷。

当代的年轻人需要一点温暖，温暖是他们所渴望的，由此，策划公司得出了自己的结论。

暖心的面，才能真正打动消费者，并提出了"温暖一面"的营销大主题。

2. 构建品牌在线上的内容分发能力

品牌与用户之间的沟通大多是通过传播内容来实现的，内容的重要性与日俱增，成为连接用户和品牌的情感纽带的关键。

为更好地与年轻人进行情感沟通，策划公司提出的一个原则是"用年轻人听得懂、喜欢听的语言进行沟通"，并提出了四大内容产出方向。

（1）面+温暖回归的传统文化，用面条结合文化来创造经典和唤起回忆的文化营销；

（2）面+温暖贴切的生活场景，把面条融入消费者生活的场景化营销；

（3）面+温暖丰富的表达形式，营造陈克明"温暖"形象的N种新奇玩法，如直播、视频、游戏、漫画、GIF、段子、AR、VR、弹幕、快闪店；

（4）面+温暖表达的流行元素，消费者集中在哪里，陈克明面条就出现在哪里的借势营销。

3. 借势春节热点，打造春节回家吐槽多话题

在2018年春节前夕，策划公司将话题聚焦于普通人的生活，描绘普通人在大城市的

不易和千万年轻人离家奋斗可能遭遇的窘境，也映射出年轻人为更多可能性而努力打拼的可贵精神。

在春节这个传统的团圆节日来临之际，却有越来越多在外打拼的游子有过年不回家的念头。基于这一现象，策划公司于 2018 年 1 月 23 日发起了“过年回家槽点多”有奖征集话题（见图 1－21），引发了网友和粉丝热议，顺利为官方微博吸粉一波，并登上新浪微博社会话题榜，截止到 2018 年 2 月 22 日，该话题参与人数达到 96.8 万。

在上一轮微博话题成功引起关注后，趁热打铁推出了“吃碗面压压惊”微博话题（见图 1－22），并发布了大量幽默风趣的“压惊体”海报和 GIF 动画，内容平实又扎心，让陈克明与年轻一族的情感互动更深入一个层次。该话题发起 3 日即登上新浪微博社会话题榜。

4. 打造走心短视频，击中归家游子情绪共鸣点

微博、微信上进行两轮话题宣传后，踏准节奏推出了走心视频《外面不如家里面》（见图 1－23）。这则视频选取的不是那些光鲜亮丽的明星和人生赢家，而是聚焦于普通人的生活，描绘一个普通女孩在大城市的不易，映射出千万年轻人离家奋斗可能遭遇的窘境。视频截取了生活中最常见的片段，讲述“我”在外与在家的两种截然不同的生活场景。

图 1－21　“过年回家槽点多”有奖征集话题

图 1－22　“吃碗面压压惊”微博话题

图 1－23　《外面不如家里面》视频截图

这则视频刻画的是生活中最平常的细节，那份无奈、心酸以及委屈会深入到每个人的内心。消费者总是会因感同身受而被吸引，产生共鸣，驻足观看。

这就是所谓的“个人关联性”，也是这则视频的魅力所在！走心和激烈冲突的剧情、过度渲染的情绪无关，靠的是真实、自然以及准确的洞察。

这个《外面不如家里面》的视频，让大家更深入地感受到陈克明是一个有温度的品牌。家人的话语是最动听的音符，家里的面条是最美的味道。回家，是世界上最美的旋律。一言以蔽之——外面不如家里面。

5. 歌曲及 MV 进一步强化品牌暖心形象

继视频《外面不如家里面》上线之后，再度推出两首围绕该主题的同名歌曲。两首歌并非平日春节常见的轻松欢快的喜庆歌曲，而是秉承了与消费者进行情感对话的宗旨。两首歌曲主题如出一辙，都是《外面不如家里面》，但歌曲风格迥然不同，一个是温暖的清新柔情风，另一个是超带节奏的动感范儿。

柔情版的《外面不如家里面》以柔软温情的曲调来渲染并勾起听众的思乡情绪，“原以为梦想会叫我起床，可现实是噪音在我耳边吵嚷，离家的孩子已经习惯了坚强……”“披星戴月拖着满身疲惫，苦涩眼泪浸透了味蕾，游子的心充斥着想家的滋味……”这些满满扎心的歌词在抒情旋律的伴奏下，将更加触动听众尤其是年轻游子的思乡之情。

RAP 版的《外面不如家里面》音乐风格则是顺应时下潮流，力求采用年轻化的沟通方式与在外漂泊的人进行更好的心灵交流。“无人关心你的痛，只有自己默默承受……”“时针转了一百八十度，叫的外卖还没下肚……”诸如此类燃情扎心的歌词再加上动感满满的节奏配乐，道出一群孤身在外打拼游子内心的孤独无奈以及对家里温暖的渴望。

6. 用年轻人的语言与年轻人一起玩耍

策划公司帮克明创造属于自己的网络流行语——“吃碗面压压惊”，一改品牌高高在上的姿态，俯下身去用年轻人听得懂、喜欢听的语言进行沟通，并创造了一系列“压惊体”海报与表情包。

“压惊体”海报主要是围绕网友春节期间的心理活动创作的。

有关于钱财问题的：“红包发到心慌慌”“老板不发年终奖”“聚会买单三五千”等；有关于婚姻问题的：“相亲吓到小心脏”“结婚请帖叠成山”“七姑八婆群拷问”；当然也有关于春节的：“春运高速堵成狗”“春节年味淡如水”“春节应酬排七天”。参见图 1－24。

春节的“压惊体”海报反响异常好，响应网友的号召，陈克明再次出击，出了一系列娱乐性“压惊体”海报，随口就是金句，引得网友纷纷叫好。

“每当我找到成功的钥匙，就发现有人把锁芯换了”——哪次遇挫没有这种感觉的？“她说我是好人，但是配不上她”——被发好人卡的兄弟扎心了没？“男朋友说他养我，后来我差点饿死了”——果然不是每个人都是周星驰啊。参见图 1－25。

7. 创造病毒化的可分享内容

emoji 是年轻人的专利、动图是网络传播的最爱。策划公司帮助克明实现了在挂面行业中第一家拥有属于自己的 emoji 及 4 帧动图，融品牌理念于娱乐化、创新化的形式。

图1-24　“压惊体”海报（1）

图1-25　“压惊体”海报（2）

行业中率先为克明打造了专属的面条人卡通形象小克，并赋予小克快乐、萌趣、善解人意的人格化特质，迅速拉近与消费者的距离。

卡通形象完全有可能成为品牌的核心资产，关键在于如何使用。《广告时代》杂志评选出的美国20世纪十大品牌形象包括万宝路牛仔、麦当劳叔叔、劲量兔子、米其林轮胎人等。

为了让大家春节更多地活跃于聊天界面之上，与亲朋好友拉近距离增进感情，克明特意制作了一大波新春特辑表情包，参见图1-26。

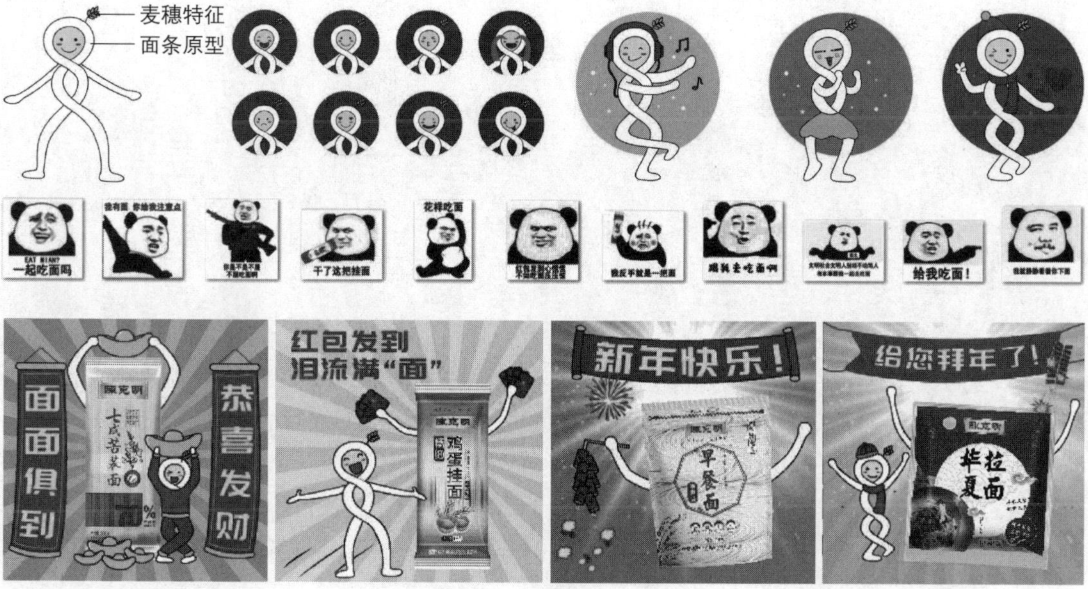

图1-26　新春特辑表情包

8. 诸多知名企业家的放大背书

克明本轮传播吸引了诸多知名企业家转发，大大提升了传播的公信力，增强了品牌传播势能。

受众是最好的传播媒介，理解受众的心理需求，创造内容的可分享性是“内容为王，用户为王”的关键。

从“过年回家槽点多”的话题征集活动，到加入网友“吃碗面压压惊”的压惊大军，再到《外面不如家里面》暖心又扎心的创意视频，均是立足受众，深耕内容互动。

受众或多或少都能在这些内容中获得共鸣，都能找到自己情感的归属点。这一代年轻人有把小情绪、小感动分享给身边人的意愿，恰恰是这种一传十、十传百的分享推荐成就了克明刷屏级传播效果。

资料来源：上海欧赛斯文化创意有限公司．2018年整合营销经典案例分析．百度文库，2018－08－11.

问题

1. 本案例中对克明面业的品牌策划建立在什么依据之上？策划公司有没有开展营销调研活动？

2. 本案例中的品牌策划为什么要将克明面业的目标消费者锁定为年轻人？这些年轻人是否应该进一步细分？他们对面条到底有哪些需求？为什么策划公司没有对克明面业的品质做进一步分析？

3. 本案例中说移动终端目标人群都是年轻人，难道中老年人就不是移动终端的使用者吗？如果本策划将传播内容集中在年轻人身上，是否有主动放弃中老年消费者的可能？

第2章 品牌传播基础分析

本章要点

1. 品牌传播的经济环境、社会环境和市场环境分析。

2. 品牌市场分析方法：SWOT 分析法、市场细分、集中法、态度研究法和行为研究法。

引　例

谷　歌

作为用户，你怎么才能知道一个产品是“谷歌系”的呢？这个问题也是许多处于不断扩大市场规模的公司所面对的一个难题：一方面要保证自己产品的市场推广率；另一方面要开发出各种各样的产品满足不同用户的需求。2018 年谷歌主打定制化的新产品 Material Theming 以及全新的设计协作工具 Gallery 就可以帮助我们解决这些问题，实现产品的个性化以及协作的简单化。Material Theming 旨在帮助企业系统化地定制 Material Design，从而创造出符合其品牌特色的个性化产品。Material Theming 可以通过最新推出的 Sketch 插件 Material Theme Editor 来实现，借助这个工具可以在 Sketch 中完成对同一产品的多平台设计，并通过自定义组件库内组件的参数来实现产品的个性化设计。目前 Material Theming 还提供了 4 组风格独特的主题供用户使用，未来将逐步增加更多有特色的主题。谷歌公司的品牌传播活动和产品研发都是基于深入的市场调查分析，充分重视市场的不同需求，根据市场需求开发产品和开展品牌传播活动。

资料来源：小灼 . 2018 年最好和最差的品牌宣传案例 . 2019 - 01 - 03.

任何一个品牌甚至是市场的领导品牌，在开展相应的品牌形象传播活动之前，都应该针对市场和消费者进行深度调查和分析研究，否则，很有可能做出错误的决策。

企业在实施品牌传播战略之前，必须对所开展的品牌策划与推广活动以及目前市场环境的变化状况进行分析评估。由于这两个评估内容在时间上有先后之分，即便企业以前所开展的品牌策划与推广活动较为成功，也不能证明在目前市场环境已经改变的情况下，继续开展以往的品牌策划与推广活动还能取得成功。因此，品牌策划与推广战略应该重新制定，而不是对以往所开展的品牌策划与推广活动的简单重复。

2.1 品牌传播环境分析

企业进行品牌策划与推广之前必须了解品牌产品所处的整个市场的发展现状及趋势，以便根据市场环境的变化采取相应的品牌策划与推广战略。

一、经济与社会环境分析

经济与社会环境分析主要包括品牌产品所处市场的经济发展水平、经济体制现状、通货膨胀率、失业率、消费者对经济的态度以及法律制度体系的完善等。通过分析，判断消费者对政治、经济局势的展望以及未来一段时间的消费趋势。

1. 经济环境分析

市场是由那些有需求并且有购买力的人构成的，购买力是构成市场和影响市场规模的一个重要因素，整体购买力即社会购买力又直接或间接地受到消费者收入、价格水平、储蓄信贷等经济因素的影响。社会购买力是一些经济因素的函数，因此，企业在进行经济环境分析时，要着重分析以下因素。

（1）消费者收入的变化。消费者的购买力源于消费者的收入，因此，消费者的收入是影响社会购买力、市场规模以及消费者支出多少和支出模式的一个重要变量。

消费者并不是将全部收入都用来购买商品或服务，用于购买商品或服务的支出只是其收入的一部分。因此，在分析消费者收入这一要素时，应区别“消费者可支配的个人收入”和“消费者可随意支配的个人收入”这两个概念。

消费者可支配的个人收入是指扣除消费者个人缴纳的各种税款和交给政府的非商业性开支后可用于个人消费和储蓄的那部分个人收入。可支配的个人收入是影响消费者购买力和消费支出的决定性因素。

消费者可随意支配的个人收入是指可支配的个人收入减去消费者用于购买生活必需品的支出和固定支出（如房租、保险费、分期付款、抵押贷款、水电气费、物业管理费、车位费等）所剩下的那部分个人收入。一般而言，大多数消费者将可随意支配的个人收入用于购买家庭耐用消费品、具有一定品牌力的商品或用于旅游度假。

另外，还要注意区别“货币收入”与“实际收入”的概念，实际收入会影响消费者的实际购买力。假设消费者的货币收入不变，如果物价下跌，其实际收入便会增加；反之，其实际收入便会下降。即使消费者的货币收入随着物价上涨而增加，但是如果通货膨胀率超过了货币收入的增长率，消费者的实际收入也会减少。

最后，不仅要分析消费者的平均收入，而且要分析各个阶层消费者的收入，不同阶层消费者的实际收入可能有巨大的差异。此外，由于各个地区的工资水平、就业情况不同，消费者的收入水平和增长率也会有所不同。

（2）消费者支出模式的变化。消费者支出模式的变化无疑将随消费者收入的变化而变化，这种变化大体上有基本的规律可循，这个规律就是恩格尔定律。

德国统计学家厄恩斯特·恩格尔1857年根据其对法国、英国、德国和比利时等国工人家庭收支情况的调查研究，发现了工人家庭收入变化与其消费支出变化之间的关系的规律：随着家庭收入的增加，用于购买食品的支出占家庭收入的比重就会下降，用于住宅建筑和家务经营的支出占家庭收入的比重大体不变，用于其他方面的支出（如服装、交通、娱乐、卫生、保健、教育、旅游等）和储蓄占家庭收入的比重则会上升。

2. 社会环境分析

社会环境分析主要是了解品牌商品所在的国家或地区社会开放的程度和消费者的价值取向与消费观念的变化，从而较为准确地把握消费者需求的变化趋势。

（1）政治法律背景。企业商品准备进入某一国家或地区之前，企业应该深入考察和研究所在国家的政体、方针、政策限制等因素以及法律、法规、条例和规定等因素，不注意分析这些社会环境因素，企业的品牌传播活动就会受到阻碍或挫折，研究分析这些社会环境因素，就可以利用这些因素给企业的品牌传播带来机会。企业对《商标法》《消费者权益保护法》《广告法》是必须掌握的。另外，我国领导人的讲话和新闻媒介的报道也是分析研究的内容。

（2）文化背景。企业的产品准备进入某一国家或地区之前对该国或该地区的文化传统与背景进行深入分析研究同样是不可忽视的。文化是由不同的历史、不同的地域所形成的各种差异很大的价值观念、风俗习惯和宗教信仰所构成的，它在很大程度上左右着人们的世界观，更会深刻地影响消费者在选择和判断商品时的基本态度。文化还具有一种自觉性，使人下意识地采取符合文化的行动。在大多数情况下，文化远比法律的约束力强，对人的影响力也是很难改变的。因此，企业在进行品牌传播的过程中一定要深入地了解、掌握和适应当地的文化，才能使品牌传播活动取得理想的效果。

二、市场环境分析

市场环境分析所涉及的内容较多，对于品牌策划管理人员而言，应重点分析市场规模、市场发展趋势、市场占有率、流通渠道的状况和市场结构类型及市场地位等。

1. 市场规模、发展趋势

在分析某一市场的规模时，可以通过商品的普及率、生产量、销售量和消费额予以分析。比如，某品牌咖啡准备进入某一市场，就必须分析该市场的咖啡普及率、近5年销售总量等基本数据，以便比较清楚地了解该咖啡市场的规模大小及该市场目前是处于导入期、成长期、成熟期还是衰退期。一般情况下，当某一市场的产品销售总额的增长率大于10%时，该市场就处于成长期；当某一市场的产品销售总额增长率在1%～10%之间时，该市场处于成熟期；当某一市场的产品销售总额增长率小于0时，该市场则处于衰退期。

2. 市场占有率

在市场环境分析中，市场占有率是一个重要的概念。市场占有率是指在市场中某品牌产品的营业额占总营业额的比率。企业在分析市场占有率时，不应只分析本品牌产品的市场占有率，还应该对市场上其他重要品牌产品的市场占有率进行分析，通过比较明确本品牌产品与竞争品牌产品在市场上各自所居的位次，据此制定更有针对性的品牌传播策划方案。

3. 流通渠道

如果说市场规模分析是对市场销售总量的研究，对市场占有率的分析是对各品牌市场份额的研究，对各品牌产品的流通渠道的分析就是对销售策略的研究。通过对流通渠道的分析可以明了各竞争品牌在销售环节的基本策略和现实状况，具体包括各品牌产品的铺货率、店面占有情况、库存量等。

4. 市场结构类型及市场地位

对于市场结构类型的判断及对市场地位的识别参见表2－1和表2－2。

表2－1　市场结构类型的判断

市场类型	规模	集中度
完全垄断	大	高
寡头垄断	大	高
垄断竞争	小	低
完全竞争	小	低

表2－2　市场地位的识别

市场地位	特点
市场领先者	（1）市场占有率最高；（2）在市场上处于主导地位；（3）市场竞争导向者；（4）其他品牌挑战、仿效或躲避的对象
市场挑战者	（1）在市场上处于次要地位；（2）向领先者挑战
市场跟随者	（1）在市场上处于次要地位；（2）不热衷于挑战，安于次要地位
市场补缺者	（1）在大企业的夹缝中生存和发展；（2）提供专业化的服务

2.2　品牌产品（企业）竞争分析

由于消费者最终是通过购买和使用产品对某品牌产生正面或负面的印象，产品本身的品质、特性以及与竞争对手相比具有哪些差异是品牌能否在市场上获得消费者认可的重要因素。

一、分析产品的竞争优势

1. 产品的基本概念

产品是指能够提供给市场，被人们使用和消费并满足人们某种需求的东西，包括有形的物品、无形的服务、组织、观念或它们的组合。产品一般可以分为三个层次，即核心产品、有形产品和附加产品。核心产品是指整体产品提供给购买者的直接利益和效用。有形产品是指产品在市场上出现的物质实体外形，包括产品的品质、特征、造型、商标和包装等。附加产品是指整体产品提供给顾客的一系列附加利益，包括运送、安装、维修、保证等在消费领域给予消费者的好处。

2. 产品竞争的基本策略

一份新产品上市失败的调查报告显示，造成新产品失败的原因大体上有七个方面：市场分析不足（占32%）；产品缺失（占23%）；成本过高（占14%）；时效不佳（占10%）；竞争者反制（占8%）；营销策略不当（占7%）；时间不够（占6%）。从该调查得出的基本结论是新产品上市失败主要有三个问题：其一，企业没有深入细致地对市场进行分析便匆匆进入市场；其二，新产品本身还有待完善；其三，新产品的成本过高。显然，企业如果希望自己的品牌产品能够在激烈的市场竞争中占据有利的位置并保持竞争优势，基本的竞争策略主要有以下三点。

（1）领先性。品牌产品的领先性对于占领市场具有举足轻重的作用。品牌产品的领先性不仅是指产品自身在工艺和技术层面的品质、功能等要素上领先，还包括品牌产品在价值取向、包装审美等层面要素上领先。比如，英特尔公司拥有在微处理器研发上巨大的人力和技术优势，这就使得其产品在微处理器市场上比竞争对手保持6个季度的领先优势，从而确保英特尔微处理器在市场上牢牢居于领先地位。

（2）差异化。差异化是指企业根据竞争对手产品所忽略的环节以及目标消费者所需要的利益而研发与竞争对手有较大差异的产品，其核心就在于及时发现市场最新的需求并努力使自身产品独树一帜。差异化主要包括有形和无形两个方面。有形的方面通常是围绕产品来进行的，如产品的设计与生产、交货系统及促销活动等一系列内容；无形的方面主要是指提供免费的售后维修、服务和独特的审美感受等。

企业实施差异化的产品策略将产生两方面的利益：一是给供给者或生产者带来的利益，即能有效地回避正面碰撞和竞争，还可以削弱购买者的权力，因为市场上缺乏可比的选择，还能够阻止后来的竞争者，因为在差异化策略下，得到满足的顾客会相应地产生品牌忠诚度。二是给消费者带来的利益。差异化给消费者带来的利益非常明显，企业实施差异化策略促使产品质量更好，价格更低，消费者的需求得到更贴切的满足。

企业致力于培养自己的品牌，就要抓住品牌的两端——产品和消费者。在当今的市场中，新产品一上市，很快就会被模仿，广告研究者史蒂芬·金提出，管理者最好致力于产出特别的东西，使产品具有“特定族群”的附加价值，拥有越多附加价值就越能满足消费者的需要。这个特别的东西就是差异化产品，这个特定族群就是细分的目标消费者，两者的共同根源就是差异化。

（3）成本领先。成本领先就是在同类产品中本品牌产品的生产和销售成本最低，在企业认为需要时可以用低于竞争对手的价格销售本品牌产品。当然，并不是所有类别的产品都需要规划或制定成本优势，相对而言，那些无差异化的产品（如土豆、番茄、玉米等农作物和煤矿、铁矿等原材料）尤其需要实现成本优势。在手机行业，小米手机的市场营销和推广策略就是采取和利用成本领先优势，即用低于苹果手机和三星手机40%的价格销售产品，获得了较大的市场份额。

二、分析企业与竞争对手

哪里有市场，哪里就有竞争。品牌策划管理人员在对品牌进行策划的过程中应该重点分析本企业与竞争对手的实力和各自所拥有的资源，通过比较得出较为准确和具有针对性的竞争策略。

1. 企业自身的优势分析

企业开展品牌策划与推广活动，其宗旨是善加利用自身的优势，竭力克服或避开自身的劣势。因此，明了企业或品牌自身的优势是企业开展品牌策划和推广活动的基础工作之一。

（1）了解企业自身所掌握的资源、能力和竞争关系。企业在开展品牌策划与推广活动之前，必须对自身所掌握的资源和拥有的能力以及与竞争对手的关系有一个全面、客观、公正的评价，知道自己的优势何在，劣势又何在，竞争对手的优势与劣势是哪些。这里的资源可以分为两种：一种是有形的，如人力、财力和物力等；另一种是无形的，如品牌、技术、声誉和人际关系等。

（2）能力之争——核心竞争力。核心竞争力是指企业积累多年经验所形成的在人才储备、研发能力、管理体系等方面与竞争对手相比所具有的优势，是企业维持竞争优势的关键因素。企业的核心竞争力主要包括五个方面：产品优势、成本优势、品牌优势、渠道优势、附加价值优势。

2. 竞争对手分析

企业除了要知己，还必须知彼，即要充分了解主要竞争对手的市场运作情况。首先，要明确最直接的竞争品牌是哪个。提起同类产品，消费者心目中的品牌排位中哪些品牌榜上有名，本品牌又排在第几位。其次，要明确与本品牌有直接竞争关系的品牌的优势与劣势，并找出竞争品牌薄弱的环节与缺陷。

（1）企业的竞争威胁分析。企业的竞争威胁主要可以从以下四个方面加以分析：其一，确定现实的竞争者，也就是目前在市场上与本企业构成直接竞争关系的企业是哪个；其二，预测将来的竞争者，也就是所谓的潜在进入者，即在不久的将来有哪些企业有可能进入同一市场并构成与本品牌的竞争关系；其三，分析供应商的发展态势，如果供应商的发展速度过快，其议价能力必将大大增强，这无疑会构成在原材料供应方面的威胁；其四，分析替代品的出现有可能构成对本品牌产品的威胁。

（2）从5W着手了解竞争对手。5W分析模式就是以竞争对手为导向的研究方法，在此基础上提出营销传播战略。其关键之处在于不过于强调和分析消费者，而是努力从竞争对手身上寻找营销传播的突破口。5个W是：竞争对手在做什么？为什么那样做？没有做的是什么？做得好的是什么？做得不好的又是什么？

一般而言，企业可以将上述5W当中的两个作为开展品牌策划与推广活动的切入点：其一，竞争对手没有做的是什么？也就是在市场上可能会有的空白点，如果没有竞争品牌产品进入此区域，对于本品牌产品而言自然是最理想的市场状态。其二，竞争对手做得不好的又是什么？也就是说企业只要能够将竞争对手的缺点分析清楚，自然就知道自己应该采取何种策略开展品牌传播活动。

行业竞争压力分析参见表 2－3，竞争对手分析模型参见图 2－1。

表 2－3　行业竞争压力分析

竞争压力	表现形式
1. 购买者的权力	(1) 分销商的权力；(2) 团体消费者的权力；(3) 个体消费者的权力
2. 竞争厂商的角逐	(1) 产品；(2) 价格；(3) 渠道；(4) 服务
3. 替代品的威胁	(1) 价格上的吸引力；(2) 质量、性能和其他一些重要属性方面满足消费者需要的程度；(3) 购买者转向替代品的难易程度
4. 潜在进入者的威胁	(1) 挤占已有的市场份额；(2) 挤占投入要素的获得
5. 供应商的作用	(1) 供应商形象；(2) 供应商产品投入对成本和品牌差异化的影响

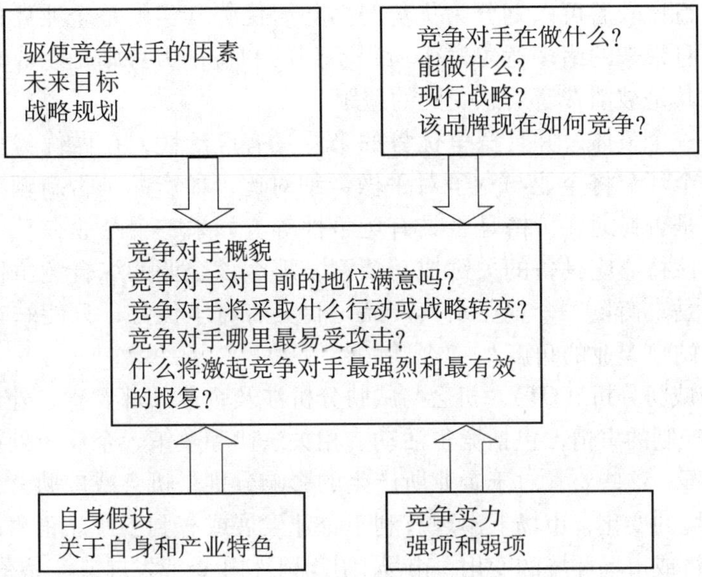

图 2－1　竞争对手分析模型

2.3　品牌传播竞争分析（SWOT 分析法）

品牌传播作为一项极具目的性和综合性的系统化操作程序，必须从战略的高度对企业自身和环境状况进行分析并排出优先次序，以作为战略规划实施的依据。SWOT 分析是品牌传播战略策划的第一个步骤，该分析要关注的四个要素是影响产品或品牌的企业内部优势（strengths）或劣势（weaknesses）、企业在外部环境中所面对的机会（opportunities）或威胁（threats）。

一、SWOT 基本概念

1. SWOT 界定

所谓 SWOT 分析，即基于内外部竞争条件和竞争环境下的态势分析，将与研究对象密切相关的各种主要内部的优势和劣势及外部的机会和威胁等通过调查分析列举出来，并依照矩阵形式排列，然后用系统分析的思想，把各种因素相互匹配起来加以分析，得出相应的结论，结论通常带有一定的决策性。

运用这种方法，可以对研究对象所处的情境进行全面、系统、准确的分析，从而根据研究结果制定相应的发展战略、计划以及对策等。战略应是一个企业“能够做的”（组织的强项和弱项）和“可能做的”（环境中的机会和威胁）的有机组合。

2. SWOT 分析工具

（1）优势与劣势分析（SW）。优势与劣势分析涉及企业内部要素，内部要素是指企业自身可以控制的变量，包括企业的研发技术、专利、分销渠道、产品覆盖面、定价策略、品牌定位、品牌知名度、财务实力、品牌形象、企业声誉、企业文化等。这些变量在与竞争对手进行比较后可以划分为优势与劣势。优势其实就是企业凭借所能够利用和控制的资源为自身带来的诸多竞争对手所得不到的利益；劣势则是企业相对于竞争对手所表现出来的尤其是被消费者所感受到的差距。

由于企业是一个整体，并且竞争优势的来源具有广泛性，在做优劣势分析时必须从整个价值链的每个环节将企业与竞争对手做详细对比，如产品是否新颖，制造工艺是否复杂，销售渠道是否畅通，价格是否具有竞争性等。如果一个企业在某一方面或几个方面的优势正是在该行业应具备的关键成功要素，那么该企业的综合竞争优势也许就强一些。需要指出的是，衡量一个企业及其产品是否具有竞争优势，只能站在现有和潜在用户的角度而不是站在企业的角度。

（2）机会与威胁分析（OT）。机会与威胁分析涉及企业外部要素，外部要素是指企业难以控制或无法控制的事情，包括竞争活动、相关法律和政策、企业所处社会经济环境和市场环境的变化等。这些要素对于企业所产生的影响分别是机会或威胁。机会是指随着社会经济或市场环境的变化，市场上出现有利于企业发展或有利于产品销售的态势；威胁则是指随着社会经济或市场环境的变化，市场上出现不利于企业发展或产品销售的态势。

替代品限定了公司产品的最高价。替代品对公司不仅有威胁，也可能带来机会。企业必须分析替代品给公司的产品或服务带来的是“灭顶之灾”，还是机会；购买者转而购买替代品的转移成本；公司可以采取什么措施来降低成本或增加附加值来减少消费者购买替代品。

SWOT 分析模板见表 2－4。

表 2－4　SWOT 分析模板

优势（strengths） 品牌是否有良好的背景和信誉？ 品牌是否存在相对优势？ 品牌是否存在渠道或价格的相对优势？	机会（opportunities） 是否有良好的社会大环境？ 是否存在潜在消费者的需求？ 是否存在适宜的上市时机和市场空缺？
劣势（weaknesses） 产品是否不够独特？ 新品牌是否不易被接受？ 是否存在渠道和价格的劣势？	威胁（threats） 是否存在竞争者的威胁？ 产品淡旺季是否不平衡？ 是否会有跟随者加入？

（3）整体分析。从整体上看，SWOT 分析可以分为两部分：第一部分为优势和劣势，主要用来分析内部条件；第二部分为机会和威胁，主要用来分析外部条件。利用 SWOT 分析方法可以找出对自己有利的、值得发扬的因素，以及对自己不利的、要避开的因素，发现存在的问题，找出解决办法，并明确以后的发展方向。根据 SWOT 分析，可以将问题按轻重缓急分类，明确哪些是急需解决的问题，哪些是可以稍微拖后一点的事情，哪些属于战略上的障碍，哪些属于战术上的问题，并将这些列举出来，依照矩阵形式排列，然后把各种因素相互匹配起来加以系统分析，得出一系列相应的结论，有利于领导者和管理者做出较正确的决策和规划。SWOT 分析图和竞争分析步骤参见图 2－2 和图 2－3。

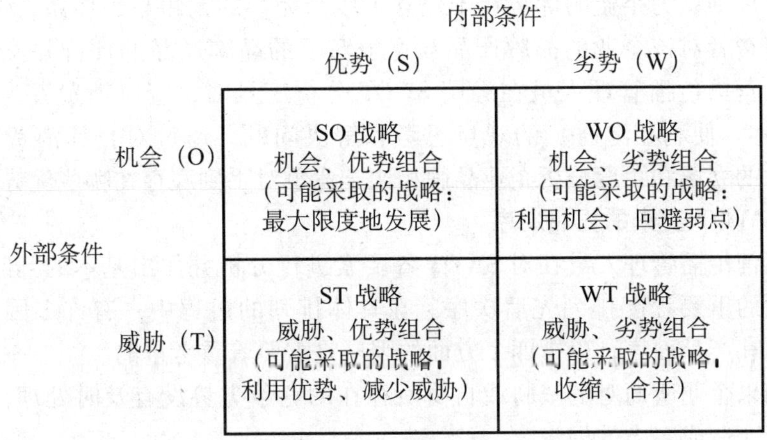

图 2－2　SWOT 分析图

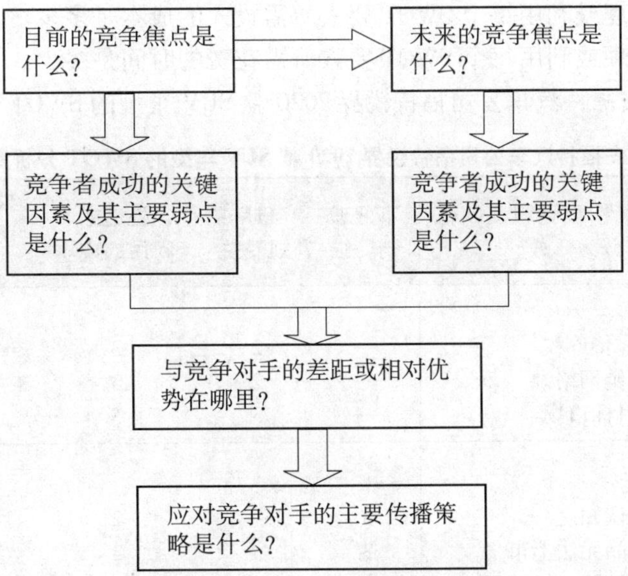

图 2－3　竞争分析步骤

二、SWOT 分析工具使用方法

品牌管理人员在使用SWOT分析工具时，绝不只是对自身品牌的优劣势和所处环境的机会与威胁进行分析，而是应该按照以下两个步骤使用。

1. 以目标消费者为中心展开分析

在对企业的外部要素，即由于环境的变化所形成的机会和威胁进行分析的过程中，营销传播人员站在企业或行业的角度思考问题，对于企业的内部要素，即企业与竞争对手相比较有哪些优势或劣势，则要复杂得多。比如，在具体的实践中，某企业的高层主管在与竞争对手比较后认为本企业的优势在于拥有较高文化素质和专业技能的员工，该企业的营销经理则认为企业的优势在于建立了较为完善的销售渠道体系，但是经过市场调研发现，消费者对该企业的品牌产品与竞争对手的品牌产品的评价并没有什么差异。因此，企业的营销传播管理人员在运用SWOT分析工具时，应以消费者为中心，以4C（消费者、成本、便利和沟通）的观点思考和解决问题，通过对目标消费者深入调研，从目标消费者的立场和角度分析企业品牌相比于竞争对手到底存在哪些优势或劣势。

2. 排列 SWOT 要素的先后次序

企业的营销传播管理人员在对SWOT各要素进行分析并作出基本的判断之后，就要根据这些要素的重要程度排列先后次序。在具体排列的过程中，有许多因素需要考量。就大多数企业和产品而言，以下四个方面的因素是需要着重考量的。

其一，如果企业所面对的威胁或自身所存在的竞争劣势没有及时处理，将会对品牌形象和品牌资产造成多大的损失。

其二，如果企业所面对的机会或自身所存在的竞争优势能够及时利用，企业将会获得多少实际利益。

其三，企业处理或利用每个SWOT要素所需投入的成本是多少。

其四，企业处理或利用每个SWOT要素所需花费的时间是多少。

表2-5是长安福特汽车公司福特锐界2020款SUV车型的SWOT分析量化打分排序。

表2-5 长安福特汽车公司福特锐界2020款SUV车型的SWOT分析量化打分排序

SWOT分析各项要素按重要程度从低到高量化打分，最高分为3分	不处理则受损	利用则受益	处理或利用的成本	处理或利用所需花费的时间	总计
优势					
强大的顾客特许权	—	2	3	1	6
良好的经销网络	—	2	3	1	6
可确认的目标市场	—	3	3	3	9
劣势					
缺乏品牌认知度	3	—	2	3	8
次年春季前产品无法上市	3	—	3	3	9
没有足够的预算经费，次年春季前没有营销传播活动的支持	3	—	2	3	8

续表

SWOT 分析各项要素按重要程度从低到高量化打分，最高分为 3 分	不处理则受损	利用则受益	处理或利用的成本	处理或利用所需花费的时间	总计
机会					
市场对 SUV 车型的需求呈增长趋势	—	2	1	2	5
良好的经济形势	—	3	3	3	9
威胁					
竞争对手的品牌影响力大	3	—	3	1	7
新品牌的市场投入大	2	—	2	1	5

对 SWOT 各项要素进行量化打分之后，接下来企业就可以根据分数的高低将急需利用和解决的要素予以排序，分析方法见图 2－4。在图 2－4 中企业需要利用的优势和机会置于中线的上方，需要克服的劣势和威胁则置于中线的下方，超出虚线的 SWOT 要素显然就是企业最需要利用或处理的要素。虚线是各个企业根据自身的经验予以确定的。

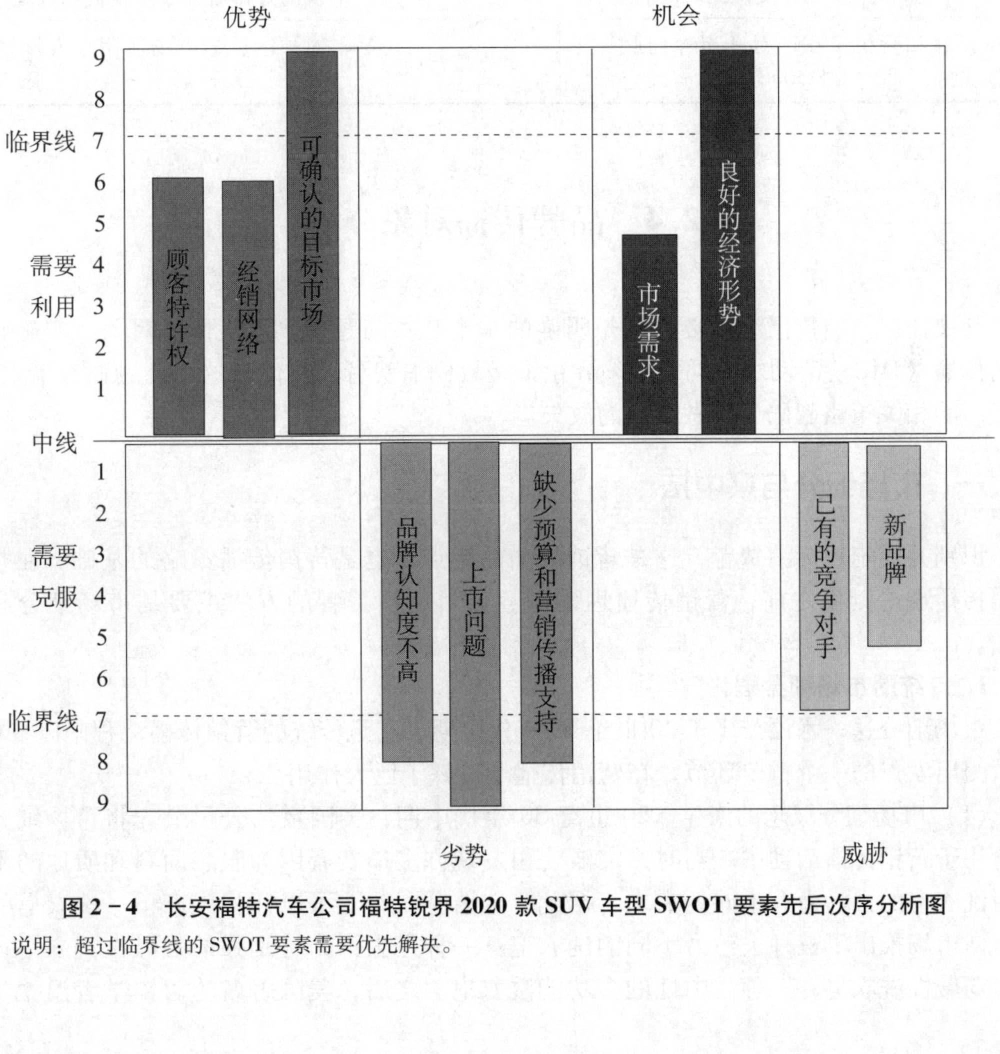

图 2－4　长安福特汽车公司福特锐界 2020 款 SUV 车型 SWOT 要素先后次序分析图

说明：超过临界线的 SWOT 要素需要优先解决。

企业对需要利用和需要克服的SWOT要素排序之后，就可以清楚企业的工作目标，即企业应该在最短的时间里尽可能地利用环境变化所带来的机会并努力发挥自身的竞争优势，努力减少由于环境变化所造成的威胁或避开自身在竞争中的劣势。虽然企业很少能有充足的时间和资源利用或克服所有已经发现的SWOT要素，但这种量化分析及排序的方法还是可以帮助企业在制定整合营销传播战略时明确自己的方向。

表2－6是长安福特汽车公司福特锐界2020款SUV车型根据SWOT要素排序之后所制定的整合营销传播的初步计划。

表2－6　长安福特汽车公司福特锐界2020款SUV车型的整合营销传播初步计划

SWOT要素	营销传播目标	营销传播工具推荐	确定使用/不使用的理由
品牌认知度不高	在目标受众中创造50%的品牌认知度	广告	由于有较大的受众规模，产品刚刚上市且预算充足，确定使用广告
可确认的目标市场	在目标受众中创造30%的品牌偏好度	直接营销	针对目标受众开展信息交流更顺畅和有利于互动
上市问题	产品上市后吸引10%的目标受众到展厅看车	直接营销	在很长的一段时间里培养目标受众的好奇心并激发他们的兴趣
缺少预算和营销传播支持	在产品上市前预售出8 500辆	直接营销	对预售目标市场适用个人接触的媒介

2.4　品牌传播对象分析

开展任何一项传播活动必须首先明确的一个基本问题是：谁是传播对象。实施整合营销传播（IMC）活动之前同样必须界定谁是目标消费者，我们将这个问题研究清楚了，所提出的相关策略起码可以做到有的放矢。

一、市场细分与集中法

识别并界定目标消费者，这是营销传播的起点，也是营销传播策略的基础。在整合营销传播理论诞生之前，营销传播理论中界定目标消费者的方法主要是市场细分和集中法。

1. 传统的市场细分理论

市场细分这一术语产生于20世纪50年代中期，它是传统的营销传播流程中以SWOT分析为出发点的一个重要环节，在营销传播中发挥了巨大作用。

（1）市场细分概念的产生。20世纪50年代中期，美国宝洁公司最先将市场细分的概念用于营销传播活动中。当时，宝洁公司发现许多消费者因为服装面料和质地的不同而对洗衣皂的去污力有不同的需求。据此，宝洁公司改变了以往只生产单一洗衣皂的做法，向市场推出了三种去污力不同的洗衣皂：一种是去污力特别强的强碱性洗衣皂；一种是弱碱性洗衣皂；一种是中性的多功能洗衣皂。之后，美国著名的营销学者温德尔·

斯密在对宝洁公司的这种营销传播策略进行总结的基础之上，提出了市场细分这个市场营销理论的全新概念。

（2）市场细分概念的界定。市场细分概念相对于其他营销传播概念而言，比较清楚且容易达成共识。笔者对该概念的界定是：所谓市场细分，就是企业的决策层根据消费者的欲望、需求、购买习惯和消费行为等因素，将整个市场划分为若干具有不同消费特征的亚市场，并选择其中一个亚市场的消费者作为本企业开展市场营销传播的目标消费者。

企业在对市场进行细分的过程中，往往是组合运用相关变量对市场进行细分，而不是采用某个单一变量。划分消费者需求的相关变量大体上可以分为四大类，即地理变量、人口变量、心理变量和行为变量。以这些变量为依据进行市场细分就产生了地理细分、人口细分、心理细分和行为细分四种基本形式。

市场细分理论的提出基于一个最为普遍的观点，即消费者的需求是有差异的，也就是通常所说的多元异质性，它在一定程度上显示了对于消费者需求差异的尊重和承认。虽然整合营销传播理论并不认为市场细分的方法无懈可击，但是目前国内外许多企业在营销传播的实践中还是广泛运用这种方法（见图2-5）。

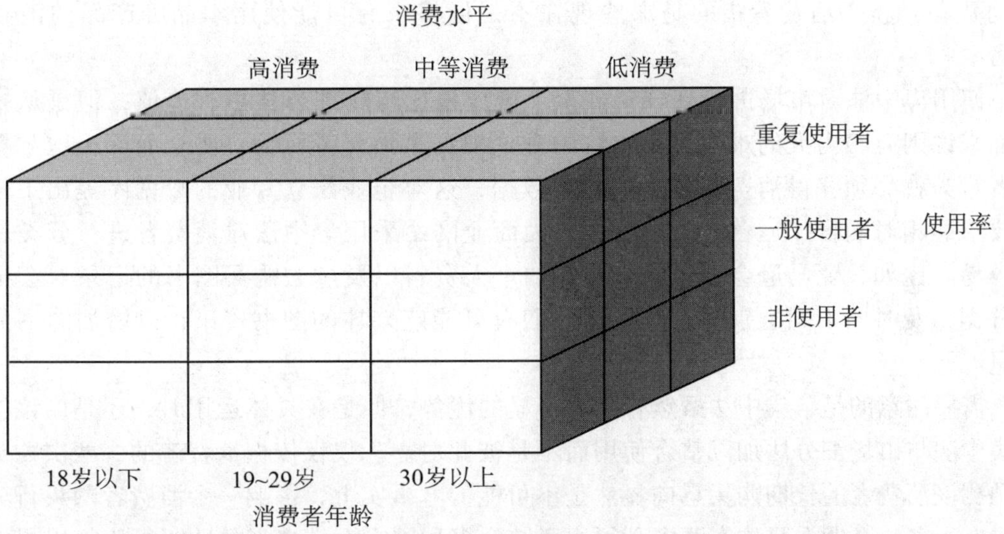

图2-5　根据消费水平、消费者年龄和使用率这三个变量对市场进行细分

（3）市场细分方法的缺陷。整合营销传播理论认为市场细分方法有很大的缺陷，这些缺陷主要表现在以下方面：首先，市场细分方法从本质上说是对于消费群体的划分而不是对于消费个体的划分，这就使得市场细分方法不可能对目标消费者进行具体的分析和个性化的探讨；其次，市场细分方法对于消费者的关注只停留在表面，难以对消费者行为进行深入研究。

2. 集中法分析理论

（1）集中法的提出。针对市场细分方法的缺陷，整合营销传播理论认为对于消费者的划分不能仅仅从消费者的地理位置或者其他变量入手，而是应该偏重于从消费者行为入手。在这种思路的指引下，整合营销传播理论提出了集中法，其核心内容就是根据消费者行为将消费者划分为不同的类型。集中法认为，消费者的分类应该以消费者行为作为划分标准，而不是以市场形成的消费群体作为划分标准。例如，一些消费者总是习惯于购买同一个品牌的产品，使用该品牌产品的方式也极为相似，或者以相当接近的方式处理有关该品牌产品的商业信息或促销活动等，这些消费者就可以划分为一种类型。这种以消费者行为作为划分标准的方法超越了消费者的年龄、收入和地理环境等变量，将划分的标准锁定在消费者行为上，即只要消费者的行为接近，无论这些消费者在其他方面有多大差异，也完全可以将这些消费者划分为同一类型，消费者以往的购买方式、购买习惯等相关信息远比他们的年龄、性别或居住地更有价值。

（2）集中法的具体运用。集中法在具体运用过程中，由于划分的标准是消费者行为，因此，根据消费者与品牌产品的关系（消费者行为）将消费者归为三个大的类别：现有消费者、竞争消费者和新兴消费者。

现有消费者指的是经常性购买本企业产品并为企业带来利润的那些消费者，他们可以被企业当做单一的目标群体，也可以进一步细分为忠诚消费群体、重度消费群体、临时性消费群体等。竞争消费者指的是在本品牌产品和其他品牌产品之间游移不定的消费者。新兴消费者指的是那些现在不是但将来有可能使用本品牌产品的潜在消费者。

使用集中法对市场进行划分从理论上说应该比市场细分法更有价值，但是从操作层面来说则有相当大的难度。集中法的理论根据是消费者行为，要全面深入地掌握消费者行为就必须获得消费者行为的相关数据，这对企业建立专业的数据库提出了较高的要求。相对而言，运营电子商务的各大商业网站采用集中法对消费者进行分类就比较容易。比如，亚马逊会根据会员输入的个人资料以及过去购买图书的记录对会员进行分类，及时向不同类别的会员发送他们有可能感兴趣的图书资讯，以增加图书的销售量。

需要注意的是，集中法虽然有更为明显的优势，但是在具体运用时，还是应该注意将集中法与市场细分法加以整合使用而不是彼此对立。仅仅依据消费者的一两次购买行为预测该消费者的长期购买意向显然是不可能的。事实上，影响一个消费者购买行为的因素有很多，企业在具体实践中必须注意结合多种因素对消费者的购买行为加以界定和判断。

二、态度研究法与行为研究法

下面主要介绍对消费者行为进行分类的具体方法。

1. 态度研究法

（1）态度研究法的基本逻辑。态度研究法在20世纪40年代出现，许多欧美国家的广告公司对消费者进行分析时广泛运用该方法。这种方法是基于一个假定，即消费者的态度可以影响消费者的行为。其基本逻辑是传播活动将会使消费者对某一品牌产品产生认知，进而产生喜好，最后产生购买行为（见图2-6）。

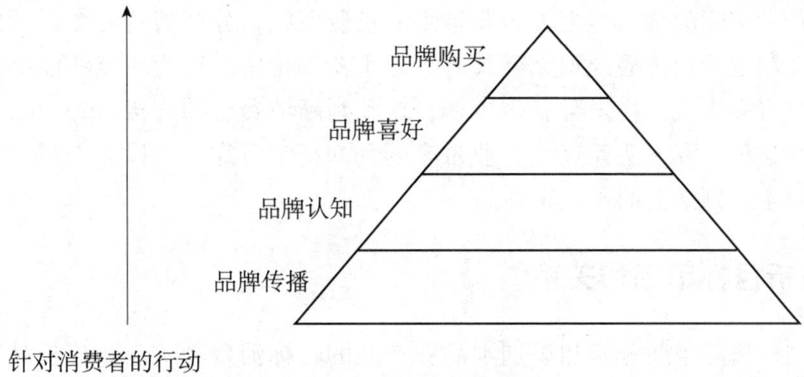

图 2－6　传播效果等级模式

该模式假设营销传播是促成消费者产生购买行为的有力工具。因此，消费者接触某品牌产品的信息越多，其购买某品牌产品的概率也就越大。这一观点为一些企业采用大规模的广告投放策略提供了理论上的支持。

（2）态度研究法的缺陷。根据态度研究法的观点所衍生出来的传播效果等级模式从逻辑上看似乎有一定道理，但是许多专家学者经过大量的实证研究之后发现该研究方法仍然存在一些缺陷。首先，态度研究法简单地将传播活动放置在一个真空状态，也就是说完全没有考虑在实际的竞争环境中目标消费者有可能受到诸多因素的干扰。事实上，任何一位消费者在接触广告之后是否必然会改变对该品牌产品的态度，会受到诸多因素的影响。其次，态度研究法是建立在假定的基础上，但假定毕竟只是假定，还没有任何的实证研究数据证明该模式是可行的。

行为主义研究者认为，态度改变未必就一定会引起人们行为上的改变，因此，态度上的认同也未必就一定会导致消费者产生购买行为。一些实证研究显示，对于企业而言，关于消费者最有价值的信息是他们在过去不长的一段时间里在什么地方、什么时间购买了哪些品牌产品。一个人无论是作为社会人还是消费者，其行为往往是习惯性的产物，消费者过去的购买行为对企业的参考意义很大，在很大程度上消费者将来还会采取相似的购买行为。从这个角度上讲，消费者行为研究的数据对于企业自然就具有很大的参考价值。据此，在对消费者进行分析和研究时，与其用态度的改变来预测消费者将来可能会采取什么购买行为，不如根据消费者过去的购买行为来分析和预测其将来可能采取的购买行为。

2. 行为研究法

行为研究法是测量消费者购买行为的一种方法，即从财务上的利润回报来测量营销传播的效果。根据消费者购买行为在财务上的利润回报，可以计算出短期客户投资回报率和长期客户投资回报率。研究消费者的购买行为不仅可以揭示企业以往的营销传播活动的投资回报率，还可以进一步预测和推断企业今后的营销传播活动对消费者将采取的实际购买行为的影响，从而判断企业在未来所开展的营销传播活动有可能产生的实际效果。

计算消费者实际的购买行为为企业带来的投资回报，分析消费者今后的购买行为倾向，对于企业制定营销传播规划无疑具有十分重要的价值。行为研究法能够推断目标消费者的口袋里有多少钱，将来会有多少钱，据此判断消费者的购买行为会给企业带来多少利润。使用这种研究方法计算给企业带来的利润科学可靠，可以大大减少企业在划分目标消费者时主观判断上的不确定性。

三、分析目标市场和关系

整合营销传播除了要分析和识别本品牌产品的目标消费者，还要分析品牌与目标消费者之间处于一种什么样的关系。

对目标消费者的识别与分析应该集中在能够清晰地回答以下几个问题：第一，最有可能再次购买本品牌产品或愿意积极影响其他消费者购买本品牌产品的是哪些人？第二，以前没有购买过本品牌产品，但是通过周围人的推荐有可能购买本品牌产品的是哪些人？第三，出于某种原因需要企业给予特殊关注的消费者是哪些人（如曾降低对本品牌的购买频率、曾经历过本品牌销售人员态度恶劣对待或曾经了解过本品牌产品但一直没有采取购买行为的顾客）？另外，其他能够影响上述三种消费者或潜在消费者及与本品牌有利益关系的特殊群体也有可能被企业列为目标对象。

在品牌与消费者之间的关系上，企业应该使用持续的客户反馈和消费者研究来确定品牌与消费者之间到底处于一种什么样的关系，以及自身品牌在市场竞争中到底具有哪些优势。对品牌与消费者之间关系的评估，可以围绕以下八个方面进行：第一，信任品牌；第二，对品牌满意；第三，认为企业在交易活动中对消费者的承诺是可以兑现的；第四，认为企业是可以接近的；第五，认为企业是负责任的；第六，能够感受到企业对消费者的利益非常重视，并将其放在第一的位置上；第七，企业对消费者有一种亲和力；第八，喜欢本企业并愿意一直打交道。

识别和分析目标消费者只是手段，努力与消费者建立一种彼此认同并为双方带来利益的良好关系，才是整合营销传播战略实施的最终目的。

四、消费者分析工具

1. 消费者需求分析

根据马斯洛的需求层次理论，寻找消费者需求与品牌价值的契合点，以确定品牌传播的方向（见图2－7）。

2. 消费者心理分析

消费者心理决定了消费者对媒介信息的认知方式、涉入程度、情感、态度以及购买行为。对消费者心理的分析直接影响品牌传播策略。消费者心理分析的主要内容见表2－7。

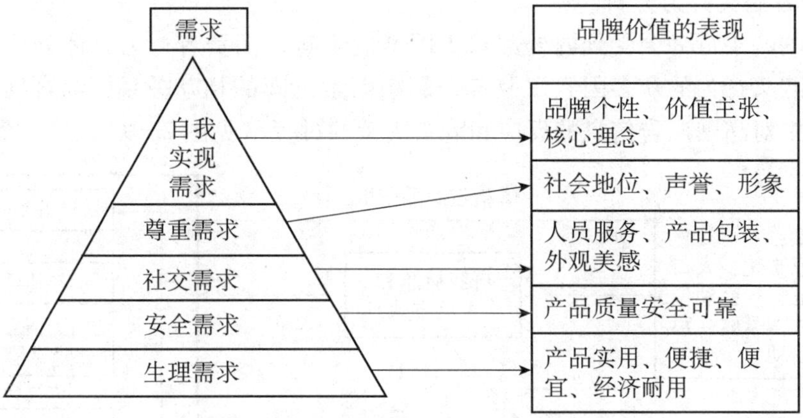

图 2－7　马斯洛需求层次理论与品牌价值的契合分析

表 2－7　消费者心理分析的主要内容

消费者心理		
消费者认知	消费者情感	消费者态度
认知是消费者通过感觉、知觉、联想、记忆和思维等心理活动对事物进行综合反映的过程	情感指消费者的感觉或者对特定品牌的喜好程度，包括渴望、偏好或者确信等较强程度的喜好	态度是消费者对品牌产品所持有的基本评价和行为倾向，在很大程度上决定其购买行为

3. 消费者对信息的认知过程分析

通过使用下面的分析模型可以了解消费者对信息的认知反应过程。该分析模型的核心是确定广告信息唤起消费者反应的类型，以及这些反应与广告、品牌态度、购买意愿之间的关系。第一类消费者认知反应是针对产品、服务和传播过程的正反面观点；第二类消费者认知反应是对传播信源可信度的评价；第三类消费者认知反应是消费者个人对广告本身的情感判断，包括其对广告要素如创意、视觉效果、音乐、色彩等的反应（见图 2－8）。

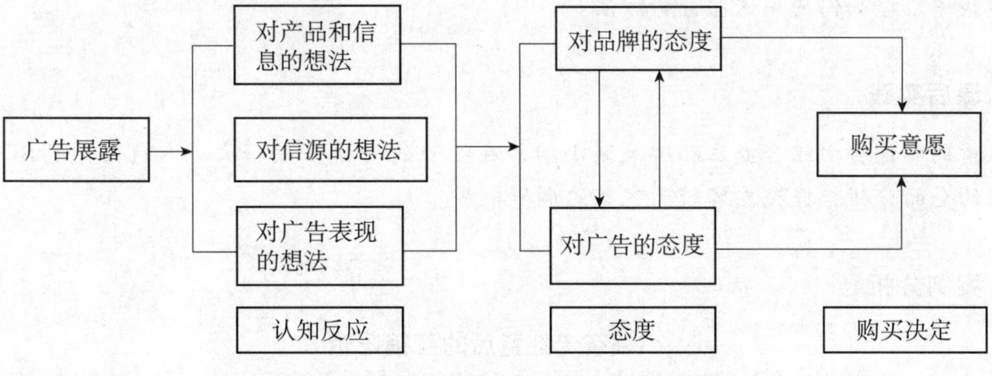

图 2－8　消费者对广告信息的认知反应模型

资料来源：郭鉴．营销传播学．杭州：浙江大学出版社，2004.

4. 消费者购买行为分析

消费者的购买行为会受到内外部双重因素的影响，消费者行为总体分析模型囊括了影响消费者购买行为的众多因素以及各个影响因素之间的相互关系，综合反映了消费者在购买过程中对品牌广告信息的反应和购买决策的过程（见图2-9）。

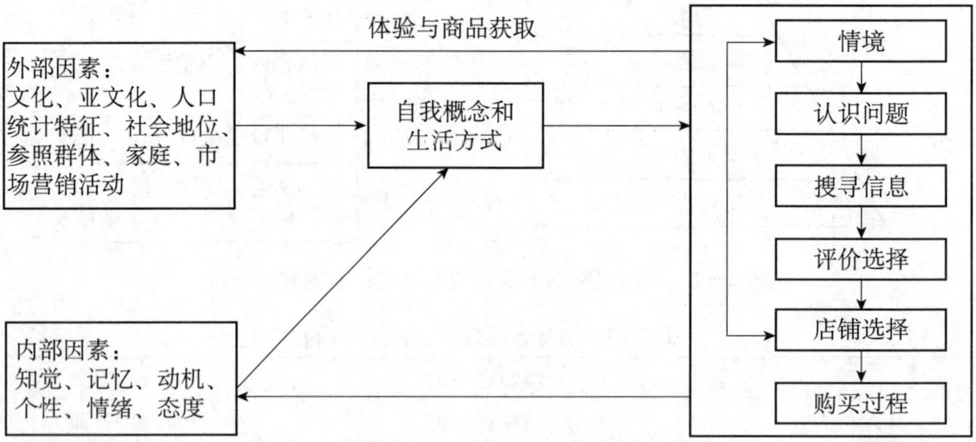

图2-9 消费者行为总体分析模型

关键术语

恩格尔定律	市场占有率	SWOT分析法	市场细分
集中法	态度研究法	行为研究法	

思考题

1. 在开展品牌策划与推广活动之前，为什么必须对品牌所在市场环境进行研究和分析？研究分析的资料和数据从何而来？如果没有第一手资料或数据，这种研究和分析是否就毫无意义？

2. 本章介绍了诸多对市场、环境、竞争对手及目标消费者分析的方法，你认为在具体实践中应该如何使用这些分析方法？

课后实践

请同学们自由组合成立品牌策划小组，在组长的安排下做一次对本地区葡萄酒市场现状的全面分析，提交内容较为完整的调研报告。

案例分析

小罐茶走红背后的营销逻辑

这两年，不管你是否喜欢喝茶，但一定都会被电视里循环播放的“小罐茶，大师作”这句广告词洗脑。精美的小罐包装、高端的品牌形象、简约的店面设计，让小罐茶迅速成为中国茶叶界的新晋“网红”。

一、定位品牌茶，彰显地位和身份

在中国目前的社会环境下，存在三种不同的茶。一种是“柴米油盐酱醋茶”的茶，俗称“大众茶”；一种是“烟酒茶”的茶，和茅台、中华烟一样用来送礼的，俗称“品牌茶”；还有一种是“琴棋书画诗酒茶”的茶，也就是讲究享受、讲究品位的“文化茶”。

小罐茶的定位其实就是像茅台、中华烟这样的品牌茶。

“文化茶”就像珍稀古玩一样，尽管价格高，但是消费市场很狭小，也难以通过品牌获取定价权。因此，兼具文化气息的顶级“品牌茶”是小罐茶定位的不二之选。那么，小罐茶的目标客户是谁呢?

说到底，小罐茶针对的就是那些追求优雅、优质生活的富裕人群，卖的其实是成功人士的身份和地位的象征。

有了这个定位后，小罐茶的价格定为 1 克 12 元，相当于每斤 6 000 元。接下来要做的就是如何让消费者接受这么一款“品牌茶”。

二、产品标准化，让价值可被认知

可能很多人都觉得一个品牌能否成功关键在于营销。

在营销之前，最核心的是产品本身，就连靠营销起家的杜国楹也这样说道：“说到底，好的产品才是前提，营销只能是术，是好产品的放大器，为产品服务。”

那么，小罐茶的产品是如何打造的呢?

小罐茶找的突破点是重新制定茶叶的认知和体验标准，简单地说，就是做“减法”。

小罐茶的“减法”其实就是统一重量、统一包装、统一价格、统一工艺等，让小罐茶集约化、标准化、品牌化。

为了达到这个目的，小罐茶邀请 8 位顶级制茶大师出山，为小罐茶打上了“大师作”的标签。

可能有人会问，“大师”的称谓究竟是如何定义的? 实际上，你认不认识这些所谓的“制茶大师”根本不重要，在小罐茶看来，重要的是“大师作”的概念，能够代表消费者对“品牌茶”的认知和体验标准，这就够了。

三、设计高端化，凸显差异化价值

为什么有的包装，消费者一看就会觉得高大上；为什么有的门店，必须开在繁华的商业区中心地段呢? 因为，这意味着高端!

包装使消费者对产品产生最直观的感受，它承载了产品的附加价值，门店的设计又直接影响着消费者对品牌的评判。

为此，小罐茶找来了日本设计大师，在历经数稿后才确定了铝合金小罐的包装，并且配以极致的撕膜体验和充氮等设计。这样既克服了消费者每次都要伸手抓茶叶的不卫生，也避免了出差旅途中袋装茶叶易碎的情况。当然，最重要的还是给人的第一感觉就是高大上!

小罐茶还邀请了苹果的御用设计师参与实体门店的设计，采用极简风格，既简单又不失大气，产品的品位瞬间就显现出来。

小罐茶的门店会从味觉、触觉、视觉等多个维度给消费者沉浸式的体验，体现出小罐茶的高端，这也是小罐茶将门店开在核心商圈的原因。

经过以上设计，最大化地体现小罐茶高端的差异化价值。

四、媒体高端化，进一步提升品牌形象

有了好产品之后，如何精准地找到目标消费者至关重要，这就落实到具体的媒介投放和选择上。

小罐茶在媒体投放上选择了央视、航空及高铁媒体。

央视广告具有强大的口碑支撑，能为小罐茶的高端形象做背书。互联网媒介则存在天然的缺陷，难以体现出品牌的高端形象和价值。这也是绝大多数高端品牌拒绝互联网的主要原因，尤其是对于初创品牌而言。

小罐茶的广告费用尽管很高，但是与其他品牌不同的是，小罐茶的广告投放更多的是跟着目标客户走，相对来说更精准。比方说，小罐茶相当一部分是用来做“礼品茶”赠送的，这就决定了很大一部分客户是商务人士。因此，在机场和高铁上投放广告也就不难理解了。

对于小罐茶来说，投放广告的目的不仅仅是增加产品的销量，还兼具打品牌的作用。

五、全产业链经营，创新商业模式

除了营销上的成功，还有就是小罐茶在商业模式上的创新，使乱而杂的茶叶产业链实现了有效整合，这也是小罐茶能够成功的关键因素之一。

小罐茶采取的模式是“从市场到工厂，从工厂再到茶园”。这样一种模式刚好与传统的茶行业相反。为什么小罐茶要反其道而行之呢？

原来，由于茶农都很分散，很难集中起来，即使产品好，也很难突破“从茶园到工厂”这道坎。如果直接“从茶园到市场”，这样操作不仅受制于产量，而且难以实现品牌价值。

因此，小罐茶的反向思维更具有可行性。

2017年小罐茶投资15亿元的首个智慧化工厂在黄山破土动工。小罐茶还通过控股、自建等多种方式布局茶园，还涉足了有机生态茶园。也就是说，依靠全产业链布局，小罐茶的综合竞争力不仅加强，品牌的“护城河”也越挖越深。

六、品牌高端化的背后是消费升级

有人说，这是一个消费降级的时代，但其实只是站在不同的角度，得出不一样的结论而已。

谁也不能否认，如今的消费者活得越来越精致了。小罐茶如此之高的定价，在没有促销更谈不上补贴的情况下，2018年的销售额达到了20亿元，在2017年还仅为11亿元。

没有成功的企业，只有时代的企业。消费升级浩浩荡荡，顺势而为的企业才有可能获得成功。

问题

1. 消费者为什么购买茶叶？是不是因为对消费者来说饮茶是一种健康的生活习惯？如果是的话，消费者更加关注茶叶的什么信息？

2. 茶叶品牌究竟应该如何塑造？小罐茶能否作为一个品牌在同类茶叶商品中形成差

异化联想？

3. 小罐茶的品牌个性是什么，品牌联想是什么，品牌广告语是什么，品牌竞争力何在？

4. 如果仅仅以大师作和高价格就可以使得消费者产生消费需求，那么其他的产品是否也可以用这种套路制造出理想的市场需求呢？

第3章 品牌文化与个性识别策划

| 本章要点 |

1. 品牌个性的基本概念及其内涵。
2. 品牌个性的提炼方法。
3. 品牌个性的测度与评估方法。
4. 品牌文化的界定、特征及其构成要素。

引 例

ZIPPO 品牌个性塑造与传播

世界知名的 ZIPPO 打火机，70 余载不变的设计和品牌策略，令竞争对手望尘莫及。ZIPPO 品牌的忠诚度超乎想象，坚实的品牌源于 ZIPPO 无与伦比的品质和众多的传奇故事，ZIPPO 的成功在于它无论是对于品牌还是品质的执着。

一、简单就好的设计理念

1932 年，美国人乔治·布雷斯代看到一个朋友笨拙地用一个廉价的奥地利产打火机点烟，为了掩饰尴尬，耸了耸肩说："它很实用!"事后布雷斯代发明了一个设计简单且不受气压或低温影响的打火机，将其命名为 ZIPPO，这是取当时的另一项伟大的发明——拉链（ZIPPER）的谐音，以"它管用"为宗旨而命名。

和世界上其他著名品牌一样，ZIPPO 的设计和品牌命名是很成功的。ZIPPO 的品牌易读、易记，这是对其简单的设计理念的最佳阐释。在中国市场被称为"之宝"的 ZIPPO 打火机，70 余载秉承"它管用"的设计理念，非但没有在打火机市场中迷失自己，还和牛仔裤、可口可乐成为美国的标志之一。ZIPPO 成功塑造了"简单就好"的产品文化，也奠定了它在打火机制造业的霸主地位。

二、独特的设计和销售主张

从第一个 ZIPPO 打火机诞生，ZIPPO 就没有放松过对产品的防伪设计，便于购买者辨别真伪。ZIPPO 采用识别代码对每个打火机进行区分，每个打火机都有编号，在这个世界上它也是唯一的。所有了解 ZIPPO 的朋友都知道，尽管 ZIPPO 打火机的款式在不断变化，但是ZIPPO这个标志永远刻在机身底部。近50年来，每一个ZIPPO的底部都刻有代表特定含义的码。1986年7月1日，那些沿用已久的编码方式为新的所代替。罗马数字表示年份，字母A～L表示月份，A代表1月，B代表2月……1936年，ZIPPO打火机的防风墙设计成功地获得美国政府的专利权，由此证明ZIPPO是精密设计的高科技打火机。依照它的原始结构重新设计了灵巧的长方形外壳，盖面与机身间以铰链连接，克服了设计上的困难，在火芯周围加上了专为防风设计的带孔防风墙。40年代初期，ZIPPO成为美国军队的军需品，一打即着及优秀的防风性能在士兵中有口皆碑。实际上，ZIPPO的外形并没有发生什么变化，但将防风墙这一专利发展得近乎完美。每一次在大风中打开机盖，点燃火芯时，都会体会到ZIPPO独到的防风设计。

为了更好地和那些普通的打火机区分，ZIPPO曾于1979年进行了一项科学性的抗风性能实验。实验以200型号的ZIPPO为测试对象，结果显示其抗风性能为时速32英里①，风速14.2米/小时。

ZIPPO的抗风性取决于它的防风墙的尺寸及构造、防风墙上的通气孔的数量及大小、棉芯的构造、专用电油的沸点四项因素，这些由ZIPPO申请为专利，一直为ZIPPO品牌的成长保驾护航。

科技含量使得ZIPPO不仅是一个打火机，更是一件轻巧的随身工具。户外活动时，不论天气好坏，ZIPPO皆可协助燃起营火、炭烧炉，也可当作电筒帮助寻找失物或路线，紧急时更可利用火光作为求救讯号。“有ZIPPO就有可能”，全球用户赞叹ZIPPO的过硬品质，和瑞士军刀一样的多用途也是ZIPPO能够风靡全球的一项重要因素。

独到的设计造就了独特的销售主张——防风。用户可以很轻松地判断一个打火机是不是正宗的ZIPPO打火机，在恶劣天气时使用ZIPPO打火机有胜人一筹的自豪感。正因如此，虽然ZIPPO价值不菲，它还是创造了全球每天生产65 000个打火机而绝不会滞销的奇迹，在消费者看来，ZIPPO早已超越了打火机本身，是他们忠实的朋友、神话和奇迹的创造者。

三、个性铸造品牌

ZIPPO防风打火机最初设计时就考虑到它可以在任何恶劣的天气和需要时都让人满意。事实也证明了这一点。在硝烟弥漫的战场上，在狂风暴雨中，在沙漠里，乃至任何需要它的地方，都会感受到ZIPPO的优良性能。

ZIPPO坚硬的外壳可以抵御任何物质的碰撞。一名士兵因为ZIPPO挡住子弹而保住了性命，那个ZIPPO依然好用。ZIPPO可以经得起任何浸泡的考验，即使ZIPPO完全被水浸湿，它的火焰也会令人满意。ZIPPO打火机点燃后可以一直燃烧，因此，在寒冷的冬夜，手指几乎完全冻麻木，也可以用它来点燃那救命的篝火。ZIPPO强劲有力而且安全可靠的火焰得自于它所用的特制液体燃料。在任何恶劣的天气下，它都可以轻松地点燃并保持长久不熄。

ZIPPO的原则是绝不画蛇添足。它的目标是简单、坚固、实用——在需要它的任何时候，ZIPPO都可以提供安全可靠的火源。0.27英寸②厚的镀铬铜制外罩，再加上0.18

---

① 1英里=1.609 344公里。

② 1英寸=2.54厘米。

英寸厚的不锈钢内衬，构成了ZIPPO坚固的外壳；玻璃纤维制成的火芯可以保证燃烧的可靠性，还有可以使用73 000次的燧石轮——无处不体现了ZIPPO的简单、坚固、实用。巧妙的防风设计令ZIPPO超凡脱俗，举世闻名。实际上，ZIPPO的关键技术在于它的火焰本身。与其他品牌的打火机迥然不同的是，ZIPPO并不是燃气型打火机，它的燃料是一种非常稳定的石油提炼物，由它燃烧产生的火焰不但安全可靠，而且异常洁净，不会产生任何污染。这种液体燃料就在防风墙里面的玻璃纤维火芯上。实际上，ZIPPO燃烧的方式就像一盏油灯，这也是为什么ZIPPO具有如此强的防水和抗风能力的原因。科技铸就了ZIPPO的品质，给了ZIPPO品牌始终如一的公众印象——稳健并值得信赖。正是这完美的品牌形象让ZIPPO在全球拥有数以亿计的忠诚用户，很多用户都拥有数个ZIPPO并终生收藏。

ZIPPO，一个神话般的品牌。它以品质铸造品牌，以品牌承载品质，并赋予自身传奇色彩，成功对产品进行内涵的升华。一言以蔽之，ZIPPO的成功在于它以对品质的不懈追求塑造了一种只属于自己的无法复制的产品文化，在所有用户眼中，ZIPPO不仅仅是打火机，更是有着动人故事的打火机，一个值得信赖并伴随一生的忠实朋友。

资料来源：6个成功的品牌推广案例．个人图书馆（360doc. com）.

企业在规划品牌形象的过程中，最为关键的是要为品牌塑造与众不同、独具魅力的个性特征。只有如此，品牌才有可能为目标受众所关注和记住。越来越多的企业已经深刻地意识到塑造品牌个性特征的重要性。

3.1 品牌文化提炼与传播

品牌文化的形成和发展是一个循序渐进的过程，它需要企业整合智力资源、财务资源等，以品牌的核心价值为主线，不断注入与品牌定位或品牌个性相适应的文化背景元素，并通过坚持不懈、持之以恒的演绎与传播，逐渐形成消费者广泛认可的一种文化。当一个品牌的文化得到消费者的高度认同时，就会有越来越多的消费者成为该品牌的忠诚消费者，从而使该品牌在市场竞争中长期保持领先地位。

一、品牌文化概述

品牌是一种文化现象，优秀的品牌往往都蕴涵着较为丰富的文化内涵。在品牌形象的塑造与规划过程中，文化起着支撑和催化作用。分析品牌文化，就必须先了解文化的基本概念。

1. 文化的基本概念

广义的文化是指人类创造的一切物质产品和精神产品的总和。狭义的文化专指语言、文学、艺术及一切意识形态方面的精神产品。

（1）文化概念的界定。文化尚无统一的定义。在近代，给文化明确定义的首推英国人类学家 E. B. 泰勒。他于 1871 年出版了《原始文化》一书，指出："据人种志学的观点来看，文化或文明是一个复杂的整体，它包括知识、信仰、艺术、伦理道德、法律、风俗和作为一个社会成员的人通过学习而获得的任何其他能力和习惯。"

英国人类学家 B. K. 马林诺夫斯基发展了泰勒的文化定义，在其于 20 世纪 30 年代所著的《文化论》一书中指出"文化是针对那一群传统的器物、货品、技术、思想、习惯及价值而言的，这概念包容及调节着一切社会科学"。他还进一步把文化分为物质的和精神的，即所谓"已改造的环境和已变更的人类有机体"两种主要成分。

美国文化人类学家 A. L. 克罗伯和 K. 克拉克洪在《文化：一个概念定义的考评》中分析考察了 100 多种文化定义，对文化下了一个综合定义："文化存在于各种内隐的和外显的模式之中，借助符号的运用得以学习与传播，并构成人类群体的特殊成就，这些成就包括他们制造物品的各种具体式样，文化的基本要素是传统（通过历史衍生和由选择得到的）思想观念和价值，其中尤以价值观最为重要。"克罗伯和克拉克洪的文化定义为现代西方许多学者所接受。

文化是一个非常宽泛的概念，给它下一个严格而精确的定义是非常困难的。不少哲学家、社会学家、人类学家、历史学家和语言学家一直努力，试图从各自学科的角度来界定文化的概念。然而，迄今为止仍没有一个公认的、令人满意的定义。

笔者倾向于认同对文化的本质做以下界定：文化是人类在社会历史发展过程中所创造的物质财富和精神财富的总和。狭义的文化特指意识形态所创造的精神财富，包括宗教、信仰、风俗习惯、道德情操、学术思想、文学艺术、科学技术、各种制度等。

（2）文化的要素。无论对于文化的本质如何表述，构成文化内涵的要素必须包括以下几个。

第一，精神要素，即精神文化。主要指哲学和其他具体科学、宗教、艺术、伦理道德以及价值观念等，其中尤以价值观念最为重要，是精神文化的核心。精神文化是文化要素中最有活力的部分，是人类创造活动的动力。没有精神文化，人类便无法与动物相区别。价值观念是一个社会的成员评价行为和事物，以及从各种可能的目标中选择合意目标的标准。这个标准存在于人的内心，并通过态度和行为表现出来，它决定人们赞赏什么，追求什么，选择什么样的生活目标和生活方式。同时，价值观念还体现在人类创造的一切物质和非物质产品之中。产品的种类、用途和式样无不反映创造者的价值观念。

第二，语言和符号。两者具有相同的性质，即表意性，在人类的交往活动中，二者都起着沟通与传播的作用。语言和符号还是文化积淀与储存的手段。人类只有借助语言和符号才能沟通，只有借助沟通和互动才能创造文化，文化的各个方面也只有通过语言和符号才能反映与传播。能够使用语言和符号从事生产与社会活动，创造出丰富多彩的文化，是人类特有的属性。

第三，规范体系。规范是人们行为的准则，有约定俗成的，如风俗等，也有明文规定的，如法律条文、群体组织的规章制度等。各种规范之间互相联系、互相渗透、互为补充，共同调整着各种社会关系。规范规定了人们活动的方向、方法和式样，规定了语言和符号使用的对象与方法。规范是人类为了满足需要而设立或自然形成的，是价值观念的具体化。规范体系具有外显性，了解一个社会或群体的文化往往是从认识规范开始的。

第四，社会关系和社会组织。社会关系是上述各文化要素产生的基础。生产关系是各种社会关系的基础。在生产关系的基础上，又产生各种各样的社会关系。这些社会关系既是文化的一部分，又是创造文化的基础。社会关系的确定要有组织保障。社会组织是实现社会关系的实体。一个社会要建立诸多社会组织来保证各种社会关系的实现和运行。家庭、工厂、公司、学校、教会、政府、军队等都是保证各种社会关系运行的实体。社会组织有目标、规章、一定数量的成员和相应的物资设备，既包括物质因素，又包括精神因素。社会关系和社会组织紧密相连，成为文化的重要组成部分。

第五，物质产品。经过人类改造的自然环境和由人创造出来的一切物品，如工具、器皿、服饰、建筑物、水坝、公园等，都是文化的有形部分，凝聚着人的观念、需求和能力。

2. 品牌文化的界定

品牌文化是企业或广告主通过赋予商品深刻、丰富的文化内涵，并充分利用各种有效的内外部传播途径，努力使消费者对本品牌商品所传达出来的文化内涵产生认同，进而成为本品牌的忠诚顾客。一个企业通过长期不懈的努力，在市场上确立和拥有了自身的品牌文化，就意味着该品牌获得了强有力的市场地位。

（1）品牌文化的提出。随着消费社会的形成和日益繁荣，大众的消费行为已经越来越具有意识形态的色彩。在消费社会里，品牌商品的抽象的文化象征意义正日益深刻地影响着消费者具体的消费行为。事实上，越来越多的消费者正试图用具体的消费行为来找到属于某一群体的归属感，用消费行为来显示自身的名誉、自尊、地位等，乃至将消费行为与自我价值联系起来。

品牌文化就是体现品牌人格化的一种商业文化现象。如李宁的“让改变发生”（见图3-1）、阿迪达斯的“没有不可能”等，都是从不同的角度向消费者诉求各自品牌的文化理念。当一种品牌的文化理念或价值观念获得了消费者的认同后，选用该品牌的产品就成为消费者显示认同该品牌文化的一种方式。因此，塑造品牌文化的过程就是将一个没有生命的商品转化为有生命和有思想的品牌的过程。据此，笔者对品牌文化的界定是：品牌文化是指企业在所开展的长期的营销活动中，逐渐累积和形成的有别于竞争对手的并为越来越多的目标消费者所认可的价值观念、利益认知和情感属性等意识形态的抽象概念，以及可识别的名称、标志、色彩和设计等具象符号的总和。

图3-1　李宁品牌广告创意作品

（2）品牌文化的核心。品牌文化的核心实际上就是企业通过品牌向目标消费者传播的价值观，包括生活态度、审美情趣、个性修养、时尚品位、情感诉求等精神属性。对于消费者来说，他们钟情某一品牌，绝不只是通过肯定、占有和使用该品牌商品来获得生理上的满足，还要通过品牌所体现出来的价值理念、审美情趣、个性偏好等来获得个人在身份归属、价值认同、表现自我等方面的满足。消费者对自己喜爱的品牌具有强烈的信赖感和依赖感，融合许多美好联想和隽永记忆，他们对品牌的选择和忠诚不是建立在直接的产品利益上，而是建立在品牌深刻的文化内涵和精神内涵上，维系他们与品牌长期联系的是独特的品牌形象和情感因素（见图3－2）。

图3－2　借用与音乐相关的情感因素的品牌广告创意作品

（3）品牌文化与企业文化。品牌文化的核心要素大都源自企业文化，因此，塑造品牌文化必须首先建立和完善企业文化。如果一个企业没有建立和形成自身独有的深厚的企业文化，就不可能塑造出具有丰富内涵的品牌文化。

企业文化的建立和形成有利于提升品牌形象，也有利于提高企业员工的凝聚力和向心力，还有利于增强企业员工自我实现的成就感，进而可以推动品牌文化的建立、形成、巩固和发展。虽然品牌文化脱胎于企业文化，但是品牌文化又不等同于企业文化，因为品牌文化的内涵既源自企业文化，又要取之于消费文化，这就使品牌文化的内涵更多地体现为消费者的价值观。如果说企业文化的沟通对象是企业的员工，那么品牌文化的沟通对象则是企业外部的消费者。

3. 品牌文化的特征

与企业文化、消费文化、流行文化相比，品牌文化有着与这些文化相似和相异的方面，对这些方面予以总结分析，就可以发现品牌文化大体上具有以下三个基本特征，即内涵的兼容性、传播的持久性、鲜明的个性化。

（1）内涵的兼容性。所谓内涵的兼容性，是指企业在塑造和提炼品牌文化的内涵时，既可以体现企业主体的经营理念、价值判断，也可以体现商品本体的内在或外在的属性，还可以彰显消费者客体的审美品位和精神需求等，甚至有一些品牌兼具多种不同的文化内涵。比如，贝纳通的品牌文化就是一身兼具多种文化内涵的典型代表。该品牌一方面通过平面媒体持续不断地向目标消费者传播种族平等、反对战争、关爱自然等涉及宏大主题的价值取向，另一方面长期赞助只有高端富豪群体才会关注和参加的一级方程式汽车拉力赛，这就使得该品牌具有多种或者说更加丰富的文化内涵。

（2）传播的持久性。品牌文化的形成需要企业进行持之以恒的、长时间的、不间断的有效传播。任何一个成功品牌的文化内涵都需要经过多年的传播积淀，尤其是品牌文化中的精神属性部分更需要借助基本一致的诉求内容（主题概念）和诉求风格（表现形式），才能逐渐形成有别于其他竞争对手的文化个性。从这个意义上说，传播的持久性就是既需要在传播的过程上表现出持之以恒的历时性，又需要在传播内容上表现出相对的稳定性。

（3）鲜明的个性化。在产品同质化日益严重的今天，品牌价值首先体现在必须使自身品牌与竞争品牌相区别，也就是差异化营销。品牌的差异化营销又有赖于品牌的差异化传播，品牌的差异化在长期持之以恒的品牌诉求过程中必将逐步形成最具核心识别价值的品牌的个性特征。如中国移动动感地带的品牌个性就十分突出，这得益于其长期向目标受众进行差异化传播的品牌主题：我的地盘听我的。

4. 品牌文化的作用

品牌文化的形成有赖于企业规划和执行长期的品牌战略。企业所提炼和传播的品牌文化一旦形成自身的个性特征，其在市场上所发挥的作用至少包括以下几个方面。

（1）有助于促进商品销售、传播社会文明。企业在市场竞争中，努力塑造和传播品牌文化的动力源自商业利益，即企业通过提炼和传播品牌文化来增强自身品牌在市场上的竞争力，从而谋求更多的商业利益。从品牌传播的对象而言，消费者首先是作为社会人而存在的。从理论上说，每一个社会人都具有不尽相同的复杂的个性特征，但由于几乎所有的社会人都会受到相同的经济体制和文化背景的影响，其价值取向、生活方式、消费行为等就会具有某种共性。消费者在文化意义上的共性为塑造品牌文化提供了客观基础。

企业在规划品牌战略时，必须对目标消费者的文化特征进行深入调研，努力将目标消费者的文化需求与商品的效用联系起来，从而为品牌提炼出能够吸引目标消费者并为目标消费者所认同的品牌文化个性，在企业品牌传播战略的统一规划下，使品牌文化作用于目标消费者并最终达到销售商品的目的。

企业在提炼和传播品牌文化的过程中，虽然其动机只是为了谋求自身商业利益的最大化，但是在实际的效果上不自觉地衍生出了传播社会文明的边际效用。比如诺基亚的“科技以人为本”、苹果的“与众不同的想法”、麦斯威尔咖啡的“好东西要与好朋友分享”等都是典型的向受众传播社会文明的广告案例，在客观上对社会文明起到了积极的推动作用。

（2）有助于受众对品牌个性的认知与识别。企业对品牌文化的提炼与传播，其显性的效果就是可以为品牌的目标受众创造多层次、多角度的识别功能。具体而言，这种识别功能将从两个方面作用于目标受众并使之形成对品牌个性的认知。第一，品牌文化的提炼可以通过品牌外在的视觉系统使目标受众形成对本品牌视觉形象上的差异性识别，如建立企业的识别系统和品牌形象的识别系统等。第二，品牌文化的规范还可以通过建立企业员工的行为文化系统，并通过企业员工同目标消费者的接触与沟通，在消费者心目中形成品牌理念的个性识别。

（3）有助于培养目标消费者的品牌忠诚。无论从理论上还是实践上，绝大多数的企业都可以将自身的品牌商品的目标对象按消费行为划分为坚定型、不坚定型、转移型和多变型等。显然，对于企业而言，那些对本企业品牌商品相当忠诚的消费者当然是最有价值的，也是企业在市场竞争中力图保持并扩大的消费群。然而，由于市场竞争十分激烈，企业常常会采用各种营销与传播手段吸引消费者，品牌之间相互蚕食彼此的市场。在这种情况下，往往会有大量的消费者从坚定型变成不坚定型和转移型。如何维护和扩大品牌的忠诚群体，对于一个企业来说是至关重要的营销课题。在市场竞争日益加剧的今天，相同类别的不同品牌之间的同质化现象日益严重，其结果是消费者越来越难以区分不同品牌之间的差异。企业要想使目标消费者在众多的品牌中很快地识别出本品牌的与众不同之处，最有效的方法是让品牌具有独特的文化。意大利迪赛尔（Diesel）是世界著名的服装品牌，为了形成自己的特色，经营者为迪赛尔塑造了“叛逆、与众不同”的品牌文化。迪赛尔牛仔裤的广告创意向来惊人。迪赛尔的创始人兼 CEO 伦佐 · 罗索（Renzo Rosso）说：“时尚贩卖的不是销量，而是梦想。”迪赛尔试图用牛仔裤来讲故事，推销青年人叛逆的生活态度，它触动了人们隐秘的意识，形成一种独特的品牌文化。

品牌文化差异一旦为目标消费者所接受，对提高品牌影响力是十分有利的，因为消费者对一种文化的认同是不会轻易改变的，品牌文化也就成了对抗竞争品牌和阻止新品牌进入的重要手段。

延伸阅读

宝珀手表品牌文化的厚积薄发

宝珀（Blancpain）是世界上最复杂、最多功能的全手工制作机械表，是现存历史最久的、最古老的腕表品牌，是瑞士斯沃琪集团高端的品牌腕表之一，是业内鲜有的完全自主设计、研发、制造、组装和销售机芯与腕表的品牌（见图 3-3）。

图 3-3　宝珀手表

宝珀由贾汗雅克 · 宝珀（Jehan-Jacques Blancpain）始创于 1735 年，距今已有近 300 年的历史，被誉为“经典时计的缔造者”。宝珀品牌虽然具有悠久的历史，但是一直保持着低调的姿态，且从来不引进现代化生产流水线，其手表的制造过程全部是在古旧的农舍进行，全部编有独立序号，制造日期与制表师的姓名均有记录可查。

宝珀使用的五大复杂制表工艺——大马士革镶嵌、赤铜、金雕、珐琅和宝石镶嵌，其复杂程度和难度均超过一般制表工艺，其中，大马士革镶嵌、赤铜工艺为宝珀所独有。

宝珀曾经为历史上许多政要人物和商界精英设计与制作过腕表。宝珀从来不聘请形象代言人，宝珀认为没有任何人可以囊括宝珀“超越历史、跨越文化”的品牌精神。显然，在宝珀的品牌文化中已经将奢华、低调、精致、品位，既继承传统又勇于创新融为一体。

为了向制表始祖致敬，宝珀制表师至今仍然在古旧农舍内的工作台上镶制腕表。“传统”在此拥有至高无上的地位，数百年的文化及工艺精粹得以继承和发扬光大。同时，宝珀又遵循创新原则，在某种程度上可以理解为一种对传统的重新审视以及更为深入的完善。宝珀不仅在外观设计上有所创新，而且对腕表的机芯做了更大的研发投入，宝珀在数百年钟表历史中创造了种种神奇，从双追针计时到万年历，从人偶报时功能到集八大复杂功能于一身的宝珀1735，都是挑战极限的一次次超越。

资料来源：李杰．战略性品牌管理与控制．北京：机械工业出版社，2012.

二、品牌文化的构成要素

品牌文化是企业在对品牌战略进行全面规划与建设的过程中不断积累和发展而逐渐形成的，其构成要素主要包括品牌精神文化、品牌物质文化和品牌行为文化三个方面。

1. 品牌精神文化

在任何一种文化体系中，最核心的部分就是该文化体系的精神和价值观。文化价值观是为社会大多数成员所信奉并倡导的一种信念，它通过一定的社会规范来影响人们的行为方式。文化的精神和价值观构成一种文化体系的精髓，正是文化体系的精髓规范着人们的思维方式和行为方式，同时也把握着该文化的发展方向。

同样，一个企业在规划和建设品牌文化的过程中，最为关键的是要提炼出品牌的精神和价值观，并通过品牌的精神和价值观来规范与指导企业的生产、营销及传播行为。

品牌精神文化是指品牌在市场营销与传播过程中所体现出来的一种有别于其他品牌的意识形态和价值观念，包括品牌精神、品牌愿景、品牌伦理道德和发展目标等。品牌精神文化是品牌文化的核心和灵魂，它决定了品牌的个性、品牌形象、品牌态度以及品牌在营销传播活动中的行为表现。如哈雷-戴维森摩托的品牌精神是“自由”，耐克的品牌精神是“胜利”，麦当劳的品牌精神是“家庭价值”，等等。上述企业在各自的品牌营销传播过程中，无不把自身的品牌精神和价值观贯穿于每一个细节，从而使独具个性的品牌形象能够为更多的目标受众所认识、识别甚至喜爱。

品牌精神文化的确立有助于指导企业建立品牌的制度性文化。品牌的制度性文化是品牌文化中品牌与企业结合的部分，又称为“中介文化”，包括企业管理体制、组织结构、营销机制等为适应品牌营销与传播而确定的各种类型的管理制度。

2. 品牌物质文化

品牌物质文化主要由构成产品或品牌的物质和符号构成，其内涵通过产品的物质形态或品牌的传播符号等各种表现方式向目标消费者传递并予以体现。因此，品牌物质文化常常可以帮助消费者对品牌产生最为基本的判断。根据品牌的物质构成要素，可以将品牌物质文化分为产品特质和符号集成两个方面。

（1）产品特质。产品特质是绝大多数品牌都必须具备的最为基本的功能要素，该功能要素就是产品在物质层面上可以满足消费者对产品的基本需求，或者说是产品能够向消费者提供的利益点。产品特质包括产品使用功能和品质特征，是消费者对品牌的基本需求，也是消费者对品牌进行判断的主要标准之一。

（2）符号集成。符号集成是对多种构成品牌识别元素和符号的统称，这些元素和符号有助于形成品牌在包装与传播上的差异，可以满足消费者对产品功能价值以外的需求。这些元素和符号包括品牌的视觉系统（品牌名称、标志、产品形状、颜色、字体等）、听觉系统（音色、音高、音强、节拍、旋律等）、触觉系统（产品的材料、质地等）和嗅觉系统（产品的味道、气味等）。如果说产品特质可以满足消费者的基本需求，那么符号集成则可以使消费者通过感知和体验对品牌产品形成综合性的认知和判断，进而对该品牌产生较为深刻的印象。

3. 品牌行为文化

品牌行为文化是品牌精神文化通过品牌的营销与传播活动将品牌的价值观和相关理念予以动态表现的过程，包括品牌营销行为、品牌传播行为和品牌个人行为等。如果说品牌精神文化关注的是品牌应该如何思考，那么品牌行为文化关注的则是品牌应该怎样行动才能有效地贯彻和体现品牌精神文化。

（1）品牌营销行为。品牌营销行为从表面上看只涉及产品、价格、促销和渠道（4P 基本要素），但是在实际运作过程中，品牌营销行为将在很大程度上影响品牌的价值。比如，路易威登是永远不减价的，从来不会在任何卖场搞打折促销活动，即使熟客想要和店员说说情、讲讲价，也只会被礼貌地婉拒。这种销售策略虽然让一部分习惯于砍价的消费者觉得不太习惯，但是路易威登深知其目标消费者其实并不在乎价格的高低，他们在意的是一种享受服务的体验和感觉，因此，路易威登永不减价的销售策略使得其顾客都心满意足而成为忠实的顾客。在实际的品牌营销行为中，路易威登对任何一个消费者都抱着尊重的态度。到路易威登卖场之所以要排队等候，是因为路易威登不希望自己的卖场像菜市场那样人头攒动，以致影响为每一个消费者提供最周到和细致的服务。路易威登的每一款包都是手工缝制的，由于其生产速度有限，会限制顾客购买商品的数量。也就是说，每一款包消费者只能购买一个，以避免同一款包被同一个人搜罗一空。品牌就是在营销行为的细节中炼成的。

（2）品牌传播行为。品牌传播行为包括广告、公共关系、新闻、促销活动等。实际上，传播行为与营销行为在某种程度上根本就难以区别。从结果来看，人们习惯于使用营销的概念，但是从过程来看，其实传播才是营销的前提，或者说营销就是传播，传播也就是营销。路易威登的案例从营销的角度看，可以认为是品牌营销行为，如果从实际的过程来看，我们也可以看成是一种品牌传播行为。显然，传播行为有助于品牌知名度的提高和品牌形象的塑造。

（3）品牌个人行为。品牌是由企业所创造出来的载体，企业的所有者通过品牌这个特殊的载体向市场传播相关的信息和价值观念。如果对品牌的拥有者加以辨析，品牌的拥有者包括企业家、股东、员工等，品牌个人行为实际上就代表了这些个人的行为，反之，这些个人的行为也可以代表品牌个人行为。品牌个人行为并不纯粹是个人行为，其必然与品牌形象有密切的关系，这就使得每个与品牌有直接关系的人都要尽可能做到自己的一言一行与品牌所倡导的文化内涵保持一致，以有利于品牌形象的塑造与传播。

3.2 品牌个性塑造

个性是心理学的一个重要概念，用来表述人与人之间性格上千差万别的现象。将人的个性概念移植到品牌上，就形成了品牌个性。由于品牌的对象是具有不同个性的消费者，因此，品牌塑造与传播的个性往往又与目标消费者的个性大致吻合。大量事实表明，消费者大都喜欢符合自己的价值观或审美品位的商品。因此，一个品牌如果想尽可能地吸引更多的目标消费者，就必须使自己具有鲜明的且与目标消费者的个性相吻合的品牌个性。

一、品牌个性的基本概念

品牌个性的理论是研究品牌传播“说什么”的问题，最早是由精信广告公司（GREY）提出来的一种广告策略理论，认为广告诉求不仅仅是“说利益”“说形象”，更重要的是向目标消费者“说品牌的个性”，只有提炼和掌握了品牌个性，才能使品牌传播具有明确的主题和核心。其实，大卫·奥格威早在20世纪60年代提出的品牌形象理论当中就多次提到过“个性”“性格”等概念，认为“最终决定品牌市场地位的是品牌总体上的性格，而不是产品间微不足道的差异”。只是限于当时的认识水平，奥格威并没有对品牌个性的内涵作出明确的界定。

1. 品牌个性理论的提出

品牌个性理论是精信广告公司在20世纪80年代对当时大行其道的品牌定位理论进行反思并进一步深化和发展的一种品牌策略规划理论。

自从艾尔·里斯和杰克·特劳特提出定位理论之后，营销界便纷纷使用定位理论开展市场营销与传播活动。当时人们普遍认为，只要企业能够在市场上找到一个合适且独特的位置，即可保证企业的商品在市场上占据一个有利的地位。然而，到了20世纪80年代，随着市场竞争日益加剧，产品同质化现象日趋普遍，市场细分和区隔的空间越来越小，这就必然导致同类商品的定位也越来越相似，结果是企业仅仅依靠定位理论开展营销传播活动所产生的效果不佳。定位理论在实际操作中遇到了难以克服的瓶颈。

针对上述情况，精信广告公司对同类商品的上百对品牌进行了深入分析，发现在几乎所有相对应的品牌中，都有一个相似的品牌定位，但总有一个品牌在市场上处于领先地位，另一个在市场上则处于相对落后的位置，如万宝路和云丝顿就是典型的案例。经过对大量影响品牌的因素进行研究之后，精信广告公司认为品牌成功与否的关键因素是广告诉求：不成功品牌的广告诉求大都侧重于向目标消费者描述商品是什么（东西），成功品牌的广告诉求则倾向于向目标消费者描述商品是谁（人）。也就是说，成功的品牌源自通过广告赋予了品牌生命。被赋予生命的品牌商品，就不再只是一个物品（东西）而是一个活生生的人，一个有着自己独特个性的、你我都认识的老朋友。

从图 3 - 4 所示的精信广告公司所提出的品牌个性生成模式中我们可以看出品牌个性的提炼是以品牌定位为基础的。在塑造和提炼品牌个性的过程中，品牌策划人员必须始终思考一个问题：如果这个品牌是一个人，那么他是一个什么样的人？他具有什么样的个性？品牌策划人员应该以独具一格、令人心动和历久不衰作为品牌个性塑造的评价尺度。

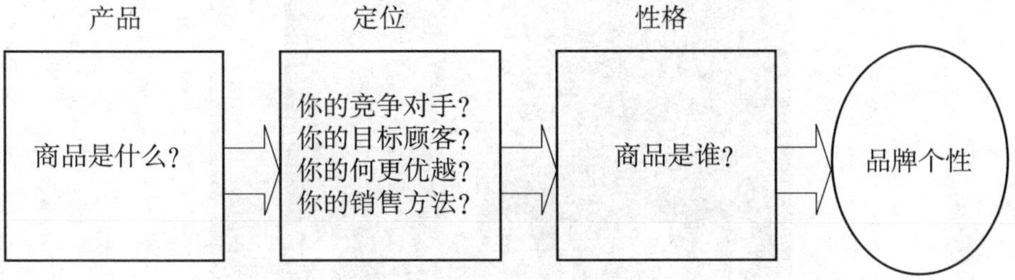

图 3 - 4　精信品牌个性生成模式

事实上，当广告公司赋予品牌独特的个性，并且这一独特的品牌个性与目标消费者的个性基本吻合时，企业就可以通过品牌与目标消费者进行沟通，并与之建立起彼此认同的关系。

2. 品牌个性的内涵

品牌个性是指企业经过分析和提炼，有意识地将目标消费者所拥有或认可的个性特质移植或注入品牌之中，使得品牌具有某种有别于其他品牌的独特的个性特征。品牌个性是品牌的灵魂，是消费者识别品牌、区分品牌的重要依据，因此，塑造品牌个性就成为品牌传播的核心内容。那么，品牌个性到底又有哪些内涵呢？

（1）个性与品牌个性。“个性”一词在心理学里又有“人格”的意思，主要包括三层含义：第一，个性是指每个人的独特特征，又称为个性特征；第二，个性是指一个人稳定的性格特征而不是一时的、情境性的、偶然的言行表现；第三，个性表现在个体对环境的行动与反应方式上，如遇到突发状况时，具有不同个性特征的人的表现往往大相径庭，有的人会挺身而出，有的人则苟且退缩。

将人的个性的概念移植到品牌上，就是力图通过持续不断的有效传播，使品牌具有独特的个性。如哈雷-戴维森摩托“自由奔放”的品牌个性、绝对伏特加“智慧而自信”的品牌个性等均是成功地运用品牌个性的经典案例（见图 3 - 5）。

品牌一旦具有了某种个性，实际上也就使得没有生命的商品变成了有生命的品牌，品牌的精神属性在很大程度上要依赖品牌个性的塑造与传播。

（2）品牌个性与品牌形象。品牌形象是一个含义更为广泛的概念，其内涵不仅包括品牌个性，还包括商品属性以及消费者对品牌商品所形成的主观感受和评价。品牌个性基本不包括商品属性，完全由消费者的意识形态的内容构成。如果硬要将品牌形象与品

图3-5　绝对伏特加酒广告创意作品之“绝对的吸引”

说明：该系列创意作品使用了三个表现元素：品牌名称“绝对”、独具一格的瓶形设计和某一动词概念（如本作品的“吸引”），并将这三个表现元素进行巧妙的组合创意出了许多优秀的广告作品。本作品就是形象生动地向目标受众暗示了绝对伏特加具有超凡脱俗的优异品质，以至于连高脚酒杯都被绝对伏特加的香味吸引。什么叫绝对的吸引？这就叫绝对的吸引！

牌个性作一个比较，两者之间的区别是：品牌形象既包含商品属性、品质、价格、服务等客观具象的要素，也包含消费者对品牌商品的认识与感受等主观抽象的要素；品牌个性则更强调意识形态层面的属性。比如，百事可乐的品牌形象包括其独特的口感、蓝色的包装、品质优异、活力与青春等，它的品牌个性则主要由青春与活力构成。因此，我们可以认为品牌个性是品牌形象诸要素中最能体现与同类品牌差异的要素，也是品牌的DNA。

品牌个性与品牌形象并不是彼此对立的，而是相互促进的关系。也就是说，只有为品牌塑造出独特的个性，才能形成使消费者产生深刻印象的品牌形象；反之，一个品牌如果缺乏或根本就没有提炼或塑造出品牌个性，也就不可能真正建立起令消费者喜爱的品牌形象。

（3）品牌个性与品牌定位。品牌个性必须以品牌定位为前提，品牌个性必须是从品牌定位的相关要素中提炼出来的，而品牌个性反过来又可以对品牌定位予以深化和体现。

耐克（见图3-6）与李宁（见图3-7）的品牌定位并没有太大的差别，其竞争的类别、诉求对象、提供给消费者的利益点等都基本一致，这就导致这两个品牌在具体执行品牌传播策略方面也比较相似——它们都强调优异的品质并努力向消费者传达卓越出众和具有现代运动感的品牌形象。实际上，由于耐克成功地提炼出品牌个性和“Just do it”的广告语并围绕该广告语创意了一系列优秀的广告视觉作品，将“想做就做，我行我素”的品牌个性演绎得淋漓尽致，使消费者产生了深刻的印象，在全球体育用品市场上长盛不衰。李宁品牌就产品品质而言确实与耐克并没有多大的差异，其所诉求的“一切皆有可能”的广告语似乎也没有太大的问题，也挺励志的，但是如果将耐克与李宁进行深入比较的话，可以发现李宁品牌给人的总体感觉是缺乏品牌的独特个性，恰恰是这种模糊的个性导致李宁品牌的销售业绩远远不及耐克。这一案例十分清楚地说明，仅仅依靠一个正确的品牌定位未必能塑造出一个成功的品牌形象，但是一个成功的品牌形象一定拥有一种鲜明独特的品牌个性。

图 3－6　耐克广告创意作品

图 3－7　李宁广告创意作品

二、提炼品牌个性

品牌个性的提炼过程犹如胚胎移植一样，是一个高度精细的创意传播工程。品牌策划人员必须从整体上把握并深入分析构成品牌个性的各种要素，以便能够为品牌提炼出既有别于同类竞争品牌又符合目标消费者个性特征的品牌个性。总体而言，构成品牌个性的要素主要有三大类，即与品牌商品直接相关的要素、与品牌商品间接相关的要素，以及与目标消费者直接相关的要素。

1. 与品牌商品直接相关的要素

米开朗基罗之所以能够在没有生命的大理石上雕刻出栩栩如生的伟大艺术作品，就在于他能够将存在于大理石当中的天然特质传神地展现出来。对于商品而言，我们也可以认为，品牌个性大都源自商品本身。正如美国广告大师李奥·贝纳所言：每个商品都有与生俱来的戏剧性，品牌营销与传播活动的策划人员就是要善于挖掘并提炼出商品与生俱来的个性（戏剧性）。

（1）商品特征。在品牌个性的塑造过程中，一些企业针对品牌商品自身的内在属性进行品牌个性的挖掘和提炼，取得了理想的效果。比如宝洁公司的舒肤佳香皂，根据其杀菌属性提炼出令人耳目一新的品牌个性——关爱（见图3-8）。

图3-8 舒肤佳香皂广告创意作品

说明：该广告创意作品的文案是“一年可能使用一次”（灭火器）和“每天救人无数次”（舒肤佳杀菌香皂），通过比较凸显舒肤佳杀菌香皂的独特的功能属性，又通过“每天救人无数次”的诉求表现出品牌对消费者的关爱之情。

（2）商品价格。对于消费者而言，品牌商品的价格是其判断选择的重要依据，同时消费者也会根据品牌商品的价格形成对品牌商品的印象。如果一个品牌商品持之以恒地以高价作为其品牌个性加以传播，就有可能在消费者心目中形成两种相反的品牌印象：高品质的、尊贵的、富有的、豪华的、精致的、奢侈的，或者是势利的、庸俗的、高高在上的、为富不仁的。如路易威登坚持高价格的市场营销策略，长期位居十大国际著名奢侈品牌之列（见图3-9）。相反，如果一个品牌商品长期以低价作为其品牌个性加以传播，也有可能在消费者心目中形成截然相反的品牌印象：物有所值的、亲民的、节俭的、朴实的，或者是廉价的、落后的、粗糙的、不上档次的。如北京现代（见图 3－10）的伊兰特、悦动、现代 i30 等轿车一直使用低价策略，虽然在不长的时间里占据了低端轿车市场，但是也使得北京现代的品牌个性在消费者心目中与价廉物产生了关联。因此，在品牌个性的提炼过程中，长时间地强调品牌商品价格似乎并不是明智的选择。

图 3－9　路易威登品牌广告创意作品

图 3－10　北京现代汽车广告创意作品

2. 与品牌商品间接相关的要素

在提炼品牌个性的过程中，虽然从与品牌商品直接相关的要素中去寻找和挖掘品牌个性是一种较为便捷的方法，但是无论何种大类的商品，其内在属性总是有限的。在大多数情况下，许多商品的内在属性早已被同类品牌予以突出或强调，并成为其品牌个性加以传播和诉求，此时，对品牌个性的提炼就只能另辟蹊径。从与品牌商品有间接关系的若干要素中去提炼品牌个性，不失为提炼品牌个性的又一种方法。

（1）使用者形象。所谓使用者形象，是指企业在对品牌个性的塑造过程中，将品牌商品的目标消费者的共性特征加以提炼和整合，塑造出该消费者群体广为认同和喜爱的典型人物，并将该典型人物的个性特征融入品牌个性之中，逐步形成独特的品牌个性。

20 世纪 60 年代美国广告大师李奥·贝纳为万宝路香烟所做的广告之所以大获成功，

就是塑造了一个万宝路目标消费者的使用者形象，并以此为万宝路提炼出极具人格魅力的潇洒豪迈、自由奔放、桀骜不驯的品牌个性。百事可乐以年轻一代的目标消费者作为其使用者形象，将年轻一代的活力、朝气、激情等性格特征植入品牌，形成了有别于竞争对手的品牌个性，使百事可乐在与强大的可口可乐的竞争中牢牢占据了市场的半壁江山。

（2）广告风格。所谓广告风格，是指企业在长期的广告诉求活动中，持之以恒地采用相同的表现方式，使其广告作品逐渐形成一种有别于同类品牌商品的独特的表现方式，当消费者将这种广告诉求的表现方式与品牌商品形成一对一的联想时，品牌个性就在消费者的心目中牢牢地确立了（见图3－11）。

图3－11　李宁品牌广告创意作品

利用独特的广告风格并使其转化成品牌个性，必须满足两个基本条件：一是该品牌商品在每年的传播活动中始终保持较高的广告曝光率；二是该品牌商品的广告表现方法和所使用的广告传播媒体都必须始终如一。

（3）上市时间。品牌上市时间的长短在客观上会给消费者留下不同的印象，这种印象实际上会在很大程度上影响消费者对品牌个性的基本判断。比如，历史悠久的品牌从积极的方面而言，往往给人以成熟、稳重、老练、友善、值得信赖的整体感觉，但是从消极的方面来说，又有可能在消费者的心目中形成老迈、守旧、无趣、缺乏活力等负面印象。对于上市时间较短的品牌而言，既有可能在消费者心目中产生年轻、新颖、时尚、有活力的整体感觉，也有可能产生华而不实、哗众取宠的感觉。因此，策划人员应根据品牌上市时间的具体情况，有意识地扬长避短，努力提炼出更具竞争性的品牌个性。

3. 与目标消费者直接相关的要素

由于品牌的价值在于品牌与目标消费者之间所形成的互动关系，因此，企业在提炼品牌个性的过程中，就必须对目标消费者的价值取向、审美情趣和品位以及个性特征进行深入细致的研究与分析，以便根据目标消费者的上述特征提炼出能够得到他们认可的品牌个性。事实上，成功的品牌个性大都可以体现出该品牌目标消费者的个性特征。

（1）价值取向。所谓价值取向，是指一个在社会中具有特定文化背景的人所信奉的道德和行为规范的理念。在人际交往中，价值观往往是区别一个人与另一个人的标准。从宏观层面而言，价值取向大致可以分为三种形式：以他人为导向的价值取向、以自我为导向的价值取向和以环境为导向的价值取向。

在品牌的传播过程中，策划人员也可以将人的价值取向植入品牌，通过长期不间断的广告活动，逐渐形成独特的品牌个性。比如，美体小铺（The Body Shop）就是典型地运用与众不同的价值取向成功地塑造并传播品牌个性，赢得了消费者的广泛认同与尊重，当然也赢得了市场。该品牌使用了以环境为导向的价值取向，所奉行的价值观是“有原则地获利”。在这种价值观的指导下，该品牌所开展的所有活动都与环境保护有关，这些活动无疑使该品牌的消费者对美体小铺的品牌个性形成了深刻的印象。

（2）审美情趣。审美情趣是指消费者在认识和接受事物的过程中判断事物美丑的兴趣与爱好。显然，不同的消费者由于价值取向不同，其审美情趣也会大相径庭。对于相同的品牌，不同的消费者会有不同的判断和选择，一个重要的原因就是消费者大都有不尽相同的审美情趣。比如，贝纳通根据其目标消费者（中产阶层）更关注社会问题这一独特的审美情趣，提炼出有别于其竞争对手的品牌个性。策划人员在为企业提炼品牌个性的过程中，还应对本品牌的目标消费者的审美情趣进行深入分析，努力根据目标消费者的审美情趣提炼出能被目标消费者接受、认同甚至喜爱的品牌个性。

三、品牌个性的测度与评估

企业在提炼品牌个性的过程中，首先必须对构成品牌个性的特质有所认知和了解，也就是要寻找和辨别出构成品牌个性的核心要素。实际上，品牌个性的特质大都源自人的个性特质，因此，许多品牌学者往往直接将心理学的个性特质理论运用到品牌个性的测度与评估中。

1. 奥波特的个性特质理论

人的个性特质理论最早是由奥波特提出的。奥波特在全面深入地分析人们所撰写的大量书信、日记、自传等的基础上，提出人的个性特质主要由三个不同层次的内容构成：首要特质、中心特质和次要特质。

首要特质是指能够代表某人的最具代表性的个性特征。比如，19 世纪法国著名文学家巴尔扎克在他创作的小说《欧也妮·葛朗台》中用“吝啬”一词将葛朗台的个性特征准确概括。不过，在生活中，拥有极端个性特征的人并不多见。

中心特质是指构成某人性格特征的若干核心要素。一般而言，一个人的性格特征往往由 3 ~ 7 个特质要素构成。比如，人们评价某位同事“诚实”“勤奋”“乐观”，实际上就是指该同事的个性当中的中心特质。

次要特质是指某人在某些特殊情境下才会表现出来的个性特征。比如，有些人在熟人面前常常高谈阔论，在陌生人面前往往沉默寡言，这种个性特征即次要特质。

奥波特的个性特质理论，对于提炼品牌个性无疑具有相当重要的作用，即企业品牌管理人员应该努力辨析和提炼本品牌的目标消费者或忠诚消费者的首要特质，并将首要特质植入品牌之中，通过持之以恒的广告传播，使该品牌个性得以彰显并为目标消费者所接受和认可。

2. 品牌个性的测度

从理论上说，人的个性既有相似之处，也有相异之处。企业在将人的个性特征植入品牌的过程中，一方面要使得本品牌的个性特征与目标消费者的个性特征尽可能保持一致，另一方面要尽可能使本品牌的个性特征与竞争品牌的个性特征形成差异。要想提炼出既能够得到目标消费者认可和喜爱又与竞争品牌形成差异的品牌个性，就必须对目标消费者所认同或崇尚的个性特质进行测度和评估。消费者大都倾向于认可甚至喜爱与自己有相同或相似个性特征的品牌商品，以使自己通过占有和使用该品牌来界定或彰显自我存在的意义。当今消费者的消费观念大都已经从“别人有的东西我也要有”向“我希望有比别人更好的东西”转变，并开始向“我希望拥有别人没有的东西”这一理念演进，这种所谓“别人没有的东西”只能通过品牌与众不同的个性予以体现。

在对品牌个性进行测度方面，戴维·阿克曾向业界推荐一项使用“品牌个性尺度”工具所取得的研究成果。该研究在对1 000位美国受访者、60个具有明确个性的品牌进行全方位调查的基础上得出了有价值的数据和观点，认为“纯真、刺激、称职、教养、强壮”这五大个性要素几乎可以解释所有品牌（达93%）之间的差异（见表3-1）。

表3-1 品牌个性测度

五大个性要素	不同层次	词语描述
纯真 （如康柏、贺曼等品牌）	淳朴 诚实 有益 愉悦	家庭为重的、小镇的、循规蹈矩的、蓝领的、美国的 诚心的、真实的、道德的、有思想的、沉稳的 新颖的、诚恳的、永不衰老的、时尚的 感情的、友善的、温暖的、快乐的
刺激 （如保时捷、绝对伏特加、班尼顿等品牌）	大胆 有朝气 富于想象 最新	极时髦的、刺激的、不规律的、俗丽的、煽动性的 冷酷的、年轻的、活力充沛的、外向的、冒险的 独特的、风趣的、令人惊讶的、有鉴赏力的、好玩的 独立的、现代的、创新的、积极的
称职 （如美国运通，CNN，IBM等品牌）	可信赖 聪明 成功	勤奋的、安全的、有效率的、可靠的、小心的 技术的、团体的、严肃的 领导者的、有信心的、有影响力的
教养 （如雷克萨斯、奔驰等品牌）	上层阶层 迷人	有魅力的、好看的、自负的、世故的 女性的、流畅的、性感的、高尚的
强壮 （如李维斯、耐克、万宝路等品牌）	户外 强韧	男子气概的、西部的、活跃的、运动的 粗野的、强壮的、不愚蠢的

资料来源：David A. Aaker. Building Strong Brands. New York：Free Press，1996.

品牌个性塑造模板参见表3-2。

表3-2　品牌个性塑造模板

步骤	内容
第一步：写下品牌的核心价值信息	1. 你的品牌为什么会存在（一两句话）？ 2. 市场对你的品牌感觉如何？ 3. 你的品牌能够利用哪些文化趋势？ 4. 你的品牌核心信息是什么？
第二步：缩小品牌个性特征范围	1. 你的品牌是：□男性品牌　□女性品牌　□中性品牌 2. 你的品牌属于：□年轻人　□中年人　□老年人 3. 你的品牌属于：□高雅型　□主流型　□世俗型 4. 你的品牌是：□地方性的　□区域性的　□全国性的　□全球性的
第三步：列出品牌个性特征	参照表3-1，列出8~10个描述品牌个性特征的词汇
第四步：确定品牌个性特征	根据第三步列出的品牌个性特征回答以下问题，筛选出4~5个能够代表你的品牌的个性特征。 1. 这些个性特征能够实事求是地代表你的公司吗？（如，它们是否代表了公司关键人物的个性特征？是否代表了公司核心员工的个性特征？） 2. 这些个性特征适合你的各种营销活动吗？ 3. 这些个性特征会吸引你的目标消费者吗？ 4. 这些个性特征能将你的品牌与同行业其他品牌区分开吗？ 5. 是否至少有一个个性特征有助于与外界沟通？（如，你所选择的描述品牌个性特征的词汇能用来描述一个人的个性特征吗？）

关键术语

品牌个性　　使用者形象　　广告风格　　价值取向
文化　　文化的要素　　品牌文化　　品牌精神文化
品牌物质文化　　品牌行为文化

思考题

1. 是否所有的品牌都适合提炼品牌个性或品牌文化？如果不是的话，那么哪些品牌更适合提炼与传播品牌个性，哪些品牌又不适合提炼与传播品牌个性或品牌文化？

2. 提炼品牌个性最关键的是什么？

3. 塑造品牌文化应该从哪几个方面入手？

课后实践

各小组对我国目前啤酒市场上的主要品牌进行调研，对品牌个性或品牌文化进行比较分析，对这些品牌的个性或文化差异写出分析报告。

案例分析

酒鬼酒文化品牌战略再上新台阶

酒鬼酒品牌创立伊始便提出成为文化酒的引领者的战略使命，在中国白酒行业中较早地开启了白酒的文化品牌之路，将白酒产业与湘西旅游业、文化产业相结合，打造湘西文化产业的大概念。此后一直坚持文化酒的价值核心，在发展中以文化赋能，赋予酒鬼酒品牌深厚的文化底蕴，在文化战略上深耕，一次次地发出耀眼的光芒，提升了酒鬼酒的品牌文化价值，加深其品牌高端形象（见图3－12）。

图3－12　酒鬼酒广告创意作品

一、文化酒的引领者，纪念酒的先行者

在全新的文化酒时代，酒鬼酒悠久的酿酒历史文化、独特的少数民族文化、神秘的地域文化、包装的艺术文化、首创的洞藏文化、才智人生的行为文化，足以承载扛鼎文化名酒的战略使命。

酒鬼酒以文化酒的引领者为己任，数次推出有重大历史纪念意义的纪念酒。以纪念酒布局文化战略，提升品牌高度。

在香港回归大事件中，酒鬼酒以具有前瞻性的战略眼光推出了1997年香港回归庆功酒，成为白酒行业纪念酒的先行者。那个时期的酒鬼酒在知名度和市场份额上已经比肩“茅、五、剑”，是全国知名的白酒品牌。庆功酒的推出无疑为酒鬼酒的高端品牌形象再加砝码，令酒鬼酒此后的文化酒的引领者之路有了良好的开端。

2016年是酒鬼酒建厂60周年，对酒鬼酒人来说具有极为重要的意义。这一年，在中国第二届酒文化收藏博览会上，酒鬼酒荣获“2016中国白酒收藏价值奖”和“2016中国白酒投资价值奖”两大重量级奖项。为纪念酒鬼酒建厂60周年而特制的藏品首次公开亮相，老厂时代留存的馥郁好酒，受到各大酒类收藏家的青睐，最终拍得71万元的价格并成交。这是酒鬼酒在收藏市场上的重大事件，体现了酒鬼酒在收藏投资领域的经济价值，也使酒鬼酒的品牌价值形象提升一个高度。

此后，酒鬼酒频频在重大事件中推出纪念酒。在新时代的市场环境中，酒鬼酒积极引领文化酒的品牌发展之路，不仅助力文化品牌提升，也在收藏市场上争得了业界的关注。

2017年，酒鬼酒推出的香港回归20周年纪念酒是香港回归20周年这一中华盛事的献礼之作。这是对酒鬼酒馥郁香经典品质的重现，经由国评酒体大师亲手勾调，酒体馥郁幽雅、陈香悠长，是馥郁香白酒品质的提升之作。传统品格与美好祝愿兼容，品评价值与收藏价值并具。

2018 年，酒鬼酒重磅推出改革开放 40 周年纪念酒，致敬中国改革开放的伟大成就。据悉，在宣布这款纪念酒全国限量发售时，现场多位与会嘉宾争相认购这款难得的收藏“妙品”。这款纪念酒传承了酒鬼酒的经典品质，不仅具备独特的时代纪念意义，也顺应了当今白酒收藏市场的趋势，限量发售、周年纪念等概念进一步提升了收藏价值，未来的增值潜力巨大。

二、坚定文化白酒战略使命，打造中国文化白酒第一品牌

2019 年是酒鬼酒的大发展起步年。上半年，酒鬼酒交出了优异的成绩单。在此基础上，酒鬼酒继续稳步向前，开启了大手笔之作。

在中华人民共和国成立 70 周年之际，酒鬼酒推出 70 周年纪念酒，作为酒鬼酒的国庆献礼之作，还同步推出大师酒，成为酒鬼酒馥郁美酒的品质新标杆。

酒鬼酒的 70 周年纪念酒定位千元价格，是一款高端收藏纪念酒。不管是从酒体品质、品牌文化、收藏价值、艺术品位上都代表酒鬼酒的高品质标准，此款纪念酒将酒鬼酒的文化白酒属性进一步提升。

中粮酒业党委书记、董事长、总经理兼酒鬼酒股份有限公司党委书记、董事长王浩在酒鬼酒 70 周年纪念酒上市发布活动中表示，这是在目前中高端市场竞争加剧的环境下，将酒鬼酒文化与时代主题联系在一起，将酒鬼酒的产品价值提升到新高度的重要举措。早在 2019 年初，王浩就在中粮酒业整体战略发布会上宣布“文化塑品牌”为 2019 年的战略举措，这次他再次重申了酒鬼酒的文化品牌战略。

在文化白酒战略的指引下，酒鬼酒除了与时代主题联系，还通过冠名央视财经频道《对话》栏目、亮相达沃斯世界经济论坛、亮相 G20 峰会、成立诗酒文化社等活动，持续在文化战略上发力，向中国文化白酒第一品牌的方向挺进。

资料来源：大家酒评．酒鬼酒文化品牌战略再上新台阶．搜狐网，2019－09－15.

问题

1. 文化是一个比较抽象的概念，从理论上说所有的酒都应该努力塑造自己的文化，那就必须提炼具有与竞争对手相区别的文化理念。酒鬼酒品牌的文化理念是什么？

2. 酒鬼酒的广告诉求概念是什么？是功能利益还是精神利益？无上妙品是什么意思，能够使消费者产生品牌联想吗？

3. 卖酒实际上就是卖文化，文化是由与人们生活密切相关的事物积累而成的。比如，江小白的广告中就鲜明地突出其有别于竞争对手的品牌文化（青年人的生活状态）。你是否认同酒鬼酒使用宏大叙事的方法进行品牌传播活动？

第4章 品牌形象识别策划

| 本章要点 |

1. 品牌命名的基本原则、策略和程序。
2. 品牌标志设计的基本原则和设计方法。
3. 品牌视觉风格的基本类别及其设计方法。
4. 品牌产品的包装设计的作用、分类、步骤及其基本方法。

引 例

福特：始终如一的品牌形象

在唯一不变的就是不断变化的时代，福特始终如一的品牌形象令其成为可靠的代名词。

BlakeProject 的范傲乐指出，从福特简单的单音节名称到标志性的 Logo 和对创始人亨利·福特的重视，福特的品牌形象经受住了时间的考验。

他说："人人都知道福特的传奇故事，而且非常崇敬。在底特律的三大汽车制造商中，福特的品牌、产品策略和执行风格最为统一。"

范傲乐补充说，福特公司还会倾听消费者的需要，而且有所行动。福特公司的 CEO 穆拉利（Alan Mulally）在社交媒体上积极与消费者互动。

这些都为福特品牌缔造了强大的感情纽带：品牌的稳定性和可靠性得分都很高，而且受访者在"关怀度"上给了最高分，认为其行为负责，对员工和消费者的福祉非常关心。多位受访者还特别强调福特公司拒绝政府援助款的勇敢举动给人留下非常正直的印象。

范傲乐强调，任何企业都要注意整体统一的问题。他说："经常改变 Logo、宣传语和信息只会让你的品牌形象在消费者心中非常模糊。一旦你为自己的品牌打造出一个有魅力的独特价值主张，接下来就应该不断重复再重复。"

资料来源：中国策划研究院．二十个品牌策划经典案例分析．先知中国命名网．

品牌名称之所以重要，是因为它与产品之间存在着必然的关联。一个成功的品牌有助于消费者对该品牌产品产生正确的指向性联想，并在此基础上推动消费者购买产品。

品牌形象识别由一系列的符号构成，包括名称、标志、标准色、标准字体、象征物、包装、展示设计等。品牌形象识别符号的策划与设计要受到符号学、传播学、心理学、语言学、美学的指导和规范，还要符合品牌的整体营销战略和商业法规。对于品牌运营者而言，除了要提炼和规划品牌的文化与个性，更为重要的是，要将抽象的品牌文化和品牌个性通过创意设计转化为具象的识别符号。这一转化过程既需要专业的策划能力，又需要丰富的创意与想象力。

4.1 品牌名称策划

通过对成功品牌的深入分析，笔者发现这些品牌之所以能成功，固然各有成功之道，但有一点是大致相同的，那就是这些成功品牌的名称大都能够给目标受众留下深刻的印象，也就是说，大多数成功品牌都有一个适当的、受消费者认可的品牌名称。本节将专门对品牌名称的命名策略进行探讨。

一、品牌命名的基本原则

1. 有利于市场营销

品牌命名首先应该重点考虑品牌名称是否有利于产品的市场营销。具体而言，必须在以下五个方面对品牌产品的销售与传播产生积极的作用。

（1）有助于表示产品的类别。许多品牌之所以能够在市场上取得成功，原因之一便是这些品牌都有一个可以表示产品类别的名称，这就大大方便了消费者对品牌商品的识别与记忆，一旦消费者产生对某类商品的需求，可以表示产品类别的品牌名称显然会有更多的优势，这种将品牌名称与商品类别直接关联的命名策略十分有利于消费者对品牌的识别与记忆。如爱乐乐团、五粮液、味全食品等著名品牌。

（2）有助于暗示产品的利益。在为品牌命名时，除了要考虑品牌名称是否与商品类别有关联之外，还应该尽可能通过品牌名称来暗示商品能够带给消费者的利益。如美加净护肤品、劲量电池、固特异轮胎、永久牌自行车等。

（3）有助于传播商品的性能特征。如果品牌名称能够直接反映商品的性能特征，无疑将有助于目标消费者对商品的主动寻求与购买。不过，由于我国的《商标法》不允许商标直接反映商品的质量、主要原料、功能、用途、重量、数量以及其他特点，因此，企业只能通过巧妙的想象和大胆的创意，含蓄地、间接地表现商品的性能特征。比如，白加黑（感冒药）、背背佳（书包）、好记星（学习机）就是通过品牌名称将商品的使用方法和特征形象生动地告知目标消费者，有助于目标消费者对品牌的性能特征产生准确的认知和理解。

（4）指明商品的目标对象。如果品牌名称能直接表明其目标消费者的范围（如性别、年龄等），自然可以大大提升品牌信息的传播效果，有助于目标消费者主动消费。如针对儿童市场的娃哈哈、针对女性市场的太太口服液、针对中青年男性市场的七匹狼服饰等，都是通过品牌名称直接指明这些商品的使用对象，从而使目标消费者与商品之间形成直接关联，有利于目标消费者对商品产生认识和记忆。

（5）表达对社会各界的良好祝愿。受中国传统文化的影响，凡是在品牌中出现吉祥、富贵、和谐、健康等词语，就很容易赢得消费者的好感和喜爱。如健民、万家乐、乐百氏、喜盈门、红双喜、金六福等品牌均是如此。

2. 符合相关法律

在为品牌命名的过程中，企业相关人员应对《商标法》及相关法律法规进行深入的研究，以保证品牌名称符合相关法律法规的要求。

品牌名称具有专享性，品牌名称一旦注册，品牌的拥有者就拥有了对品牌名称独占的权利并受到法律的保护。如果使用者未经品牌拥有者的同意或授权而使用品牌名称，就构成了对品牌拥有者的侵权行为。在为品牌命名的过程中，不应将精力仅仅集中在如何取名上，还应高度重视为品牌名称进行注册以获得法律保护，以防给企业今后的发展带来隐患。

二、品牌命名的策略

1. 目标市场策略

目标市场策略是指根据品牌的目标消费者的特征为品牌命名的策略。在具体的做法上，就是尽可能使品牌名称可以暗示或直接反映目标消费者所处的特定文化背景和心理需求，以使品牌名称能够在一定程度上起到市场营销的效果。

以品牌名称来表现商品与目标消费者在人口统计特征上的对应关系并非难事，只要在品牌名称上表现出目标消费者的性别或年龄特征即可。

比如我国的劲霸男装、太太口服液等，都是在品牌名称中非常清楚地显示商品的目标消费者，有利于目标消费者对此类商品的识别、记忆和购买。

以品牌名称来彰显目标消费者的心理和文化因素则是较为困难的，至少目前国内的品牌用此种策略命名的仍属空白。有少数国外品牌用此种策略为品牌命名取得了成功。比如，法国 Christian Dior 公司于 1985 年推出一款香水，取名为 Poison（毒药）（见图 4-1），大受市场欢迎，该名称迎合了西方女性解放、独立意识增强的心理需求，触动了许多女性内心深处追寻梦想、超凡脱俗、冒险刺激的反叛心理，该品牌香水在市场上受到年轻女性的青睐就不足为奇了。

图 4-1 Poison 香水广告创意作品

2. 产品定位策略

产品定位策略是企业希望通过品牌名称直接引发目标消费者对产品的特征、产品为消费者提供的利益、产品在使用过程中所体现的社会意义等有利于产品销售的内容的联想。

运用产品定位策略为品牌命名的成功之作当属宝洁公司的海飞丝洗发水（Head & Shoulders，意为“头和肩”），该品牌名称十分巧妙地向消费者传达了产品“去头屑”的定位。宝洁公司的其他若干品牌也都具有产品定位的传播效果，如帮宝适（婴儿纸尿裤）、舒肤佳（杀菌香皂）等。

使用产品定位策略为品牌命名固然有助于目标消费者对产品的功能属性产生积极的联想，并有可能促使其产生购买意愿，但是此类品牌名称所涵盖的范围过于狭窄，不利于企业实施品牌延伸和多元化经营战略。

3. 描述性与独立随意性策略

在对市场上大多数的品牌名称进行深入分析之后可以发现一个基本规律，即无论采用哪种品牌命名策略，企业希望通过品牌名称达到的目的只有两个：有助于目标消费者识别产品或服务，或者有助于向目标消费者传递更明确的产品信息。对于前者，品牌名称越是由独立的词生造组合，越是不与其他常用词相似，其识别作用越显著；对于后者，品牌名称越是采用有明确内涵的词，越是采用常用词，其发挥的信息传递作用就越突出。品牌名称在不同情况下所产生的不同作用必然导致品牌命名在思路上完全相反的两种策略：描述性策略和独立随意性策略。

（1）描述性策略。描述性策略是指企业在为品牌命名的过程中，注重品牌名称能够对产品的物质属性予以基本概括，以有助于目标消费者对品牌商品的理解。采用这种命名策略的品牌，其名称本身基本上就可以起到广告传播的作用，从而可以节省传播费用，但缺点也很明显，即这类品牌名称会演变为同类所有产品的通用名称，会失去商标注册的保护作用。如西南地区生产的“麻辣烫”食品就是典型的描述性品牌名称，很难注册商标并得到相应的保护，会引起消费者对品牌名称记忆上的混乱。相对而言，由于受广告传播费用的限制，小公司更愿意采用此种品牌命名策略。

（2）独立随意性策略。独立随意性策略是指企业在为品牌命名的过程中，注重品牌名称与众不同的独特性，以有助于目标消费者对品牌商品的识别。总体而言，采用这种策略命名的品牌，其名称大都充满个性，其商标也很难被后来者模仿，不足之处是需要借助大规模的传播才能达到比较理想的效果。如索尼（SONY）就是典型的独立随意性的品牌名称，该品牌名称与其产品之间没有任何必然的关联，目标消费者对其的理解自然会产生一些障碍，但是进行较大规模的传播之后，目标消费者就会对该品牌名称与产品产生一对一的深刻记忆。一般来说，大公司在广告传播预算比较充裕的情况下更倾向于采用此种品牌命名策略。

4. 联想策略

品牌命名的描述性策略与独立随意性策略在创意思路上为两个极端，各有利弊。一种将两者的优缺点加以调和、折中，达到鱼和熊掌兼得效果的品牌命名策略为一些营销专家所推崇，它就是联想策略。

联想策略是指企业为品牌命名采取既有利于目标消费者理解品牌商品的基本属性，也强调品牌名称一定的个性，以获得商标注册保护进而形成市场竞争优势的一种命名策略。采用这种品牌命名策略的优点更多且风险更小，因此，越来越多的企业倾向于采用这种品牌命名策略。我国一些比较知名的品牌，如白猫、旺旺、金嗓子、洁银、健力宝、养生堂等都是运用此种策略为品牌命名的成功案例。

20世纪70年代后期，吉列公司的一个事业分部缤乐美（Paper Mate）将一种具有革新意义的可擦性圆珠笔引入美国市场。起初，该公司运用描述性策略为这种可擦性圆珠笔命名为“Erasermate”（橡皮伙伴），但由于该名称过于写实而缺乏想象力，市场反应平淡，销售远远达不到预期效果。之后，该公司在对市场销售不畅的各种原因进行分析之后，认为品牌名称是导致销售受阻的主要原因，因此，果断地以联想策略为该产品重新取名为“Replay”（意为重新进行、重赛、重放），使该商品一改以往的销售颓势，很快被越来越多的消费者接受。

同样的商品，不同的品牌名称，产生了完全不同的市场销售效果，究其原因，采用联想策略将商品重新命名为“Replay”，其名称新颖别致、朗朗上口且兼具一定的个性，更容易受到商标法的保护，也向目标消费者暗示了商品的基本属性，有助于目标消费者对品牌商品独特性的认知与理解，为该品牌商品赢得市场打下了坚实的基础。

三、品牌命名的程序

1. 战略思考阶段

为品牌命名，首要的工作就是从市场竞争、消费者心理、消费文化等不同层面对品牌的整合营销传播进行战略思考。包括：商品的基本性能和独特卖点是什么？商品的目标消费对象是哪些人？这些消费对象有什么样的消费心理和消费行为？商品的市场前景如何？将来有可能运用品牌延伸策略吗？哪种品牌名称更有助于品牌形象的塑造与传播？商品有可能进入国际市场吗？需要命名的品牌与企业其他品牌之间是一种什么关系？企业未来发展战略及品牌文化是什么？等等。这些实际上也成为衡量品牌名称优劣的标准，为品牌命名工作顺利及富有成效地开展奠定了坚实的基础。

2. 提出备选方案阶段

此阶段是从不同角度为品牌名称构思不同方案的过程。方案越多，筛选的余地越大，获得令人拍案叫绝的品牌名称的可能性也就越大。构思的方法因人而异，但一般而言，使用头脑风暴法更有效率。

头脑风暴法是由BBDO广告公司的阿列克斯·奥斯本创建的，其原意为两个或两个以上的人聚在一起，针对某条广告的诉求主题共同构思创意的过程。

头脑风暴法往往是灵感喷涌的源泉，若想成功地运用这种方法，必须遵循以下两条原则：

第一，任何创意均不得受他人干涉。

第二，所有想法都应记录在案，以备将来参考。把所有的灵感都记录下来，用心理学家的话说，这是一个“自由联想”的过程，应该给每一个新想法一个启迪旁人的机会。

头脑风暴法是利用团体环境刺激创意者的创作灵感，用个人的灵感甚至是不着边际的“胡言乱语”去刺激其他人思考，群体思维的合力又将刺激衍生出更多的灵感，这会远远多于个人独自思考所能构想出来的创意。

头脑风暴法的秘诀在于允许相反或不同的意见，消极保守的认识会破坏随意不拘的氛围，随意不拘的氛围正是产生原创性想法的必要条件。

3. 测试与评估阶段

此阶段是对品牌名称的备选方案进行筛选和评估。一般而言，筛选过程是放弃那些明显不合要求的备选名称，使备选名称保留在10个左右，然后对保留下来的名称作出评估。评估工作除了组织相关专家、学者等进行内部评审之外，还可以对企业市场部的资深人员、销售渠道的相关人员以及有代表性的目标消费者进行调查。这两种方法又可以称为专家分析法和消费者调查法。

（1）专家分析法。运用专家分析法对品牌名称进行评审，关键是必须组织一个人员构成和学科面较广的合理的评价小组。该评价小组的成员最好包括语言学、心理学、美学、社会学、市场营销学等方面的专家，专家的人数以7~9人为宜。具体评审大致包括四个过程：初步审议、讨论评议、修改润色、达成共识。

（2）消费者调查法。消费者调查法可以采用问卷调查、投射技术、焦点小组等方法进行。调查的主要内容包括以下几个方面。

① 词语联想。品牌名称能引发目标消费者哪些联想？目标消费者的这些联想是否与企业的目标相符合？是否会引起目标消费者的负面联想？等等。在调查的过程中，调查人员应尽量避免采取直接提问的方式询问被调查者，如："你喜欢这个品牌名称吗？"应该间接或侧面地询问被调查者，如："你认为这个品牌名称有什么含义？""它是否可以代表某一品类的产品？""你认为哪一类产品绝不会使用这个品牌名称？"等等。

② 记忆测试。调查人员给被调查者备选的品牌名称清单，经过一段转移注意力的时间之后，再请被调查者写出能够回忆起的刚刚看过的品牌名称。此种测试不仅可以判断哪些品牌名称更易识记，也可以测出哪些品牌名称更易写出。

③ 定位测试。调查品牌名称与其所属产品类别的相关性及其在市场中所处的相应位置。

④ 偏好测试。调查品牌名称能否引发被调查者的情感反应及其强弱程度，品牌名称能否引发被调查者对品牌名称产生偏好和后续行为。如果测试分析显示消费者并不认同测试的品牌名称，那么不管专家或企业老板多么偏爱这个品牌名称，都应该考虑重新命名。

4. 法律检索阶段

经过上述阶段对品牌名称进行筛选和评估之后，可供使用的品牌名称一般在5~6个，此时就进入品牌名称的法律检索阶段。这个过程虽然既花钱又费时，却是一个绝对不能忽略的至关重要的过程。再好的品牌名称，如果已经被人注册，那么企业只有两个选择：要么放弃此品牌名称，要么向此品牌名称的持有人购买，两者必择其一。通过法律检索，可以排除那些在市场上已经使用或已经被人注册或与本品牌名称相近的名称，以确保自己所确定的品牌名称的专有性。

此阶段的工作也可视具体情况提前开展。上述所有工作直到最后确定下来的品牌名称得到法律注册方才告一段落。

品牌命名分析模板参见表4-1。

表4-1 品牌命名分析模板

步骤	内容
第一步： 命名分析	思考品牌名称与产品、市场、消费者、竞争、公司战略各个方面的问题，比如： 1. 本品牌产品的性能和独特卖点是什么？ 2. 本品牌产品的目标消费者是谁？ 3. 本品牌产品的市场发展前景如何？ 4. 本品牌与竞争品牌的关系如何？ 5. 什么类别的品牌名称更适合本品牌形象？ 6. 本品牌名称是否在国外使用？ 7. 本品牌产品与本公司的其他产品是否同属一个大类？ 8. 本品牌产品是否适合公司未来发展战略和现有的公司文化？ 9. 目前同类产品的品牌名称是怎样的？ 10. 本品牌希望在市场竞争中占据什么样的地位？
第二步： 选择命名途径	在完成对品牌命名的分析之后，下一步即可考虑通过哪些途径予以命名： 1. 是否可以以品牌创始人的名字命名？ 2. 是否可以以地理名称命名？ 3. 是否可以以动植物的名称命名？ 4. 是否可以以现有词汇命名？ 5. 是否可以以虚构的词语命名？ 6. 是否可以以数字命名？如999制药、555香烟等。 还可以根据下列参考标准确定品牌命名的几个途径： 1. 功能性的品牌命名方法适用于具体的产品。 2. 情感性的品牌命名方法适用于包括多个子产品的品牌名称。 3. 无意义的命名方法适用于产品众多的家族式企业。 4. 以创始人命名更适合传统行业，更具有历史感。 5. 以地名命名更适用于以产地闻名的产品。 6. 动植物的命名方法能够给人以亲切感。 7. 以虚构的词语命名适用于所有产品尤其是科技产品。
第三步： 提出备选方案	从确定的几条命名途径出发，采用集思广益的策略尽可能多地征集品牌名称备选方案。具体的征集方法可以考虑以下几个： 1. 发动全公司的所有员工参与命名，激发每个人的想象力。 2. 采用头脑风暴法邀请专业人士命名。 3. 邀请消费者代表参与命名。 4. 搜寻电脑名称库。
第四步： 初步筛选	由公司内部专业人士（营销、传播、产品开发人员）组成的团体对所有备选名称根据相关要素进行审核，去除有语言障碍和明显法律纠纷以及与品牌定位有明显冲突的名称，得到10～20个备选名称的初步筛选名录。具体筛选原则如下： 1. 营销原则：是否暗示或突出了产品特征？是否切中目标市场的需求？是否有助于传播？是否与品牌形象相匹配？能否进行品牌延伸？ 2. 语音原则：是否容易发音？是否听读悦耳？是否可以跨语种单一发音？ 3. 语意原则：受众对品牌名称能否产生正面联想？ 4. 可保护原则：能否在法律上得到保护？能否注册？

续表

步骤	内容
第五步： 复选审查	对初步筛选出的备选名称进行评价，筛选出 5 ~ 6 个名称。评价方法有以下两种，最理想的做法是两者结合进行。 1. 专家分析法。由语言学、心理学、美学、社会学和市场营销学等专家对名称进行初步审议、讨论评议、修改润色，达成共识。评价标准可采用 SOCK-IT 判断标准。 合适性（suitability）：本品牌名称对产品功能、特性、优点的描述是否恰如其分？ 独创性（originality）：本品牌名称是否与众不同、独一无二？ 创造力（creativity）：本品牌名称能否吸引人，令人产生愉快的心情？ 能动价值（kinetic value）：本品牌名称能否引起丰富的联想，具有营销说服力？ 识别力（identity）：本品牌名称是否有助于记忆？ 发展力（tempo）：本品牌名称是否适合目标市场以及未来的发展？ 2. 消费者调查法。可以采用问卷调查、投射技术、焦点小组等方法。具体应包括以下几个方面。 词语联想：如请被调查者回答：你认为这个名称有什么含义？这个名称能代表哪一类产品？ 记忆测试：向被调查者给出备选名称，经过一段转移注意力的时间后，再让其写出能够回想起的名称。 定位测试：调查名称与产品类别的相关性，以及在市场中的相应位置。如请被调查者回答：哪些名称更像是某产品的品牌名称？ 偏好测试：调查品牌名称所引发的情感反应，是否足以引发偏好和行为的产生。如请被调查者回答：你喜欢下列名称中的哪些名称，可能考虑购买该品牌的产品吗？
第六步： 法律检索	通过法律检索排除那些在市场上已在使用的或与之相近的名称，确保所定名称的专有性。
第七步： 确定名称	从最后的几个名称中决定最终的名称，然后正式注册该名称。

4.2　品牌标志及视觉风格策划

企业塑造品牌的根本目的就是希望借助品牌，具体而言，就是借助品牌形象的视觉识别系统（其中包含品牌标志）这一特殊的载体向目标受众传递企业或品牌商品的相关信息，这些信息既包括商品的物质属性，又包括商品的精神属性。这些信息虽然由一定的语言符号构成，但更主要的是由大量的非语言符号构成。本节探讨的就是企业利用非语言符号向目标受众有效地传递品牌信息的基本策略与设计方法。

一、品牌标志设计策略

1. 品牌标志设计的基本原则

如果我们将世界众多知名品牌的标志放在一起，便能找到一些共同的特点，这些特点正是它们成功的因素。

（1）简洁明了。物质丰富的社会中品牌多如牛毛，人们不会刻意去记住某一个品牌，只有那些简单的标志才能留在人们的脑海中。

苹果电脑是全球驰名商标，其被咬了一口的苹果标志非常简单，却让人过目不忘（见图4-2）。创业者当时以苹果为标志是为纪念自己在大学读书时一边研究电脑技术，一边在苹果园打工的生活，这个无意中得来的标志非常有趣，让人过目不忘。苹果电脑作为最早进入个人电脑市场的品牌之一，一经面世便大获成功，这与其品牌标志简洁明了的设计密不可分。

图4-2 苹果标志设计图形

（2）准确表达品牌特征。品牌标志归根到底是为品牌服务的，标志要让人知道这个品牌是干什么的，它能带来什么利益。比如，食品行业的特征是干净、亲切、美味等；房地产行业的特征是温馨、人文、环保等；药品行业的特征是健康、安全等。品牌标志要很好地体现这些特征，才能给人以正确的联想。

M只是个字母，但是在许多小孩子的眼里，它代表着麦当劳，代表着美味、干净、舒适（见图4-3）。同样是以M为标志，与麦当劳圆润的字形、柔和的色调不一样，摩托罗拉的M标志棱角分明、双峰突出，充分表现了品牌的高科技属性（见图4-4）。

图4-3 麦当劳品牌标志

图4-4 摩托罗拉品牌标志

（3）设计有美感。造型要优美流畅，富有感染力，保持视觉平衡，既具静态之美，又具动态之美。

百事可乐的圆球标志是成功设计的典范，圆球上半部分是红色，下半部分是蓝色，中间是一根白色的飘带，视觉极为舒服顺畅，白色的飘带好像一直在动，给人一种欲飞欲飘的感觉，这与喝了百事可乐舒畅、愉悦的感官享受相一致（见图4-5）。

图4-5 百事可乐品牌标志

（4）适用性与扩展性。标志的设计要兼具时代性与持久性。如果不能顺应时代，就难以产生共鸣；如果不能持久，经常改变，就会给人以反复无常的混乱感觉，也浪费传播费用。

（5）字体与色彩运用策略。首先，字体要体现产品的属性与特征，例如，食品品牌多为明快、流畅的字体，以表现食品带给人美味与快乐；化妆品品牌的字体大多纤细、秀丽，以体现女性的秀美（见图 4－6）；高科技品牌的字体大多锐利、庄重，以体现其技术与实力；男人用品品牌的字体多为粗体，以表现男性粗犷、雄厚的特征（见图 4－7）。其次，字体要容易辨认，不能让消费者去猜，否则不利于传播。最后，字体要体现个性，与同类品牌相区别。

图 4－6　雅诗兰黛品牌标志

图 4－7　吉列品牌标志

在色彩的运用上，首先，要明白不同的色彩有不同的含义，给人以不同的联想，适用于不同的产品。当然，人们对于色彩的感觉有时差异很大，如由于人们的生活背景和经历不同，红色可以令人联想到喜庆，也可以令人联想到暴力和恐怖，白色可以令人联想到纯洁，也可以令人联想到生病、死亡等。其次，相同的颜色也会因为地区、文化、风俗习惯的差异而让人产生不同的联想。因此，进入不同的国家和地区，有时需要因地制宜地对色彩进行调整。

2. 品牌标志的设计方法

品牌标志设计是在一定的原则下，选择特定的表现元素，结合创意手法和设计风格进行的。典型的设计方法有两种：文字和名称的转化、图案的象征寓意。它们可以组合变为四种不同风格的标志设计方法：字体型、象征型、抽象型和具象型。

（1）字体型标志设计方法。即以文字（包括西方文字和中国汉字）或以字母符号作为标志图形，构成设计元素。可以采用品牌名称，也可以采用品牌名称的缩写或代号。这种方法的优点是识别力强，便于传播，容易为消费者所理解。在创意上，为了增强品牌标志的美感和可接受性，往往借助象征、装饰点缀和色彩的力量。如李宁体育用品的“L”标志、麦当劳的“M”标志、谷歌的“Google”标志等（见图 4－8）。

图 4－8　谷歌品牌标志（左边的为改版前设计，右边的是改版后的设计）

（2）象征型标志设计方法。即采用自然界的客体图形作为标志设计的主要元素，通过这类图形所象征的意义向目标受众传达品牌商品的类别、性能等相关特征。由于自然界客体图形所传递的视觉意念较容易为受众所理解，因此，一些企业采用此种设计方法。如中国南方航空公司的标志采用了一朵色彩鲜艳又抽象的大红色木棉花图案（见图4-9）。在南方人的心目中，木棉象征高尚的品格，人们赞美它、热爱它，广州市民把它推举为市花。此种标志设计方法也有不足之处，就是作为主要构图元素的自然界客体图形难以在视觉上形成独特性和专有性，在商标注册和保护上常常会有争议。

图4-9　中国南方航空公司标志

（3）抽象型标志设计方法。抽象型标志设计方法在构图上大胆地摆脱了具象的自然形态的约束，善于归纳和提取事物和现象的基本特征与本质规律，将复杂的事情简单化，运用抽象的几何图形或其组合，画龙点睛地向目标受众传达出品牌商品的核心价值和意义。其主要特征是“形有限而意无穷”。相对于具象设计，抽象型标志设计方法虽然也借助“形”来表现品牌内涵，但这个“形”远远超越了具象实体的长度、宽度和高度，显示了一种在思维方式上的意向转换。

抽象型标志设计的构图元素主要是几何图形，也可以直接利用现成的文字符号，使图形高度夸张、概括、简洁，从而使品牌标志图形传达出一种感觉意向。使用抽象型设计的品牌标志更具有现代感、信息感、商业感（见图4-10）。

图4-10　美国朗讯科技公司标志

（4）具象型标志设计方法。具象型标志设计方法是以具象的自然形态为构图原型，在此基础上进行概括、提炼、取舍、变通、组合，最后形成品牌标志设计所需的视觉图形。自然界的一切元素，包括人物、动物、植物、山水、风景等都是具象型标志设计原型取之不尽的设计素材。对这些素材的使用主要根据品牌名称和产品特征加以考量，经过提炼加工，使之成为全新的、富有创意的视觉识别符号，并赋予其一定的表征意义。采用具象型设计方法所设计的品牌标志，其优点是直接、明了，便于目标受众对品牌内涵与意义的识别、理解和记忆（见图 4－11、图 4－12）。

图 4－11　捷豹汽车标志

图 4－12　法国标志汽车标志

标志设计的首要目的是将品牌名称形象化和图示化，以有助于目标受众对品牌商品内涵的理解。因此，品牌标志的设计应以鲜明、易懂为基础，无论运用何种方式进行设计，都要以简洁、大气、易于传播为主。设计时还要充分考虑可行性，针对其应用形式、材料和制作条件采取相应的设计手段，同时，要顾及应用于各种视觉传播方式（如印刷、广告等）或放大缩小时的视觉效果。

3. 品牌标志设计的风格

品牌标志设计大致经历了三个发展阶段：20 世纪以前的新古典主义风格、20 世纪之后的现代主义风格和 20 世纪 60 年代至今的后现代主义风格。标志设计属于平面设计的范畴，平面设计又脱胎于绘画艺术，因此，绘画艺术的相关理论和流派对标志设计的影响无疑是巨大的。

（1）新古典主义风格。新古典主义是以复兴古希腊、古罗马艺术为旗号的古典主义艺术，早在 17 世纪的法国就已出现。在法国大革命及其政治和社会改革之前，有一场纯粹的艺术革命，这就是新古典主义美术运动。这一时期的法国美术既不是古希腊和古罗马美术的再现，也非 17 世纪法国古典主义的重复，它是适应资产阶级革命形势需要在美术领域里的一场借古开今的潮流。所谓新古典主义，是相对于 17 世纪的古典主义而言的。

新古典主义美术的特征是选择重大题材（古代历史和现实的重大事件，如《马拉之死》），在艺术形式上强调理性而非感性的表现，在构图上强调故事的完整性，在造型上重视素描和轮廓勾勒，注重雕塑般的人物形象，但对色彩不够重视。法国新古典主义美术从维安、达维特到安格尔，取得了巨大的成就并达到高峰。

在 19 世纪后期至 20 世纪初期，新古典主义对商业设计的影响无疑是巨大的，并逐渐形成当时商业设计的主流。其设计作品的风格主要有以下几点：

第一，构图注重具象与写实，追求形似，理性色彩较为强烈。

第二，注重装饰效果，通过繁复的表现手法营造一种精致、典雅的整体视觉效果（见图 4－13）。

（2）现代主义风格。19 世纪末 20 世纪初，世界各地特别是欧美国家的工业技术发展迅速，新的设备、机械、工具不断发明出来，极大地促进了生产力的发展，工业技术的飞速发展给社会结构和社会生活带来了很大的冲击。

对于现代主义的定义，一直是非常复杂的，因为这是一个席卷意识形态各个方面的运动。一方面是时间上的定义，这是从 20 世纪初期开始到第二次世界大战结束后相当长一个时期内的运动，包含范围极其广泛；另一方面是意识形态上的定义，它的革命性、

宝洁公司标志设计　雀巢公司标志设计　保时捷公司标志设计　迪士尼公司标志设计

阿迪达斯标志设计　麦肯广告公司标志设计

图4-13　新古典主义设计风格的标志设计作品

民主性、个人性、主观性、形式主义都非常典型和鲜明。现代主义是对于传统意识形态的革命，它包含的范围极为广泛，几乎包括意识形态的所有范畴，对哲学、心理学、美学、艺术、文学、音乐、舞蹈、诗歌等都有所涉及。在每个领域它都有特别的内容和观念。因此，要对现代主义下一个准确的定义其实是非常困难的。我们只能大致把体现在设计和建筑上的现代主义总结为几个方面：民主主义、精英主义、理想主义和乌托邦主义。

以现代主义设计理念为指导的商业设计作品所表现出来的基本风格是：

第一，功能主义特征。强调设计图形的传达功能，对片面追求艺术表现持反对态度。

第二，形式上提倡非装饰的简单几何造型。表现在设计作品中，就是努力体现标准化原则和反装饰主义立场。

第三，在具体设计上重视空间，特别强调整体设计。基本反对在图板上、预想图上设计，强调以模型为中心的设计规划。

第四，重视设计费用和开支。把经济问题作为一个重要考虑因素，达到实用、经济的目的（见图4-14）。

（3）后现代主义风格。后现代主义是一场出现于20世纪60年代的欧美，并在七八十年代流行于西方的艺术、社会文化与哲学思潮，其要旨在于反思现代性的基本前提及其规范内容。在后现代主义思想及其理论的影响下，后现代主义广告作为一种新兴的广告类型，首先在欧美流行开来，不久以后，我国也出现了许多具有后现代主义风格的广告创意（标志设计）。后现代主义设计风格主要有以下几点：

第一，注重人性化、自由化。后现代主义作为现代主义内部的逆动，是对现代主义的纯理性及功能主义尤其是国际风格的形式主义的反叛。后现代主义风格仍秉承设计以人为本的原则，强调人的主导地位，突出人机工程在设计中的应用，注重设计的人性化、自由化。

中国移动品牌标志设计　　顶新国际集团标志设计　　上海地铁标志设计

IBM品牌标志设计　　哥伦比亚广播公司新标志　　阿迪达斯品牌标志设计

图 4-14　现代主义风格的品牌标志设计作品

第二，注重体现个性和文化内涵。后现代主义作为一种设计思潮，反对现代主义的苍白平庸及千篇一律，并以浪漫主义、个人主义作为哲学基础，推崇舒畅、自然、高雅的生活情趣，强调人在设计中的主导作用，突出设计的文化内涵。

第三，注重历史文脉的延续性，并与现代技术相结合。后现代主义主张继承历史文化传统，强调设计的历史文脉。在 20 世纪末怀旧思潮的影响下，后现代主义追求传统的典雅与现代的新颖相融合，创造出集传统与现代、融古典与时尚于一体的大众设计。

第四，矛盾性、复杂性和多元化的统一。后现代主义以复杂性和矛盾性代替现代主义的简洁性、单一性，采用非传统的混合、叠加等设计手段，以模棱两可的紧张感取代清晰感，以非此非彼、亦此亦彼的杂乱取代明确统一，在艺术风格上主张多元化的统一（见图 4-15）。

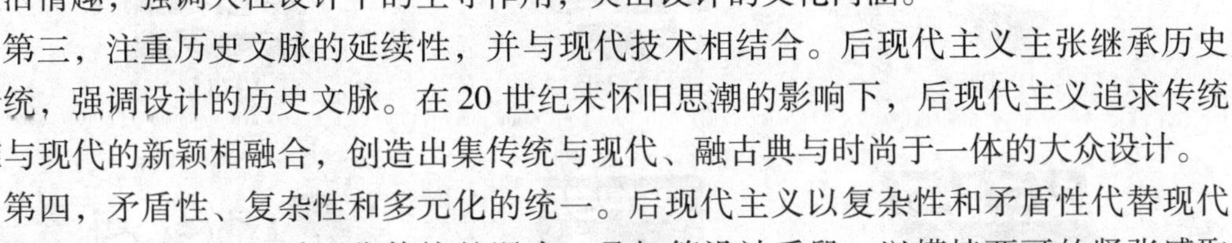

百事可乐品牌标志设计　　格力品牌标志设计　　上海世博会标志设计　　万科地产标志设计

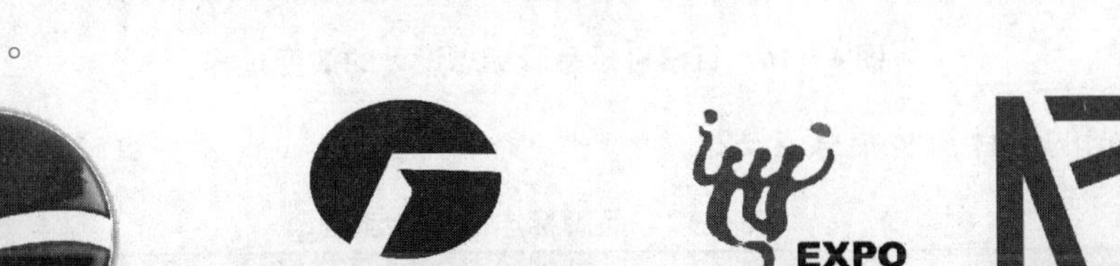

世界贸易组织标志设计　　中国移动动感地带标志设计

图 4-15　后现代主义风格的标志设计作品

品牌标志设计风格的演变并不只是由品牌管理人员和设计人员的不断创新所促成的，

更为重要的还是由时代潮流以及消费者的审美品位的不断变化所导致的。设计风格的演变对于企业而言必然意味着要面临选择：要么随着时代的变化不断改变品牌标志的设计风格，要么坚持品牌标志的原有风格而不人云亦云。前者是“善变”，后者是“不变”。不过，这两种态度对于企业而言都不可取。有眼光的企业应该在变与不变之间寻找平衡点，即在标志构图的核心要素上尽可能保持不变或少变，在一些非核心要素上可以根据市场需求做一些调整。

总之，品牌标志设计毕竟属于商业设计的范畴，与纯粹的绘画艺术有相当大的区别。商业设计必然要考虑市场需求、目标消费者的感受，也就是设计的目的性非常明确。由于市场是不断变化的，人们的需求当然也在不断变化，品牌标志的设计需要根据市场的变化而适时地修正，唯有如此，才能真正做到与时俱进（见图4－16）。

图4－16　百事可乐品牌标志设计的演变过程

品牌标志的设计流程见表4－2。

表4－2　品牌标志的设计流程

步骤	内容
第一步：调查品牌理念与设计现状	1. 品牌的理念、精神内涵与总体发展规划。 2. 品牌的运营范围、商品特性、服务性质等。 3. 品牌的竞争与营销现状。 4. 品牌拥有者对识别战略及视觉识别风格的期望。
第二步：进行概念设计	1. 考虑是否可以通过文字和名称的转化进行设计，采用品牌名称或品牌名称的缩写和代号。 2. 考虑用图形象征的手法进行设计；或者采用具象手法以形象的自然形态为原则，再经过艺术提炼，变成平面的视觉形象；或者采用抽象手法以抽象的图形传达产品的信息。

续表

步骤	内容
第三步：判断甄别	1. 营销原则 标志设计是否体现了产品特征和品质？标志设计是否准确传递了产品信息？标志设计是否体现了品牌价值和理念？标志设计是否可以成为企业的象征？标志设计是否可以暗示企业的实力？ 2. 创意原则 标志设计是否醒目直观、视觉冲击力强？标志设计是否新颖独特？标志设计适合各种媒体传播吗？标志设计与国际化审美相吻合吗？标志设计是否具备法律上的显著性？ 3. 设计原则 标志设计的色彩与线条搭配是否协调？布局是否合理？对比是否鲜明？设计是否清晰简洁？隐喻象征是否恰当？ 4. 认知原则 标志设计是否通俗易懂？能否吸引公众注意？能给公众留下深刻印象吗？符合目标消费者的文化背景和接受心理吗？ 5. 情感原则 标志设计能产生令人喜爱、感染力强的感觉吗？标志设计能给人美好的享受和丰富的联想吗？
第四步：精致化	此步骤是对符合判断原则的备选方案进行精致化处理： 1. 对标志造型予以视觉修正，使各种构成要素之间的关系达到完美。 2. 对标志造型予以数值化的限定，以作为应用时的标准。 3. 规定标志尺寸，确保放大或缩小的视觉认知效果。 4. 进行标志的变体设计，以适应各种媒体需要，即演化出标志的各种变体设计（如粗细线条的变化、彩色与黑白的变化、正形与负形的变化、线框空心体的变化、网纹与线条的变化等）。
第五步：进行标志组合	确定品牌标志与其他设计要素之间的比例尺寸、间距方向、位置关系等： 1. 考虑如何将标志与中文品牌名称或简称予以组合。 2. 考虑如何将标志与英文品牌名称或简称予以组合。 3. 考虑如何将本品牌标志与其他品牌标志进行组合。 4. 考虑如何将标志与品牌广告语予以组合。

二、品牌视觉风格策划

品牌传播定位和品牌个性的选择与确定解决的是品牌传播说什么的问题。品牌风格的选择与确定则是要解决品牌应该通过什么表现方式传递或暗示品牌带给受众的整体感觉和印象的问题。

当我们提到一种风格时，往往指的是一种富有特色的品质或一种表达方式。风格是某个人或某个群体在长期的艺术创作中自然形成的一种经久不变的表现方式。对广告创意作品来说，如果在长期的传播过程中能够形成自身的风格特征，无疑将十分有利于目标消费者形成品牌识别和品牌记忆。

1. 传统的风格

如果品牌在视觉设计中力图通过一些传统的设计元素或视觉形象表现品牌的相关信息，受众就会产生该品牌具有传统风格的整体印象（见图4－17）。不同文化背景的人对时间的看法不尽相同，也就是说，人们对过去、现在和未来的重视程度不同。如果消费者认为传统是值得保存的东西，他就很有可能对具有传统风格的品牌视觉设计风格产生比较积极的看法；反之，如果消费者对过去持消极的态度，他可能会认为具有传统风格的品牌视觉设计是过时的、老土的，对具有这种风格的品牌诉求信息予以排斥。

图4－17　可口可乐传统风格广告设计

对某些商品而言，刻意地通过品牌视觉形象向受众传播品牌的传统风格是一种不错的策略，因为“传统的”往往意味着上乘的质量、顾客的忠诚和安全感。不过，选择这种风格的品牌视觉设计策略也潜藏着一定的风险，即部分消费者可能会对商品产生过时的或老土的印象。在采用传统风格之前，非常重要的一点就是要跟踪了解目标消费者对具有传统美学风格的视觉形象的评价态度，如果只是根据创意人员自身的审美喜好进行创作，其品牌视觉设计所产生的诉求效果必然大打折扣。

2. 当代的风格

如果品牌在视觉设计中试图通过一些当前的设计元素或视觉形象表现品牌的相关信息，受众就会产生该品牌具有当代风格的整体印象。相对于传统风格的品牌标志设计，许多企业更倾向于选择使用当代视觉设计风格的品牌标志，因为这样所承担的风险较小，对利用现代科技手段生产并以年轻人为主要市场的品牌商品来说更是如此。当代风格的构成内容主要是流行文化和时尚。图4－15中的中国移动动感地带的品牌标志设计就使用了当代的风格，从实际效果来看，这一设计受到了年轻消费者的普遍欢迎。

可口可乐在2008年北京奥运会期间创作了一组极具当代风格的广告作品，参见图4－18。

3. 未来的风格

如果品牌在视觉传播作品中通过一些未来的设计元素或视觉形象表现品牌的相关信息，受众就会产生该品牌具有未来的风格的整体印象。未来的风格可以通过以下几种方式实现：前卫的设计、新材料、新字体、新的打印技术等。受众对未来风格的印象是开创性的、前卫的或高科技的、科幻式的，甚至是离奇的、不可思议的，等等（见图4－19）。

4. 复古的风格

企业通过复古的风格力图再现历史上某一特定时期的文化与流行，以寻求一种怀旧

图 4－18　可口可乐在北京奥运会期间创作的广告作品

图 4－19　以未来的风格为诉求主题的耐克广告作品

的印象。怀旧是人们在情感上的一种渴望，对回顾已逝岁月或情感的一种愿望。复古的风格往往是针对某一特殊的目标群体，一般通过曾经流行的音乐、流行的视觉符号或语言以及其他要素予以体现。

比如，国内一些城市的餐馆将 20 世纪三四十年代的流行图片、流行语言及流行的视觉表现方式作为其室内外装修设计的主要元素，勾起了一些中老年消费者对过去岁月的回忆，在情感上迅速拉近了与食客之间的距离，此时人们对到餐馆就餐的目的已经淡化，更多的是寻求一种怀旧的情怀（见图 4－20）。

不过，复古的风格也有一些不利因素。一般来说，复古风潮的流行多具有不可预测性，这种风潮往往来得快去得也快。从某种意义上说，复古风潮只是在通往未来的发展道路上的暂时倒退。这种品牌视觉传播风格对于时尚类产品更合适一些，其他产品的视觉传播最好避免使用这种风格。

5. 前卫（或叛逆）的风格

与复古的风格相反的就是前卫（或叛逆）的风格。前卫（或叛逆）的风格所传递出

图4－20　上海一家餐馆使用20世纪三四十年代风格的装修设计

来的信息就是反传统的。这种表现风格在建筑设计或室内设计中运用得多一些，在品牌商品的视觉传播中使用前卫风格要少得多，因为喜欢这种风格的人比较少，企业不太可能只因少数消费者的喜好而放弃大多数消费者的审美观念。不过，一些品牌比较愿意使用这种设计风格，获得了目标消费者的喜爱。如猫王收音机就是采用这种风格（见图4－21）。

6. 经典的风格

经典是指经过历史检验并在行业内具有权威的地位。经典的风格可以向受众暗示品牌源远流长、久经考验并且具有永恒的价值。就品牌商品而言，经典的风格主要是通过大气的创意、简洁的视觉设计和精致的图片等诸多要素形成的。受众对于经典的风格有一个心理上认同的时间原点，也就是说，经典并不等于传统或一成不变。企业如果期望通过视觉表现向受众传播品牌经典的感觉，就必须不定期地对视觉表现元素予以更新，以便向受众传递出本品牌与时俱进的理念。需要指出的是，经典的风格具有延续性，即品牌的主题保持不变，变的只是形式（见图4－22）。

图4－21　猫王收音机品牌广告创意作品

图4－22　哈根达斯的经典风格的广告作品

品牌视觉设计的基本要素见表 4－3，品牌形象识别应用系统设计流程见表 4－4，品牌联想管理运用模板见表 4－5。

表 4－3　品牌视觉设计的基本要素

品牌视觉设计诸要素	基本内容
品牌名称	品牌名称是消费者辨别产品的主要因素之一，也是品牌传达基本信息的媒介，更是品牌资产的载体。一个成功的品牌名称有助于消费者对品牌产生积极的和正面的联想与评价。
品牌标志	品牌标志是品牌识别传播的重要载体。一个成功的品牌标志设计能够将复杂的信息简单化，即能够将企业或品牌的产品类别或产品特征通过其标志予以视觉化表现，有助于消费者对品牌产品的认知与记忆。
品牌诉求概念（或广告语）	品牌诉求概念或广告语既有助于消费者对品牌产品的内涵或价值理念予以认知与理解，又能够为消费者提供具体和丰富的品牌信息。
标准字	标准字可以通过特殊的设计在品牌产品的视觉层面上形成与竞争品牌的差异，有助于在消费者心目中形成自身的品牌风格。
标准色	通过对品牌产品的视觉符号进行规范设计，可以传递品牌在精神层面的内涵、联想和象征意义，有助于消费者认知和记忆品牌。
包装	成功的包装设计和材质运用既可以传递品牌产品的使用属性，也可以传递品牌产品的审美属性，更可以提升品牌产品的档次。
象征物	品牌象征物是象征品牌产品的漫画人物、动物或非生命物，兼有名称、标志、视觉符号等在诉求传播方面的作用。在设计象征物时应注意使其与品牌个性或品牌文化相吻合。

表 4－4　品牌形象识别应用系统设计流程

<table>
<tr><th>步骤</th><th colspan="3">内容</th></tr>
<tr><td>第一步：
调查现状</td><td colspan="3">每个企业（品牌）都应该设计适合自身个性和特点的应用要素，应根据对企业现状的调查结果进行有目的的设计，调查内容包括：
1. 企业地区图（包括分布结构等）。
2. 产品信息（包括产品功能和定位，是否需要容器包装，包装盒和包装箱是突出功能还是强调审美等）。
3. 品牌传播计划（准备采用哪些媒体，如哪些网站或线下哪些媒体等）。
4. 行业法规限制。</td></tr>
<tr><td rowspan="3">第二步：
设计应用系统</td><td colspan="3">根据对现状调查的结果，选择企业（品牌）实际需要的应用要素，纳入品牌识别应用系统。视觉识别基本要素包括六个方面。</td></tr>
<tr><td>项目</td><td>可参考备选内容</td><td>注意事项</td></tr>
<tr><td>1. 事务用品</td><td>名牌、信封、信纸、便笺、传真纸、工作证、记事本、公文夹、资料夹、证书、贺卡、请柬、日历、圆珠笔等。</td><td>考虑基本要素的空间布局、纸质肌理、色彩的印刷表现、规范尺寸等。</td></tr>
</table>

续表

步骤	内容		
第二步：设计应用系统	2. 产品包装	产品容器、包装盒、包装箱、包装纸、手提袋、礼品包装等。	考虑基本要素的组合布局与包装结构的协调性和整体感。
	3. 环境系统	企业旗帜、桌旗、吊旗、形象招牌、企业导引系统和部门指示牌、办公室背景、会议室背景、连锁店及专卖店设计等。	环境系统应用要素较多，在将基本要素加以规范运用的同时，应注意与辅助色和辅助图形搭配组合设计。
	4. 员工服装	男女职工工作服、制服和礼服、T恤、工作帽、雨伞、配饰（如徽章、领夹、领带、臂章、扣子等）。	可根据不同职位、不同应用要素的材质对基本要素做不同组合，并保持整齐一致的视觉效果。
	5. 交通工具	轿车、客车、越野车、货车、集装箱车、旅行车、起重机、清洁车、船舶、飞机等。	注意基本要素在各种交通工具设计中应保持一致，以保持企业或品牌的整体视觉传播效果。
	6. 广告传播	网络（网站、微博、微信）、电视、广播、户外、灯箱、楼宇（电梯）、印刷、喷绘、液晶显示屏、宣传册、挂历等。	考虑报刊、海报、户外广告的不同材质的色彩视觉效果，以及灯箱、液晶显示屏在白天或晚上有无光线的效果。
第三步：对应用系统的设计进行评价	评价原则如下： 1. 统一性：每项设计之间是否具有连贯性？每项设计是否有统一的设计标准？每项设计的风格是否有脱节的现象？ 2. 规范性：制作标准是否规范？各设计项目的设计风格是否一致？ 3. 识别性：各基本要素是否完整地展开？应用系统的设计是否以基本要素为核心？ 4. 实用性：基本要素能否与应用功能结合在一起？ 5. 审美性：应用系统的设计是否大方得体、简洁鲜明？		

表4-5　品牌联想管理运用模板

步骤	内容
第一步：营销调研	对品牌联想进行定性评估的主要方法有深度访谈法和投射技术法。 1. 深度访谈法。受过专业训练的访问员以一对一的方式向被调查者提出若干问题。当问到某品牌时，被调查者首先想到的是什么？你觉得它是哪个类别的产品名？还可以是其他类别的产品吗？请说出几个形容该品牌的词汇。什么样的人会喜欢使用该品牌的产品？你觉得该品牌适合在什么场合出现？

续表

步骤	内容
第一步：营销调研	2. 投射技术法。通过设计多种意义含混的刺激，使被试回答并反映其真实想法和意图，这些方法主要有图片法、句子完成法、漫画法、拟人化透射法等。 使用某品牌的人是____________，如果把某品牌看作一个人，在你的眼里他是一个什么样的人？请画出你对某品牌的感觉。
第二步：资料分析	对调研资料进行分析，找出模糊不清的联想或负面联想。其分析方法如下： 1. 联想总数量。品牌名称激发被试产生联想的总数，这可以反映消费者对品牌的认知度和联想的强度。 2. 与产品特性有关的联想。分析消费者通过品牌名称可以获得产品的哪些功能性利益信息，如产品功能、性能、质量和价格等。 3. 与产品特性无关的联想。分析消费者通过品牌可以获得哪些情感价值和象征价值，如品牌标志、广告语、包装、使用场合、广告代言人、竞争者。 4. 喜欢程度。分析在被试所产生的联想中哪些是正面的，哪些是负面的。 5. 独特性。消费者能否将本品牌准确归类？消费者能否将本品牌与竞争品牌区分开来？
第三步：找出产生负面联想的原因	根据分析结果，找出品牌产生负面联想的原因，如： 1. 品牌名称容易产生歧义。 2. 品牌标志缺乏人情味。 3. 品牌名称在某些市场区域翻译不当。 4. 品牌推广活动不力。
第四步：对品牌形象识别要素进行修改	针对导致消费者对品牌形象产生负面联想的原因，对品牌形象识别要素进行适当修改，如对品牌名称、品牌标志、品牌象征物、品牌广告语等进行适当的调整或修改。

4.3　产品包装设计策划

产品的包装设计是一项需要许多工作人员共同努力并将科学与艺术相结合的工作。在具体的设计过程中，设计人员首先要考虑的就是包装物对产品的保护作用，其次才是包装制作成本以及什么样的包装设计更有利于产品的市场营销。本节将主要探讨包装设计在品牌形象传播及商品促销方面的作用。

一、包装设计的基本概念及其作用

产品的包装设计是根据产品的市场定位、产品的特征及目标消费者的审美偏好，采用适当的原材料，通过科学的结构设计和艺术的视觉表现创作出产品的包装容器或展示制品。严格来说包装设计有两层意思：一是涉及工业设计范畴的产品造型设计；二是一般意义上的包装装潢设计。前者更重视包装的材料性能和对产品的保护作用，后者更强调产品信息的传播与展示品牌形象的功能与作用。

许多人将今天的市场经济称为眼球经济就是因为在日益激烈的市场竞争中，只有想方设法吸引消费者的注意，产品才有可能被消费者认知并产生购买行为。能够引起消费者注意的可能是产品广告，但能够促使消费者做出购买决定的一定是包装设计。包装设计在品牌的市场推广以及对品牌形象的提升方面发挥着重要的作用。这些作用主要体现在以下几个方面。

1. 有助于增加产品销售

在今天市场经济的大潮中，同类产品之间的同质化现象日益严重，这些同质化的产品在市场上的竞争趋于白热化。

图4－23　国外优秀食品包装设计

消费者在当今信息爆炸的时代里每天要面对成千上万的商业信息，其中只有极少数的产品信息有可能被消费者注意到。吸引消费者注意有两种情况：一种是企业通过在媒体上投放的广告吸引消费者，不过这种注意难以达成即时购买；另一种是企业通过分销渠道向消费者展示产品包装吸引消费者，这种注意有可能促使消费者形成即时购买，因为产品的包装呈现在消费者眼前的是综合的直观效果，包括包装的原材料、色彩、造型等，容易对消费者形成视觉冲击，有可能促使消费者产生购买行为（见图4－23）。

2. 有助于消费者对品牌的识别

买椟还珠的故事广为流传，楚人做的“椟”过于精致（为木兰之柜，再熏以桂椒，缀以珠玉），使得“珠”与“椟”的主配角关系发生了置换，这就难怪郑人喜欢包装盒却把珍珠留下了。从市场营销的角度而言，这个故事实际上向我们讲了一个基本道理，即任何包装设计在处理产品与包装物之间的关系时一定要做到有主有次。包装设计借助包装容器这个特殊的载体（这个特殊的载体我们理解成特殊的媒介）向目标消费者传递产品的相关信息（原料、配方、功能、特点等），有助于消费者形成对品牌商品的正确认识与判断（见图4－24）。

3. 有助于提升品牌形象

随着消费社会的形成，当代消费者已经或必将步入品牌消费的时代。今天的消费者在选择购买商品尤其是经验型商品时，真正能够打动心扉的不仅仅是商品的物质功能属性，还有品牌通过各种视觉媒介尤其是包装设计所传递的个性和精神愉悦。包装不仅仅是商品的容器或者商品信息的视觉展示，还是品牌文化、品牌个性彰显和传播的载体。品牌之间有诸多差异，这些差异就是品牌个性，可以通过包装设计表现出来。优秀的包装设计常常是成功品牌的外在表现，优秀的包装设计可以极大地提升品牌在消费者心目中的形象和地位（见图4－25）。

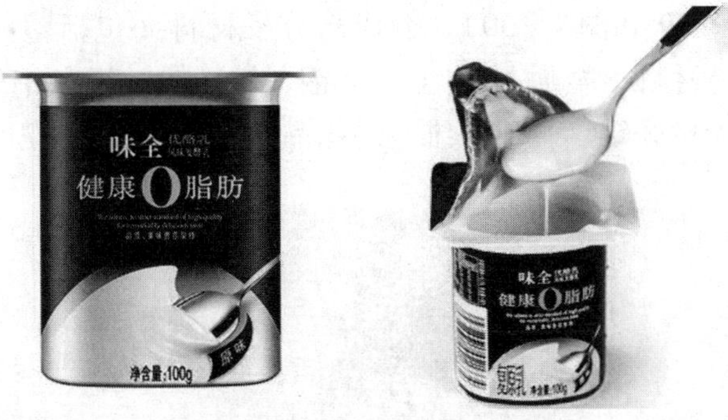

图4-24　味全包装设计传递了十分清晰的产品信息

图4-25　笔者主持设计的茅台镇夜郎古酒的系列包装

二、包装材料的基本分类

包装材料从不同的角度可以有若干分类标准。根据包装材料的作用，我们将包装材料分为主要包装材料和辅助包装材料。

1. 主要包装材料

主要包装材料是指直接接触产品并成为产品容器包装物结构主体的材料，又可以称为内包装材料。由于主要包装材料与产品直接接触，食品生产企业和监管机构对于产品内包装材料的物理性能、化学性能和机械性能等都有非常严格的要求（见图4-26）。

图4-26　哈根达斯的产品内包装设计

说明：该设计作品获2012年Pentawards国际包装设计奖。

2. 辅助包装材料

辅助包装材料是指不直接接触产品的装潢材料、黏合剂、封闭物和包装辅助物（封缄材料和捆扎材料等）。相对于主要包装材料，生产企业在使用辅助包装材料上更加注重成本低廉和商品在卖场的展示效果。辅助包装材料参见图4-27 Take Away啤酒包装设计。

根据原材料的种类不同，包装材料又可以分为以下几种：纸质材料（包括纸张、纸板、瓦楞纸板、蜂窝纸板和纸浆模塑制品等，见图4－28、图4－29和图4－30）、合成高分子材料（包括塑料、橡胶、黏合剂和涂料等）、玻璃与陶瓷材料、金属材料（包括钢、铁、铅、锡和铝等）、复合材料、木材、纤维材料（包括天然纤维、合成纤维、纺织品等）、其他材料。

图4－27　Take Away 啤酒包装设计

说明：这是莫斯科连锁足球酒吧 Mug Pub 自己酿造的啤酒，进行了独特的包装设计，用纸杯作为啤酒的主要包装物，纸杯盖上的标签标明了不同的啤酒口味和啤酒酿造日期，四只纸杯啤酒放在一个非常时尚的提篮外包装内，既节约了包装成本，又迎合了青年人的审美品位。

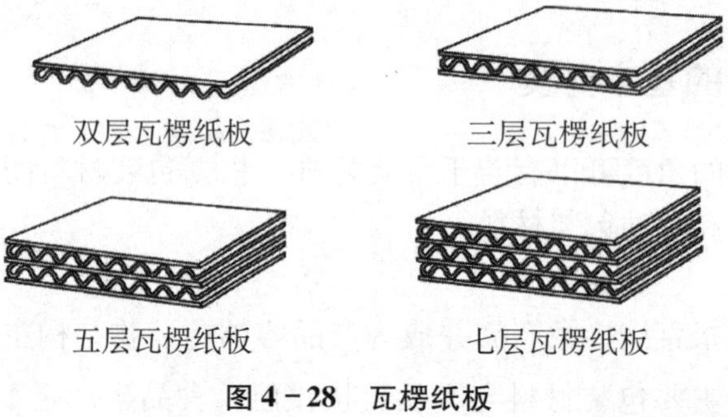

图4－28　瓦楞纸板

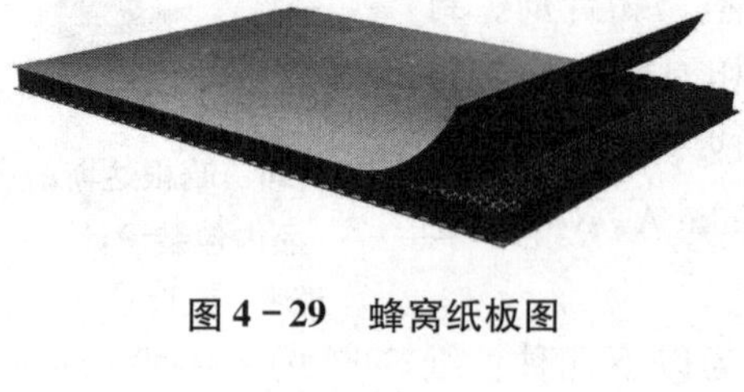

图4－29　蜂窝纸板图

图4－30　纸浆模塑制品

三、包装设计的步骤

1. 调查研究

包装设计人员在开始创意设计之前，应该尽可能全面深入地了解品牌商品的相关信息，包括品牌商品的行业特征、产品基本属性、品牌定位、品牌文化、同行品牌商品的包装情况及其商场展示效果比较、竞争对手的包装特点、目标消费者的审美偏好及其对竞争对手包装设计的看法、其他国家同类产品的包装特色（材料、色彩）等。总之，对上述信息调查得越全面、研究得越深入，对包装设计工作的顺利开展就越有利。

2. 诉求点分析

品牌商品的诉求点一般都是在商品的物质属性（品质、功能、价格等）和精神属性（价值观、审美品位、个性等）中选择其一。对品牌商品的诉求点进行分析并不是说一定要对诉求内容进行质疑甚至修改，而是要对诉求点作深刻的认识和理解，尽可能围绕诉求点进行包装设计，使整个包装设计的风格能够充分表现品牌商品诉求点所传达的功能性或精神性的内涵。

3. 构思与设计

构思就是设计人员根据在调查研究阶段所积累的相关信息进行个人或小组成员之间的头脑碰撞（对过去的经验进行分解和重新组合），进行创造性的形象思维活动。构思具有以下几个特点：

第一，目的性。包装设计属于典型的商业设计范畴，商业设计与艺术设计或纯艺术创作之间的最大区别就是其具有非常明显的商业目的性，也就是说包装设计始终要根据品牌商品的市场营销目标进行思考，这种目的性在总体上规范了包装设计的创作过程。

第二，转换性。就是创作人员从逻辑思维转换到形象思维，或者是将概念的抽象思维转换到具象事物的形象思维。这需要创意人员以丰富的想象力及时转换思维方式，善于捕捉、发现生活中各种看似风马牛不相及的事物间的关系，使包装设计达到出众的传播效果。

第三，形象性。从事包装设计尤其是包装造型设计的人员要善于运用形象思维方式进行创作，在创作中，他们脑海里出现的往往是生活中各种各样事物的形象，通过对这些事物形象的解构、裂变、拼贴、重组创作出优秀的受消费者欢迎的包装设计作品。

4. 建模或确定效果图

建模是指包装设计人员将包装造型设计方案物化为与实际效果大体一致的包装模型。在具体的实施过程中，可以选择 2 ~ 3 个较为理想的设计草图按 1 ∶ 1 的比例做成实物模型，模型可用纸张、黏土、石膏、塑料等材料制作。由于石膏比其他材料的造型效果要好一些，且雕刻更简便，成本又较低，因此，许多包装设计公司更习惯使用石膏作为包装设计的建模材料。

现在，设计人员利用计算机设计软件与制图技术在电脑上就可以将产品的造型设计以三维虚拟模型的方式直观形象地展示出来，极大地提高了包装造型设计的创作效率。

由于包装装潢设计主要是以平面设计的方式来完成，这种设计比起造型设计相对容易一些，也不需要建模。不过，电脑上的设计效果与实际打印或印刷效果往往有较大差别，尤其是纸张不同所导致的色彩与电脑上的色彩有较大的差别，因此，对于包装装潢设计的效果图进行确定一定要慎重，在印刷样稿上做最后的确定更有把握些。

延伸阅读

红星青花瓷珍品二锅头包装案例

作为一家有着50多年历史的酿酒企业，北京红星股份有限公司生产的红星二锅头历来是北京市民的餐桌酒，一直受到老百姓的喜爱。然而，由于在产品包装上一直是一副老面孔，红星二锅头始终处于白酒低端市场，无法获取更高的销售业绩。

为扭转这种不利局面，红星股份有限公司决定向市场推出一款高端白酒——红星青花瓷珍品二锅头，对其进行全新的包装设计，从而使该产品能够顺利进入高端市场。红星青花瓷珍品二锅头的包装设计融入了中国古典文化的精华元素，其瓶型设计采用仿清乾隆青花瓷官窑贡品瓶型，酒盒图案以中华龙为主体，配以紫红木托，整体色彩构成以红蓝白为主，非常和谐地将中华文化和白酒文化完美结合起来（见图4-31）。

图4-31　红星青花瓷珍品二锅头包装设计

全新包装的红星青花瓷珍品二锅头的推出，颠覆了红星二锅头以往的低端品牌形象，不但大大提高了销售业绩（每瓶市场价格200元），而且大大提升了企业形象、产品形象和品牌形象。

品牌形象设计操作流程参见图4-32。

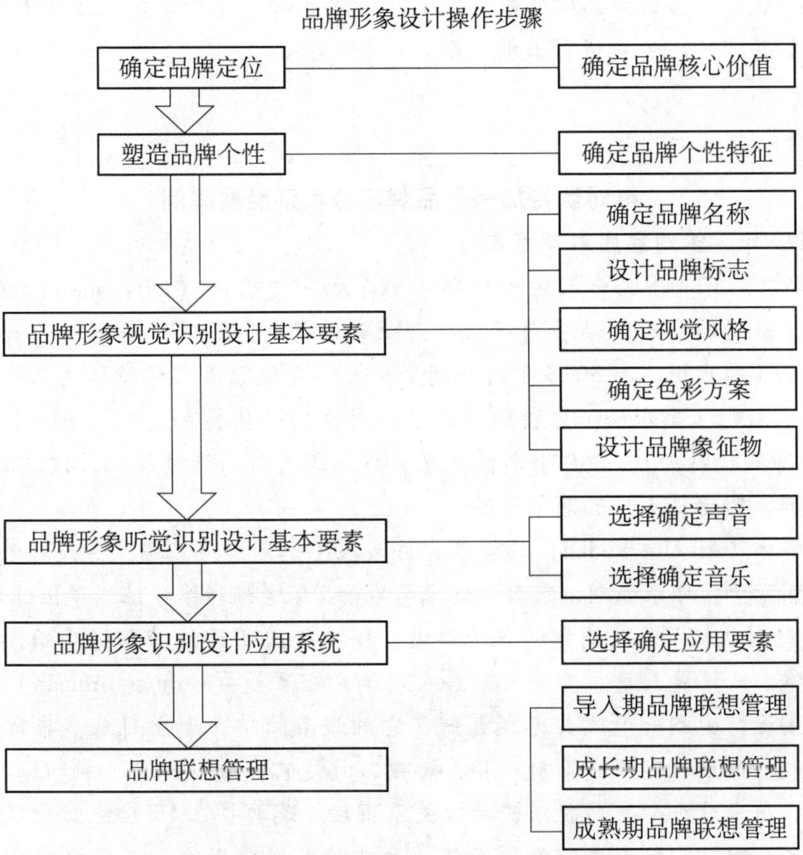

图 4－32　品牌形象设计操作流程图

关键术语

目标市场策略	产品定位策略	独立随意性策略
描述性策略	联想策略	字体型标志设计方法
象征型标志设计方法	抽象型标志设计方法	具象型标志设计方法
新古典主义风格	现代主义风格	后现代主义风格
包装设计	主要包装材料	辅助包装材料

思考题

1. 你认为对品牌产品命名是突出产品的功能属性为好，还是强调精神属性更佳？

2. 在品牌标志的设计过程中，在不同的社会环境、竞争环境以及消费者审美偏好的情况下分别适合采用哪种设计风格？

3. 包装设计在品牌的市场推广乃至品牌形象的提升方面发挥哪些重要作用？

课后实践

各小组对本市白酒市场做一个基本调查，调查内容主要包括本市销售前十位的白酒品牌的年度销售额、各白酒品牌的命名策略、价格策略、包装策略、品牌形象识别策略，并通过对这些品牌的比较分析写出调查报告。

案例分析

绝对伏特加——品牌形象识别经典案例

源自1879年，绝对品质享誉百年

100多年前，有一个瑞典人名叫拉斯·奥尔松·史密斯（Lars Olsson Smith），他10岁就成了一名成功的商人，14岁跻身成功企业家的行列，还没学会刮胡子就已经控制了瑞典伏特加1/3的市场。在50多年的时间里，他一直被冠以“伏特加之王”的称号。

1879年，拉斯·奥尔松·史密斯酿造了一种全新的伏特加，叫做Absolut Rent Bran-vin（绝对纯净的伏特加），使用全新的工艺，这一工艺称为连续蒸馏，被该酒沿用至今。

设计经典，传奇从不凡的瓶子开始

绝对伏特加（Absolut Vodka）的发音，许多人不一定念得正确，但提起外观，多数人一定对“透明瓶子”印象深刻，它看来就像药罐子里装着纯净水，像极了医院用的点滴瓶。

1979年绝对伏特加100周年的日子临近，整个美国营销活动即将开始，瓶身设计却迟迟未能定案。或许是天意，有一天广告人冈纳·布罗曼（Gunnar Broman）在斯德哥尔摩的古董店闲逛，看到一个瑞典老式药瓶，它的线条简单，十分耐看，非常适合当绝对伏特加的新瓶。冈纳·布罗曼眼前一亮，没错，就是它！

据考证，原来这个老式药瓶跟伏特加关系密切，瑞典早在15世纪就出现了伏特加这种蒸馏烈性酒，起初它装在透明的罐子里，主要就是医疗用途，可舒缓瘟疫造成的急性腹绞痛等症状。这个古老药瓶的造型不仅简洁，而且能与瑞典历史相结合，无疑是绝对伏特加新形象的最佳选择。

为了追求完美，绝对伏特加销售团队邀请了一些瑞典设计师进一步改良这个药瓶的设计。最终决定不使用任何标签，以显示透明的纯净酒质，还决定使用蓝色作为最醒目的颜色，直到现在蓝色还在绝对伏特加的商标中使用。

最后设计师们还对瓶子的设计作了一些修改，加入了拉斯·奥尔松·史密斯的徽章，象征着瑞典伏特加精神的延续，同时加长了瓶颈。

事实证明，这个药瓶确实成了一个世纪以来文化的象征，优雅、独特、简单而富有瑞典特色。

绝对创意，从失败走向成功

和现在的声名赫赫相比，绝对伏特加进军国际市场的路走得并不顺。

2003年，俄罗斯人迎来伏特加500岁诞辰。在众多人的心目中，伏特加与俄罗斯几乎是同等的概念。有位俄罗斯诗人曾说过，伏特加与伏尔加河一样源远流长。只有这种基于俄罗斯文化的伏特加才是最正宗的，这几乎成了伏特加定律，其他的伏特加只能是仿制品，因此绝对伏特加进入西欧、北美市场时，首先就遇到这种文化背景的强大阻力。

刚开始，人们对绝对伏特加持完全否定的态度，觉得该品牌的名称哗众取宠，瓶子的形状也比较难看，瓶颈太短，难以倒取，瓶贴也很单一，整个瓶子完全透明，更重要的是，人们对这个来自瑞典的伏特加品牌缺少信任。

1978 年美国 Carillon 公司为进口代理绝对伏特加投资 6.5 万美元进行了一项专门的市场调查，得出的结论是：绝对失败。

市场分析家的结论是：放弃这种产品。

面对这样的情形，大多数决策者定会毫不犹豫地选择放弃，然后设计出令消费者喜爱的瓶型，不断迎合消费者，最后被蜂拥而至的追随者吞没。有人感叹，调查既帮助人，也害人。确实如此，可口可乐就有过如此教训。

然而，Carillon 公司总裁米歇尔·鲁（Michel Roux）无法拒绝自己的直觉，他认为绝对伏特加与消费者印象中的伏特加的形象是如此不同，也正是如此，市场调研无法完全了解它。他果断地决定，放弃调查结果。他认为现在需要做的是用强劲的广告攻势赋予品牌个性！于是，一场持久的关于“绝对”的创意诞生了。

Carillon 把广告委托给 TBWA 广告公司。TBWA 成立于 1970 年，是由 4 个来自不同国家、拥有不同背景和经验的广告人组成的广告公司，这在广告公司的创业史上是个特例。作为全球最大的传播集团 Omnicom 的子公司，TBWA 是全球增长最快的跨国广告公司，总营业额名列世界第九。

TBWA 的创意总监杰夫·海斯（Geoff Hayes）回忆道，最初为该品牌创建知名度和流行度的方法是建立在瑞典传统文化上。广告创意着重对在热水澡桶中以及类似场景中的瑞典人作描绘。这种广告与美国其他酒的广告十分相像。

杰夫·海斯觉得少了些什么。广告创意太传统，太可预见了，而且没能证明该品牌是一个强势品牌。品牌要成功，广告不能随波逐流，必须冲破一般酒广告的传统模式，只渲染产品本身的质量远远不够，必须创造附加价值，把绝对伏特加塑造成时新的、人人都想喝的酒的形象。

为什么不用名字和独特的酒瓶形状来表现质量和时尚呢?

十几年后，杰夫·海斯仍能清晰地回忆起当初为绝对伏特加进行创意的过程。

“我一边坐着看电视，一边画瓶子，我记得画一个光环在瓶顶之上，并添了一行字‘这是绝对的完美’。第二天早晨，我把画好的图给我的文案搭档格雷厄姆（Graham）看，他说，你不用解释，只需说‘绝对的完美’。突然间，我们意识到，我们获得了一些东西，我们在五分钟之内想出了十个创意，它们形成了一个广告系列。”

TBWA 提出的广告概念是揭示绝对伏特加品牌与市场上其他品牌的差异点。平面广告的创意概念都以瓶子的特写为中心，下方加一行两个词的英文，总是以“ABSOLUT”为首词，并以一个表示品质的词居次，如“PERFECTION”（完美）或“CLARITY”（清澈）。没有必要讲述任何产品的故事，因为都印在瓶子上了。该产品的独特性由广告的独特性准确地反映出来。把瓶子置于中心充当主角当然可以吸引顾客，更重要的是，与视觉关联的标题措辞与引发的联想赋予了广告无穷的魅力和奥妙。

为了能让杰出的广告概念完美地表达出来，TBWA 十分重视创意的执行，他们聘请高水平的摄影师对酒瓶进行完美的摄影，产生视觉上和感觉上的震撼力。精良制作的广告犹如一件艺术品，集中传达出产品的品质，似乎还暗示消费者，要想得到更好质量的伏特加，就必须多付一些钱。

绝对伏特加的广告所做的就是为品牌创造一种外观上持久的时尚。“问题相同又总是不同”，这是绝对伏特加的广告创意哲学。杰出而持久一致的广告创意，由广告塑造出品牌形象，由品牌形象带来品牌附加价值，最终为产品带来了很好的销售效果。

经过几年发展，绝对伏特加在同类产品中以平均每年高达20%~30%的增长率领先于其他伏特加品牌，1996年一举成为美国市场占有率第一的伏特加品牌。一句“绝对的完美”的广告语伴随绝对伏特加不断壮大，在美国市场上家喻户晓。

长期的广告积累，也培养了一大批绝对伏特加的忠诚者，当然首先是产品的忠诚者，但不可思议的是，也出现了一批迷恋与收藏绝对伏特加广告的忠诚者，他们到了如痴如醉的地步——图书馆员要防着他们撕走杂志中绝对伏特加的新广告，纽约某报摊的老板则先将新到的杂志内的绝对伏特加广告页小心裁下，再另行单张出售，一书两卖。

由于广告备受欢迎，所有的绝对伏特加广告结集成书，于1996年正式出版，售价高达每本60美元，销售的火爆不亚于绝对伏特加。

资料来源：“绝对伏特加”绝对经典．全球品牌网，2006-05-16.

问题

1. 绝对伏特加能够在市场上受到消费者的青睐，最重要的原因是什么？
2. 品牌形象塑造和设计是否对所有产品都会产生巨大的作用？为什么？
3. 在互联网时代，传统的平面广告创意对品牌形象的塑造与传播能否产生与以往同样的作用？

第5章 品牌广告策划与创意

本章要点

1. 制定广告目标的解百纳原则及运用策略。
2. 广告创意的概念及广告创意主题的确定。
3. 广告创意诉求的基本策略。

引 例

红罐王老吉[1]

一、背景

红色罐装王老吉（以下简称“红罐王老吉”）在广东、浙南地区销量稳定，盈利状况良好，有比较固定的消费群，要走向全国，就必须克服一连串的问题，甚至原本的一些优势也成为困扰企业继续成长的障碍，最核心的问题是：红罐王老吉当“凉茶”卖，还是当“饮料”卖？

难题一：广东、浙南消费者对红罐王老吉认知混乱。

难题二：红罐王老吉无法走出广东、浙南。

难题三：推广概念模糊。

二、重新定位

2002年底，加多宝找到成美战略定位咨询公司（以下简称“成美”），委托成美制定“王老吉”品牌推广策略。

2003年1月1日，成美红罐王老吉项目组（以下简称“成美项目组”）正式展开工作。

通过对红罐王老吉基本情况的了解，成美项目组形成了红罐王老吉定位研究的总体思路。

首先，对于当时销售额仅1个多亿的加多宝公司而言，寻求发展的同时更要考虑生

① 本案例受邀刊载于《哈佛商业评论》中文版2004年11月号。

存，也就是说，在寻求扩大市场份额的同时，必须先稳固住现有市场；其次，由于当时红罐王老吉的销量连续多年稳定在1个多亿，已形成了一批稳定的用户群，成美项目组认为，定位研究可以从这群现有用户中寻找突破，了解红罐王老吉满足了他们什么需求，在他们头脑中红罐王老吉和其他饮料或者凉茶之间到底存在什么差异，从而确定使他们坚持选择红罐王老吉的原因。

在将这群稳固的用户群选择红罐王老吉的核心价值提炼出来之后，再研究该核心价值与潜在用户群对红罐王老吉的认知是否存在冲突，即现有顾客的购买理由能否延伸到潜在用户身上，如果潜在用户群体也能认同并接受，同时该核心价值在产品以及企业综合实力上能够确立，就可以确认找到了红罐王老吉开拓市场的最佳途径。

在历经一个半月的调研分析后，红罐王老吉品牌定位研究基本完成。2003年2月17日成美正式向加多宝公司提交了《红罐王老吉品牌定位研究报告》。报告首先明确红罐王老吉是在“饮料”行业中竞争，竞争对手应是其他饮料；其品牌定位——“预防上火的饮料”，独特的价值在于——喝红罐王老吉能预防上火，让消费者无忧地尽情享受生活：吃煎炸、香辣美食，烧烤，通宵达旦看足球……

三、品牌定位的推广

明确了品牌要在消费者心智中占据什么位置之后，接下来的重要工作就是要推广品牌，让它真正地进入人心，让大家都知道品牌的定位，从而持久、有力地影响消费者的购买决策。

成美为红罐王老吉确定了推广主题：“怕上火，喝王老吉”，在传播上尽量凸显红罐王老吉作为饮料的性质。在第一阶段的广告宣传中，红罐王老吉都以轻松、欢快、健康的形象出现，避免出现对症下药式的负面诉求，从而把红罐王老吉和传统凉茶区分开来。

为更好地唤起消费者的需求，电视广告选用了消费者认为日常生活中最易上火的五个场景：吃火锅、通宵看球、吃油炸食品、烧烤和夏日阳光浴，画面中人们在开心享受上述活动时，纷纷畅饮红罐王老吉。结合时尚、动感十足的广告歌反复吟唱“不用害怕什么，尽情享受生活，怕上火，喝王老吉”，使消费者在吃火锅、烧烤时自然联想到红罐王老吉，从而促进购买。

红罐王老吉的电视媒体选择主要锁定在覆盖全国的中央电视台，并结合原有销售区域（广东、浙南）的强势地方媒体，在2003年短短几个月，一举投入4 000多万元广告费，效果立竿见影，销量迅速提升。

在地面推广上，除了强调传统渠道的POP广告外，还配合开拓餐饮新渠道，为餐饮渠道设计布置了大量终端物料，如设计制作了电子显示屏、灯笼等餐饮场所乐于接受的实用物品，免费赠送。在传播内容选择上，充分考虑终端广告应直接刺激消费者的购买欲望，将产品包装作为主要视觉元素，集中宣传一个信息：“怕上火，喝王老吉。”餐饮场所的现场提示最有效地配合了电视广告。正是这种针对性突出的推广，让消费者对红罐王老吉“是什么”“有什么用”有了更强、更直观的认知。目前餐饮渠道业已成为红罐王老吉的重要销售传播渠道之一。

在消费者促销活动中，同样是围绕着“怕上火，喝王老吉”这一主题进行。如在一次促销活动中，加多宝公司举行了“炎夏消暑王老吉，绿水青山任我行”刮刮卡活动。

消费者刮中“炎夏消暑王老吉”字样，便可获得当地避暑胜地门票两张，并可在当地度假村免费住宿两天。这样的促销，既达到了即时促销的目的，又有力地支持巩固了红罐王老吉“预防上火的饮料”的品牌定位。

在针对中间商的促销活动中，加多宝除了继续巩固传统渠道的“加多宝销售精英俱乐部”外，还充分考虑了如何加强餐饮渠道的开拓与控制，推行“火锅店铺市”与“合作酒店”的计划，选择主要的火锅店、酒楼作为“王老吉诚意合作店”，投入资金与其共同进行节假日的促销活动。由于给商家提供了实惠，红罐王老吉迅速进入餐饮渠道，成为主要推荐饮品。

这种大张旗鼓、诉求直观明确“怕上火，喝王老吉”的广告运动，直击消费者需求，及时迅速地拉动了销售。随着品牌推广的进行，消费者的认知不断加强，逐渐为品牌建立起独特而长期的定位——真正建立起品牌。

四、推广效果

红罐王老吉成功的品牌定位和传播，为这个有着悠久历史、带有浓厚岭南特色的产品带来了巨大的效益：2003年红罐王老吉的销售额比上年增长了近4倍，并冲出了广东；2004年，虽然企业不断扩大产能，但仍供不应求，订单如雪片般纷至沓来，全年销量突破10亿元，2010年销量突破180亿元大关。

5.1 广告目标制定策略

广告目标的确定直接关系到广告活动的方向及其相关发展策略的制定。广告活动的全部有形的基本要素，如广告策略的制定、广告媒介的选择、广告创意的表现主题及表现风格、促销活动的方法、广告预算的确定等都要基于广告目标展开，因此，在广告活动的规划中，广告目标的确定是重中之重的一个环节。

一、确立广告目标的原则

由于不同的广告主所处的市场竞争环境不同，其确立广告目标时所采取的原则有所差异。从总体而言，广告主在确立广告目标时注重的基本原则包括以下五个方面。

1. 目标应是清晰的

清晰的广告目标有助于广告主与广告代理商之间沟通，为双方的成功合作打下良好的基础。清晰的广告目标也有助于广告主与广告代理商在合作过程中对具体的工作方法达成共识。如果没有清晰的广告目标，即使不会给合作双方带来灾难，也会带来种种麻烦，因为广告主与广告代理商中的任何一方都可能认为对方与自己对广告运作的具体问题有同样的理解，但当问题出现并累积成难以解决的大问题时，因为没有共同认可的判断标尺而使双方都蒙受损失。

2. 目标应是明确的

明确的目标应该是可以测量的，并且应说明所要达到的效果和时间期限。

首先，我们来说明广告目标测量问题。如果一个广告目标是“改变某品牌的市场颓势”，也许这种表述恰当地反映了该品牌的真实情况，但“颓势”这个词是模糊的，无法测定和判断，是不可取的。明确的表述是“恢复某品牌的市场盈利能力”，这种表述包含“盈利能力”，可以通过销售利润、资产回报等予以测量。

其次，广告目标所要达到的效果应该是可以界定的。如广告活动后产品的销售额和市场份额期望提高多少。无论从理论上还是实践来看，广告活动的结果很少是完全有效或是完全无效。如果有足够的广告投入，广告总能导致市场发生一些变化，问题是这种变化是不是广告主所期望的，是不是广告主愿意花费有限的资源引起的变化。除非广告主与广告代理商达成一致意见，否则各方可能并不清楚自己究竟想要获得什么，自己究竟应该通过什么方法去获得。例如，上述的“恢复某品牌的市场盈利能力”的广告目标还有不明确之处，它没有表述清楚期望变化的程度，而且盈利能力不可避免地会受到销售额、价格和成本的影响，但该广告目标没有说明三个变量中哪个将会被改变以提高盈利能力。

最后，实现广告目标所需的时间期限应予以规定。时间期限对于广告活动非常重要，因为广告活动所导致的变化既不是即时的也不是无限的，大多数广告专业人员对此十分清楚，但多数广告代理商不愿意受表述明确的时限限制，往往有意识地向广告主灌输“广告可以在不确定的时间里起到长期的作用”，这个“长期”可能意味着几个月或是几年。但是，实证研究数据表明，受众对广告的反应如果不在早期（最初的几周或一个月）发生，就永远不会发生。

3. 目标制定应考虑环境因素

任何目标的设立都不是主观臆断的，而是建立在对广告主所处的内外环境进行周密调查研究的基础之上。因此，设立广告目标时应审时度势，避免使目标成为空中楼阁。具体而言，对于内部环境，广告目标要考虑传播目标和战略、营销目的和营销目标、财务计划目标、企业其他经营活动目标和战略等相关因素；对于外部环境，广告目标要考虑人口、政治、经济、技术、文化和法律等宏观环境，还要考虑竞争对手和中间商的战略和策略、目标受众的心理和行为、广告环境等微观环境的变化。

4. 目标制定应考虑可行性和合理性

广告目标的可行性是指在制定目标时要从实际出发，要慎重看待主客观条件的制约，不能脱离实际，异想天开。广告目标的合理性是指在制定目标时要适度，要留有余地。目标过高容易使人望而生畏，使广告人员失去达成目标的信心；目标过低，则不能发挥广告人员的主动性和积极性。因此，在确立广告目标时，要进行统筹考虑，以保持适当的弹性。

5. 目标制定应注意综合平衡以保持相对稳定

广告目标是一个综合体系，由多种目标共同构成。同时，广告目标又是企业营销目标体系的有机组成部分。因此，在广告的此目标与彼目标之间、广告目标与企业的营销目标之间，应保持协调统一的关系，既不能彼此分离，又不能顾此失彼，要注意目标体系的综合平衡。广告目标一经确立，就要保持与环境的协调。当企业的内部或外部环境发生重大变化时，应及时调整广告目标以适应形势的变化。

二、制定广告目标的基本策略

广告主确定自己的广告目标时，应根据自身的品牌产品的特点、市场竞争态势、目标消费者对本品牌的认知状况及其消费模式等因时因地因人分析研判。以下是一些常用的广告目标及所采取的若干广告诉求方法。

1. 从其他品牌吸引新顾客

如图 5－1 所示，市场分为三个部分。E 群体包括现在购买本品牌商品的目标消费者。E 群体的消费者有一部分只购买本品牌商品（本品牌的忠实顾客），但更多的消费者也购买其他品牌商品（本品牌的游移顾客）。这一方面可能是品牌商品间的差别不大，另一方面可能是因为这些人倾向于不同品牌。无论如何，E 群体的消费者都购买本品牌商品。O 群体包含购买其他品牌商品而不购买本品牌商品的消费者。一些消费者忠诚于其他品牌商品，另一些消费者则在不同品牌商品之间转换，但都不购买本品牌商品。N 群体的消费者可能购买咖啡、计算机、车床或其他与他们有关的产品，但不购买任何本商品类别的任何一种商品。

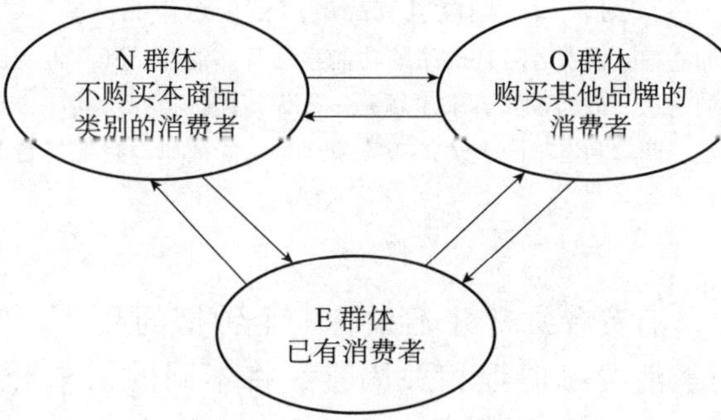

图 5－1　消费者类型

如果将广告的目标集中于增加 E 群体的消费者数量，具体传播策略主要有三种：

一是吸引 O 群体的消费者尝试本品牌。比如，招商银行的信用卡广告活动针对深圳发展银行信用卡持卡人。前提是其他品牌的服务项目及营销策略有许多不足之处，否则，这种方法难有成效。因此，在广告目标确定的过程中，应努力寻找竞争对手的顾客中极为不满的顾客，将他们确定为“可拉拢”的目标对象。招商银行根据深发展信用卡持卡人中有一部分人看重招商银行优惠商户手册在更多场合可使用的优越性，确定这部分人群为其广告传播的重点目标。确定这部分人为目标对象既可最大限度地降低运作成本，又比将全部深发展信用卡持卡人定为目标对象更为有效。

二是吸收那些在未来几年中销售额最有可能上升的竞争对手的消费者，或者是利润最为丰厚的竞争对手的消费者。对于许多商品大类而言，约有 20% 的消费者（主要顾客）可以为企业创造 50% 的销售利润。显然，大多数企业愿意花较大的投入去努力争取这些消费者成为本品牌的使用者。

三是从目前不使用本品牌商品的 N 群体中吸引消费者。百事公司认为吸引那些在早上喝咖啡的年轻人改喝百事可乐比从可口可乐的消费群中吸引顾客更加容易。这种方法对像达能这样在同类产品中占有主要地位的大公司尤其有价值（见图5－2）。在某一行业中的强势企业由于有更大的市场份额、更广的销售渠道、更强的铺货能力和更高的市场认知度，它们的产品推向市场时，最容易被消费者接受。相反，这种方法对小公司不太适合，因为采取这种方法要冒N群体消费者被其他更大的竞争者吸引走的风险。例如，一个生产移动电话的小公司，如果做广告向受众传播移动电话对个人事务和商业事务的用途，这只能是浪费金钱而毫无效果。

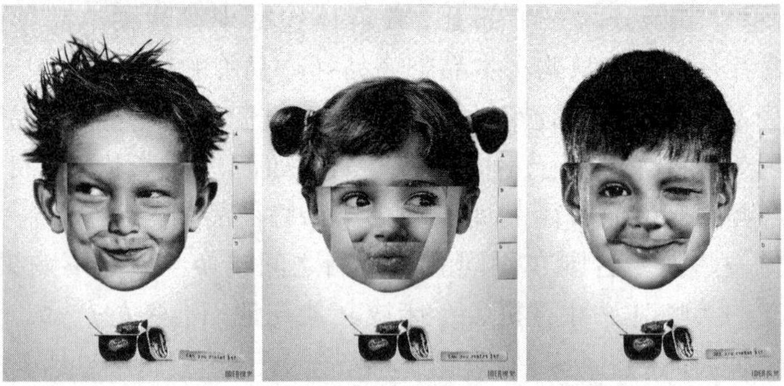

图5－2　达能乳制品的广告创意作品

说明：达能作为国际著名的品牌，消费者对其产品的功能早已耳熟能详，其广告的创意一般都不着眼于具体的产品信息，而是着重传播品牌的信息。该广告的诉求主题是——你还能抗拒吗？其广告画面分别使用了三个目标消费对象在喝了达能酸奶之后满足、调皮和自得的表情，活脱脱地将达能酸奶与目标消费者的关系及其作用真实而生动地表现出来，极具诱惑力。

2. 增加需求份额

在许多产品类别中，消费者常常并不只有一个钟情的品牌，他们往往根据商品的价格折扣、品牌影响力、消费习惯等相关因素，将不同的需求分配在不同的品牌上，通过不同的品牌来满足自己不同的需求。也就是说，他们确实对一些品牌比较偏爱，但偏爱的绝不止一个。因此，一些消费者可能不断地在本品牌商品和其他品牌商品之间游移，形成朝三暮四的消费态势。面对这种情况，企业可以考虑采取以下一些方法使这些消费者对本品牌保持更加忠诚的态度。例如，某消费者可能在一个月当中购买了三种不同品牌的香皂，或以三种不同的信用卡购物。这样，某银行可尽力通过传播使本行信用卡的使用程度增加。假设招商银行信用卡面对此种情况展开了有针对性的促销活动："每使用招商银行信用卡一次，您就将自动参加我们的抽奖活动，多用多抽。"这个广告的目标并不是吸引新的顾客，而是使已有的顾客的需求份额向某一特定品牌倾斜。

3. 提高品牌忠诚度，降低转换率和价格敏感度

对许多广告主而言，在大多数情况下其市场竞争策略仍然以防御为主。因为在激烈的市场竞争中，并不仅仅只有本品牌在利用广告的方式开展营销传播活动。事实上，本品牌所有的竞争者都在力图争夺本品牌的消费者并以此来提高消费者对它们品牌的需求份额。因此，广告活动的目标在更多的情况下是巩固本品牌已有的市场，即强化和巩固本品牌目前顾客的忠诚度而不使其三心二意。一些研究表明，广告的较大效果并不是体现在可以获得新的顾客，而是体现在加强和巩固现有顾客对本品牌的忠诚度。

如果发现本品牌存在特别高的转换率（如较低的再购买率），就应努力采取行动减少 E 群体向 O 群体的流动，目标是减少 E 群体的消费者尝试其他品牌并最终停止购买本品牌的商品。拥有国际知名品牌的企业还将密切关注 E 群体向 N 群体的流动可能。如喜爱喝咖啡的消费者是否会转而喜爱喝其他饮料，这种市场需求的些微变化都将导致麦氏和雀巢公司的严重关注。事实上，由于绝大多数的消费者转而使用数码相机，柯达和富士完全丧失了胶片相机市场。

正如前述，E 群体的消费者既是本品牌的消费者，同时也是本品牌竞争对手的消费者，图 5-3 表明可能发生在现有消费者身上的品牌转换的情况。即在 E 群体消费者中，部分消费者对本品牌非常忠诚，即使从竞争对手那里购买商品也是偶尔为之。对于这些消费者，广告目标就应该是使他们保持对本品牌的忠诚度，保持对本品牌的重复购买率，减少他们购买竞争对手的品牌商品，广告的创作应努力向他们表明本品牌产品的重要特征或是强化本品牌产品的使用经验。

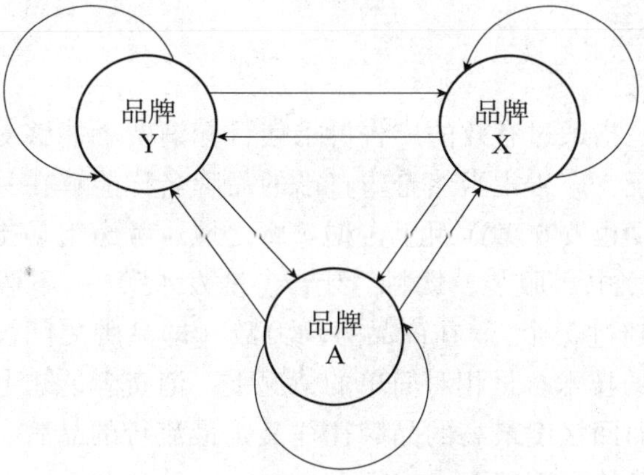

图 5-3　现有消费者的品牌转换

另外，也可以利用一些特定的促销方法。如对重复购买本品牌商品的消费者给予奖励或优惠等。企业应想方设法为目标消费者创造“转换成本”来降低转换率。

最后一个方法是，通过降低目标消费者的价格敏感度来增加目标消费者对本品牌的忠诚度。广告主可以一方面通过相关活动来强化目标消费者的品牌忠诚；另一方面采取提高商品售价（或减少折扣）来提高商品的收益率。不过，目前广告专业人士对于广告在实际降低现有消费者价格敏感度上究竟会有多大效果没有一致的看法。

4. 增加产品使用量

在确定广告目标时，还可以考虑通过使消费者增加对本类别商品的使用量来扩大产品的销售，这对于食品、饮料和化妆品等行业的市场领导者品牌而言就更加有效。如宝洁公司的玉兰油产品占有 40% 左右的市场份额时，整个市场的增长也趋缓慢，玉兰油产品就通过广告诉求使其消费者相信增加化妆品的使用次数可以更好地护理皮肤，来增加市场的整体消费数量。虽然市场的整体销售的增长并不只有玉兰油一家公司得益，但由于玉兰油在化妆品市场的领导地位，其运用这种方法所取得的销售增长还是会占到整个市场销售增长的40%。

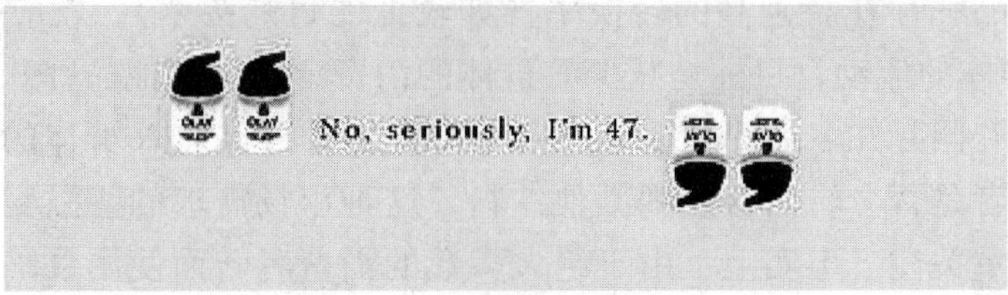

图5-4 玉兰油平面广告作品

说明：玉兰油的这幅广告创意作品敢于创新、敢于突破，其创意的视觉表现从总体上起到了吸引受众注意的目的，其画面中心的文案"不，认真地说，我今年47岁"直接道出了使用玉兰油的消费者的真实年龄，显然，许多人误以为她只有30来岁。对于女人而言，还有什么能够使别人误以为自己的外貌年龄远远低于自己的实际年龄更让人感到心满意足呢？

另外，广告的目标除了要吸引目标消费者购买更多的本品牌商品之外，还应该试图影响或改变目标消费者的长期行为模式。这样，至少对某些消费者而言，就可以使其增加对商品使用次数的行为得以持续，广告活动的价值也可以通过能够增加产品的使用量而得以体现。

5. 提高品牌回忆度

提高品牌回忆度是指通过有效的广告诉求使目标消费者能够对本品牌名称保持较为深刻的记忆。毋庸置疑，广告主当然希望自己的品牌名称能够在目标消费者的心中占据相当重要的位置，至少也要在考虑组里占据一席之地。考虑组是指目标消费者在想起某类商品或服务时（如家电、服装、饮料、牙膏、洗发水等），不假思索地迅速想到一小组品牌名称（通常不超过7个）。在商品势均力敌（即品牌之间没有什么重大差别，如牙膏）或商品、服务的技术含量相对简单的情况下，消费者能想起的第一品牌往往就是其准备购买的品牌，而回忆度最高的品牌往往又是最流行的品牌。品牌记忆的方便性可以使消费者从中感受到流行感甚至优越感。

6. 逐渐培养目标消费者的品牌偏好

广告主普遍都会设定品牌偏好目标，他们希望目标消费者喜欢（最好偏爱）自己的品牌。喜欢不同于知晓或排名第一的回忆度，喜欢的衡量标准是态度。

5.2 广告创意概念及主题的提炼

从总体来看，广告创意的过程主要是按照创意概念的提炼、创意主题的确立再到创意的具体表现这几个环节展开的。许多人都认为广告创意是灵光乍现的感性的形象思维，根本不需要过于理性的逻辑思维和工作模式。其实，广告创意与纯艺术创作的最大区别就在于前者的创意具有明确的目的性和客观的限制性，而后者则具有明显的非目的性和强烈的主观随意性。因此，广告创意的过程就必须在理性和逻辑思维的规范下使创意构思活动更有效率。

一、广告创意的界定

广告创意是广告活动中最具挑战性、最兴奋也是最刺激的事情，但是很少有人对广告创意下一个明确的定义。本节所要讨论的重点就是广告创意的基本概念。

1. 广告创意的定义

对于广告创意的定义，学界还没有一致的看法。詹姆士·韦伯·扬曾经对产生广告创意的原则做过十分精辟的归纳，即“旧的元素、新的组合”①，得到了广告界的认同，但他仅仅对创意原则进行了归纳总结，并没有对广告创意的过程做更深入的阐述。

那么，广告创意到底是什么？为了清楚地回答这个问题，需要先将广告策划与广告创意做一个比较。

第一，广告活动是动态的运作过程，这个运作过程包含调查、策划、创意、表现、发布及效果测定等诸多环节，广告策划和广告创意均是广告活动的要素之一，广告创意是广告表现的核心要素之一。

第二，广告活动是帮助广告主实现销售目标的信息传播活动，广告策划所要解决的是广告活动方向对与错的问题，广告创意所要解决的是如何通过对产品讯息的加工处理让目标受众喜欢某产品，这就使得广告创意带有明显的艺术属性。

第三，广告活动的基础是广告策划，广告表现的核心是广告创意；广告策划是明确方向，广告创意是动力加速。如果把广告策划比作汽车的方向盘，把广告创意比作汽车的发动机，则可以明白两者之间的关系：如果方向正确且动力强劲，汽车自然可以达到甚至提前达到预定目标；如果方向正确而动力不足，汽车也能达到预定目标，只不过得花更多的时间；如果方向不正确而动力十分强劲，汽车会离预定目标越来越远，或者会坠入深渊，后果不堪设想。

据此，笔者可以为广告创意下一个基本的定义：

> 广告创意是广告人员根据传播策略，将抽象的商品（品牌）诉求概念提炼为物质层面的功能特征或精神层面的价值观念，并将之转换为具象的视觉符号，以求达到理想的传播效果的创造性形象思维活动。

2. 广告创意的特征

广告创意是整个广告活动的灵魂。缺乏创意的广告活动好比人失去了灵魂，了无生气，自然不可能达到预先设想的广告传播效果。那么，广告创意到底有哪些特征？对此，广告学者没有统一的说法。笔者根据多年积累的广告创意实践经验，认为广告创意至少包括四个方面的特征：思维的转换性、策略的指导性、诉求的艺术性和创意的限制性。

（1）思维的转换性。广告创意从本质上说是一种创造性思维活动，这种创造性思维活动与一般意义上的创造性思维活动有所不同。广告创意的创造性思维活动除了具有一般意义上的创造性思维活动的基本特点（如思维的自主性、求异性、联动性、多向性、跨越性、顿悟性和辩证综合性等）之外，还具有思维的转换性这一本质特征。

---

① 扬．广告传奇与创意妙招．林以德，连瑜清，李淑娟，译．呼和浩特：内蒙古人民出版社，1998：123.

思维的转换性是指从逻辑思维转换到形象思维的能力，或者从概念的抽象思维转换到具象事物的形象思维的能力。这需要创意人员以丰富的想象力及时转换思维，善于捕捉、发现生活中看似不相关的各种事物间的内在关系，使广告创意具有情理之中、意料之外的传播效果。

比如，大众高尔夫汽车的平面广告作品就在创意思维上经历了数次转换。广告创意的核心首先是表现大众高尔夫汽车的“快”这一抽象概念，其次是思考如何用具象的元素表现、转换上述抽象概念，最后是用路旁全部倒伏的交通隔离桩这个看似与大众高尔夫汽车毫不相干的事物来表现该品牌汽车的速度之快，令人拍案叫绝（见图5-5）。

图5-5 大众高尔夫汽车的广告创意作品

（2）策略的指导性。这是指在广告创意的过程中始终围绕着一个明确的传播概念。广告创意不是纯主观的艺术创作，不能随心所欲，必须在广告策略的指导下，在事先确定好的主题概念的规范下进行，通过创意的物化形式——广告作品，将广告信息准确地传达给目标受众。这一特征也是广告创意与艺术创作之间最大的区别。

艺术家进行艺术创作之前，往往根据自身对生活、事物的观察，通过艺术作品表达个人的主观愿望、情绪或感受，存在随意性和主观性。广告创意人员则必须在广告策略的指导和规范下进行思维和表现活动，广告作品表达的主要是客观事物（广告产品）的本质特征或者目标消费者的主观感受、情绪和愿望，而非创意者个人的主观情绪。

（3）诉求的艺术性。广告创意的目的之一是将产品的有关讯息以艺术的方式表现。以艺术的方式将产品的讯息准确有效地传播给目标受众是广告创意一个重要的特征。

广告作品的创意不同于文学艺术作品的创作，其区别就在于广告作品的诉求性。广告创意的目标是主动地让目标受众接受某种观点、概念或产品的讯息，让受众记住并对之产生兴趣；文学艺术作品的目标只是被动地让受众对作品产生情感上的共鸣，至于有多少受众能够接受文学艺术作品创作者的观点，并不是作者追求的目标。

广告作品的创意也不同于新闻报道，两者的真实性和承载的媒体大同小异，但两者的最大区别在艺术性上。新闻报道绝不允许有艺术性的表现，广告作品需要借助各种艺术表现形式达到理想的效果。

（4）创意的限制性。从总体上说，任何创造性思维活动都忌讳条条框框的限制，但广告创意有许多限制。有人曾形容广告创意是“戴着镣铐跳舞”，这意味着在种种限制下想出精彩的创意对广告人而言实在不是件容易的事。

其一，广告主的限制。一般而言，所有的广告主都会对广告创意活动有这样或那样的限制要求，只是限制的程度不同而已。有的广告主可能会对广告创意的表现方式宽容一些，会给广告创意人员更多的创意空间；有的广告主则会对广告创意的表现方式有具体明确的要求，广告创意人员不得不在广告主的限制要求下进行广告创意活动。

其二，广告媒介的限制。不同的广告媒介有不同的特征，这些特征决定了广告创意人员必须根据广告媒介的特征进行有针对性的创造性思维活动。电波媒体要求广告创意人员在以时间为结构、以情节为线索的前提下对以连续移动的视觉语言（画面）或听觉语言呈现的广告信息进行构思及表现；平面媒体则要求广告创意人员在以空间为结构的前提下对以静态的视觉语言呈现的广告信息进行构思及表现。

其三，广告信息本身的限制。不同的广告信息内容本身往往限定了广告创意的构思方向。比如，感性商品的广告创意应考虑在诗情画意、浪漫煽情的方向上进行构思表现；理性商品的广告创意则应在沉稳实在、以理服人的方向上进行构思表现。

二、广告的创意概念

1. 创意概念的作用

如果说创意简报为创意活动的展开规定了一个大致的方向，那么创意概念的确立就可以使创意的想象活动有一个“根”，而不再是虚无缥缈、信马由缰、胡思乱想。所谓万变不离其宗，这个宗就是创意概念。创意概念，是指广告主通过广告活动向受众传播品牌所能带给他们的最核心的利益（物质的或精神的）诉求点。

比如，大众 Polo 的创意概念即为“结实”，其创意表现自然就要围绕这一概念而展开。其创意过程如图 5－6 所示。

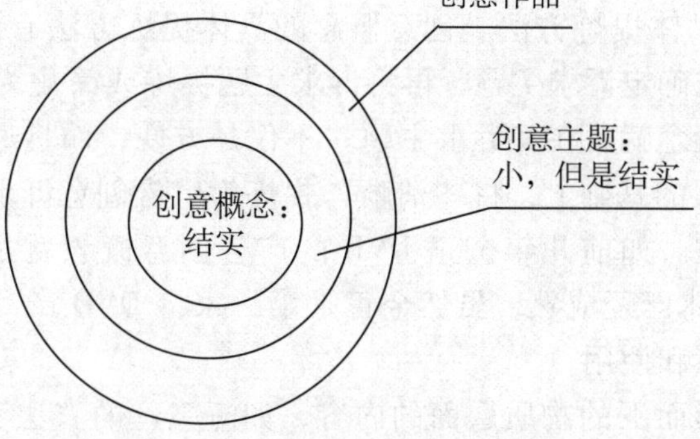

图 5－6　创意概念是广告传播的核心

创意概念实际上就是要解决“说什么”的问题。一条广告只能传递一个信息，在信息大量冗余的今天，受众也只能记住一条广告中最为关键的信息。因此，能否提炼出一个准确的并有竞争力的创意概念，是广告创意活动是否成功的关键。

2. 创意概念的提炼

（1）检讨原创意概念。广告创意人员在提炼广告创意概念之前，由于客户的广告基础情况不同，创意人员对概念进行提炼的过程中所使用的方法也不尽相同。大体而言，客户的广告基础只有两种可能：一是过去没有做过广告传播活动，必须提炼一个全新的创意概念；二是过去曾经做过较大规模的广告传播活动，并且对已经确立的创意概念传播了一定的时间。

如果客户的广告基础处于第一种情况，创意人员对创意概念的提炼就相对简单一些。此时，创意人员必须在掌握大量客户和目标消费者及竞争对手的资讯的基础上，从产品的物质属性（品质、价格、包装、服务维修、功能等）或精神属性（品牌理念、价值观念、社会地位象征、时尚流行、精神归属）方面的优势或特征逐一进行比较分析，最终提炼出广告创意基本的核心诉求点——创意概念。

第二种情况就相对复杂一些。此时，创意人员首先要准确地对客户以往的广告传播活动尤其是原创意概念作一个全面客观的判断，判断的结论也有两种可能：一是原广告传播活动比较成功，其创意概念也比较准确；二是原广告传播活动没有什么成效，原创意概念的提炼也明显不正确。

如果创意人员的判断属于前者，就应坚持使用原创意概念，所要考虑的只是如何在创意概念不变的情况下使创意的表现形式更能引起目标消费者的注意和兴趣。比如，Lee 牌牛仔服的创意概念是“贴身”，由于种种原因 Lee 公司更换了自己的广告代理公司，新接手的广告公司经过全面深入的分析，认为“贴身”对于 Lee 牌而言是最能表现品牌个性差异，也是目标消费者最为认可的创意概念，当然就会继续使用“贴身”这样的创意概念。

如果创意人员的判断属于后者，则必须重新提炼创意概念。比如，当年伯恩巴克接手安飞士汽车租赁公司的广告业务之后，即对安飞士公司之前的广告创意概念全面否定，并根据当时的市场实际情况，主动将安飞士公司摆在市场挑战者的地位，提炼出“老二”的创意概念。

（2）创意概念的具体提炼方法。创意概念的具体提炼方法有两种：一是由表及里、去粗取精。即先寻找或确定诉求主题，再将诉求主题提炼或简化为诉求概念。如 TCL 美之声无绳电话的创意概念就是在其诉求主题“不仅是方便，而且通话时不掉线、噪音干扰小、通话声音清晰”的基础上，将“清晰”提炼为广告创意诉求的核心概念。二是直接抓住要害、一步到位。如前几年金正 DVD 的广告创意概念就是直接锁定在“成熟”上，意在表明 DVD 技术已经成熟，虽然金正是第一家将 DVD 产品推向市场的企业，但消费者尽可以放心购买和使用。

创意概念可以是形而下的物质层面的内容，如海飞丝的“去头屑”，也可以是形而上的精神层面的内容，如飘柔的“自信”。对具体的品牌而言，说物质或说精神并不重要，重要的是要第一个说，而且要长期使用、持之以恒。

许多企业非常重视产品的技术改造和工艺革新，但新的技术和工艺很快便会被竞争对手模仿或照搬；如果企业在广告传播的创意概念上占得先机，则其他的企业就不可能模仿或照搬同样的创意概念了，因为模仿或照搬只会使消费者加深对原品牌的印象，也就是说，跟进的品牌所做的广告是在免费为原品牌做传播。许多品牌的创意概念一旦确立并坚持不懈地长期使用，消费者对其品牌个性特征自然耳熟能详并记忆深刻。如瑞典的沃尔沃轿车的创意（诉求）概念长期使用的就是“安全”，久而久之，沃尔沃在消费者的心目中简直就是“安全”的代名词了，而其他品牌的轿车则不可能使用“安全”作为自己的创意（诉求）概念了。

从不同角度出发提炼的创意概念，其使用情况也会有所不同。总体而言，从品牌战略和品牌形象的角度提炼的创意概念，其使用的时间应该尽可能长一些。如可口可乐“快乐”的创意概念推出已经将近100年了，直到现在仍然在使用。从产品销售的角度出发所提炼的创意概念，其使用的时间相对就要短暂一些。如Polo轿车“便宜”的创意概念并不是该品牌所要塑造的终极形象，只是力图在短时间内扩大市场销售的营销手段，因此，该创意概念的使用时间就极其有限（见图5－7）。

图5－7　Polo轿车电视广告截图

说明：该广告作品的创意概念是“便宜”，其广告创意的构思自然也要力图突出这一概念。其情节简单、构思巧妙，执行也很到位。最出彩的地方则是由令人惊讶的价格延伸出的对受众的关爱，并以这种关爱作为广告片的主要情节：两个Polo公司的工作人员在大街上忙活，一个在换上Polo轿车的灯箱广告，另一个则在给灯箱附近的路灯杆绑上海绵等防护装置，以免行人在观看广告时撞上路灯杆，在向受众诉求产品信息的同时，表达了广告主对受众的关爱。

三、广告的创意主题

1. 创意主题的概念

创意主题是对创意概念以高度概括而简洁的语言予以表达，向目标消费者传递出产品或品牌的核心诉求内容。如果说创意概念解决的问题是“说什么”，那么创意主题就是要解决“怎么说”的问题。

创意主题表现在广告作品当中就是广告口号（广告语）或广告标题。所谓广告语，即反映企业经营理念、品牌价值观念或个性特征并长期和广泛使用的诉求文字。如耐克的“Just do it”、李宁的“让改变发生”等。所谓广告标题，即在某广告活动中或某一具体的广告创意作品中的语言文字，使用的时间和范围非常有限。无论是广告语还是广告标题，它们都是广告活动或广告作品的核心诉求内容，广告受众正是通过广告的核心诉求内容——广告主题来认知和理解广告的诉求信息的。

广告主题一经确立，接下来的广告表现就要围绕广告主题进行视觉化的图示或演绎。不过，在特殊情况下，譬如视觉的画面处理将广告主题表现得非常清晰、精彩，受众完全可以直接通过形象的画面解读广告主题，此时，广告的主题——表现在作品中的广告语或广告标题也可以不出现。

2. 广告主题的创作

提炼出一个正确的广告概念并不等于就拥有了一个优秀的广告主题。实际上，如果说提炼广告创意概念的过程更具有理性和逻辑色彩的话，那么从广告主题的创作开始，广告创意就真正进入到了感性和非模式化的创意状态，这也是创意人员最感困难的阶段。此时，创意人员往往“费尽移山心力”，却发现仍在原地打转。许多创意人员在这个阶段呕心沥血地创作几十条甚至上百条广告主题（广告语或广告标题），但均被创意总监或客户无情地予以否决。当创意人员忍无可忍地询问创意总监或客户代表“你想要的到底是什么样的广告主题”时，他们的回答无一例外地必定是“我也不知道”。

这种回答在外行人看来简直就是不讲道理，其实，这种回答在业内却是极正常的。这种回答非常清楚地表明广告主题的创作难度大的原因，即判断广告主题的创作是否优秀没有一个清晰的标尺，而是凭借一种说不清、道不明的感觉，这种感觉虽然朦胧而模糊，但对于判断那些创意主题与想象中的创意主题之间还有多大的差别，却是非常清晰而明确的。这就使广告主题的创作具有可遇而不可求、灵光乍现的非理性特点。

美国广告大师李奥·贝纳曾经为绿巨人公司的罐装豌豆创意过一则优秀的广告。该广告的创意过程是：首先，提炼出绿巨人罐装豌豆的创意概念“新鲜”，应该说，提炼出这一“新鲜”的概念并没有多大的难度，对于此类农产品而言，可选择的概念本就非常有限，不说“新鲜”，那就只能说“营养”了。其次，进行广告主题的创作“月光下的收成”。如果说，该产品的创意概念还难以突出产品的个性特征的话，广告主题“月光下的收成”则立刻使受众感受到一种浪漫、唯美、朦胧，而乡村、田野、月光犹如一幅画卷展现在眼前，使受众对绿巨人罐装豌豆产生了由衷的喜爱。

又如盛世长城国际广告公司为乐百氏纯净水所创作的广告主题“27层净化”，虽然非常简洁，却突出了产品的独特个性，有效地与同类产品相区隔，达到了很好的传播效果。

上述案例说明，广告主题的创作是整个广告创意活动的关键点。一次广告活动的成败在很大程度上取决于广告创意，而判断一则广告创意作品的优劣则要取决于其是否拥有一个令人拍案叫绝的创意主题。

四、广告创意的表现

1. 创意表现的概念

当创意主题确定之后，便进入了广告创意的表现阶段。所谓广告创意表现，是指将广告主题（广告语或广告标题）抽象的语言符号转化为具象的视（听）觉符号的编码过程，使编码后的广告作品所诉求的信息更形象、更生动，从而达到理想的传播效果（见图 5－8）。

（要了解一小时的价值，去问等待见面的情侣。）

（要了解一秒钟的价值，去问奥运会上得银牌的人。）

（要了解一分钟的价值，去问错过长途汽车的人。）

图 5－8　宝路华手表平面广告创意作品《时间篇》

说明：此作品的创意构思非常出色。其创意诉求的概念是“时间的价值”，这一概念本身并没有什么新意，人人都知道时间的价值是无法计算的。不过，该作品的精彩之处就是把抽象的概念用非常具象的三个画面生动形象地予以演绎，分别回答了一小时、一分钟和一秒钟的价值。构思巧妙、寓意深刻，语言符号和非语言符号的配合相得益彰。

实际上，广告创意的过程就是不断编码（对诉求信息的加工提炼）的过程。其间至少经历四次编码：第一次是客户部人员在写作“创意简报”的过程中就要自觉不自觉地将大量的品牌信息予以筛选、浓缩和提炼；第二次是创意人员根据“创意简报”所提供的信息提炼出最核心的诉求点——创意概念；第三次是创意人员沿着创意概念所规定的方向创作出具体的诉求主题——创意主题；第四次则是创意人员将创意主题所传递的关键诉求信息转化成形象的、直观的视觉诉求信息。

在这四次的信息编码中，从诉求信息的角度来看，前两次是将大量的产品（品牌）或与之相关的信息予以筛选、加工以确定广告诉求的核心内容；后两次则是将诉求的核心内容再次编码以转换成具体的诉求形式。从信息编码的角度来看，前三次都是对语言符号的信息予以加工和提炼，最后一次则是将语言符号的信息转换成非语言符号的视觉信息，也就是广告的创意表现（见图 5－9）。

2. 创意表现的核心视觉

所谓核心视觉，是指在创意表现的构思过程中，将众多的视听觉元素予以提炼使之

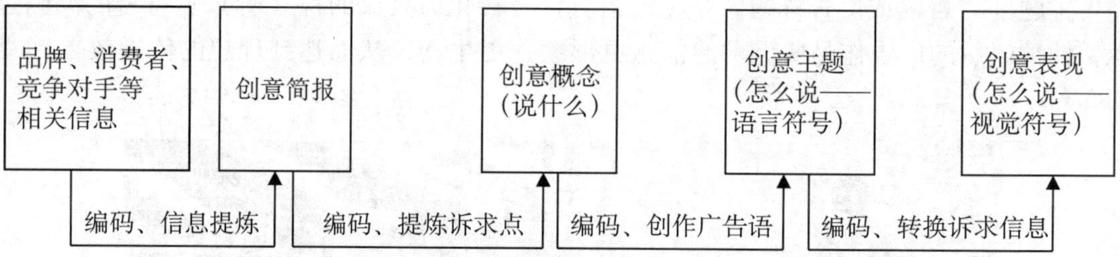

图5-9 广告创意各环节的编码过程

形成最关键的核心元素，并将之运用于不同媒体形态的创意表现作品中，以形成创意表现统一而完整的视觉风格。

大多数广告主会采用多种传播媒体组合的策略以提高广告诉求信息的到达率。因此，在广告创意的表现过程中，表现的方式就会多种多样，即同时使用平面媒体的表现方式、影视媒体的表现方式、户外媒体的表现方式、网络媒体的表现方式、广播媒体的表现方式等。也就是说，根据同样的创意主题，创意表现必须转换演绎为不同形态的视听觉广告作品。为了使不同形态的广告作品能够有一个统一风格的视觉形象，就必须事先确定创意表现的核心视觉要素。

如当年李奥·贝纳为万宝路所创意的广告作品，无论其表现形态有诸多不同，其表现的核心视觉元素是从来不变的，那就是奔放、潇洒、自由的西部牛仔形象。

创意表现的核心视觉元素与创意主题在广告作品中所起的作用是一样的，不同的是，创意主题是语言符号的核心诉求要素，而核心视觉元素则是非语言符号的关键性表现要素。

5.3 广告创意的诉求策略

吸引目标消费者的注意力是实现广告传播目标的第一步，也是最关键、最重要的一步。再优秀的广告创意如果不能吸引目标消费者的注意，则所有的诉求信息等于付之东流，广告活动也将毫无意义可言。因此，如何引起并保持目标消费者对广告作品的注意是广告人员开展广告创意活动之前必须思考解决的问题。

一、引起消费者注意的基本策略

1987年，雀巢为它的Gold Blend速溶咖啡策划了一则广告，该广告分为11个系列，在英国实施了六年。这个系列广告讲述了一对爱侣从相识到相爱的浪漫过程，这一过程紧紧围绕着Gold Blend这一品牌展开。故事情节并不是事先拟定的，而是续接前期广告及受众对虚拟故事的兴趣而逐步发展的。结果是当男主角对女主角表达爱意时，受众被浪漫的爱情故事打动了。这一成功的广告活动成为当年英国各大传媒的头条新闻，并自1987年起，该品牌在英国的销量每年均增长40%。1990年为雀巢Taster's Choice设计的类似故事在美国上演，它在受众当中也激起了巨大的反响，并使该品牌的销量增长10%。

1. 吸引目标消费者注意的方法

Gold Blend 的广告之所以大获全胜，就在于它通过一系列感人的浪漫故事唤起了目标受众的情感共鸣。通常广告创作可以通过四种方法吸引消费者的注意：增强刺激的物理强度、提供信息、唤起情绪、提供价值。

（1）增强刺激的物理强度。增强对广告受众的诉求刺激的物理强度是吸引消费者注意的一个行之有效的创作方法。所谓物理刺激是指利用影响受众的五种感觉（视觉、听觉、嗅觉、味觉和触觉）的手段来刺激受众对信息产生注意。在广告传播活动中，最重要的就是视觉和听觉。对于人的视觉而言，其感受到的色彩、尺寸、形状、明暗和动感是关键刺激；对于人的听觉而言，其感受到的音调、时间和结构是关键刺激。这些刺激组合在一起就会对广告作品的基调产生极大的影响。物理刺激可以通过上述各种要素组合生成不同的表现方式，哪一种方式更能吸引目标消费者的注意则似乎没有一个明确的答案。

（2）提供信息。通过向目标消费者提供有趣的信息以满足他们对知识的了解与掌握的需求，是吸引消费者对广告诉求信息产生注意的另一个比较有效的方法。不过，采取这种方法之前必须先了解什么是消费者认为有价值的信息，消费者对哪些信息最感兴趣。

社会学家莫瑞·戴维斯认为，人们对与自己潜在的价值观念或文化信仰不一致的资讯比较容易产生兴趣。[①] 比如，西方人对东方的宗教、文化、人文等相关信息怀有浓厚的兴趣。但是，如果信息内容严重地违背受众所持有的价值观念，那么他们就会认为此信息荒谬无稽而拒绝接受。因此，兴趣与信息这一对要素对消费者观念的影响程度呈倒 U 形的关系（见图 5－10）。

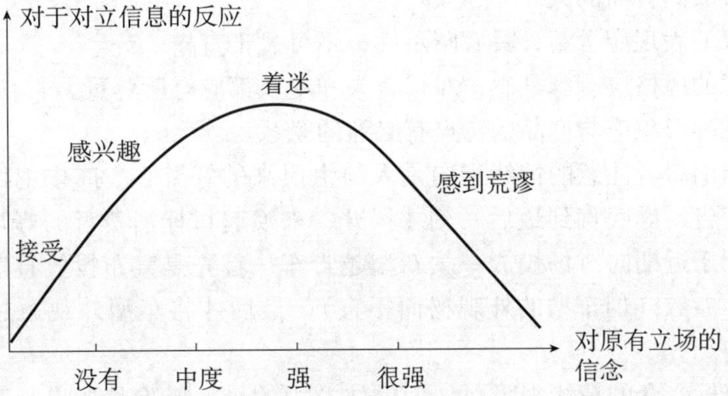

图 5－10　兴趣与信息这一对要素对消费者观念的影响关系

下面是几则关于对维生素 E 的广告诉求：

- 维生素 E 有助于身体健康。
- 高剂量的维生素 E 可以有效地缓解动脉硬化。
- 高剂量的维生素 E 可以使你活到 120 岁。

第一条广告诉求没有多少可以增长消费者相关知识的信息，消费者自然没有兴趣；

---

① Gerard Teiiis. 广告与销售战略．张红霞，王晨，译．昆明：云南大学出版社，2001：144.

第二条广告诉求向消费者提供了与他们过去的看法不太一致但有益于健康的信息，可能使较多的消费者感兴趣；第三条广告诉求与消费者的观念有很大的差距，提供的信息虽然是新的，但与人们的生活经验有明显的距离，因此，广告受众更可能拒绝这条广告信息。

另一个提供信息的广告诉求方式是在广告创作中使用长文案来详尽地描述有关商品的特性、使用或购买的信息。这种广告用电波媒体予以传播就称为告知性广告，用印刷媒体予以传播则称为社论式广告。告知性广告和社论式广告获取消费者注意的效果取决于它们向消费者提供相关、合理及客观信息的承诺。

（3）唤起情绪。这是获取消费者注意的第三种方法，旨在刺激人们的情绪。情绪是指受众被外部环境和信息刺激所唤起的一种状态。例如，愤怒、兴奋、悲伤都是一个人在接受到具有一定强度的刺激时所唤起的情绪。情绪包括思想活动，但又区别于思考。情绪具有非理性的特点，在情绪的引导下，人们往往可以做出非理性的行为。

广告主试图通过唤起情绪来吸引目标消费者的注意，在实际操作中广告主常常使用的方法（情绪指向性）集中于以下几个：关爱儿童的本能、喜爱动物、恐惧、性感和好奇心。在广告的诉求信息中，将儿童作为画面的中心可以较好地唤起父母以及成人对儿童关爱的本能情绪，对于父母及成人目标消费者来说有一种强烈的吸引力。许多孩子和成人对动物有一种由衷的喜爱，因此，在广告创意中动物常常也是视觉表现的中心。

对于一些以青少年和成人为目标的商品而言，性感的表现方式无疑能够达到吸引目标消费者注意力的良好效果。不过，性感诉求也要注意不可滥用，否则，对于品牌的长期建设将带来负面的影响。性感广告的使用应注意把握以下四个基本原则：

- 将受众看成高智商的人。
- 性感形象的表现应含蓄，具有暗示性，不可过于直露。
- 广告创意的风格应有幽默感，对代言人和受众都应有所尊重。
- 使用的性感形象应与产品的特点有必然的联系。

另一种吸引消费者注意的情绪指向是人与生俱来的好奇心。广告主可以通过创作一个带有悬念的广告，谜底直到最后一刻才揭开，来唤起目标消费者的好奇心。比如，某汽车广告主计划于近期向市场投放一款新型越野车，首先是宣布投放日期，接着是宣布该款车型的具体参数（但车型的外观秘而不宣），最后才将车型外观通过广告等方式向目标消费者传播。

通过唤起目标受众的情绪来吸引他们的注意力的最大风险是如果刺激过于强烈，受众有可能仅仅注意到视觉画面的刺激物而忽略广告所要诉求的商品信息。调查表明，就可读性和短期记忆而言，消费者对性感广告比对非性感广告的注意力明显要强一些，但一周以后对消费者的品牌记忆率的调查结果却是非性感广告比性感广告要强得多。显然，消费者之所以注意到广告是因为它的视觉画面中的性感元素，但消费者的注意力完全被性感的视觉画面吸引，导致其对广告诉求的商品信息的忽视，自然也就谈不上有什么记忆可言。另外，如果利用恐惧来唤起受众的情绪以吸引他们的注意力，如果强度太大，也有可能使受众因避免恐惧的刺激而拒绝接受此种广告信息。

利用唤起情绪来吸引消费者的注意的广告诉求方法，其创意的关键就在于唤起的情绪与广告诉求的品牌商品是否有直接或间接的关联。如果广告中所渲染的情绪与所要诉求的商品没有任何关联，受众就会认为广告是在廉价地利用人们的情绪，导致的结果就是消费者对广告诉求的品牌商品形成负面的评价和判断。

（4）提供价值。趋利是每一个消费者与生俱来的本能，因此，吸引目标消费者注意的更加有效的方法就是利用消费者的趋利心理向他们提供一些有价值的商品信息。这种价值既包括商品本身优于竞争品牌的功能价值，也包括商品所提供的竞争品牌无法提供的服务价值，更包括商品促销活动期的打折或赠品的价值。此种方法针对中低端消费者的效果会更好一些。

以上讨论了吸引消费者注意的四种广告诉求的方法，尽管这四种方法各有不同，但它们的运用原则还是基本相似的，其中三个原则尤其重要：创意、加大刺激强度、视觉表现（刺激物）与品牌商品之间的关联性。

2. 如何确定吸引注意的诉求方法

吸引目标消费者注意的广告诉求方法各有所长，也各有所短。广告创意人员在确定自身品牌商品的诉求方法时至少应考虑三个因素：消费者对广告信息的接受状态、产品类型和创意方法。

消费者对广告信息的接受状态是广告创意人员要考虑的最重要的因素。虽然对处于任何一种状态的消费者而言，广告创意人员使用任何一种方法都有可能产生效果，但相对而言，总有一些方法比另一些方法更有效果。

当消费者处于搜寻或积极处理广告信息的状态时，唤起他们的好奇心以吸引其对广告诉求的注意力是更有效的方法，向他们提供一些有价值的信息也是比较理想的广告诉求方法。这两种方法都与消费者所关注的指向相吻合：收集信息，然后决策（见图5－11）。

图5－11 新西兰奇异果的平面广告创意作品

说明：此广告一方面将奇异果与苹果的营养价值进行比较，另一方面将两者的外表形式予以有趣的组合，从而构成了一个笑脸，生动形象地传达出奇异果的维生素含量是苹果的19倍的诉求信息，让人留下了深刻的印象。

当消费者处于消极地处理广告信息的状态时，选择情感诉求的方式会更适合一些，这种方法对于消费者而言实际上是以一种间接的方式来吸引他们的注意，即先是想方设法地使消费者被广告作品的故事情节或美好情感吸引，继而不知不觉地注意到广告商品的相关信息。

当消费者处于主动回避广告信息的状态时，加大广告信息刺激的强度也许是最合适的方法。此时，新颖别致的创意和强烈的音画刺激有可能引起消费者注意。对于那些对广告持怀疑态度的消费者来说，提供简洁、可信的真正有价值的商品信息可能是有效的。

另外，商品品类的性质也是广告创意人员确定诉求方法的参考要素。对于一个有显著竞争优势的新产品而言，选择向消费者提供有价值的信息自然更容易吸引他们的注意；对于一个技术比较复杂的产品而言，向目标消费者提供一种简单而有效的鉴别方法将会吸引他们的注意力；对于一种时尚商品而言，加大信息刺激的强度或使用性感诉求的方式，一般都会取得比较理想的效果。.

二、感性诉求策略

如果说广告创意过程中的理性诉求策略是以充分的事实根据、周密的逻辑推理、冷静的分析论述为特点，以达到使目标消费者相信广告诉求商品的目的，那么感性诉求策略则不大顾及信息内容的前因后果，来龙去脉，主要是通过调动目标受众的情感、打动受众的心扉、煽起受众的情绪，达到使目标消费者喜欢广告诉求品牌商品的目的。

一般而言，感性诉求比理性诉求的劝服效果更加明显。正如施拉姆所言："大量研究表明，动感情的诉求较之逻辑的诉求更可能导致受众态度的转变"。①

1. 感性诉求应具有针对性

无论是理性诉求还是感性诉求都有自身的优势与劣势，关键是要使用得当。具体而言，在什么情况下使用感性诉求的方法取决于两个要素：受众对商品购买决策的重视程度和商品的利益点。

（1）受众对商品购买决策的重视程度。一般而言，受众在作商品购买决策的过程中，重视程度越高，其掌握的商品的相关资讯就越丰富，对广告信息也就更容易产生认知。对此种商品和目标受众来说，论证型的广告创意是首选诉求。反之，如果受众在作商品购买决策的过程中，重视程度相当有限，其对商品的选择购买具有较大的随意性，此时，运用感性诉求的方式无疑将更有效果。

我们还可以按照消费者对商品购买决策的重视程度将商品分为理智型商品和情感型商品两大类别。如此划分，就使我们非常清楚理智型商品更适合采用理性诉求的方法进行广告传播，而情感型商品自然更适合采用感性诉求的方法进行广告传播。

将消费者的关注程度和商品的性质（感性或理性）作为量度标准，可以将商品在一个二维矩阵中进行分类（见图5-12）。矩阵的右侧为感性商品，左侧为理性商品，上半部分为消费者关注度高的商品，下半部为消费者关注度低的商品。

（2）商品的利益点。不同的商品对不同的消费者来说其利益点自然不同，大致归为两种情况：显性的、直接的利益与隐性的、间接的利益。前者较适合以感性诉求的方式

---

① 威尔伯·施拉姆，威廉·波特．传播学概论．陈亮，周立方，李启，译．北京：新华出版社，1984：228.

进行广告传播，后者则更适合以理性诉求的方式进行广告传播。如涉及安全、健康等为利益点的商品更适合理性的广告诉求，而涉及以身份、地位为利益点的商品更适合感性的广告诉求。

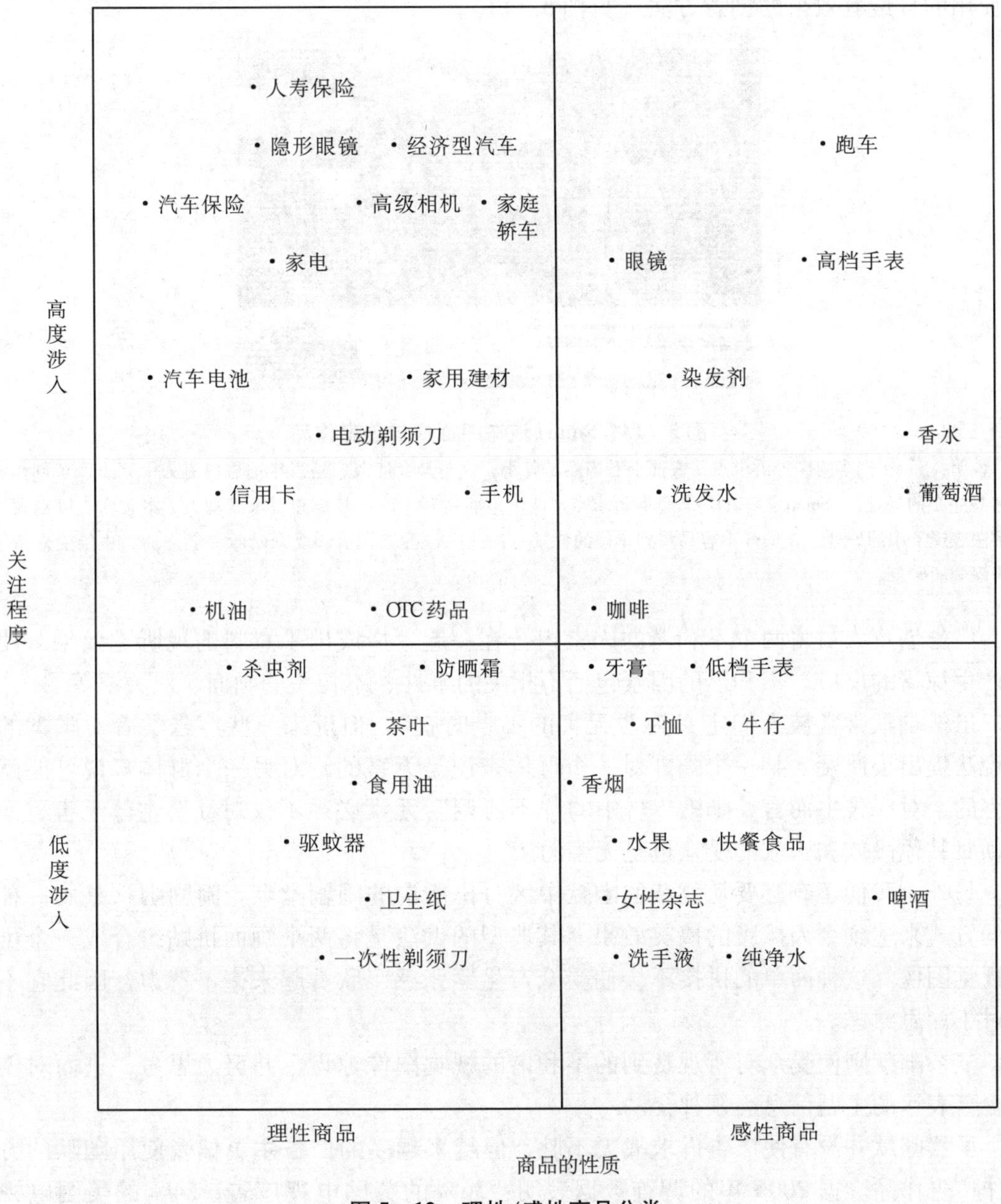

图 5－12　理性/感性商品分类

2. 唤起受众情感的广告表现策略

在感性诉求的广告创作的过程中，唤起注意的表现方法主要有幽默、性感、恐惧、焦虑和热情五种。

（1）幽默。幽默是将看似毫不相关的两个事物予以“不和谐”的组合，从而引人发笑又耐人寻味。幽默透露出传播主体自信的气质和过人的智慧。

早在20世纪60年代，西方的许多广告学者就发现幽默广告往往能够将严肃的营销目的淡化在轻松诙谐的喜剧气氛中，使消费者在愉悦的心境中不自觉地改变对品牌商品的态度。这种理论引发了幽默广告创意大行其道。直到今天，幽默广告仍然是广告界最常使用的且最有效果的创意方法（见图5－13）。

图5－13　Smart汽车平面广告创意作品

说明：Smart汽车的广告诉求点从表面上看当然是其小，这不禁会使人想到当年伯恩巴克为甲壳虫汽车创作的广告《想想小的好处》。Smart汽车的广告创意诉求点从两个方面展开，诉求其小和诉求其动力。本条广告以幽默的对比手法表现了小的好处。在如今不容易找到车位的背景下，此广告诉求在引起受众哈哈一笑之后，也给受众留下了较为深刻的印象。

广告创意人员将两个不和谐的因素组合在一起，造成出乎意料的视听觉效果，使受众产生惊讶的反应。不和谐的因素包括不相关的事件、不相关的画面、双关语等。①

虽然幽默常常被人们定义为“无害的不合时宜”，但近来一些广告学者对幽默的无害说法提出了质疑。某一个幽默对一个群体来说是无害的，对另一个群体来说可能就是有害的。对广告主而言，幽默广告中的“不协调”元素必须不仅对社会主体无害，而且必须对其他民族和国家的受众也是无害的。

另外，我们还有必要从复杂的幽默中区分出所谓的闹剧幽默。闹剧幽默是用一种简单的方式来达到令人捧腹的搞笑效果。其典型的做法是将两个画面拼贴组合成一个可笑的视觉图像。这种简单的拼接不会使受众产生紧张感，欣赏起来毫不费力，因此它不要求过于深思熟虑。

复杂幽默则使受众对所观赏到的不和谐的视觉图像惊讶，并努力思考，进而对创意者含蓄表达的主题信息心领神会。

虽然幽默并没有使广告诉求战无不胜，但越来越多的广告主更偏爱使用幽默的方法创作广告作品。据2006年的调查数据表明：36%的英国电视广告、24%的美国电视广告、31%的广播广告及15%的杂志广告都使用了幽默手法。那么，幽默广告到底有哪些具体的作用呢?

第一，幽默有助于消除受众对广告的不信任感，使受众的情绪处于轻松愉快的状态，这种状态对于信息的接受是十分有利的。

① Gerard Teiiis. 广告与销售战略．张红霞，王晨，译．昆明．云南大学出版社，2001：193.

第二，幽默有助于吸引或维持受众的注意力。在许多硬性推销式的广告或其他常规的广告表现手法中，幽默是令人欢迎的解闷方式。幽默广告更能使受众产生比较深刻的印象。

第三，同戏剧一样，幽默也可以深深地吸引受众，从而在相当大的程度上减少受众对广告信息的抵触，使广告受众在不经意间受到广告的影响。

幽默广告虽然有其他创意方法所不能替代的作用，但如果不加选择地运用，则不仅不会有助于广告信息的传播，反而有可能使受众降低对广告信息的接受程度。因此，运用幽默必须注意把握以下问题：首先，所采用的幽默元素要与广告诉求的产品有一定的关联性。创作出一条有趣的广告其实是非常困难的。人们看到的有的幽默广告是非常牵强的，且与广告诉求的商品无任何关联，使得受众难以相信广告信息。其次，广告创意人员必须考虑到受众的情感状况。在受众处于严肃紧张状态时，温和的幽默可能会带来愉悦，而在悲伤痛苦的时候，同样的幽默却可能会冒犯受众。最后，不是所有的商品都适合做幽默广告。相对而言，那些消费者关注度低的感性商品更适合运用幽默的方法进行广告诉求。

（2）性感。广告诉求的对象是人而不是神，因此，在广告中采用性感诉求方式本身并没有问题，问题是性感诉求的广告是否具有增加销售的效果呢？从表面上看，答案是否定的，因为没有任何东西包括性可以左右人们的商品购买行为。但是，如果说性感诉求的广告完全没有作用，似乎又与实际情况不符。应该说，性感诉求广告确实可以引起受众的注意，并且偶尔会使人产生亢奋情绪，进而间接影响目标消费者对广告商品的态度。有些广告主在其广告创作的过程中对性感的表现效果坚信不疑，虽然目前还没有足够的证据证明性感诉求的具体作用。

对性感广告的具体创作细节历来都是一个充满争论的话题。如对性感的诉求究竟有没有一个表现的限度？如果要暴露身体，那么应该暴露多少为宜？对美女的关注是否会影响受众对广告商品的注意？等等。对这些问题的把握没有通用的标尺予以判断，只能由广告主根据实际情况作出自己的判断。

利用性感诉求来建立品牌形象似乎是很多人难以想象的，不过，事实上如范思哲、香奈尔、CK（见图5-14）等都是通过性感诉求成功地塑造了品牌形象，只是这些品牌大都是与性感关联较密切的服装或香水等品类的产品。至于其他与性感毫无关联的产品使用性感诉求，其广告则基本不起作用。

（3）恐惧。恐惧是人失去安全感时的一种心理状态。作为心理学的一个概念，恐惧被定义为"一种企图摆脱危险的逃避的情绪"。与此相对应，快乐则是一种"接近"的情绪。可见，恐惧和快乐都是在外界的刺激下人们所产生的心理情绪状态，只不过两者所引起的情绪反应是相反的：恐惧引起逃避、摆脱和离开的情绪状态；快乐则引起靠拢、依附和接近的情绪状态。

所谓恐惧广告，可以界定为通过引发受众的恐惧心理以促使受众摆脱某种危险或有害行为的诉求方式。在马斯洛的需求理论中，安全需求处于第二层次需求，恐惧实际上是安全需求的一种反面表达。大量事实表明，在人们的心理活动中，恐惧是一种最普遍、

图5－14　CK服装品牌平面广告创意作品

说明：CK品牌长期以来所秉持的传播个性就是坚持使用性感广告的视觉表现，并形成自己有别于其竞争对手的品牌风格。一般而言，走性感路线的广告创意，对于品牌营销与传播而言还是有一定风险的。不过，该作品的性感尺度拿捏得十分有分寸，黑白摄影的效果营造出经典的感觉。

最基本、最具共性的心理状态，也是一种影响最广、力度最强、传播最快的心理情绪。[①]利用人们的恐惧心理进行广告创意是广告主经常使用的方法之一，恐惧广告的创作数量近年来有不断上升的趋势（见图5－15）。

图5－15　Baygon牌杀虫剂广告创意作品

说明：恐惧广告的诉求内容大多是戒烟之类，不过，有些类别的商品也比较适合采用恐惧广告的手法进行广告创意，此广告商品——杀虫剂就非常合适。该广告的恐惧对象并不是广告受众，而是家里的害虫。换句话说，是消费者使用了这个牌子的杀虫剂，就完全不必因为家里还有害虫而感到恐惧，因为这些害虫早已被Baygon牌杀虫剂消灭殆尽。

由于种种原因，人们往往难以克服自身的习惯（如吸烟等），或者在心理上存在着软弱的一面（如贪生、避害等），或对这些行为所可能导致的严重后果认识不足。此时，通过正面的诉求传播的效果可能是相当有限的，甚至产生不了任何作用，但使用恐惧诉求犹如在受众面前大吼一声，让受众吓出一身冷汗，往往能收到比较明显的传播效果。

利用恐惧进行广告诉求虽然能够产生一定的效果，但是这种效果并不是呈直线上升的，也就是说，强烈的恐惧不一定会导致受众强烈的反应。据研究表明，受众对恐惧的

① 程宇宁．广告文案创意．长沙：中南工业大学出版社，1999：195.

反应呈倒 U 形（见图 5 - 16），即中等程度的恐惧诉求要比低等程度或高等程度的恐惧诉求有效得多，这是由于恐惧诉求的程度较低往往容易被受众忽视，而恐惧诉求的程度过高，则又往往使受众产生防御反应，认为这种恐惧诉求是夸大其词而加以否定。因此，明智的恐惧诉求应该是在强调听从建议的同时尽可能表明不听从的危害，把温暖、惊讶或者幽默与恐惧交融在一起，从而产生更为显著的诉求效果。

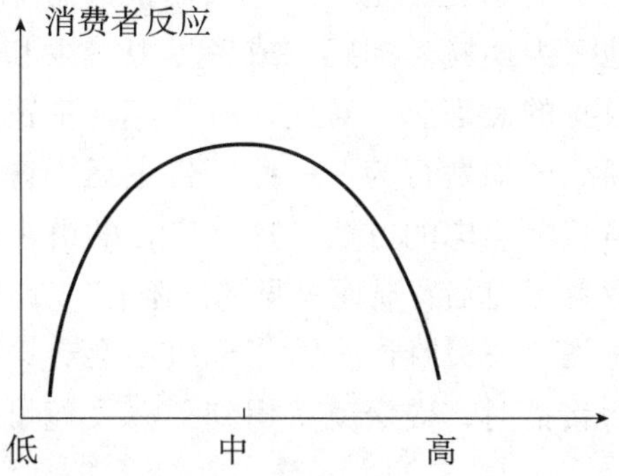

图 5 - 16　受众对恐惧的反应

通过带有恐惧内容的广告诉求可促使目标消费者采取有利于本品牌的消费行为。恐惧是一种极其强烈的情感，可以被用来刺激目标消费者采取某个重要的消费行为，但是要把握适度，否则，过度恐惧很可能导致受众产生不利于广告商品的行为。

恐惧广告的诉求内容大多是突出表现目标消费者如果不使用广告商品或不采纳广告提出的建议所产生的危害或其他不利后果。许多广告主之所以从直觉上相信恐惧诉求可以作为一种策略，是因为他们认为对目标消费者进行恐惧诉求可以促使他们为摆脱由恐惧带来的心理焦虑而购买广告商品。如许多涉及驾车安全的公益广告、戒烟广告等多是采用以恐惧内容为主的广告诉求方式。见图 5 - 17。

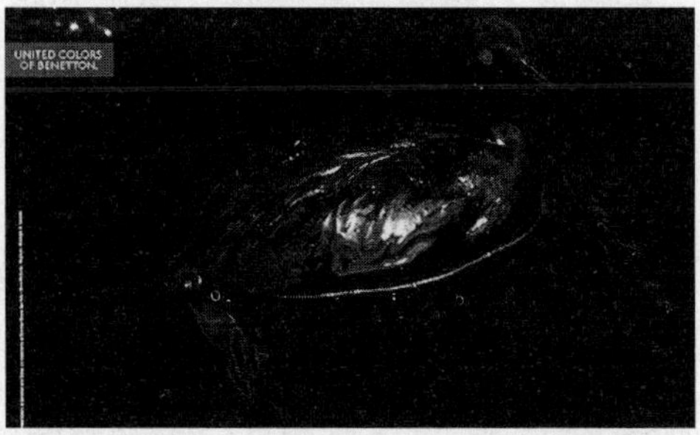

图 5 - 17　贝纳通平面广告创意作品

说明：贝纳通的广告别具一格，在某种程度上说，贝纳通的广告甚至就不像广告，因为其所诉求的内容与服装不仅毫无关联，而且大都表现的是意识形态领域的价值观。贝纳通的广告历来颇受争议，原因就是其广告创意的主题与其产品之间缺乏关联性，导致许多消费者难以理解其广告主题。不过，从品牌个性的角度而言，贝纳通的广告倒也逐渐形成了其品牌风格，你认同其广告所诉求的观点，你也就会认可贝纳通的品牌。

然而，调查表明，利用恐惧诉求的广告传播效果似乎并不尽如人意，此种方法也已引起许多社会心理学家和营销研究人员的争议。传统的观点认为，过于强烈的恐惧刺激实际上会妨碍受众对诉求信息的理解，并导致受众对广告诉求的品牌形成负面的态度。因为受众对引起恐惧本身的信息过于关注以至于他们只注意到恐惧本身而忽略了如何去克服这种恐惧。另一些人认为，过多的恐惧可能会占据受众太多的认知空间以至于根本无法采取购买决策行为。

（4）焦虑。和恐惧一样，焦虑也不是一种令人愉快的感觉。事实上，焦虑非常令人不舒服，许多人想方设法地努力摆脱焦虑感，或者尽力减少和降低自己的焦虑感，也有人通过购物或消费来减轻自身的焦虑感。对此，一些广告主正是利用目标消费者的焦虑感来达到其有利于本品牌商品的消费行为。一些广告主运用许多情形来说明你为什么会产生焦虑感，以及应该如何减轻焦虑的方法。这种广告的诉求内容主要由以下两个方面来体现：一是强调目标消费者正面临着显而易见的危险；二是诉求避免这种危险的方法，即购买广告推荐的商品。海飞丝去头屑香波用“你决不会有第二次机会给人留下第一印象”这个诉求主题进行广告传播时，受众就认识到了海飞丝可以使自己免除因头屑而引起的尴尬。

实际上，宝洁多年来始终如一地在使用这种方法，以至于在某些范围内，人们把焦虑诉求策略直接称之为宝洁法。宝洁有一条描写一对夫妇因参加社交活动而产生焦虑的广告堪称经典：广告表现一对夫妻正在手忙脚乱地擦拭玻璃杯上的污点，原因是他们没有使用宝洁的Cascade洗碗剂，如果用了的话，玻璃杯上就绝对不会有污点。

（5）热情。在以情感为诉求的广告创意中，渲染热情的情绪是比较有效的策略。在热情的情绪影响下，受众对广告的注意力将会得到加强，并且对商品信息容易产生正面的理解。因为热情可以使受众的心理得到放松，进入一种肯定的情绪状态之中。通过适当的重复，这种肯定的情绪就会转移到商品和广告信息上，从而增强广告的说服效果。

渲染热情的情绪是一种精心策划的广告手段，一般是通过广告画面的背景予以呈现。其视觉基调往往是充满了关爱、友情以及温馨的场面以激起受众的热情情绪。另外，人与动物及自然的和谐相处，能激起受众的热情情绪。音乐和幽默也能增强热情的气氛，加强广告的劝服效果。

三、代言人策略

利用代言人进行广告诉求是大多数广告主常常使用的策略之一，国内外知名的演艺界明星几乎都做过广告代言人，所代言的品牌商品也确实为广告主带来了较高的销售业绩。不过，代言人策略也有一定的风险，即当代言人自身有违反法律或道德的丑闻被媒体曝光，其所代言的产品必将受到极大的影响。“艳照门”事件的几位主角因受到消费者的抵制，其原先代言的商品的广告被广告主撤换就是典型的案例。

1. 代言人的类型

代言人是指在广告作品中推荐产品的个人或组织。对广告代言人的确定是一个辨认、选择和利用代言人与目标消费者沟通的过程。代言人可以大致分为三个层次：专家、名人和普通人。

（1）专家。专家是指目标受众可察觉并认可的在特殊领域具有专业水平的个人或组织。中国口腔医学会、中华预防医学会、中国人民财产保险公司等组织在某种程度上可以确认产品的质量，有时还使用正式认可作为标记。正式认可是认证组织的专用标记，在产品的包装上或广告上可以看到认证组织为产品所做的担保。在某些情况下，广告主付钱给这些组织，以获得这些组织对广告产品的认可；有的时候，一些认证组织为了公众的利益而免费为一些产品作认证。

（2）名人。名人是指公众所熟知并具一定影响力的个人。名人之所以有影响力，是因为公众大都向往名人的生活方式，并常常将名人的生活方式（或所使用的商品）作为自己生活方式的参照物。国内大多数的名人代言人主要来自娱乐界、体育界和传媒主持人。

（3）普通人。普通人是指在广告中出现的产品推荐者。由于普通代言人与目标消费者的生活情形比较贴近，因此，他们的推荐也容易得到受众的认可，尤其是对于某些商品如香水、服装、保险和医疗服务等。

2. 代言人的作用

广告代言人在广告诉求和传播中究竟如何产生作用，研究者发现可以用三种模型来解释：信源可信度模型、信源吸引力模型和意义传递模型。①

（1）信源可信度模型。信源即信息的制造者和传播者。在广告中的信源包括代言人（信息的传播者）和广告主（信息的制造者）。信源可信度模型的研究前提是受众愿意接受他们认为可信的信息。受众判断信息可信与否的标准则取决于信源的两个特质，即专业性和可靠性。

专业性是信源以权威的身份或形象向目标受众进行商品诉求，使受众感觉到该诉求信息的专业色彩。在一定程度上讲，受众可能会像专家一样去理解一个信源，并对信源本身很在行。在大多数情况下，受众更倾向于接受专业性强的信息。

可靠性是指目标受众对信源真实诉求的信赖度。人们普遍认为，只有那种没有在广告活动中获得利益和无外在压力下所诉求的信源才可能是真实的表述。对消费者而言，由于大多数广告主都能从广告中得到好处，而代言人又是在收取广告主所支付的费用的前提下为其产品代言，受众对广告信源的可靠性自然是大加怀疑的。因此，代言广告的有效性就只能依赖于受众对代言人可靠性的信任程度是否可以超过对广告信源的偏见。

（2）信源吸引力模型。信源吸引力模型是假定信息的接受者对信息的接受是由信源的吸引力所决定的，信源的吸引力又是由三个主要因素所决定的：熟悉度、喜爱程度和相似性。

熟悉度是指受众对信源的了解有赖于信源展露的程度。通俗地说，广告暴露的频次越多，受众对广告信源的熟悉程度才会越高。红牛功能性饮料就是采用高频次投放，使受众先对其信源产生一定程度的熟悉，再达成其信源的吸引力。

喜爱程度是指受众对于信源正面的认可是由其外在的形象和行为所决定的。动感地带的广告之所以吸引人，与其所选定的代言人周杰伦有密切的关系。

---

① Gerard Teiiis. 广告与销售战略. 张红霞，王晨，译. 昆明：云南大学出版社，2001：214.

相似性是由信源和接受者之间的关联程度所决定的。中国联通的新时空品牌之所以传播效果不佳，在很大程度上是由于其代言人姚明与该品牌的目标消费者缺乏相似之处。

上述三个因素中的任何一个的相关程度越高，对受众的吸引力就越大，广告信息被接受的可能性就越大。

（3）意义传递模型。意义传递模型的前提是如果使用恰当的名人进行代言，代言人可以将广告主所要诉求的品牌理念予以意义转换并传递给受众。其传递过程分三个阶段，如图5－18所示。

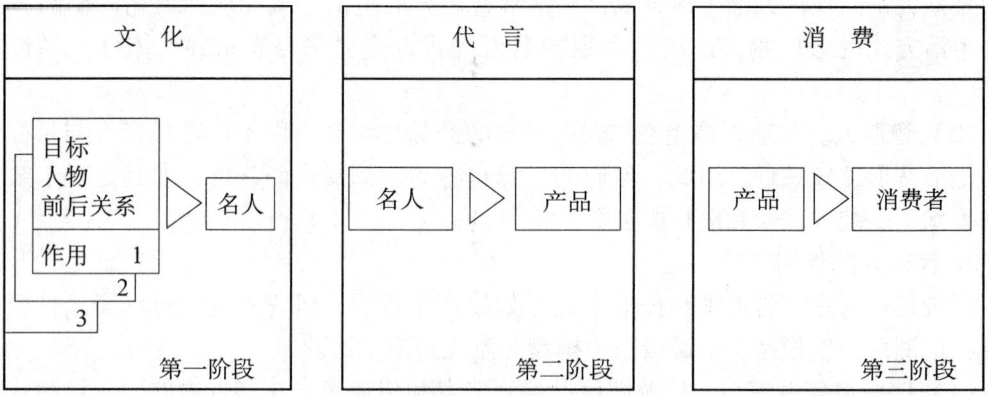

图5－18 意义传递模型

第一阶段是文化。名人在为广告主的品牌作代言的过程中，都不可能完全客观地将商品信息予以传播，代言人对品牌文化理念进行演绎（译码）必然会带有自身的主观理解，品牌意义通过代言人所扮演的角色、行为和围绕角色所演绎的故事以及代言人自身的气质和形象向受众予以呈现。名人还以自身的各种象征性的符号，如年龄、性别、种族、财富、职业、个性或生活方式、价值取向等向目标受众暗示并潜移默化地影响他们的消费行为。

第二阶段是代言。名人代言广告比普通人更具优势。因为通过名人形象进行的演绎（译码）显然比普通人的演绎要更精确、更有感染力，也更容易得到受众的认可。广告主在选择名人进行代言时，应该对名人的形象所代表的意义予以评估，以便确认这些意义与目标受众所期望的是否一致。

第三阶段是消费。意义传递模型假设消费者购买产品不仅仅是购买产品的使用价值，更是购买商品的文化象征意义（价值），即消费者购买广告商品的动机是想满足自己由名人广告所激起的对商品象征意义的渴望。

上述三种模型应该说没有哪一种模型可以适用于所有类型的广告创意，每一种模型都只适用于某种类型的代言广告。如信源可信度模型更适合使用专家作代言人，因为专家的特征就是专业性和可靠性；信源吸引力模型更适合于普通人代言广告，因为对于受众而言，代言人的生活形态与自己的生活形态的熟悉度和相似性才是其接受信息的关键所在；意义传递模型更适合名人代言广告，因为它可以通过名人与商品内在的联系提供比较丰富的文化象征意义。

3. 广告代言人的选择

许多广告主比较喜欢采用代言人的广告策略，并且往往凭自己的主观愿望选择代言人，这种没有选择标准的结果常常是广告主付出了较高的费用，但广告效果与当初的预计相去甚远。

一般而言，广告主选择代言人的标准至少要考虑以下几个方面：受众特性、代言人与商品之间的关联性、诉求模式和成本有效性。

（1）受众特性。广告主应该选择哪种类型的代言人主要取决于品牌商品所确定的目标消费者的特性。代言人对目标受众的影响力取决于受众对商品需求的动机和受众对商品信息处理的能力。比如，当一个电脑程序员需要购买一台个人电脑时（高动机、高能力），他对代言人的诉求往往会不太在意，而是会选择一台诉求理由充分的电脑；如果这个消费者是非电脑专业人士（高动机、低能力），他就有可能对电脑的代言广告做出反应；如消费者购买的是洗发水（低动机、高能力），这种商品的广告就比较适合选择普通代言人；如消费者购买的是香奈尔香水（低动机、低能力），广告主选择名人代言可能更适合一些。

另外，选择代言人还应考虑目标消费者大体认同的价值观，也就是说，目标消费者对代言人的行为价值观持认同的态度时，该代言人的广告诉求才有可能对目标消费者产生影响力，否则，代言人的广告诉求就无法影响受众。

（2）代言人与商品之间的关联性。广告主选择代言人，尤其是名人代言人一定要考虑代言人与代言产品之间是否有一定的关联性，否则，代言人的诉求就缺乏说服力。比如，金嗓子喉宝选择罗纳尔多做代言人就不合适，因为罗纳尔多是著名的足球明星，其赖以成名的“脚”与“嗓子”没有任何关联，他既不是医学专家，又不从事与嗓子有关的职业（歌唱家、教育家），其对受众自然就没有说服力。

（3）诉求模式。代言广告最常用的诉求模式主要有以下几种：

①权威型：“你应该使用这个商品。”

②直白型：“我代表这个商品。”

③含蓄型：“我正在使用这个商品。”

④平淡型：代言人仅仅与商品同时出现。

代言人广告的诉求模式取决于代言人的类型。采用权威型模式一定要谨慎，因为大多数受众是最反感别人说教的，尤其是广告的说教。运用权威型模式的一个可能就是让代言人扮演父母或顾问。专家学者适合于直白型模式，因为他们具有令人信服的知识和经验。名人适合于平淡型模式，因为他们对受众具有强烈的暗示性魅力。普通代言人一般适合于含蓄型模式，因为他们既没有直白型模式的专家的可信度，又缺乏平淡型模式中名人的魅力。这种模式的诉求实际上就是一种推荐，代言人在广告中会描述自己使用商品后的体验。在广告中，普通代言人扮演的角色和布置的场景应显得自然而不做作。比如，使用普通代言人坦白的观点，或者使用隐藏的摄像机拍摄代言人使用商品时的惊喜。如果过度地在虚构的情节中反复推荐，反而会降低广告诉求的效果。

（4）成本有效性。广告主在选择代言人时，一个相当重要的考量是为此付出的成本是否会产生最大的边际效益。具体要考虑以下几点：

第一，最具影响力的代言人固然是最受欢迎的，但其收费也是最昂贵的。与其追逐当红的明星，不如寻找一个能与品牌相匹配并对目标受众也有吸引力的明星。选择代言人更像在选择股票，发掘一个能与品牌共同成长的代言人无疑会使广告主获得更大的利益。

第二，选择名人作品牌的代言人需要承担高风险。因为每个人都有弱点，名人也不例外。许多名人常常由于在公众场合的失态（如法国球星齐达内在2006年的世界杯冠亚军决赛场上以头撞击马特拉奇事件），或不自重（如赵薇身着日本太阳旗和服事件），或尴尬的私生活丑闻（如“艳照门”事件）而在不同程度上影响自己在公众心目中的影响力。

第三，一些名人同时为众多的品牌代言，有些甚至是同类品牌，这就容易使受众能够识别代言人，却无法准确地认知代言品牌，导致的广告效果是提升了名人的曝光度，但广告的真正主角——产品却无人知晓。

总而言之，利用代言人策略进行广告诉求，应尽可能地避免出现主次颠倒的尴尬情况。在任何情况下，商品/品牌都是广告的主角，代言人只是配角。广告传播的目的是要让更多的目标消费者认知和记住广告商品或品牌，而不是去认知或记住代言人。

5.4 广告创意的执行

广告创意人员在接受客户部所下达的创意任务及其提供的创意简报之后，即开始进入广告创意的具体执行阶段。这一阶段可以进一步细分成构思阶段、表现阶段和提案阶段。

一、广告创意的构思阶段

广告创意的构思阶段包含两个环节，即说什么（广告概念）和怎么说（广告主题）。这两个环节所要构思的内容有所不同，构思的过程却都要经历导入期、初成期和成熟期。

1. 创意的导入期

创意小组在接受创意项目之后，一般由项目负责人召集小组人员对客户的相关资料和客户部提供的创意简报进行讨论、研究，以使创意人员熟悉和了解客户的情况，并确定下次开创意会的具体时间。

在这段时间，创意人员首先必须对客户产品的市场状况、竞争态势、消费者购买心理等进行调研或感受。比如，可以从市场信息、竞争者的用户、竞争对手发布的广告等了解竞争者相关信息以及其是否具有独特的销售主张，或者还有那些可资利用的弱点，还可以了解竞争对手的目标群体的构成情况，他们欣赏竞争产品的是什么，所抱怨的又是什么，与竞争对手相比，本品牌具有哪些优势和劣势，等等。另外，创意人员还可以走访经销商、销售代表、商场业务员等，了解他们对行业、同类商品的大致看法和判断，消费者在现场购买商品的行为特征等。

创意人员还应该亲自动手对客户部提供的市场数据进行深入的研究，阅读相关的资料，从专业或非专业的角度增加对产品或服务的认知。比如，如果客户的产品是汽车，就必须查阅与汽车相关的资料，这些资料包括专业杂志、书籍、报纸等。

总之，创意人员在这段时间主要是收集产品的相关资讯，在大量的相关资讯中选择、筛选、酝酿创意概念。

2. 创意的初成期

创意的初成期，也就是创意的形成初期或创意的雏形。这一阶段的创意工作主要是由创意小组的负责人召集创意人员开创意头脑风暴会，通过创意人员的彼此碰撞、交流，形成初步的创意诉求概念和创意诉求主题。

在创意的导入期，创意人员对客户产品的相关资讯进行调研时，就有可能引发创意构思和创意的火花，但是这些构思或火花还是非常朦胧和模糊的，这就需要创意人员经过相互碰撞、交流使创意的概念越来越丰富、越来越清晰、越来越明确。这种碰撞始于理性又发散于感性，最后经过理性的审视、比较、推敲使创意概念或主题得以基本确定（见图 5－19 公益广告作品）。

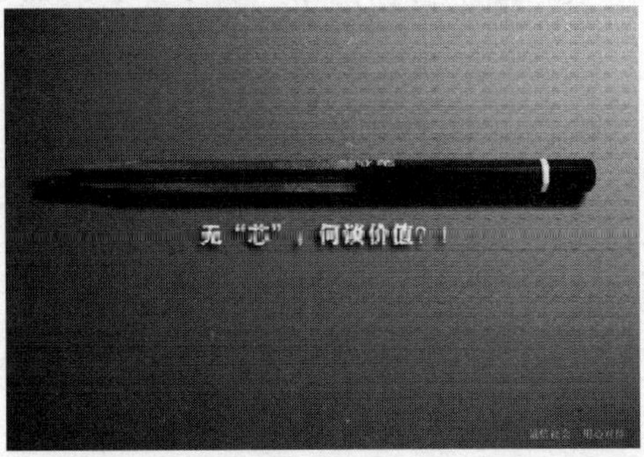

图 5－19　公益平面广告创意作品《无芯，谈何价值篇》

说明：此广告创意作品是由笔者的学生创作的，获首届中国大学生广告艺术大赛湖北、湖南赛区的金奖。该广告创意所思考的社会道德问题非常深刻，通过广告说明了社会道德和价值信仰对一个民族的未来是多么的重要。

3. 创意的成熟期

这个阶段的工作类似文章撰写完成之后对文字、措辞的修改、完善。当创意的构思确定之后，还必须对该构思进一步论证、发挥甚至是测试，以使创意的概念或主题更符合产品或品牌的诉求策略。具体而言，此阶段大致可分两步进行：一是对创意概念是否符合广告活动的整体传播策略予以研究，如果发现两者不相吻合，就要对创意概念进行调整，以免创意概念与品牌传播的总体策略发生偏差；二是对创意的概念进行测试，即对目标消费者进行小范围的意见征询，并根据征询的意见对创意的概念或主题进一步修改和完善。

二、广告创意的表现阶段

在创意的概念和主题确定之后，就进入了广告创意的表现阶段。此时的广告表现仅仅是对创意的构思予以大致的视觉化表现，具有草图和画纲的性质，其目的主要是将比较抽象的构思及时用视觉符号予以固化，这样创意人员就有了对创意构思进一步修改完善的具体对象，方便对创意构思进行分析和完善。更为重要的是，创意的表现可以为客户提供直观而形象的判断依据。

1. 创意表现的形式

创意的构思从一开始就对其所赖以表现的媒体是有所指向的，无非就是平面媒体、广播媒体和影视媒体。因此，创意表现的形式也与上述媒体的形式是一致的。

平面媒体的创意表现形式相对简单，创意人员或者用手绘草图或者使用电脑设计，将创意的构思予以表现，其成本也最为低廉。

广播媒体的创意表现形式要相对复杂一些，因为广告公司大都没有录音专业设备。如果使用专业的设备，制作成本就会比较高。一般而言，广告创意人员大多会采用非专业的录音设备将创意构思予以固化，几经修改完善之后，再考虑使用专业录音设备进行创意表现。

影视媒体的创意表现最为复杂，其过程分两个步骤：先是将创意构思制作成故事板，再根据故事板使用非专业的DV拍摄成样片。当然，广告公司在具体实施创意时，应该根据创意的情节内容和人物表演的难易程度决定是否要进行第二个步骤的样片拍摄。

2. 创意表现的原则

一方面，由于创意表现的目的是使创意的构思视觉化和符号化，其本身也需要不断修改和完善，因此，在制作成本上应力求节俭。

另一方面，在创意表现的过程中，应指定专人负责，最好由艺术指导对表现的细节全权处理。在视觉符号的表现中，涉及诸多的艺术设计的专业知识以及主观色彩比较浓厚的审美情趣，这些内容不太容易达成共识，与其在一些具体细节上反复纠缠，不如指定专人决断以提高创意的效率。

3. 创意表现的自我审视

在创意表现基本完成之后，还应该对创意的构思或表现进行全方位的自我审视，以使创意尽可能做到完美。自我审视的主要内容有以下几点：

第一，创意表现是否符合传播策略。这实际上是创意的基本问题，但在广告创意人员那里确实是经常犯的低级错误。许多不符合传播策略的创意十分精彩，原因就在于创意时不太在意传播策略的规范，所受到的约束自然也就比较少，创意的自由度就比较大，但这种创意所带来的结果往往是产品的滞销或退货。因此，如果发现创意与产品的定位、品牌个性有明显的冲突，最好的选择是马上更改。

第二，创意表现是否具有扩张力。创意的作品能否在三秒钟之内抓住受众，让人兴奋、好奇、惊讶或感动？如果不能做到，说明创意表现还没有到火候，应该重新考虑创意的表现方法，包括语言符号和非语言符号的重新构思。

第三，目标对象是否看得明白。创意表现必须考虑目标对象的接受能力。总体而言，广告创意的表现应尽量通俗易懂，切不可故作高深。广告创意的终极目的就是要向目标受众传达产品或品牌的相关信息，既然是传达信息，就必须以信息的接受者看懂为第一要义。创意人员切不可将卖弄自己的艺术审美修养作为创意表现的主旨。如果发现创意表现有上述问题，就应该重新构思创意表现。见图5－20。

图5－20　平面广告创意作品《超越不平凡篇》

说明：此为当年笔者在广告公司任职时公司的创意人员为客户所创作的创意构思，创意人员对此作品的自我感觉相当不错，老实说，笔者对该作品的设计水准也表示赞赏。问题是，这样的作品受众能看得懂吗？有几个消费者知道罗丹的《思想者》和塞万提斯的《堂吉诃德》？据此，这套作品被笔者“封杀”。有些创意人员在为广告进行创意的时候，总喜欢通过作品来刻意地表现自己的艺术修养，这种心态一方面反映了他们对自己能力的不自信，另一方面也确实说明他们的艺术修养还没到火候。真正的大师级的诗人如李白、白居易等，他们的诗歌能够广为传诵，就是因为语言通俗直白。真正优秀的广告作品也应该通俗易懂，这是衡量广告作品成功与否的重要标准。

第四，创意表现是否有记忆点。有些广告创意表现很好看，也很热闹，但看过之后很难让人记住产品或品牌。因此，广告创意表现应尽可能刻意安排有效的记忆点，记忆点最好落在产品或品牌的名称上，其次落在品牌的定位或产品定位上。

第五，创意是否可以完美地执行。关于执行有两个问题：一是创意的构思执行出来之后会失真（色）多少？二是创意的执行需要多少费用和时间？人的想象力总是会超越现实，想得到却做不出的情况比比皆是。创意人员平时自我训练想些疯狂的点子倒也无可厚非，但要是将这种难以执行的创意向客户兜售就有点不负责任了。

制作费用和时间也是很现实的问题，站在客户的角度上，创意人员没有必要去挑战经费不足和时间紧迫的现实。与其耗时费力地去拜托广告制作单位友情赞助或逼自己和同事加班加点，不如事先修正创意表现的构思，使创意表现更有效率，也更符合客户的利益。

第六，创意表现是否与他人的创意雷同。在广告的创意表现中，难免会出现与他人的创作相似的表现手法。这种纯属巧合的创意对创意人员而言确实令人郁闷，但事先经过仔细的检视，尽量避免出现此种尴尬还是可以做到。

三、广告创意的提案阶段

创意表现完成之后，下一步就要将创意提交客户审定，这个过程又叫提案，也是最关键的阶段。你的广告创意构思和表现再好，如果不能获得客户的认可，则等于全部白做而没有任何意义。因此，在行业里有人说创意再好不如提案说得好。虽然这种看法未必全对，但也十分清楚地表明了此阶段工作的重要性。

1. 创意提案会

由于广告客户的情况不同，提案会的性质也会有所不同。大体而言，提案会有两种形式：一是广告客户的广告传播代理招标提案会；二是广告公司就广告传播活动当中的某个单项的创意向广告客户进行提案。

前者参加提案会的人较多，除了广告客户的高层管理人员之外，往往也会有由客户邀请担任评委的广告界和营销界的专家、学者参会。前来提案的广告公司都是广告客户初步挑选出来的有一定规模和能力或影响力的公司，为3～5家，每个广告公司的提案对其能否赢得客户的广告代理权将产生重要的影响。因此，此种提案会对广告公司而言充满了激烈的竞争，同时又是赢得客户广告业务的一个重要的机会。

后者的提案会则要单纯得多，仅仅是已经与广告客户达成合作关系的广告代理公司单独向客户就某个单项的广告创意进行提案，参会的人员仅限于广告代理公司的创意人员和客户代表及客户的高层管理人员。

2. 创意提案会的准备

由于提案会的结果将直接关系到广告公司所提出的创意能否获得客户的认可，甚至关系到广告公司能否获得广告业务，对于广告代理公司而言，其重视程度自然不言而喻。为了使提案能够获得成功，创意人员在提案会之前必须做好充分准备。

首先，创意小组要确定提案汇报人。提案汇报人必须具备两个方面的能力：一是要对创意有足够的了解，特别是对创意的概念和主题等非常熟悉，同时，对客户产品的市场现状、竞争对手的广告策略、本创意的背景和过程了如指掌，最好还能够具备一定的艺术设计的审美知识，以便对于创意的表现策略进行深入浅出又全面生动的演绎。二是要具备非常好的语言表达能力，也就是在提案会上汇报时，既能够在整体上做到层次清楚、逻辑分明，又能够在具体内容上做到形象生动、绘声绘色、妙语连珠，还能够恰到好处地利用肢体语言和面部表情来增强提案的效果。客观地说，大多数的创意人员很难同时具备上述两种能力。广告公司要有意识地培养一两个创意人员提高语言表达能力，使其长期专门担任提案汇报人的工作，从实践中锻炼和提高其能力。

其次，创意小组要进行提案彩排。提案汇报会是有时间限制的，如果客户规定提案汇报时间为15分钟或30分钟，汇报人就必须在15分钟或30分钟之内完成汇报。提前结束汇报显然是不明智的，但超时完成汇报可能使客户和评委的注意力不集中、焦虑甚至反感，在一定程度上影响其对创意的判断，使汇报的效果打折扣。要使提案汇报在规定的时间内完成，必须事先进行彩排。通过彩排，可以发现提案的内容还有哪些缺陷？哪些内容需要调整、哪些内容需要突出、哪些内容需要省略？汇报人的表达是否流畅、清晰，表情和肢体语言是否得当等。如果是很重要的提案汇报会，或者在第一次彩排当中发现较多的问题，就有必要安排第二次彩排，以保证提案会万无一失。

3. 创意提案的程序

虽然提案会的性质有所不同，但提案会的基本程序是大同小异的，主要有以下几个环节：

第一，提案的预约。广告公司的客户代表应该事先与客户预约和确定提案会的时间，地点（一般是客户的会议室，特殊情况下也可以在某个宾馆的会议室），提案的主要内容，参加提案会的主要人员，提案所需的时间等。预约的方式一般是电话联系，但确认的方式最好是书面形式。

第二，提前到场做好准备。一般情况下，广告公司的提案人员应该提前30分钟左右到达提案会场，安装或检查投影设备、调试电脑和投影仪及音响等。汇报人可以利用这段时间酝酿情绪，以便适时地进入演讲的状态。

第三，正式提案。正式提案应该由三个部分构成：一是开场白，即先由广告公司的客户代表简单介绍出席本次提案会的人员姓名和职务，并简略介绍一下本次提案的主要内容。二是由汇报人开始演讲（示）。汇报人可以是一个人，也可以是两个人，这要根据提案内容的多少来决定。如果超出三个人进行提案，就会使整个提案显得零碎而缺乏连贯性，影响提案效果。三是提案总结，即由广告公司的创意总监对本次创意提案做一个简明扼要的小结，并对汇报人在汇报中可能出现的疏漏之处予以补充。

第四，提案结束。提案结束后，一般有两种情况：一是提案人员直接离开会场，这种情况一般在广告客户进行招标时才会出现；二是客户会对提案的相关内容提问，此时就需要提案人员回答、解释和说明。

关键术语

情绪　理性诉求　认知　创意概念　创意主题
创意表现　幽默广告　性感广告　恐惧广告

思考题

1. 如何正确理解广告策划与广告创意在广告活动中所扮演的角色？
2. 广告创意的过程要经历哪几个环节？其中哪个环节更加重要？
3. 广告创意的基本策略有哪些？在实践中应该如何正确运用？

课后实践

1. 请收集房地产楼盘、汽车、服装、饮料等相关品牌产品的资料，选择确定某一具体的品牌产品以小组的形式讨论、分析为其进行的广告传播活动中应该采取哪种诉求策略，并开展可以实施的广告创意。

2. 请对当地市场比较流行的品牌产品进行分析和研究，对这些品牌所采取的广告诉求策略做评价。

3. 撰写最近看到的某一个比较熟悉的品牌的创意简报。

4. 根据创意简报的产品或品牌信息，创意一则电视广告作品。

5. 请收集当地的房地产、汽车或银行近期发布的广告，从广告作品中分析这些广告传播的目标是什么，以及这些广告传播的目标与实际的市场销售是否吻合。

案例分析

准确的定位 成功的诉求

——红牛饮料广告策划与创意

1995年，风靡全球的红牛饮料来到中国，在中央电视台首次亮相，一句“红牛来到中国”广告语，从此中国饮料市场上多了一个类别叫做“能量饮料”，红牛迅速在中国上刮起畅销旋风。

红牛功能饮料源于泰国，产品销往全球140个国家和地区，凭借强大的实力和信誉，“红牛”创造了奇迹。作为一个风靡全球的品牌，红牛在广告宣传上也极具特色。

红牛饮料广告创意特点分析如下：

一、独特性

红牛是一种维生素功能型饮料，主要成分为牛磺酸、赖氨酸、B族维生素和咖啡因。红牛功能饮料科学地把上述各种功效成分融入产品之中，与碳酸饮料不同。在推广之初，红牛就将产品定位在需要补充能量的人群上。

“汽车要加油，我要喝红牛”，产品广告将功能性饮料的特性（促进人体新陈代谢，吸收与分解糖分，迅速补充大量的能量物质等）以醒目、直接的方式传达给诉求对象，让大家通过耳熟能详、朗朗上口的广告语，接受“红牛”作为功能性饮料能够提神醒脑、补充体力、抗疲劳的卓越功效。

二、广泛性

红牛饮料适合需要增强活力及提升表现的人士饮用，特别适合繁忙工作的商务人士、咨询服务业人士、需要长时间驾驶的专业司机、通宵达旦参加派对的人士、运动爱好者和需要保持良好学习状态的大中学生。目标对象较为广泛，供不同职业、不同年龄段人饮用。

三、树立品牌形象，注重本土化

红牛初来中国时，面对的是一个完全空白的市场，是一个彻底的“蓝海”。当时中国市场上饮料品牌并不多，知名的外来饮料有可口可乐和百事可乐，运动型饮料有健力宝，几大饮料公司广告宣传力度都非常强，各自占据大范围的市场。红牛饮料要想从这些品牌的包围中迅速崛起，不是一件容易的事情。

因此，红牛饮料“中国红”的风格非常明显，以本土化的策略扎根中国市场。广告中宣传红牛饮料，尽力与中国文化相结合。在色彩表现上以“中国红”为主，与品牌中红牛的“红”相呼应，从而成为品牌文化的底色。中国人万事都图个喜庆、吉利，因而红红火火，越喝越牛。这正体现了红牛饮料树立品牌形象的意图，了解中国市场消费者的购买心理后，将红牛自身特点与中国本土文化相结合。

四、多媒体、大冲击、深记忆

红牛在1995年春节联欢晚会之后的广告上首次出现，以一句“红牛来到中国”告知所有中国消费者，随后红牛便持续占据中央电视台的广告位置，从“汽车要加油，我要喝红牛”到“渴了喝红牛，累了困了更要喝红牛”，大量黄金时段的广告宣传轰炸，再配合以平面广告宣传，红牛在短短的一两年里，让汽车司机、经常熬夜的工作人员、青少年运动爱好者，都成为红牛的忠实消费群体。红牛一举成名，给中国消费者留下很深的记忆。

五、一句广告词，响彻十余年

一个来自泰国的国际性品牌——红牛，以功能性饮料的身份挟着在当时看来颇为壮观的广告声势向人们迎面走来。一直以来，“困了累了喝红牛”这句带有明确诉求的广告语使得人们对红牛不得不注意。

问题

1. 广告策划的关键问题就是提炼广告诉求点，也就是说什么。红牛是功能性饮料，其广告策划的诉求点应该是理性诉求还是感性诉求？非功能性饮料应该选择理性诉求还是感性诉求？

2. 大众消费者品是否需要大媒体广泛传播？为什么？反之，小众商品比如戴森吹风机是否也需要大媒体广泛传播？为什么？

第6章 品牌传播策划

本章要点

1. 品牌传播概念提出的背景、品牌传播概念及其特征。
2. 品牌形象传播策略的任务与目标。
3. 品牌叙事传播策略的基本构成要素、作用及主要表现方法。
4. 公共关系的概念、特征、作用及其传播策略。

引 例

百事可乐《把乐带回家：摘星者》品牌传播

“把乐带回家”品牌IP创立于2012年，一直以来，百事始终秉持不断探索的态度寻求更多突破。2019年百事再次升级IP内涵，提出“家造就了我们，又支援每一个人前行”的主题。

这支由邓超、张一山、刘昊然、周冬雨、杨洋等明星拍摄的2019年贺岁微电影，紧张惊险又温馨感人。不仅向观众诉说了航天工作者鲜为人知的辛苦，以此向那些为梦远行的“摘星者”致敬，也向千千万万坚守在工作岗位上的人们致敬。在实现梦想的路上即使遇到重重挑战与困难，也不会失去前行的勇气，是因为家一直在身后予以无条件的关怀与支持，这份深深的情感被大家深埋心底。

百事期待借助微电影传递勇敢探索的精神和心系“大家”的情怀，激发大家去多角度地感受家对每个人的意义。

如果说产品的价值在于质量，那么品牌的价值就在于传播。通过对传播活动的整合及实施，企业可以有效地帮助消费者形成和加强对品牌的认知与理解；同时，企业为品牌投入的传播费用还可以转化为品牌的资产。可以说，传播创造了品牌的附加价值。

6.1　品牌传播概述

品牌传播是一种操作性的实务活动，也就是企业通过广告、公关、新闻报道、人际交往、产品服务等传播手段，塑造和提升品牌形象以及品牌在目标消费者心目中的认知度、美誉度。对品牌传播的基础、规律、特点和实施策略的研究与总结，是本节所要阐述的内容。

一、品牌传播概念的提出

品牌传播的概念是在整合营销传播理论基础上提出的。一些品牌专家和传播学者将传播学理论的研究成果应用于品牌营销的实务活动，以期提升品牌形象在目标受众心目中的认知度和美誉度，进而使企业在激烈的市场竞争中占据有利地位。品牌传播概念的提出并不是偶然的，它是在时代环境的变化中应运而生的，促使品牌传播概念诞生的主要因素包括以下三点。

1. 品牌传播是企业在全球市场开展市场竞争的利器

随着全球市场一体化的形成，市场竞争的范围必然从国家市场扩大到全球市场，市场竞争也必然更加激烈。在这一市场环境的变化过程中，那些缺乏品牌核心价值支撑的企业显然会处于十分不利的地位；相反，那些拥有强势品牌的企业能够迅速使自己的产品在全球市场销售，全球市场的竞争实际上更多地体现为强者博弈、名牌对决，也就是各个跨国公司及其所拥有的品牌之间的竞争。

2. 媒体环境的变化使品牌传播概念成为可能

20 世纪 90 年代以来，媒体环境发生了巨大变化，新兴的、具有巨大潜力的信息媒体以惊人的速度进入千家万户，新媒体的出现不仅改变了传统的营销方式，也改变了消费者的生活方式，但是在信息渠道和信息流量大规模增加的同时，在信息传播过程中，来自各个方面的干扰也明显增加。对于企业而言，在正确的时间、正确的地点向正确的目标受众传递正确的信息显得更加重要，但是企业要找到那些正确的目标受众也越来越困难。企业要解决的一个基本问题就是如何在有限的时间和空间里向目标受众传递最有可能引起他们关注的信息。今天的消费者每天都会接触上千条的信息，企业所提供的信息如果不能从众多的信息中脱颖而出，将毫无价值。

在这种背景下，企业在市场营销过程中，不论是利用广告、公共关系还是其他营销传播手段，都必须将经过整合的、最有可能被目标消费者接受和认可的且最能够满足他们需求的、最有价值的信息传达给目标消费者，这就使品牌传播概念的提出和运用成为一种必然。

3. 品牌传播成为整合营销传播理论的核心

在现代市场营销实践中，伴随着现代广告、公共关系、销售促进等传播实务和理论的出现，由美国西北大学的唐·舒尔茨教授提出的整合营销传播理论在 20 世纪 90 年代初期应运而生。整合营销传播理论的核心有三点：一是强调从消费者的需求出发，将与目标消费者进行有效的沟通作为开展市场营销的基础；二是强调将广告、公共关系、企业形象识别、促销、直销、包装、新媒体运用等一切传播手段加以整合，使企业能够向目标受众传递一致的品牌信息；三是强调传播是营销的前提，营销是传播的结果。

从上述整合营销传播理论的三个核心内容，我们可以得出以下基本结论：有效的营销源自有效的传播，整合营销传播中“将所有的信息整合成一个声音”的观点，实际上是将整合营销传播的核心指向了品牌，因为企业只有通过品牌才能将营销传播的诸多信息整合到一个平台之上，也就是说，品牌传播才是整合营销传播在实际运作中的核心。美国的营销与广告传播学者乔治·贝尔奇等曾深入分析过整合营销传播理论兴起的内在原因，正是由于许多企业在市场营销的实践中充分认识到了战略性地整合多种传播手段的价值，才使整合营销传播理论得到广泛运用。由此可见，品牌传播不仅是企业参与国际市场竞争的有力武器，更是企业在所有市场中营销操作的必然选择。

二、品牌传播概念的界定

所谓品牌传播，是指品牌所有者通过各种传播手段，持续不断地将事先提炼的品牌核心价值理念同目标受众交流与沟通，以使目标受众认同、喜爱品牌核心价值理念，并逐渐成为该品牌商品的实际消费者和忠诚消费者，从而提升品牌的无形资产价值。

下面我们对品牌传播概念的构成要素予以阐述，以便初学者能够准确地把握这一概念。

1. 传播手段

品牌传播实际上就是企业对各种传播手段进行信息控制和利用的过程，在这个过程中，企业如何利用、整合和控制这些传播手段是传播能否取得成功的关键。企业可以利用的传播手段包括广告、公共关系、人际传播以及各种媒介资源传播等。

在实施品牌传播的过程中，企业需要思考并解决的主要问题有：

一是随着市场竞争日益激烈，企业的广告预算不断增加，以广告经营作为主要收入来源的媒体为获得更多的广告客户，必然会不断地开发媒体种类、媒体时段与空间，其结果是商业信息泛滥，企业的广告成本不断上升，广告效果却日益下降。另外，企业对品牌传播所投入的资金是有限的，还要面对竞争品牌广告信息的干扰。面对这一状况，企业必须思考如何对自己所掌握的传播资源进行有效的、创造性的整合利用，以尽量减少品牌在传播过程中的资源损耗。

二是在品牌传播过程中，如何掌握好广告传播的资源控制和产品渠道与终端销售的资源控制间的平衡关系。如果企业仅仅将注意力集中于对广告传播资源的控制，对产品的销售渠道的资源控制不力，其结果往往是在品牌传播过程中企业原本可以控制与利用的资源被闲置，造成品牌传播资源的浪费。

2. 受众目标性

品牌传播的主要目的是塑造与传播品牌形象，因此，品牌传播的对象就不能局限于对品牌商品有购买欲望的消费者，而是应该包括所有对品牌商品进行价值判断和审美判断的目标受众。比如，宝马汽车在品牌传播过程中针对的就是目标受众，也许其中的大多数受众买不起宝马汽车，但是这并不妨碍他们对宝马品牌的喜爱，喜爱当然也会影响宝马汽车的声誉，提升宝马品牌的资产价值。本书对品牌传播对象的界定就没有局限于与品牌具有交易关系的消费者，而是将传播对象的范围扩大为目标受众。

从品牌传播源于传播学的理论体系来看，传播的对象应该称为受众。“消费者”与“受众”这两个不同的表述体现了两种不同的思维观念：消费者的概念强调的是对品牌商品的消费，体现的是企业与消费者之间的交易关系；受众的概念强调的则是对品牌商品的认可与接受，体现的是受众与品牌商品之间的信息分享和平等沟通的理念。因此，品牌传播对象的表述就更应该是受众。

不过，与其他信息传播一样，企业在品牌传播的过程中，也需要对传播受众进行细分，以便大致确定品牌传播的目标受众。企业所确定的品牌传播的目标受众是消费者或潜在的消费者，也可能是品牌的关注者或通过特定媒介积极主动的“觅信者”。企业只有事先确定了较为明确的目标受众，其品牌传播对象的本体意识才能得到充分体现，受众对品牌信息才会主动接受与认可，实施相应的品牌传播策略才会有成效。

三、品牌传播的特征

对于品牌传播的特征，其比较对象应该是广告传播和大众传播，也就是说，与大众传播或广告传播相比，品牌传播有与之不同的特征。通过比较分析，笔者认为品牌传播具有以下几个方面的特征：诉求主题的抽象性、诉求表现的文化性、传播目的的社会性、传播方式的整合性。

1. 诉求主题的抽象性

品牌传播与广告传播或大众传播一样，都必须在实施传播活动之前确定一个明确的传播主题。相对而言，广告传播诉求的主题大都是产品能够为目标消费者提供的物质利益，也就是更偏重商品形而下的物质属性，并希望通过物质属性的诉求来促进目标消费者对产品的实际消费，如云南白药牙膏的广告诉求主题是专治“口腔溃疡、牙龈出血、牙龈肿痛”（见图6-1）。至于大众传播，则更偏重于新闻传播，其传播的每一条消息也都有其内在的主题。不过，大众传播中某条消息的主题的重要性远不如广告传播中的主题，这是因为广告传播的主题如果不能吸引目标消费者的关注，则广告传播活动基本等于失败，大众传播中某条消息的主题并不是吸引受众阅读本条消息的关键，也就是说，吸引受众关注某条消息的关键因素并不是该条消息的主题提炼得如何，而是该条消息本身是否具有轰动性或者与读者的生活背景、经历、文化和兴趣爱好等具有一定的关联性。比如，对于一个一般文化程度且缺乏抽象思维训练的人而言，可能就不会对报纸上关于汉娜·阿伦特（20世纪优秀的政治思想家）的采访报道感兴趣，哪怕该报道的主题再精彩也无济于事。

品牌传播的诉求主题往往表现的是某品牌能够为目标受众提供的非物质利益，也就是更偏重于品牌形而上的精神属性的诉求，希望通过以满足目标受众心理需求为主要内容的传播来达到使目标受众对品牌价值观念认同或喜爱的目的。如阿迪达斯品牌传播的诉求主题是“没有不可能”（见图6-2），该品牌所传播的信息就是典型的抽象信息，它

图6-1 云南白药牙膏广告作品

所满足的是目标受众的心理需求。当然，这种以精神属性为主要内容的信息，实际上所表达的是企业认可的一种价值观念，品牌传播也就是企业向目标受众传播这种价值观念，并希望通过品牌传播与目标受众建立起彼此认同的关系。对于品牌来说，建立与目标受众之间彼此认同的关系是品牌资产得以巩固和提升的重要基础。

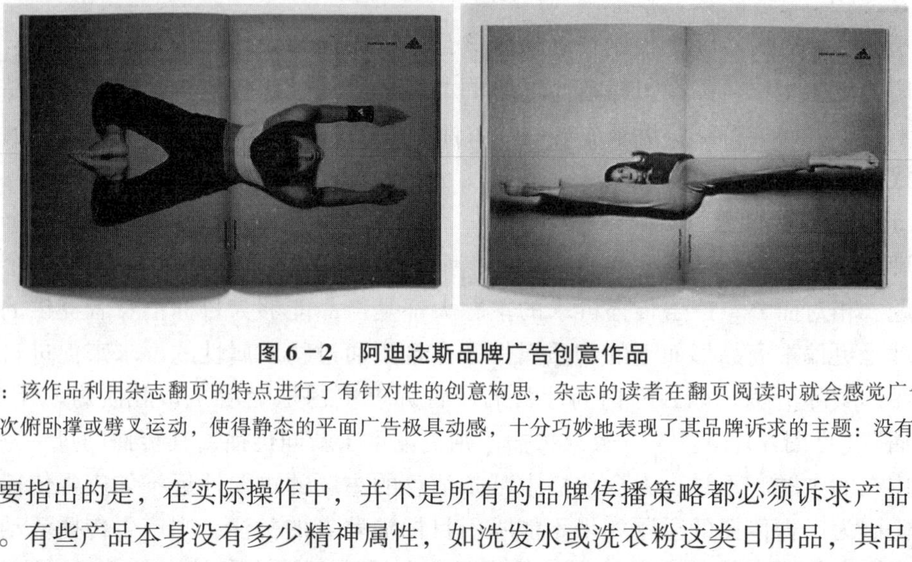

图6-2 阿迪达斯品牌广告创意作品

说明：该作品利用杂志翻页的特点进行了有针对性的创意构思，杂志的读者在翻页阅读时就会感觉广告中的人物做了一次俯卧撑或劈叉运动，使得静态的平面广告极具动感，十分巧妙地表现了其品牌诉求的主题：没有不可能。

需要指出的是，在实际操作中，并不是所有的品牌传播策略都必须诉求产品的非物质利益。有些产品本身没有多少精神属性，如洗发水或洗衣粉这类日用品，其品牌传播也可以考虑使用物质利益作为诉求主题。如海飞丝的“去头屑”就是典型的以物质属性作为诉求主题并获得成功的品牌传播。

2. 诉求表现的文化性

品牌传播的第二个特征就是其诉求表现具有较强的文化性。这一特征是由品牌诉求主题的抽象性所决定的。

由于许多品牌诉求主题涉及价值观念、审美情趣等意识形态方面的内容，品牌传播在具体表现上必然具有文化性这一特征。

需要说明的是，本书所说的文化性不能理解为就是高雅文化。事实上，在商业活动中谈高雅是不合时宜的。文化就是文化，既包括高雅文化，又包括通俗文化。在品牌传播中，大多数企业更倾向于以通俗文化来表现和传播其品牌形象，但是我们也不能否认有一些企业在品牌传播中所表现出来的是较为高雅的文化，而且取得了极大的成功。企业以什么样的文化来表现和传播品牌并不重要，重要的是企业应该知晓什么样的文化更能够为目标受众所认可、喜爱，以及什么样的文化与自身的品牌商品或品牌形象具有更多的关联性。

3. 传播目的的社会性

此特征具有相对性而不具有绝对性，也就是说，如果将品牌传播的目的与广告传播的目的进行比较，那么品牌传播的目的更具有社会性的色彩，这也是品牌传播的第三个特征。

对于一个企业来说，希望所投入的广告预算在下一个年度有所回报，其广告传播追求效益性。然而，对品牌传播而言，由于它所追求的是建立品牌形象、同目标受众的沟通与交流以及由此产生的品牌认知与品牌联想，并不过于看重在短期内有所回报，因此，品牌传播的目的从企业竞争的角度而言更具有战略性和长远性，从目的性而言则更具有社会性。

4. 传播方式的整合性

品牌传播的第四个特征就是传播方式的整合性。传播方式主要由两个方面的内容构成：一是传播手段；二是传播内容。

在传播技术变革的今天，新媒介与传统媒介共同造就了传播媒介多元化的新格局，这为品牌传播提供了新的发展机遇，也对多元化媒介的整合提出了新的挑战。传统的大众传播媒介如报纸、杂志、电视、广播、路牌、海报、POP、DM、车体、灯箱等，对于现代社会的受众魅力犹存，企业在品牌传播过程中组合运用这些传统媒介，这本身就具有高度的多元性与整合性，新媒体的诞生则使品牌传播媒介多元性的特征更加突出。

在品牌传播过程中，传播信息的整合性是由品牌信息所决定的。品牌信息主要由两方面的内容构成：一是包括品牌名称、标志、色彩、包装等在内的表层信息；二是包括品牌商品特征、为消费者所提供的利益点、品牌认知和品牌联想等在内的深层信息。这两方面的信息构成了品牌传播的信息源，也从总体上决定了品牌传播信息的整合性。

6.2　品牌形象传播策略

1. 品牌形象传播策略的任务

品牌形象传播策略的基本构想是企业根据市场的竞争格局、自身所掌握的优势资源、本品牌产品或服务的竞争特点和目标消费者对同类产品的需求状况等因素，确定本品牌产品在不同时期的营销目标任务，并据此制定阶段性品牌形象传播方案，通过持续执行品牌传播管理的各项职能，使得企业所规划的品牌形象能够顺利地进入目标消费者的大脑并获得消费者的认同与信任。

品牌形象传播策略的总体任务必须服从品牌的基本战略目标，企业需要确定在不同时期品牌传播所必须达到的基本目标，并以此作为任务导向，制定具体的品牌传播实施方案。

品牌形象传播的总体任务应该根据品牌产品在市场中所处的竞争状况有针对性地规划和制定。一般而言，可以从三个角度规划品牌形象传播总体任务。

其一，基于竞争地位设定品牌形象传播任务。

在不同的市场结构下，由于品牌形象传播的市场环境和品牌所处的竞争地位不同，品牌形象传播自然有其特定任务。

处于领导者地位的品牌，也就是说该品牌产品处于同类产品市场的前三位，其品牌形象传播任务自然就应该是努力稳固自身品牌的市场领先地位，避免现有的市场份额被竞争品牌蚕食。

处于跟随者或挑战者地位的品牌，即处于市场第二阵营的品牌，在市场上大都处于同类产品较多但各自的市场占有率偏低的状况，品牌形象传播的任务就应该是努力提升本品牌产品在行业中的位次，提高市场占有率。

处于新进入者或变革者地位的品牌，品牌形象传播任务应该是在行业中寻找利基市场，或者提出新的消费价值标准，通过市场分割获得发展机会。

处于以上竞争地位的品牌的品牌形象传播任务模板见表6－1。

表6－1　基于竞争地位的品牌形象传播任务模板

品牌的竞争地位	品牌形象传播任务	设定传播任务的评估因素
领导者	1. 突出领先优势，提高顾客忠诚度 2. 强化品牌好感，拉大领导者与挑战者的距离 3. 增加信任，配合新产品上市 4. 将核心能力转化为对价值优势的认同	1. 领导者的领先地位是否受到挑战？ 2. 是否需要应对新的竞争者的干扰？ 3. 是否需要突出领导者差异化核心能力？ 4. 是否需要配合进行市场延伸和市场渗透，提高市场占有率？
跟随者或挑战者	1. 为市场增加新的气息，获得年轻群体认可 2. 引导或变革某种价值偏好 3. 聚焦局部价值优势，细分市场 4. 在局部市场争取成为领先者	1. 市场是否处于成长阶段？ 2. 领导者倡导的消费价值标准是否过时？ 3. 领导品牌对市场细分是否粗放？ 4. 领导品牌的满意度是否出现波动？ 5. 是否具备市场渗透能力？
新进入者或变革者	1. 获得利基市场和小众人群认同 2. 突出新的价值标准 3. 树立变革者形象	1. 行业中产品是否更新换代较慢？ 2. 市场是否出现“消费厌倦”现象？ 3. 领导品牌是否出现价值标准过时现象？ 4. 在低集中度产业是否具有提升市场占有率的机会？

其二，基于差异化战略设定品牌形象传播任务。

品牌差异化战略决定了企业长期的战略行为选择，也决定了品牌形象传播的基本使命和长期任务，品牌形象传播的策略目标必须服从品牌发展的总体战略思想和个性风格。根据顾客价值理论，可以将差异化竞争战略分为降低顾客成本的差异化战略和提升顾客获得价值的差异化战略两种基本模式。

一是选择成本差异化战略的品牌，面对购买力波动、消费结构变化，其品牌形象传播任务应该是努力稳固自身的品牌形象和地位，避免现有市场被同样实施差异化战略的竞争品牌蚕食。

二是选择价值差异化战略的品牌，必须了解市场的成长性和消费多元化的趋势，其品牌形象传播任务应该是选择稳定的有价值的市场细分领域，建立品牌在细分市场中的领导地位，努力提高市场占有率。

三是选择成本差异化和价值差异化混合模式的品牌，其品牌形象传播任务应该是努力追求顾客价值与顾客成本之间的平衡匹配，精准把握市场细分的机会和持续发展的执行力。

基于战略导向的品牌形象传播任务模板见表6－2。

表6－2　基于战略导向的品牌形象传播任务模板

战略类型	品牌形象传播任务	设定传播任务的评估因素
成本导向型	引导消费者认同实惠消费方式	1. 是否存在价格敏感性高的人群？ 2. 宏观经济环境是否出现通货膨胀，或者进入通货紧缩时期？
技术导向型	引导消费者崇尚新技术、新功能	1. 市场需求是否处于成长期？ 2. 技术创新是否存在价值差异化机会？ 3. 技术升级引致新的消费旺盛的可能性是否存在？
服务导向型	突出特定的选择标准，引导消费者对服务满意的认知	1. 消费者是否在购买过程中所花费的时间成本较高？ 2. 产品在使用过程中的维护保养是否很重要？ 3. 是否存在较长的客户生命周期？
时尚创新型	获得消费时尚的领导者地位	1. 宏观经济景气度是否较高？ 2. 社会是否崇尚娱乐化消费？ 3. 社会是否崇尚文化性消费？

其三，基于品牌发展阶段（品牌生命周期）设定品牌形象传播任务。

在品牌生命周期的不同阶段规划和制定品牌形象传播活动的目标、任务和手段自然也是不尽相同的。在品牌新进入市场阶段，其品牌形象传播的主要任务应该是努力获得市场对本品牌产品的认同，增加首次购买量，尽快跨越成长“裂谷”；在品牌成长阶段，品牌形象传播任务应该是正确把握市场成长机会，扩大品牌优势，抢占市场领先地位；在品牌成熟阶段，品牌形象传播任务应该是努力对市场精耕细作和对品牌精细化管理，提升现有顾客的满意度和忠诚度，提高目标消费者对品牌的黏性，提高顾客份额；在品牌衰退阶段，品牌形象传播任务是努力活化品牌，增加品牌价值创新和品牌形象的活力、亲和力，努力延长品牌在市场上有活力的时间。

基于品牌生命周期的品牌形象传播任务模板见表6－3。

表6-3 基于品牌生命周期的品牌形象传播任务模板

品牌生命周期	品牌形象传播任务	设定传播任务的评估因素
进入期	品牌新人，获得青睐	1. 避免低位徘徊，必须快速获得市场认同，增加消费者首次尝试性购买。 2. 市场关注和首批顾客认同效应放大，扩大市场影响范围，迅速跨越成长“裂谷”。
成长期	品牌新星，持续走红	1. 市场需求处于成长期，存在价值差异化机会，技术升级引致新的消费旺盛。 2. 正确把握市场成长机会，扩大品牌优势，抢占市场领先位置。
成熟期	品牌明星，稳固地位	1. 对市场精耕细作和实施品牌精细化管理，增加目标消费者对品牌的黏性，提高顾客份额。 2. 是否存在较长的客户生命周期？是否有提升现有客户的满意度和忠诚度的市场机会？
衰退期	老树新生，转型发展	1. 活化品牌，增加品牌价值创新和品牌形象活力，增加品牌亲和力。 2. 公司基于市场战略调整，实现品牌核心价值创新，采取品牌再定位策略。

2. 品牌形象传播策略的目标

品牌形象传播策略的目标可以从传播对象和传播管理两个角度出发来设定。在实践中，具体如何选择，企业应该基于自身的实际情况并根据市场和竞争状况加以选择。

一是从传播对象的角度设定具体的传播目标。在具体的操作中可以考虑从消费者接收广告信息到准备购买产品的四个不同阶段，针对品牌现状诊断需要解决的关键问题，确定品牌形象传播的基本目标。

（1）知晓。如果市场上的多数目标消费者均不知道本品牌产品的相关信息，那么品牌形象传播的目标当然就应该是想方设法使更多的目标消费者知晓本品牌产品的相关信息。

（2）认知。目标消费者可能对本品牌产品有所知晓，但对关键信息并不了解或所知有限，品牌形象传播的目标就应该是努力提高目标消费者对本品牌产品的价值和个性特征的认知和熟悉程度。

（3）偏好。目标消费者虽然对本品牌产品有比较全面的认知，但是并没有引起目标消费者对本品牌产品的情感偏好，品牌形象传播的目标就应该是在诉求产品的品质、服务、性能和竞争优势的同时，通过创作煽情的和介绍品牌文化价值的广告作品，使目标消费者产生价值认同，进而产生对本品牌产品的偏好。

（4）购买。有些消费者虽然对本品牌产品具有正面的印象和基本的偏好，但由于价格或其他原因迟迟没有做出购买决定，品牌形象传播的目标就应该是通过开展有创意的促销活动吸引这部分消费者尽快采取购买行动。

针对目标消费者的品牌形象传播目标设定与分析模板见表6-4。

表 6－4　针对目标消费者的品牌形象传播目标设定与分析模板

消费者所处阶段	品牌形象传播目标	设定传播目标的评估因素
知晓	知名度目标	1. 是不是新上市品牌？ 2. 是否存在品牌低知名度问题？
认知	认知度目标	1. 品牌是否存在消费者认知发散、零乱、偏差现象？ 2. 消费者关注度是否较低？
偏好	偏好度目标	1. 消费者是否对品牌缺乏好感？ 2. 是否存在消费者对品牌的转换惯性？
	信任度目标	1. 是否存在信任障碍？ 2. 品牌是否老化？
购买	购买率目标	1. 购买频率是否较低？ 2. 品牌诉求的核心利益对消费者的诱惑是否不够？
	满意/忠诚目标	1. 消费者对品牌的满意度是否下降？ 2. 顾客份额波动是否明显？

二是从品牌形象传播管理的角度设定具体的传播目标。需要对目标进行量化和细化，即应用不同的品牌管理指标，将品牌形象传播目标予以量化，使其成为品牌传播绩效考核的依据。另外，还可以针对不同时期和市场发展不同阶段的品牌形象传播任务，将品牌形象传播的量化指标予以阶段性分解，使品牌形象传播目标具有可操作性。具体的设定步骤见图 6－3。

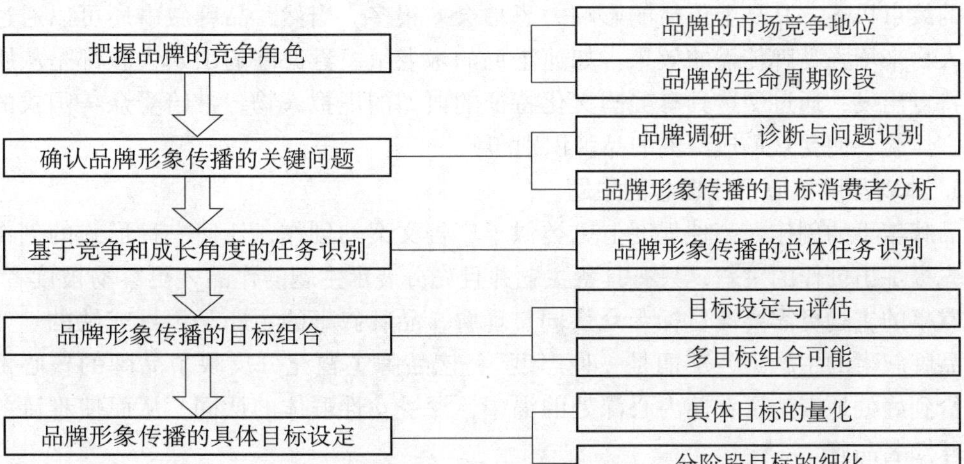

图 6－3　从品牌形象传播管理的角度设定品牌形象传播目标的步骤

6.3　品牌叙事传播策略

品牌叙事是指企业刻意将品牌的背景文化、价值理念以及产品的特殊利益等作为主要的诉求内容，并以真实的人物、生动的情节和感人的故事为诉求形式，通过各种媒介向目标受众进行商业传播活动。

一、构成品牌叙事的基本要素

根据上述对品牌叙事的基本定义，我们可以总结出品牌叙事大致应该包括哪几个基本要素。

1. 具有结构缜密的故事情节

一般而言，品牌叙事是通过平面媒体向目标受众诉求一定信息的特殊的传播活动，此种传播活动能否成功取决于目标受众是否接受这些信息，这又要取决于品牌叙事是否具有结构缜密和引人入胜的故事情节。劳伦斯·维森特在其《传奇品牌》一书中指出：一个缜密的结构可以使叙事中发生的每件事之间都有很强的逻辑关系，前因后果非常清晰，甚至从一个精心构建的情节中移去任何一件事情都会使整个故事崩溃……传奇品牌常常通过赋予品牌叙事一个有序的、紧凑的、稳固的故事结构，对个性化叙事情节的展开起到催化作用。

2. 塑造令目标受众认可的典型人物

品牌叙事需要具有较强的可读性，因此，在语言风格上更接近于文学体裁中的散文或随笔。品牌叙事大都需要充分地展示品牌人物，对人物的描写更接近于小说。在品牌叙事中，无论是真实的或者虚拟的典型人物，都必定代表品牌的价值取向和审美品位。比如，如果香奈儿、玫琳凯、雅诗兰黛等品牌没有对其品牌创始人的经历予以典型化和传奇的故事描述，其品牌传播的影响力恐怕会差很多。当然，品牌叙事还可以通过虚构典型人物来增强品牌传播的效果。如迪士尼的米老鼠、肯德基的山姆大叔都是从所处的行业特点出发，通过塑造具有美国文化特征的典型的虚拟人物，带给受众美国式的温馨和感官体验，使受众形成深刻的品牌识别印象。

3. 体现品牌核心价值理念的主题

品牌叙事的创作在某种程度上更类似于广告文案的创作，任何一种形式的创作都必须首先提炼出创作的主题，只有具备主题并且充分展示主题的作品才更容易被读者理解。品牌叙事的主题更需要被目标受众认同、理解，品牌叙事的主题是不可或缺的。如雅诗兰黛品牌叙事的主题是“美丽是一种态度”，该品牌主题充分反映了品牌的核心价值理念，恰到好处地表达了女性内心深处的渴望，深受女性群体的认同，从而使雅诗兰黛成为全球知名品牌。

二、品牌叙事对品牌塑造与传播的作用

对于品牌而言，品牌产品能否满足目标消费者的需求，品牌形象、包装和产品品质是否达到消费者的期望等，这些都是品牌的内在要素或品牌赖以发展的基础，品牌叙事作为品牌理念的外在表现形式，巧妙地将品牌的抽象理念用形象生动的故事情节和美好的情感加以演绎，使得受众对品牌产生一种情感上的共鸣。具体来说，品牌叙事对品牌塑造与传播的作用大致可以归结为以下几个方面。

1. 完美地体现品牌的核心价值

企业为品牌提炼和传播的核心价值常常就是品牌所能够满足消费者的生理或心理需求的根本价值。品牌叙事将这种核心价值通过生动的故事情节和优美的语言传递给目标受众。品牌的核心价值就好比品牌的灵魂，灵魂必须依附在某一载体之上，品牌叙事就是品牌核心价值的载体，消费者对品牌核心价值的认同就是通过品牌叙事实现的。不过，不同行业甚至同一行业中的不同品牌，由于其经营方式不同，追求目标不同，核心价值也必然会有所不同。例如，同属于化妆品行业的雅诗兰黛、玫琳凯和创美时等品牌，所提炼的核心价值各不相同，但都十分精彩地体现了各自品牌所倡导和传播的核心理念。

2. 增进与目标受众的情感交流

品牌叙事以其独特的结构方式向目标受众传递品牌背景文化的相关信息，以其特有的表现手法（如跌宕起伏的人物命运、引人入胜的故事情节、流畅抒情的语言文字）迅速拉近与目标受众的距离，消除目标受众的陌生感和隔阂感，达到增进情感的目的，产生情感共鸣。许多全球知名品牌之所以能够受到目标消费者的喜爱，除了产品自身的品质过硬之外，还在于对品牌文化传播的重视，以及通过广告、公关、赞助公益事业等相关活动拉近与目标受众的距离，久而久之，在消费者的心目中建立起良好的品牌形象，甚至有可能形成以使用该品牌产品为荣的品牌效应。知名品牌如雅诗兰黛、兰蔻、迪奥、美宝莲、SK-Ⅱ、星巴克等莫不如此。

3. 形象巧妙地传递品牌信息

品牌叙事的另一个明显作用就是通过各种传媒向目标受众传递品牌的相关信息。随着现代科技的飞速发展和消费社会的形成，消费者接收商品信息的渠道与方式越来越多，无孔不入的商业广告信息在各种媒体上的狂轰滥炸使得消费者产生了抵触和逆反心理。品牌叙事则是以一种经过精心包装的、传统的说故事的方式，向目标受众传递品牌的背景、价值理念及与产品的利益诉求点等相关的品牌信息。品牌的相关信息是隐藏在故事情节和人物命运之中的，受众在阅读此类文字时往往被故事情节和人物命运打动，这就使得受众在不知不觉之中接受了品牌的相关信息，增进了对品牌形象的识别与认可，并使得目标受众与品牌之间形成一种情感交流的关系。

延伸阅读

爱尔兰咖啡品牌叙事

爱尔兰咖啡是一种像酒的咖啡，是爱尔兰威士忌加咖啡。特殊的咖啡杯、特殊的煮法，认真而执着、古老而简朴，让酒香与咖啡相调和。

爱尔兰咖啡：思念此生无缘人

爱尔兰咖啡的发明人是都柏林机场的酒保。横跨大西洋的飞机常会在这个机场加油，旅客下飞机休息时很喜欢喝杯爱尔兰咖啡，爱尔兰咖啡随之传遍世界各地。

爱尔兰咖啡是这个机场的酒保为一位美丽的空姐所调制的。酒保在都柏林机场邂逅了一位女孩，一见钟情。他觉得她就像爱尔兰威士忌一样浓香而醇美。可是，她每次来到吧台总是随心情点不同的咖啡，从未点过鸡尾酒。

这位酒保擅长调制鸡尾酒，他很希望她能喝一杯他亲手调制的鸡尾酒。后来，他终于想出了办法，把爱尔兰威士忌与咖啡结合，开发出一种新的饮料，把它取名为爱尔兰咖啡，加入咖啡单里，希望女孩能够发现。

可惜这位女孩并不是细心的人，一直没有发现爱尔兰咖啡，酒保也从未提醒过她，只是在吧台内做分内的工作，期待女孩每隔一段时间光临。后来，她终于发现了爱尔兰咖啡，并且点了它。

就这么简单？

简单？你知道酒保得花多少心血来创造爱尔兰咖啡吗？要将爱尔兰威士忌与咖啡完全融合有很高的难度。

首先是威士忌与咖啡的比例，威士忌要一盎司多一点，咖啡五盎司，比例约为1：5。你知道这经过了多少次试验吗？女孩从未点过鸡尾酒，应该不太喜欢酒味，威士忌可是刺喉的烈酒，因此，酒保必须想办法让酒味变淡，还不能降低酒香与口感。

爱尔兰咖啡对威士忌的选择、咖啡与威士忌的比例，以及杯子和煮法的要求都很高，唯独对咖啡的选择比较随便，只要又浓又热就好。

为什么会这样呢？

除了因为女孩并没有特别喜爱的咖啡外，也代表一种包容。不管对威士忌如何挑剔，对咖啡却很宽容。酒保可能只想为她煮杯爱尔兰咖啡，并不在乎她能否体会他的心血与执着，也不在乎她是否会感动。

你知道从酒保发明爱尔兰咖啡到女孩点爱尔兰咖啡经过了多久吗？

整整一年。

当他第一次替她煮爱尔兰咖啡时，他激动得流下了眼泪。因为怕她看到，他用手指将眼泪擦去，偷偷用眼泪在爱尔兰咖啡杯口画了一圈，因此第一口爱尔兰咖啡带着思念被压抑许久的味道。

后来那位女孩非常喜欢爱尔兰咖啡，只要一停留在都柏林机场，便会点一杯爱尔兰咖啡。久而久之，他们两个人变得熟识，女孩会跟他说世界各地的趣事，酒保则教她煮爱尔兰咖啡。直到有一天，她决定不再当空姐，跟他说再见（farewell），他们的故事才结束。

再见？可惜是不会再见的再见。

他最后一次为她煮爱尔兰咖啡时问了她这么一句：Want some tear drops?

他还是希望她能体会到思念的味道。

她回到旧金山的家后，有一天突然想喝爱尔兰咖啡，找遍所有的咖啡馆都没找见，她才知道爱尔兰咖啡是酒保专为她而煮的，不过始终不明白为何酒保会问她："Want some tear drops?"

没多久，她开了咖啡店，也卖起了爱尔兰咖啡。渐渐地，爱尔兰咖啡便在旧金山流行起来。这是为何爱尔兰咖啡最早出现在爱尔兰的都柏林，却盛行于旧金山的原因。

爱尔兰咖啡既是鸡尾酒，又是咖啡，本身就是一种美丽的错误。

好了，故事讲完了。

因为这个故事，爱尔兰咖啡有个别名：天使的眼泪！

经典语言

Want some tear drops?（你想要加点眼泪吗?）

Farewell.（不会再见的再见。）

资料来源：百度文库.

三、品牌叙事的主要表现方法

企业因其背景、行业以及经营理念和策略的差异，运用品牌叙事的表现方法也各不相同。无论采用哪种表现方法，只要能够完美地传递品牌信息，吸引受众并给人以美感，品牌叙事就一定是成功的。大体来说，品牌叙事主要有以下几种表现方法。

1. 以品牌创始人为叙事主题

在各个行业都有许多不仅在品牌经营上远见卓识，而且具有个人魅力的传奇人物，著名品牌就是依托和借助这些传奇人物，并将之提炼为品牌叙事的主题，向目标受众进行传播。受众在接收上述信息的过程中，有可能被传奇人物的命运和经历感动，爱屋及乌，对传奇人物所创立和拥有的品牌也情有独钟，如香奈儿、微软、苹果、哈雷-戴维森、维珍等都是使用这种叙事方式的典范。

2. 以虚拟人物或神话传说为叙事主题

将虚拟人物或神话传说作为品牌叙事的主题，以此来唤起和丰富受众美好的想象，使得受众获得精神上的审美愉悦和情感共鸣，这是品牌叙事的另一种表现方法。此种表现方法的优点在于品牌延伸和想象的空间较大，容易产生神秘感，从而引起受众的好奇与注意。如肯德基的山德士少校、迪士尼的米老鼠、万宝路的西部牛仔等品牌形象都是使用这种叙事方式的成功案例。

3. 以地域环境差异为叙事主题

在比较特殊的行业，有些品牌产品的生产原料、使用的材质、制作工艺不同，使得产品具有与众不同的使用效果和品位感受，这种感受如果经过企业特意渲染，也将在相当大的程度上影响消费者的消费心理。许多企业常常抓住消费者的这一消费心理，通过对品牌产品产地的自然风貌、地理环境、水源特质和人文景观的描述，努力在目标受众心目中建立起品牌神话，使目标消费者对品牌产品绝对忠诚。比如，欧莱雅旗下的碧欧泉就是利用矿物学家在法国南部山中的矿泉水中发现的矿泉活性萃取精华（PETP）这一独特的活性成分，将该活性成分予以神乎其神的描述，从而为品牌产品加上了一个神秘的光环。

4. 以产品功能特征为叙事主题

以产品功能特征作为品牌叙事的主题，当然是希望凸显品牌与众不同的产品优势，以引起目标受众的注意和兴趣，进而达到广为传播、促进销售的效果。比如，欧莱雅旗下以药店作为销售渠道的薇姿，其品牌叙事就是着重对法国中部的薇姿小镇的温泉水的保健功能进行描述，尤其是对该温泉对肠胃、皮肤及风湿疾病有显著的疗效，长期使用使人体皮肤具有天然防御功能等进行渲染，以凸显薇姿产品的独特功效和神秘色彩，进而扩大薇姿品牌的市场知名度和影响力。

6.4 公共关系传播策略

企业是社会物质财富的生产者，也是社会有机体的一部分，在整个社会系统内企业必定要面对和处理与社会其他成员的关系。现代企业运作离不开良好的社会环境，品牌的发展离不开良好的公共关系。

一、公共关系的基本概念

自公共关系成为一门学科以来，对公共关系一直都没有统一的定义。在介绍公共关系传播策略之前，首先了解和把握公共关系的一些基本概念是学习和应用公共关系的基础。

1. 公共关系的定义

公共关系就是一个组织运用有效的传播手段，使自身适应公众的需要，并使公众适应组织发展需要的一种思想、政策和管理职能。[①] 这一定义非常清楚地表述了公共关系是由组织、传播、公众这三个要素构成的。在这三个要素当中，组织是公共关系的主体，公众是公共关系的客体，联结主体与客体的则是传播。这三个要素构成了公共关系的基本范畴，有关公共关系的理论研究、实际操作和发展都围绕这三个要素展开（见图6-4）。

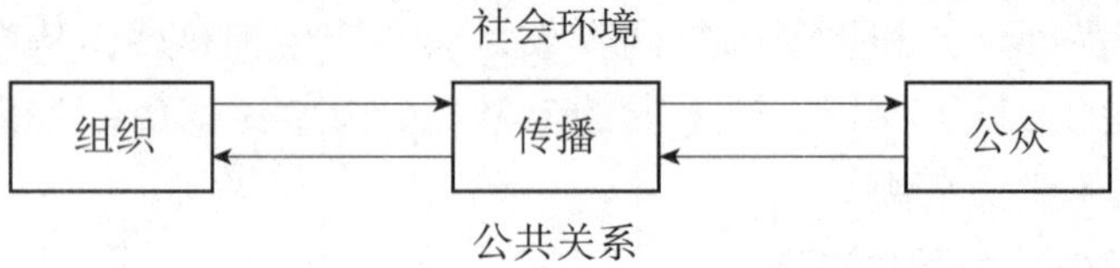

图6-4 公共关系构成要素

公共关系的内涵可以从三个层次加以理解：一是迎来送往搞接待的层次；二是新闻报道、广告传播的层次；三是专业的、高层次的公共关系策划。公共关系主要包含员工关系、政府关系、媒介关系、顾客关系、社区关系等，除了员工关系之外，其他的都属于外向公共关系，品牌传播应该更多地考虑外向公共关系。

从品牌传播的角度看，公共关系又可以界定为特指先举办活动或制造事件，再通过大众传播媒介的报道，引起目标受众或特定对象的注意或理解、认可，形成对企业有利的舆论支持，达到塑造企业品牌形象、增强品牌竞争力的目的。

从企业发展的角度而言，品牌的发展也有赖于企业与社会各界建立和保持良好的公共关系。如果说企业的传播手段主要是广告和公共关系，那么广告就是典型的商业传播，所传播的信息带有明显的主观性，当然其传播效果要因此打折扣；公共关系则是典型的

---

① 周安华，苗晋平．公共关系——理论、实务与技巧．3版．北京：中国人民大学出版社，2010：4.

社会传播，所传播的信息带有较为明显的客观性，自然更容易被受众接受，可信度也更高。因此，使用公共关系进行品牌传播确实是一种行之有效的手段。

2. 公共关系的特征

公共关系是社会关系的一种表现形态，公共关系与其他任何关系都有所不同，具有与众不同的特征，了解这些特征有助于加深对公共关系的理解。

（1）人情性。公共关系是一种树立组织正面形象的艺术，强调的是协调的人际环境、和谐的人事氛围、良好的社会舆论，以便赢得社会各界对传播主体的了解、信任与合作。开展公共关系的目的就是要追求协调的人际环境，为组织的生存和发展创造理想的外部环境。公共关系期望的是以普遍人性、共同情感为基础的人与人之间和谐相处的新境界；提倡的是广结人缘，甚至视竞争对手为朋友，处处为公共利益着想，以调节公关主体的行为规范、满足公众的需要为出发点；强调的是人与人之间的相互理解、相互信任、相互支持和帮助。人情性是公共关系最为明显的特征。

（2）双向性。公共关系是传播主体以真实为基础与传播客体之间的双向沟通。这一本质特征决定了传播主体需要及时了解社会公众的意见和看法，以便修正或调整传播主体正在采取的决策和措施，又必须有意识地向社会公众传播企业或组织的相关信息，以便公众对传播主体产生正确的认知，达成彼此之间有效的双向沟通。以双向沟通为特征的传播活动是公共关系中最为实质性的方面。

（3）广泛性。公共关系的广泛性有两层含义。一层含义是传播主体开展的公共关系活动具有无限的时空性，即对于一个具体的企业或组织而言，公共关系可以说是无处不在、无时不有，贯穿于传播主体的整个生存和发展过程中，从这个意义上说，公共关系可以看作一个企业或组织持续开展的不间断的活动。另一层含义是指传播对象的广泛性，即公共关系的传播对象可以是任何人、群体和组织，既可以是已经与企业（传播主体）建立商业关系的目标受众，又可以是将来有可能与企业建立商业关系但目前与企业没有任何关系的公众。也就是说，公共关系的传播对象有一种无限扩展的趋势，广泛地向所有与企业有关或无关的人施加影响。

（4）整体性。企业开展公共关系活动的宗旨是尽可能使社会各界对本企业有更全面、更深入的认识，侧重于向目标受众传递企业在市场上的竞争地位和整体形象，以便目标受众对企业产生整体性的认知。企业开展公共关系活动，不仅要宣传产品，全方位地向目标受众介绍企业的服务、员工、机构、管理、历史与现状、设备与工艺水平等，而且要向目标受众宣传自己在行业内的成就，如实地介绍企业的价值观念等。通过这样全面的传播活动，使目标受众对企业（品牌）形成真实的、全面的、整体的良好形象。

（5）长期性。企业在开展公共关系活动时，必须将公共关系当做一项长期性的工作而不应该采取“平时不烧香，临时抱佛脚”的态度，临到有事才想起利用公共关系来摆平危机。事实上，如果企业平时注意维护同社会各界尤其是目标受众的关系，当企业遇到危机时，就会产生意想不到的效果；反之，如果企业平时不注重开展公共关系的各项工作，当需要社会各界的帮助时，则难以达到预期效果。因此，企业必须将公共关系当做一项长期的投资。

二、公共关系策略在品牌传播中的作用

企业利用公共关系策略可以对品牌传播产生相当大的作用，包括：传播沟通信息；协调关系，建立良好的外部环境；塑造品牌形象；化解危机；等等。

1. 传播沟通信息

品牌传播的过程就是企业将与品牌相关的信息收集、整理和传播的过程。企业开展公共关系活动也是一个向目标受众传播企业或品牌相关信息的过程，只是公共关系更注重沟通的双向性。企业通过公共关系与目标受众沟通和交流，可以了解目标受众对品牌的真实看法，促进目标受众对品牌的认知与信赖，建立起企业与目标受众之间相互信任的信息交流渠道。由于公共关系的传播具有双向性，其传播过程自然包括两个方面的内容：一是品牌信息的收集与整理的过程，包括政府决策信息、舆论信息、企业形象信息、竞争对手信息、消费者信息等；二是面向目标受众传播与品牌相关的信息，包括产品和服务信息、企业信息、社会评价信息、咨询建议信息等。企业通过这种双向的信息交流方式，可以使目标受众消除对品牌的误解、正确理解品牌信息，进而对企业塑造良好的品牌形象产生积极作用。

2. 协调关系，建立良好的外部环境

一个企业的生存和发展有赖于外部的社会环境，但企业对社会环境并不仅仅是依赖关系，还包括相互促进关系。比如，企业在开展品牌传播活动的过程中，所做的广告对目标受众或社会公众的意识形态、价值观念会产生一定的影响。因此，公共关系的另一个重要的使命就是代表企业通过各种方式与目标受众进行沟通和交流，消除双方之间的误解，协调双方之间的关系，为企业发展奠定良好的基础。

3. 塑造品牌形象

品牌形象是企业的无形资产，企业的所有传播活动都是为了在目标受众当中建立起良好的品牌形象。品牌形象的构成主要分两部分：一是品牌知名度；二是品牌美誉度。企业往往通过广告传播来扩大品牌知名度，通过公共关系来提升品牌美誉度。企业要在短时间内扩大品牌知名度并不是一件很困难的事情，但要想长期保持或提升品牌美誉度，是一件不太容易的事情。因此，企业应该充分利用公共关系来塑造和传播品牌形象。

4. 化解危机

企业在品牌传播过程中，多多少少会遇到一些不可预知的问题甚至危机，这些问题或危机如果不能及时解决，将会对企业的品牌形象产生难以弥补的重大损害。一般而言，问题或危机的产生无非由两方面因素造成：一是企业内部可以控制的因素，包括产品质量、销售服务、诉求沟通等；二是企业外部难以控制的因素，包括目标受众的行为方式、渠道经营者的行为责任等。面对具有突发性的问题或危机，最好的解决方法就是利用公共关系及时予以化解。

三、公共关系活动的开展

积极开展公共关系活动是企业与目标受众进行沟通、塑造企业良好形象、扩大影响、

提高声誉、传播品牌形象的有效途径。企业可以根据具体情况，策划、开展各种不同主题的公关传播活动。

1. 公关新闻传播

公关新闻传播是企业利用新闻报道的形式为公众提供信息，吸引目标受众的注意力，从而扩大品牌知名度，提升品牌美誉度。公关新闻传播具有可信度高、传播面广、传播费用低的特点。

企业利用新闻媒介进行公关传播活动应该注意两个环节：第一，必须熟悉新闻传播媒介的特点，这是企业处理媒介关系的前提。只有了解媒介的特点，企业才能根据自己经营发展的需要，选择合适的媒介、合适的地点开展有利于品牌形象的新闻传播活动。第二，应该努力与新闻界建立良好关系，通过积极主动向新闻界提供有价值的信息，策划和开展各种类型的新闻传播活动来加深与新闻界的友谊。新闻传播活动的形式主要有以下几种。

（1）及时主动地向媒介提供有价值的信息。企业及时主动地向新闻媒介提供有价值的新闻素材，是维护和增进与媒介之间关系和友谊的有效途径。新闻素材既可以是与本企业有关的各种信息，又可以是与本企业无关的社会信息。前者对于品牌形象的塑造和传播更直接也更有利。不过，对于企业所提供的这种以利己为目的的新闻素材，媒介的采用一般十分有限。后者则涉及慈善、环保、减排、节能等公益方面的信息，由于企业所提供的这些新闻素材是以利他为目的，媒介更乐于采用。

（2）举办新闻发布会。新闻发布会又称为记者招待会，是指以某一社会组织的名义邀请新闻记者参加，由主办方指定专人向参加会议的记者宣布有关重要信息，并接受记者采访，借助媒介向大众传播的一种特殊会议。企业或组织举办新闻发布会的目的就是将有关企业或品牌的相关信息通过大众媒介迅速扩散到社会公众中。企业或组织举办新闻发布会的动机主要有两种：一是向社会各界公布企业或组织近期所制定和实施的有关产品生产、销售、管理、环保等方面的重大举措，促使社会公众对本企业产生良好的印象；二是企业在遇到突发事件时，及时召开新闻发布会向社会公众说明事件原委，以达到说明事实、减少误会、求得谅解的效果。

（3）企业向社会公众开放。近年来，许多企业通过向社会公众开放的方式与目标受众进行人际接触，来传递企业的整体信息。这种近距离与社会公众接触的方式，从企业的角度而言，可以展示企业内部整洁的环境、先进的工艺、科学的管理、高素质的员工以及企业对社区和社会所做出的贡献，还可以通过企业的发展历史和经营目标向社会公众全面、立体地展示企业的过去、现在和未来，使前来参观的社会公众对企业有更坚定的信心。企业向社会公众展示其日常经营的实际状况，就是试图用具体的事实说服公众，这往往比其他的传播手段都更加有效。比如，香港社会各界对广东大亚湾核电站表示出严重的担忧，经过大众媒介的报道，一时闹得满城风雨，为此，有关单位组织香港代表赴大亚湾核电站实地参观，现场介绍核电站内部的安全情况，使风波很快平息，这就是企业向公众开放所带来的实际公关效果。

（4）策划新闻事件。策划新闻事件是指企业在不损害公众利益的前提下，有计划地策划和组织有新闻价值的活动、事件，制造新闻热点，使企业成为新闻报道的主角，达到扩大企业知名度的目的。策划新闻事件是企业的有关人员有计划、有组织、有安排地开展一系列具有较强针对性和创新性的公关传播活动，其目的是通过所策划的事件引起轰动效应，促使企业的品牌被广大的目标受众关注。比如，2014 年 1 月 12 日，龙蟠科技公司精心策划的“飞越冰河”活动取得了圆满成功，这一活动成为各大新闻媒体积极报道的新闻事件，对龙蟠润滑油提升品牌知名度发挥了重要作用。

2. 公关广告传播

所谓公关广告，是指企业通过购买大众传媒的版面或时段，向大众传播企业的信息，树立企业（品牌）形象的一种有别于商业促销的广告形式。公关广告不同于一般意义上的商业广告，它向社会公众展示的是企业关心社会、服务社会、回报社会的高尚情怀和强烈的社会责任感，其诉求内容涵盖社会公益的方方面面，能够有效地引发社会公众的心理共鸣和情感交流，使公众对企业或品牌产生好感。

表 6－5 显示了公关广告与产品广告的差异所在。实际上，我们还可以将公关广告表述为品牌广告。

表 6－5　公关广告与产品广告的区别

项目	公关广告	产品广告
广告目的	企业（品牌）形象	短期内增加销售
广告对象	目标受众	目标消费者
广告诉求内容	企业文化理念	产品特色
制作周期	长	短
制作费用	高	低
受众认知方式	受众→企业→产品	受众→产品→企业

以下是几种常见的公关广告类型。

（1）公益广告。公益广告是指企业通过大众传媒向社会公众传播诸如社会公德、民族文化、文明言行、生态环保、交通安全等公益性的信息，以改善或提升受众对企业或品牌形象的认知与好感（见图 6－5）。

图 6－5　世界自然基金会公益广告作品

（2）观念广告。观念广告是传播主体向目标受众传播企业的经营理念、价值观念和审美品位的广告。如迪赛尔的“为了成功的生活”、阿迪达斯的“没有不可能”等都是十分经典的观念广告。对管理艺术深有研究的企业家往往都非常重视建设和规范本企业的经营理念与价值观念，希望通过对富有企业个性的价值观念的传播，对内唤起员工的凝聚力，对外形成感召力，使企业的形象连同其价值观念和口号能够对目标受众产生较大影响。

（3）信誉广告。信誉广告是企业赞助大型活动而向大众传播企业或品牌良好的品质和信誉的一种公关广告形式。如日本精工表以赞助奥运会的方式向大众传播其产品品质，在短时间里获得了市场的广泛认同。

（4）声明广告。声明广告又称为解释性广告，这是企业对正在发生的与企业自身有直接或间接关系的某事件表明立场和态度的广告形式。此种广告形式通常用于企业遇到对自身不利的突发性事件而企业对该事件没有直接责任时。对于假冒本企业品牌或商标的劣质产品给消费者造成伤害，或本企业的某种专利权被非法侵犯，或某些竞争对手恶意中伤、造谣污蔑，或新闻媒体的报道失实等，企业都可以通过发布声明广告来表明企业的立场和态度，尽快消除因目标受众不明真相而造成的对本企业品牌的不利影响。图6－6是一则声明广告。

图6－6 声明广告

3. 公关会展传播

公关会展是指企业通过集中的实物展示和示范表演，配以多种传播媒介的复合传播形式来传播企业产品和企业形象的专门性公关活动。由于展会大多是针对某一门类的产品进行集中性的展示和交易，目标受众可以对这一门类的产品进行直观的比较和亲身体验，具有较强的真实感和体验感，参观者可以获得较强的身心刺激，从而大大加深对某种品牌商品的印象，甚至在现场作出购买决定。

与其他公关活动相比，公关会展传播具有以下几个特点：互动性、生动性和新闻性。互动性是指企业和目标受众面对面地交流，这样可以使企业通过讲解、演示等多种形式向目标受众传递企业产品的相关信息，使目标受众对企业产品有更全面、更深入的认知，还可以通过意见征询，调查了解目标受众对企业产品有哪些意见和要求。生动性是指展会可以通过平面的、电子的、体验的和人际的多种传播形式向目标受众传递经过整合的企业或产品信息，这样可以大大提高企业或品牌传播的直观性、知识性和趣味性，从而产生较强的传播效果。新闻性是指展会往往成为举办地新闻媒体追踪报道的对象，企业应该积极主动地与新闻媒体保持沟通，借助新闻媒体的报道扩大品牌知名度和社会影响力。

4. 公关赞助活动

公关赞助活动是指企业以无偿提供资金（或设备、产品）等方式，出资或出物支持某项社会活动。企业赞助社会活动的目的主要包括以下几个：一是体现企业的社会责任感，追求企业长远的社会效益；二是加强与目标受众之间的沟通关系，以博得他们对企业或品牌的好感；三是配合企业的广告传播，巩固和增强广告传播的影响力。赞助活动的形式多种多样，如体育赛事、文艺演出、社会慈善和福利事业、教育事业等。

关键术语

品牌传播	文化	品牌叙事	公关新闻传播
公关广告传播	公关会展传播	公共赞助活动	

思考题

1. 品牌传播的特征有哪些？品牌传播与产品推广的差异点在哪里？
2. 广告创意的本质是什么？广告创意的特征有哪些？
3. 请列出你最喜欢和最讨厌的两条广告，并说明理由。

课后实践

各小组在第4章课后实践的基础上，对自选的某一白酒的品牌形象进行一次有针对性的品牌形象传播策划，并提供策划案（Word形式）和策划提案（PPT形式）。各小组根据所选定的品牌策划提案，进一步完成该策划案的广告创意，具体内容包括影视和平面的广告创意作品、广告文案等。

案例分析

Jeep品牌传播案例

纷扰喧闹的2016年已经过去，这一年，Jeep用独特的营销方式，让人铭记。

这一年，全新Jeep自由侠引发全球关注！这一年，四驱利器Jeep牧马人完成了荡气回肠的征服！

这一年，全新Jeep指南者玩出花样，让围观群众频频点赞！

这一年，对于Jeep而言，营销不只是脑洞的无限开启，还要走心，要精准，更要有情怀。

一、自由侠车型营销系列——超级IP强强联手 全新Jeep自由侠引爆全球

一个是汽车界的超级IP——Jeep，一个是85后年轻人青春回忆的超级IP《魔兽世界》，它们强强联手，让情怀在2016年的夏天瞬间爆表。全新Jeep自由侠借势打透魔兽核心人群，在85后人群中制造高关注，以两款魔兽限量版车型作为通关hook，形成360度整合营销传播策略。

4月20日，北京车展预热，两款魔兽限量版车首次实车亮相。当天垂直类媒体通发魔兽限量版车新闻稿，新闻累计影响5亿人，引发车展高关注度，使自由侠从众多车型中脱颖而出

5月23日官网上线，5月29日网站广告上线，启动9城高起步观影礼的招募。

6月8日《魔兽》首映礼当天300余位魔兽核心粉齐聚上海新天地，魔兽竞技比赛世界冠军人皇sky、斗鱼第一人气美女主播小苍、知名公会七煌等重量级KOL（关键意见领袖）纷纷到场，单日300万人在线观看了直播。

6月18日，百辆魔兽限量版车电商抢订，10位魔兽世界冠军齐聚参与抢订！146万人在线观看小苍直播购车，当天覆盖542万魔兽圈粉丝，成为圈中热点。百辆魔兽限量版车，721秒售罄。

全国33个城市的影院贴片，万达、金逸、中影全线覆盖！影响突破800万人。

当情怀遇到情怀，会碰撞出怎样的火花？全新自由侠通过多样化的内容话题和有效的人群覆盖渠道，渗透魔兽核心圈层。通过电商抢订的方式，迎合85后受众购买习惯，缩短消费者决策路径，加速上端关注度到下端购买的转化。饥饿营销同样必不可少，通过全国仅售666台魔兽限量版车成功打造了稀缺感，并塑造了Jeep“独一无二”的品牌个性。

二、牧马人车型营销系列——不用飞，也能穿越撒哈拉

这是一个拥有强大航空企业资源的飞行俱乐部，这是为引领时代的中国企业家们量身定制的高端俱乐部，这是一个会员超过300人，会费400万元，会员覆盖高端企业家及圈内身家上亿的知名富豪的顶级俱乐部。

2016年11月，这个俱乐部的精英人士组成中国企业家勇士队伍踏上穿越撒哈拉沙漠的征程，这一次，他们不再飞行，而是以无所畏惧的姿态驾驶终极专业级四驱利器Jeep牧马人完成穿越。

从北纬15度到南纬35度，历时19天，跨越3个国度，全程超过5 000公里，这些勇士征服了这个世界上最大、自然条件最恶劣的沙漠，完成了一次注定只有少数人能实现的壮举。

有宽度的极致人生，不只有眼下的事业，还有“诗和远方”的广阔体验。Jeep 75年经典传承，用专业探索未知，用实力征服撒哈拉。或许是走惯了红地毯，会梦见石板路。往往在达到了常人没有企及的高度后，会更加追求内心的宽度。在这19天的自驾穿越撒哈拉之旅中，与Jeep牧马人一样渴望自由、探索未知的中国企业家勇士们，心怀坚毅与勇气，将身心置于眼下事业之外，在全新的体验中感受心灵的洗涤。Jeep，也将继续用专业，陪伴每一个人，去探索生命中未知的美好。

Jeep官方通过视频传播、自媒体朋友圈传播、撒哈拉摄影展、第三方媒体传播、后撒哈拉购车转化等形式进行发酵传播，有效借力高端企业家人群达到了使牧马人核心产品点最大化曝光的目的，并口碑相传，极大地推广了品牌认知度，使之深入人心。

三、全新指南者车型营销系列——用精彩的创意串起一季的等待

从2016年9月27日在巴西正式亮相，到12月28日公布上市价格，全新Jeep指南者让消费者经历了整整一季的等待，终于在年底迎来新“声”。等待，并非枯燥无味，全新Jeep指南者用一个又一个的小惊喜，让等待也同样精彩。成都车展、中秋热点、产品力信息曝光、广州工厂下线、亚洲首秀、广州车展亮相、三亚上市试驾以及年底的价格公布，在每一个时间点，这位Jeep家族的新成员都会带着诚意十足的“走心”作品，宣告它的强势到来。

中秋热点贴靠，“家”才是最终的港湾。定位于“专业级新中产家庭SUV”的全新Jeep指南者，在中秋佳节发布了一套特别走心的海报，以20年前和现代的家用设备的对比为素材，配上直抵人心的文案金句，成功打动生活和工作双重负荷下的芸芸大众。

9月27日海外亮相之后，一封“道歉信”引发朋友圈热议。Jeep在官方微信平台Jeep Life上发布了一封道歉信，内容为：“由于全新Jeep指南者的迟到发布，影响到消费者的购车选择，因而郑重道歉。”引发全民关注。

这次全新Jeep指南者传播过程中，除了发布走心的中秋海报和责任心满分的道歉信，官方文案小编还一度跑路。官方微信平台Jeep Life上发布的《求助！文案小哥已离线，继续脑洞》，深度挖掘新车设计中的闪光点小故事，不仅借助gif嵌入海报的新鲜模式，还以文案小哥跑路为噱头，吸引大量点击，传播效果突出（见图6-7）。

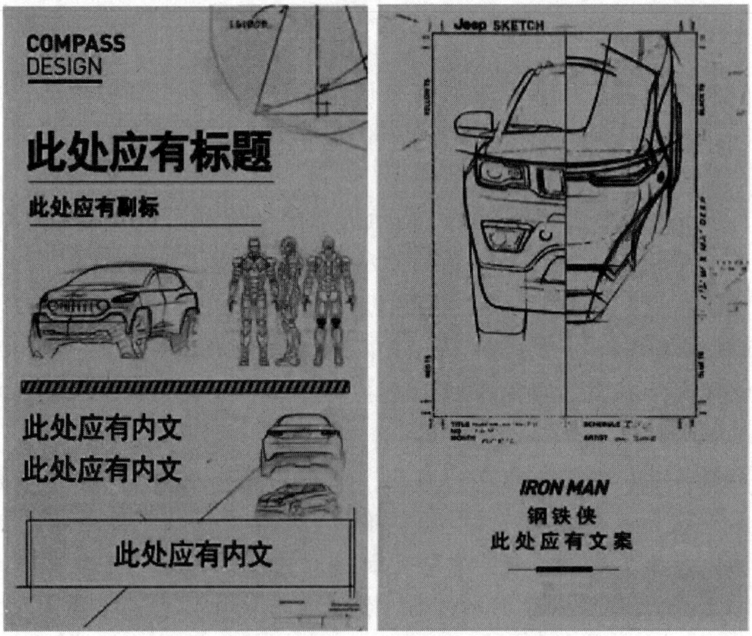

图6-7 《求助！文案小哥已离线，继续脑洞》

营销早已不是简单地拼创意、拼脑洞。2016年，Jeep用最走心、最精准的方式，让情怀落地，达到教科书级的营销效果，让Jeep的品牌、产品深入人心。

资料来源：https：//news. yiche. com/hao/wenzhang/140900.

问题

1. 2016年Jeep品牌传播是成功的吗？如果是的话，你认为其成功的关键因素是什么？

2. 对于汽车这类耐用消费品，消费者的购买决策过程是怎样的？你认为不同年龄段的消费者，其购买决策有哪些不同？导致这些不同的因素是什么？

第7章 品牌传播媒介选择与组合策划

| 本章要点 |

1. 传播媒介的基本概念、分类、特征及网络媒介的功能与作用。

2. 广告媒介的评估方法。

3. 广告媒介的专业术语，包括收视率、到达率、接触频次、总收视点、毛评点、千人成本等，以及媒介组合传播策略。

引 例

某饮料广告媒介策划

可口可乐某广告策划案对广告媒介进行了详尽分析，对选择媒介的理由进行了详尽陈述，现介绍如下，可作参考。

一、广告媒介之选择

在地区方面，根据客户的意见，以××地区为主，××地区为次。

在种类方面，根据两项原则取舍：

第一，要能为可口可乐找到推销对象。

第二，能最有效地表达可口可乐的广告特色及主题。

根据上述两项原则，我们建议可口可乐的广告应综合利用以下四类媒介：(1) 电影院；(2) 电视；(3) 电台；(4) 报刊。

第一类电影广告。

理由为：

- 电影院能吸收我们所需要的对象。
- 电影院能以完备的“声”及“光”将可口可乐广告片中的美丽色彩、活泼形象、动听乐曲以及广告主题完全表现出来。

故此类广告非但能为可口可乐找到所需的消费者，而且综合发挥视觉与听觉的美感，直接、有效地将广告目的传达给观众，使其留下深刻印象。

第二类电视广告。

电视与电影性质相同，正是宣传的对象。

第三类电台广告。

此类广告优点在于能利用音响，以乐曲形式，加深听众对可口可乐广告主题的印象，并易于记忆。我们选择了两家听众较多的电台。

第四类报刊广告。

以上电影院、电视、电台为播放可口可乐广告主要媒介。此外，在上市时期，再以报纸及杂志作辅助宣传。

我们亦须利用彩色印刷的优点，以增强报刊广告的效果。

我们选用最畅销的杂志，杂志的阅读时间较报纸为长，传阅人数亦较多。

二、各类广告媒介分配

(1) 电影院方面，于5月至9月，在电影院放映一分钟广告片。

(2) 电台方面，我们建议一家电台由5月起至9月止每日为青少年举办流行歌曲特约节目一小时，其中插入4分钟广告时间，如善为利用，可播出25秒广告八次。此广告量甚为可观，且定价亦合理。

另一家电台收费较贵，故只用插播，由5月至9月，每日插播30秒广告十次。

(3) 电视方面，由于广告太挤，只能在活动初期的5月及旺季的7月、8月，每星期三天、每日插播乙级时段30秒广告三次。

(4) 报刊方面，我们所选定之五份中英文报，每份报刊登半页广告一次、1/4页广告五次。其分配为：在开始这星期各刊半页广告一次，以后连续三个星期，每星期刊1/4页广告一次，6月份暂停，7月头两星期再恢复每星期刊1/4页广告一次。至于杂志方面，我们建议所选的一份杂志在7、8两个月刊登四色全页广告。另一份杂志则由5月起至9月，每两星期刊登双色全页广告一次。

总括而言，广告分量极为充足。在活动初期的5月及旺季的7月、8月，广告量尤为集中。

三、各类广告观众数目

我们推算：电影院观众约有640 000万人；电视观众约有575 000人；电台听众约有532 000人；报刊读者约有557 000人。

在品牌营销传播活动中，媒介的运用是一个必不可少的手段。几乎所有的企业在实施品牌营销传播计划时，都必须使用各种形式的媒介将品牌产品或服务的相关信息传播给目标消费者。因此，企业必须了解和掌握有关媒介的特征、基本概念和策略运用等相关知识。

7.1 传播媒介概述

一、传播媒介概述

1. 传播媒介的基本概念

传播媒介有两种含义：一是指传递信息的手段、方式或载体，比如语言、报纸、书刊、广播、电视、电话、电报、电脑等；二是指从事信息采集、加工、制作和传播的机构，如报社、出版社、电视台和电台等。如果细分起来，传播的载体更适合采用“媒介”的概念，传播的组织和机构则更适合使用“媒体”的概念。

2. 传播媒介的分类

传播媒介由于划分标准不同而有几种不同的分类，最常见的是根据新旧将媒介分为传统媒介和新媒介。传统媒介指的是报纸、杂志、广播、电视和户外等以单向传播为特征的媒介；新媒介指的是互联网、手机等以互动双向传播为特征的媒介①。根据传播的受众范围大小，可以将媒介分为大众传播媒介和小众传播媒介。

（1）大众传播媒介是指能够向社会大众传播信息的专业媒介组织和载体，主要包括报纸、杂志、广播、电视、电影和图书六种职业性媒介。不过，也有一些非专业的兼职传播信息的载体，如公交车身、飞艇等同样可以向大众传播信息，但它们毕竟不是职业性的媒体机构，且其传播的信息完全是商业信息，因此，对这种兼职性质的媒介我们暂时排除在大众传播媒介之外。然而，对于营销传播而言，就应该发现和利用这种兼职性质的媒介来向目标消费群体传播品牌信息。作为专业的信息载体，大众传播媒介主要分为印刷和电子两大类。

（2）小众传播媒介是指满足少数受众群体个性化需求的传播组织和载体，主要包括网站、博客、论坛、微博、手机、专业杂志等。近年来，媒介的发展经历了巨大变化。过去长期由单一强大的大众传播媒介一统天下的局面正在受到媒介碎片化和长尾化的有力挑战。

根据媒介传播的效果，可以将媒介分为入侵度高和入侵度低的媒介。所谓入侵度高，是指某种媒介对受众能够产生较大的影响力，入侵度低则是指某种媒介对受众产生的影响力相对较小。入侵度高的媒介往往是个人化或个性化较强的媒介，入侵度低的媒介则一般是传统媒介。

在企业策划和制定品牌营销传播计划时，虽然可供选择的媒介种类日益增多，但以下四种媒介仍然是许多企业经常选用的媒介：平面媒介、电波媒介、户外媒介和新媒介。新媒介包括互联网、手机、分众传媒、触动传媒、健康传媒、轨道（地铁、轻轨）传媒等新的媒介形式。

---

① 有关新媒介的内容请见第8章“互联网媒介与数字营销”，本章不作重复介绍。

二、传统媒介的特征分析

在制定品牌营销传播计划的过程中，企业必须选择最合适、最经济的媒介将品牌产品信息准确有效地传递给目标消费者，要做到最合适、最经济和最有效，企业就应该熟悉和掌握各种媒介的基本特征，以便根据不同媒介的不同特征制定相应的品牌传播计划。

1. 平面媒介的特征

笔者根据多年的品牌传播理论研究和实践经验总结，认为平面媒介主要有以下三个特征。

首先，平面媒介是以空间的结构形式、静态的文字语言和视觉符号向大众传播信息的载体。由于平面媒介的信息是以文字语言符号为载体的，因此，受众通过平面媒介接收信息的前提是必须较为熟练地掌握语言文字，这就在无形中为信息的大众化传播设置了障碍。如果我们把大众媒介比作艺术作品，平面媒介更像严肃文学和交响乐，电波媒介则更像通俗文学和流行歌曲。

对于企业的品牌传播策略而言，平面媒介更适合向目标消费者传播品牌的经营理念、产品品质、功能特点等较具有理性色彩的诉求内容，促使目标消费者在理智上增加对品牌产品的信任，这是平面媒介与电波媒介的本质区别所在。企业利用平面媒介做广告时，只能在平面媒介的有限版面上构思广告创意。

其次，平面媒介多是以近距离一对一的传播方式进行广告信息的诉求，更适合为理性产品做理性诉求。一般而言，读者阅读报纸或杂志时大多是在一个相对安静的场合，受外界干扰相对较小，读者在接收平面媒介的信息时也会更投入一些。该类广告创意大都是以文案（语言符号）为核心，以图形画面（视觉符号）作配合，向目标受众传递尽可能清晰明确的产品信息，以利于受众对产品形成正确的理解并产生购买欲望。

最后，阅读平面媒介的受众具有大致相同的兴趣和偏好，他们在阅读时拥有绝对的主动性和选择性。

基于上述特征，平面媒介的广告创意就必须准确地把握有关广告媒介受众的共性，以便有针对性地对平面媒介的受众进行诉求；同时，由于平面媒介的读者在阅读时拥有绝对的主动性和选择性，这就要求该类媒介的广告创意具有更强的可读性、趣味性和新颖性（见图7-1）。

2. 电波媒介的特征

对电波媒介的特征分析必须在与平面媒介进行比较分析的基础上才能进行。据此，笔者以为电波媒介具有以下三个主要特征。

首先，电波媒介是以时间的结构形式对信息进行编码，以电子技术和设备作为信息传播的载体。与平面媒介相比，电波媒介最大的特征就是信息在传播的过程当中无须转换成文字语言符号（广播除外），而是将形象的、生动的视觉画面直接呈现在受众眼前，这就使得所传播的信息更具有“原生态”的效果，对于受众而言也更有感染力，这种“原生态”的信息再现式的传播方式几乎使全社会的所有成员都能够轻而易举地对信息

图7-1 宜家广告创意作品

进行解读，再加上电子技术作为传播手段，使电波媒介具有更广泛的信息覆盖区域和更快捷的传播速度。对于企业的品牌传播而言，电波媒介更适合向目标消费者传播情感、流行、时尚等更具感性色彩的诉求内容，使目标消费者在情感上更喜欢本品牌产品。

其次，电波媒介是以直观、形象、逼真的动态画面综合作用于人的视听觉器官，其传播的信息比较容易使受众产生兴趣，但广告的时间短，很难使受众完全理解信息。诉诸受众的视听觉，让受众接受影像信息是电波媒介相对于其他媒介的最大优势。广告画面切换快速、时间短暂、相关元素众多、信息量大，受众难以完整接受并理解一条广告的所有信息。电波媒介广告创意并不是要让受众对产品有多深入的理解，而是想方设法使受众对产品产生正面的感性判断。总体而言，平面媒介的广告创意所要解决的问题是如何让受众理解并相信广告所传播的信息，电波媒介的广告创意所要解决的问题则是如何让受众感知并喜欢广告所演绎的信息。

最后，由于电波媒介的受众群体具有分散和杂乱的特征，这就使得电波媒介的广告难以针对某一目标群体进行构思和创意。电波媒介受众的分散性和杂乱性使广告创意难以针对受众群体的共性特征进行构思，其传播效率往往并不理想。对于受众而言，电波媒介的信息传播方式具有强制性和不可复制性的特点，既可以强行向受众传播广告信息，又可能导致受众的逆反心理而对广告信息一概持怀疑态度。这就要求广告创意人员创作出能够在瞬间引起受众兴趣并富有艺术品位的广告作品，从而达到较为理想的传播效果。

3. 户外媒介的特征

户外媒介是存在于公共空间的一种传播媒介，主要指建筑物的楼顶和商业区的门前、路边等户外场地设置的发布广告信息的媒介，其主要表现形式包括路牌、霓虹灯、电子屏幕、灯箱、气球、飞艇、车体（厢）（见图7-2）、大型充气模型等。据歌风传媒公司研究表明，户外媒介必须具备两个基本要素：一是户外媒介存在的空间；二是属于一种传播介质，也就是有其传播的特定人群。考察户外媒介，只要具备了这两个基本要素，就可以基本界定该媒介属于户外媒介。比如，餐厅内、楼宇内的一些新的媒介形式均属于户外媒介范畴。户外媒介的主要特征有：

第一，具有流动性、强制性、针对性、实效性。

第二，地段优势。主要设置在商场等人流量大的地段，其中LED全彩大屏幕更是安装在地标性地段，其传播效果更震撼、更具强制性。

图 7－2　富有创意的狗粮产品公交车体广告作品

7.2　广告媒介评估[①]

广告是企业开展营销传播活动所不可缺少的传播方法。虽然不同的企业、不同的产品乃至不同的消费对象在很大程度上决定了广告在媒介上的投放量，但是几乎所有的企业在开展营销传播活动时，都会选择几种或最少一种媒介来传播品牌信息。企业要对广告媒介的质与量进行评估，才能选择出合适的媒介投放广告，也才能不浪费企业的广告费用。

一、广告媒介的量的评估

媒介评估是指运用评估工具比较媒介的效率与效果，是选择媒介的客观依据。

媒介营销力的大小包括两个方面：一是量的方面，即媒介的接触人口，覆盖面的宽度；二是质的方面，即对个别受众进行劝服的深度。因此，媒介的评估可以分为量的评估和质的评估。

媒介在量上的评估基本有三个角度，即受众角度、媒介角度、区域角度，主要是了解受众接触媒介的状况及各媒介的受众构成。受众角度是广告媒介策划人员经常采用的角度，主要是在目标受众确定的情况下分析其接触媒介的状况。媒介角度是媒介经营者常使用的角度，主要是提供媒介在区域推广及受众设定上的参考。区域角度是为了了解当地媒介的市场状况。

1. 电视媒介评估

电视媒介与广播媒介都属于电波媒介，一般而言，企业在广播媒介上投放广告的规模和成本要远远低于电视媒介。在媒介评估与计算方式上，电视媒介与广播媒介并没有太大区别，因此，以下均是以电视媒介为主。

（1）电视媒介评估工具。电视媒介在量上的评估主要是对电视受众的收视行为调查

---

① 本节内容摘录改编自陈俊良所著《广告媒体研究》第四章和第五章（中国物价出版社，1997）。

测得。收视行为调查是通过抽样取得足够的样本数及合理的样本分布，借由样本户收视行为推估整体收视状况。调查的内容为开机率、收视人口与收视率等。调查的方法主要有日记法、个人收视记录器法和被动式记录器法。

①日记法。调查机构事先在调查样本家庭中留置收视日记簿，让该样本户以人工填写的方式记录该家庭成员每天的收视情况。

②个人收视记录器法。调查机构事先在调查样本家庭中安装收视记录器，记录器上设有代表各收视者的按键，收视者在收看及离开时按下代表个人的按键，以准确记录该家庭的成员每天的收视情况。

③被动式记录器法。调查机构事先在调查样本家庭中装置收视记录器，先将样本户中各个家庭成员的容貌进行扫描并存储，当家庭成员在电视机前出现时，记录器即可自动根据事先扫描的信息辨认并记录其收视情况，家庭成员则不必再按任何按键。

日记法与记录器法在统计方法上的差异是：日记法是以15分钟或30分钟作为一个记录单位，受测者只需对这段时间内的收视情况回答“有”或“无”即可，记录器法则以每分钟为记录单位，更加精确。图7－3为日记法与个人收视记录器法所测得数据的比较。

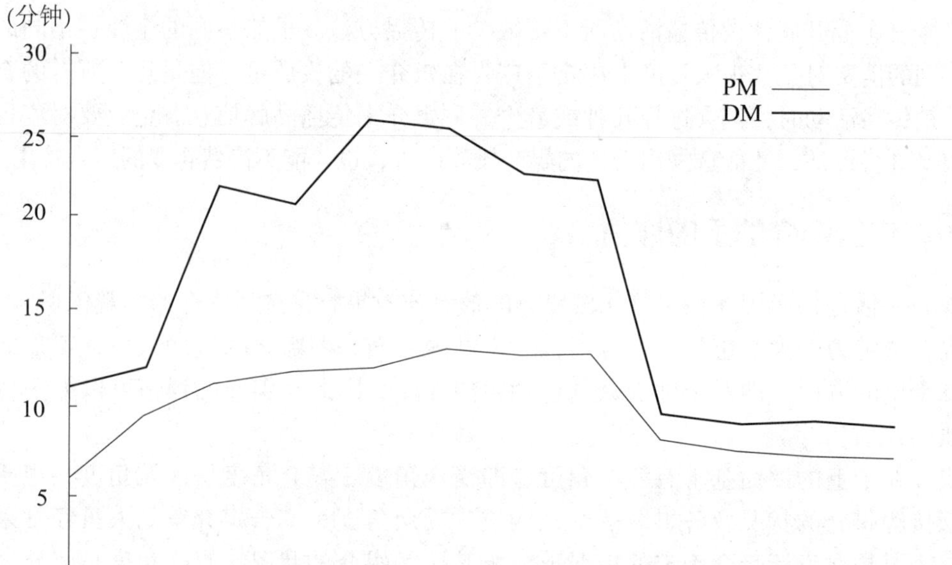

图7－3　日记法（DM）与个人收视记录器法（PM）的比较

使用收视数据的一个重要观念是收视人口及收视率经常被直接解释为收看特定节目的人数及比率。事实上，收视人口及收视率指的只是暴露于某一特定节目的人数或比率，在节目之中或之后的广告并不一定被受众实际看到。因此，把收视数据当成广告的实际收看数据显然与事实有较大差异。

（2）收视资讯的运用。对电视媒介进行量的评估需要掌握一些基础性概念，主要包括开机率、收视人口和收视率等。

①开机率。开机率是指所有拥有电视机的家庭或人口中，在特定时间段内，暴露于任何频道的家庭或人口的比率。根据不同的计算单位，开机率可以分为家庭开机率和个人开机率。家庭开机率是指在特定的时间段内暴露于任何电视频道的家庭数占所有拥有电视机家庭户数的比率。由于家庭开机率是特定时段内所有电视频道的开机总和，因此该数据只能区分出时间段而不能区分出具体的电视频道。个人开机率是指在特定时间段里暴露于任何电视频道的人口数占所有拥有电视机人口数的比率，该数据与家庭开机率一样，也是只分时间不分频道（见表7－1）。

表7－1　电视机普及率与家庭开机率

某年某月某日 时段	家庭户数 （千户）	电视机拥有 户数（千户）	电视机 普及率（%）	开机户数 （千户）	家庭开机率 （%）
19：00：00—19：14：59	1 000	950	95	670	71
19：15：00—19：29：59	1 000	950	95	750	79
19：30：00—19：44：59	1 000	950	95	620	65
19：45：00—19：59：59	1 000	950	95	580	61
20：00：00—20：14：59	1 000	950	95	640	67

开机率可以从整体的角度去了解家庭或个人对电视节目收看的总体状况，其意义在于了解不同地区、不同时期的收视状况。如分析某一地区或城市居民的全年开机率，就可以发现该地区或城市居民在冬季与夏季的收视习惯有较大差别。另外，在世界杯或奥运会期间，收视率在时间段和频道选择上都会出现明显变化。

②收视人口与收视率。收视人口是指在一个特定时间段内暴露于一个特定电视节目的人口数。收视率是指在一个特定时间段内暴露于一个特定电视节目的人口数的比率。收视率可以根据不同的计算单位分为家庭收视率和个人收视率。家庭收视率是指在一个特定时间段内暴露于一个特定电视节目的家庭数占所有拥有电视机家庭数的比率。个人收视率是指在一个特定的时间段内暴露于一个特定电视节目的收视人口数占拥有电视机总人口数的比率（见表7－2）。

表7－2　收视人口与个人收视率

某年某月某日 时段	拥有电视机 总人口数 （千人）	A 频道		B 频道	
		收视人口 （千人）	个人收视率 （%）	收视人口 （千人）	个人收视率 （%）
19：00：00—19：14：59	2 527	202.16	8	176.89	7
19：15：00—19：29：59	2 527	353.78	14	631.75	25
19：30：00—19：44：59	2 527	454.86	18	505.45	20
19：45：00—19：59：59	2 527	353.78	14	454.86	18
20：00：00—20：14：59	2 527	404.32	16	707.56	28

如果某企业在进行广告策划的过程中已经确定目标消费群，那么该目标消费群的收

视人口及收视率即为目标收视人口和目标收视率。目标收视人口是指在确定的商品目标消费群中暴露于一个特定电视节目的人口数。目标收视率是指在确定的商品目标消费群中暴露于一个特定电视节目的人口数占所有目标消费群人口数的比率。以表7－3为例，假设企业所设定的目标消费者为20～34岁的受众，则在19：00：00—19：14：59这个时间段内收看A频道的20～34岁的受众占所有20～34岁的总人口的比率，即为A频道在当天该时间段的目标收视率。

表7－3　目标收视人口与目标收视率

某年某月某日时段	20～34岁人口数（千人）	A频道		B频道	
		目标收视人口（千人）	目标收视率（%）	目标收视人口（千人）	目标收视率（%）
19：00：00—19：14：59	720	100.8	14	43.2	6
19：15：00—19：29：59	720	86.4	12	144.0	20
19：30：00—19：44：59	720	100.8	14	100.8	14
19：45：00—19：59：59	720	144.0	20	180.0	25
20：00：00—20：14：59	720	129.6	18	158.4	22

在对收视人口、收视率与开机率进行计算之前，必须首先界定某电视节目的具体所在地区与时间段，因为同一电视节目在不同的地区或不同的时间段播放会出现不一样的收视状况。

收视率是从受众的角度分析每个电视节目的收视比率，当然，也可以反过来从电视节目的角度分析受众占有率及组成。

受众占有率是指各频道在特定的时间段内所占有的受众与拥有电视机总人数的比率。受众占有率是在时段开机率的基础上再深入分析各个电视频道的占有率。受众占有率可以家庭为单位，也可以设定的对象为单位。

家庭开机率与受众占有率见表7－4。

表7－4　家庭开机率与受众占有率

某年某月某日时段	电视机拥有户数（千户）	开机户数（千户）	家庭开机率（%）	A频道		B频道	
				收看户数（千户）	受众占有率（%）	收看户数（千户）	受众占有率（%）
19：00：00—19：14：59	950	670	71	167.5	25	100.5	15
19：15：00—19：29：59	950	750	79	105.0	14	262.5	35
19：30：00—19：44：59	950	620	65	111.6	18	136.4	22
19：45：00—19：59：59	950	580	61	127.6	22	81.2	14
20：00：00—20：14：59	950	640	67	204.8	32	96.0	15

③受众组成。受众组成是指一个电视节目的总收视人群在性别、年龄、职业、收入等统计指标上各自占有的比率。举例说明见表7－5。

表7-5　受众组成举例

频道：C频道 节目：P节目 日期：Y年M月D日 时间：21：00—21：15 受众总数：2 000 000		
	人数（千人）	比率（%）
男	1 300	65
女	700	35
14岁及以下	120	6
15~24岁	360	18
25~34岁	900	45
35~44岁	400	20
45岁及以上	220	11

除了性别和年龄之外，受众的其他统计变量如职业、收入和学历等也可以作为分析项目。也就是说，企业可以从各个角度对电视节目的受众组成进行分析。选择某节目的受众也有可能是企业产品的目标消费者，两者的重合率越高，企业在该节目投放广告的效率也就越高。

④电视媒介区域分布分析。同一个电视媒介在不同地区的收视率显然是有区别的，如果企业的品牌产品是跨地区的，那么在制定整合营销传播计划时，尤其是计划使用电视媒介开展信息传播时，就有必要对相关地区的电视媒介收视率做深入细致的比较分析（见表7-6）。

表7-6　设定目标地区的收视率与收视人口
（设定目标：20~39岁男性）

		地区1	地区2	地区3	地区4	地区5
受众总数（千人）		2 000	150	800	280	3 500
收视率（%）	节目A	23	18	34	18	28
	节目B	12	22	8	14	10
	节目C	26	12	7	33	6
	节目D	28	24	24	22	18
	节目E	4	36	5	7	2
收视人口（千人）	节目A	460	27	272	50.4	980
	节目B	240	33	64	39.2	350
	节目C	520	18	56	92.4	210
	节目D	560	36	192	61.6	630
	节目E	80	54	40	19.6	70

根据表7-6中调查到的收视率，企业在制定电视广告投放策略时，如果按照地区收视

人口的多少进行排序，其选择顺序应该是地区5、地区1、地区3、地区4和地区2；如果按照不同节目收视率进行排序，则应该是地区2的节目E、地区3的节目A、地区4的节目C、地区5的节目A和地区1的节目D。当然，具体如何选择和制定电视媒介投放计划，还要根据电视媒介地区受众组成分析的结果。表7-7就是电视媒介地区受众组成分析表。

表7-7 电视媒介地区受众组成分析表
（电视媒介设定：频道C，节目P）

		地区1	地区2	地区3	地区4	地区5
受众总数（千人）		2 000	150	800	280	3 500
性别（%）	男	65	75	55	20	40
	女	35	25	45	80	60
年龄（%）	14岁及以下	6	2	16	35	60
	15~24岁	18	12	25	28	6
	25~34岁	45	18	38	18	8
	35~44岁	20	35	16	14	12
	45岁及以上	11	33	5	5	14

2. 印刷媒介评估

印刷媒介的评估基础是发行量与阅读人口的调查。发行量是广告传播效果的基础，阅读人口则是实际阅读印刷媒介的人数。

发行量可以细分为付费发行量（订阅发行量、零售发行量）和赠阅发行量。不同类的发行量在评估上有不同的价值。订阅发行量高说明读者对刊物有较强的信心与兴趣，对刊物的投入程度也较高。订阅发行量对于评估来说具有较高价值，零售发行量次之，赠阅发行量最低。

阅读人口指在固定时间段内阅读某一刊物的人数。

阅读率指在固定时间段内阅读某一刊物的人数占某一特定区域内总人数的比率。阅读率和阅读人口举例见表7-8。

目标阅读人口指在固定时间段内目标消费者中阅读某一刊物的人数。

目标阅读率指在固定时间段内目标消费者中阅读某一刊物的人数比率。

传阅率指一份刊物被受众传阅的比率。

表7-8 某印刷媒介在不同地区的阅读率和阅读人口
（设定对象：20~39岁，男性）

		地区1	地区2	地区3	地区4	地区5
人口数（千人）		2 000	150	800	280	3 500
阅读率（%）	刊物A	23	18	34	18	28
	刊物B	12	22	8	14	10
	刊物C	26	12	7	33	6
	刊物D	28	24	24	22	18
	刊物E	4	36	5	7	2

续表

		地区 1	地区 2	地区 3	地区 4	地区 5
人口数（千人）		2 000	150	800	280	3 500
阅读人口（千人）	刊物 A	460	27	272	50.4	980
	刊物 B	240	33	64	39.2	350
	刊物 C	520	18	56	92.4	210
	刊物 D	560	36	192	61.6	630
	刊物 E	80	54	40	19.6	70

不同于电视媒介，印刷媒介一般会被传阅。每份刊物依据其受欢迎程度、零售渠道和价格等因素的影响而有不同的发行量、传阅率以及传阅人口。这三者之间的关系是：传阅人口 = 发行量 × 传阅率。

阅读人口特性是指印刷刊物实际受众的基本构成状况，包括性别、年龄、受教育程度、职业、收入等，其计算方式与电视频道或节目的受众组成的计算方式相同。

印刷媒介地区读者组成举例见表 7－9。

表 7－9　印刷媒介地区读者组成

（印刷媒介设定：刊物 P）

		地区 1	地区 2	地区 3	地区 4	地区 5
人口数（千人）		2 000	150	800	280	3 500
性别（%）	男	65	75	55	20	40
	女	35	25	45	80	60
年龄（%）	14 岁及以下	6	2	16	35	60
	15～24 岁	18	12	25	28	6
	25～34 岁	45	18	38	18	8
	35～44 岁	20	35	16	14	12
	45 岁及以上	11	33	5	5	14

3. 户外媒介评估

如果说电视媒介和印刷媒介的受众样本还相对固定，为调查数据的获得提供便利的话，那么户外媒介由于受众的流动性和不确定性的特点，其调查数据难以收集，这就为户外媒介的评估增加了难度。

户外媒介只能是地区性媒介，因此对户外媒介的评估主要集中在媒介和受众这两个要素上。

受众分析的方法是：首先设定目标受众在其活动线路上可能接触到户外媒介的地理位置价值。注意，这里所说的价值可以理解为经济价值，户外媒介的经济价值取决于户外媒介可能接触到的目标受众的数量。也就是说，户外媒介的目标受众越多，其价值就越大；反之，其价值就越小。评估的方法是在户外媒介所在地，以摄像机记录下每天在该户外媒介正面经过的受众总数，即可测算出每月接触该户外媒介的受众总数是多少。至于受众的构成情况则可以通过街头拦截式抽样调查获得。

对户外媒介本身的评估，主要可以从户外媒介的高度、尺寸、能见角度、材质及暴露时间等进行评估，因为户外媒介本身的形式和大小将在很大程度上决定目标受众能否对该户外媒介的广告信息产生注意（见图7-4）。

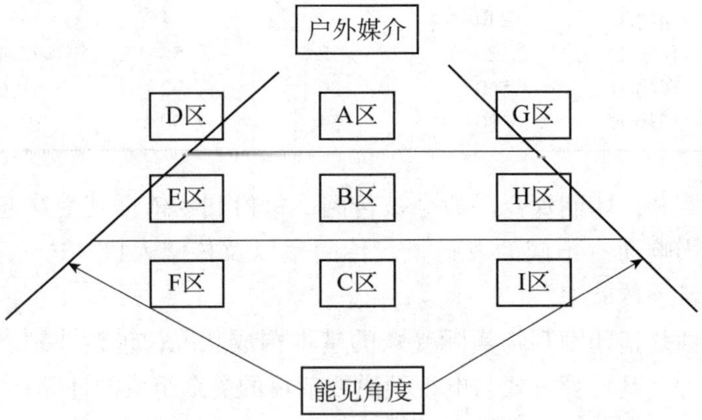

图7-4　户外媒介量化评估示意图

户外媒介的受众均处于移动状态，移动的受众将从各自不同的角度、距离接触具有不同高度、不同材质的户外媒介，所产生的视觉效果必然有所不同。为了使对户外媒介的评估更客观准确，有必要尽可能将户外媒介的一些指标量化。目前，许多调查机构对户外媒介所采用的量化评估方法是：先将单面户外媒介划分为9个区域，设定各个区域拥有不同数量的受众人数；再依据接触户外媒介的视觉效果为各区域设定量化分值；最后对户外媒介本身的物理属性进行量化评分，并据此计算出户外媒介的价值。量化指数的设定可以参考以下内容。

（1）高度指数。设定平视高度（10～20米的高度）为100，以户外媒介高度的中心点为准，每往上或往下提高或降低10米则递减10。

（2）尺寸指数。这是一个相对的概念，广告主在具体操作时可以将备选的所有户外媒介面积进行比较，将其中面积最大的备选户外媒介设定量化指数为100，其他备选户外媒介则根据面积递减而将其量化指数递减。

（3）能见指数。将户外媒介正面且距离最近的区域设定量化指数为100，如图7-4中的A区域，正面距离较远的区域量化指数则依次递减，如图7-4中的正面B，C区域可分别将量化指数递减为90和80；户外媒介侧面的区域由于观察角度不利于接收信息，也可以根据距离逐步递减不同区域的量化指数，如图7-4中的D，G区域设定量化指数为85，E，H区域和F，I区域的量化指数可分别递减为75和65。

（4）材质指数。由于户外媒介的材质种类繁多，且各企业所投放的广告因为时间（白天与夜晚）、活动（翻板）与固定以及电子与非电子等不同的要求，价值也不一样，使得材质指数在实施过程中难以客观准确量化，一般只能以主观认定为主。

户外媒介的价值评估举例见表7-10图。图7-5为一个户外广告创意作品。

表 7－10　户外媒介价值评估

（户外媒介 X）

	高度指数	尺寸指数	能见指数	材质指数
A 区	80	100	100	80
B 区	100	85	90	80
C 区	90	70	80	80
D 区	80	100	50	80
E 区	100	85	60	80
F 区	90	70	70	80
G 区	80	100	55	80
H 区	100	85	65	80
I 区	90	70	75	80

图 7－5　户外广告创意作品

说明：该广告创意源自广告位后面有一个烟囱，而广告的产品恰恰是吸尘器，于是一幅大胆的颇有想象力的广告画面出现在我们的面前：由于吸尘器巨大的吸力（卖点）居然将烟囱都拉弯了。吸尘器强大的吸尘功能就这样被广告受众牢牢记住了。

4. 广告媒介投资效率评估

媒介因对大众的影响力而具有商业价值，广告媒介的价值大小自然也要根据其对大众的影响力判断。广告媒介的投资效率就是从单纯量化的思路来评估和计算。广告媒介投资效率评估的主要工具之一是千人成本。千人成本（CPM）是指广告主在媒介上所投放的广告每接触 1 000 个人所花的费用。其计算方法为：

A 节目 CPM =（A 节目广告单价/A 节目收视人口）×1 000

收视点成本（CPR）是指对不同节目每购买一个收视率（点）所需花费的金额。其计算方法为：

A 节目 CPR = A 节目广告单价/A 节目收视率

根据表 7－11 的数据，在只分析收视人口及收视率的情况下，五个节目的广告投放选择依次是 A，C，B，E，D，但是加上投资效率评估之后，从纯效率的角度进行选择的话，选择的优先顺序将改变为 B，A，C，D，E，即在固定预算的情况下，购买 B 节目将有最多的收看人次，购买E节目的话，将有最少的收看人次。

表7-11 千人成本（CPM）与收视点成本（CPR）计算

节目	总人口数（千人）	电视机普及率（%）	收视人口（人）	收视率（%）	30秒单价（元）	千人成本（元）	收视点成本（元）
A	2 660	95	758 100	30	22 000	29	73 333
B	2 660	95	454 860	18	12 000	26	66 667
C	2 660	95	606 480	24	18 000	30	75 000
D	2 660	95	227 430	9	8 000	35	88 889
E	2 660	95	379 050	15	15 000	40	100 000
平均值	2 660	95	485 184	19.2	15 000	31	78 125

说明：此表所列举的收视率为个人收视率，具体运用上也可以选择家庭收视率或目标受众的收视率加以计算。同时，在收视率资料的选择使用上，可以选择最近五周的平均值，以分析常态数值，也可以选择最近两周左右的数值，以了解最新数值。

CPM与CPR的比较必须是在一个固定的计价单位下进行，即固定的秒数、固定的位置，如节目前、节目内或正数、倒数位置等，如果各电视台或节目所提供的折扣不一样，则输入的价格也应该以折扣后的实价去比较，以使比较结果更具实际意义。在计价单位的选择上，如果创意材料秒数已经确认，则以确认的秒数的单价为比较基准，如未确认则一般以经常使用的单位为基准，即30秒。

在千人成本和收视点成本的具体运用上，应特别注意以下几点。

首先，CPM与CPR的意义主要体现在各电视节目之间广告投入成本的比较上，CPM和CPR本身并没有绝对性可言。对于企业而言，对CPM的分析可以比较出不同广告媒介的广告投资效率差异，以便选择有更高投资效率的媒介投放广告。

其次，如果企业的品牌产品同时在几个市场开展营销传播活动，就要考虑对几个不同市场的广告媒介投资效率进行评估，以便将有限的资金投入到投资效率更高的市场。不过，在进行跨地区的媒介投资效率评估时，应该使用CPM而不能使用CPR，因为不同市场的人口基数不同，收视率比较没有意义。比如同样是20%的收视率，对于基数为1 000万人的市场与基数只有200万人的市场，收视人数差距可谓天壤之别。因此，对于跨地区的媒介投资效率评估，应采用CPM而不能采用CPR。

最后，CPM和CPR也不能用于跨媒介的投资效率的比较。因为企业计算媒介投资效率之前，必须先确定符合企业营销传播目标的媒介类别，然后才能对同属某一类别的媒介进行CPM或CPR的分析计算。况且，每一种媒介的传播特性不同，对受众诉求的效果难以相提并论，对不同类别的媒介想找出统一的衡量标准也是不可能的事情。

二、广告媒介的质的评估

所谓广告媒介的质，指的是不能加以量化，但实际影响广告媒介投资效果的因素。质化因素和量化因素最大的差异在于量化因素计算的是广度和成本效率，质化因素评估的则是媒介自身对受众的说服深度和效果。由于量化评估假设各媒介等值，在评估上忽略了品牌及活动的个别差异性，以固定的评估项目评估所有媒介。质化评估看重的则是针对个别品牌及活动媒介所能提供的价值，因此，在评估项目上个别性较高也较为主观和不固定。在对广告媒介的质进行评估过程中，常用的评估指标是接触关注度、干扰度、编辑环境、广告环境和相关性。

1. 接触关注度

与收视率调查关注受众有没有收看节目不同，接触关注度关注的是当受众接触媒介时对其中信息关注的“质量”。基本假设是，当受众对所接触媒介表现出较高的关注度时，该媒介的广告效果显然比受众漫不经心的高。奥美伦敦公司的一份研究报告指出，关注度较高的节目相较于一般节目，受众收看广告的意愿可提高 49%，对广告的记忆程度则提高 30%。该研究报告对电视剧、综艺及新闻三种不同形态的节目所测得的关注度指数分别是 61，52，70，各节目加权收视率在取得关注度指数后即可计算得出。

电视媒介的收视率与接触关注度见表 7-12。

表 7-12 电视媒介收视率与接触关注度

电视节目	节目形态	收视率（%）	接触关注度指数	加权收视率（%）
A	电视剧	25	62	16
B	电视剧	18	62	11
C	电视剧	30	62	19
D	综艺	32	51	16
E	新闻	21	70	15
F	新闻	33	70	23

如果某些城市或地区的相关媒介调研机构不能提供不同媒介接触关注度指数，企业就只能根据相关资讯主观判断。

第一种判断方法是以该城市或地区媒介收视率资料分析各电视节目的收视连续性，也就是分析评估单一电视节目在连续时段里的收视率变化以及在一定期间里受众的重叠性。

将表 7-13 所列举的 A 节目与 B 节目进行比较分析可以发现，从各时段平均收视率来看，两个节目完全一样，均为 21%，再对两个节目的收视连续性进行分析，则发现 A 节目的收视率更为稳定，B 节目的收视率呈现明显的波动性，这种现象可以解释为 A 节目拥有忠诚度较高的受众群，B 节目的受众群忠诚度较低。表 7-14 将 A，B 两个电视节目的收视时间段加长为四周，由此可以发现两个电视节目收视率上的差异：A 节目在四周的播出时间里受众平均收看次数为 3.25 次，B 节目的受众平均收看次数只有 1.52 次。据此，如果企业在 A 节目与 B 节目之间选择一个投放广告，自然 A 节目为首选。

表 7-13 电视节目的收视连续性

电视节目播出时段	A 节目收视率（%）	B 节目收视率（%）
10：01—18：15	21	32
18：16—18：30	23	12
18：31—18：45	18	28
18：46—19：00	20	10
各时段平均收视率	21	21

表7-14 电视节目的受众收视连续性计算

星期	A节目	B节目
第1周平均收视率（%）	21	21
第2周平均收视率（%）	23	25
第3周平均收视率（%）	22	27
第4周平均收视率（%）	25	18
四周平均收视率（%）	23	23
总收视率（%）	91	91
到达率（%）	28	60
接触频率（次）	3.25	1.52

第二种判断方法是将电视节目按形态进行划分，主观评定各形态节目的受众关注度指数。在中国，综艺节目一般都拥有较高的受众关注度，其次为电视剧，再次为新闻和体育节目。在操作上，可以先设定最高关注度节目形态的指数为100，其余节目形态视情况依次递减。当然，这种以节目形态设定指数还必须考虑目标受众社会阶层的差异性，也就是说，对于同一个节目形态，不同社会阶层的受众关注度会有所不同，关注度指数也会有所差异。

第三种判断方法是划分节目的播出时间段，主观评估各时间段受众关注度指数。也就是将一天划分为若干收视时间段，对不同收视时段根据收视率的高低确定关注度指数。目前，大多数电视台都将一天划分为清晨时段（06：00—08：00）、白天时段（08：00—17：00）、前边缘时段（17：00—19：00）、主时段（19：00—22：00）、后边缘时段（22：00—24：00）和夜晚时段（24：00—02：00）。

2. 干扰度

干扰度指的是受众在接触媒介时受广告干扰的程度。广告接触对受众而言通常并不是目的性行为，即受众收看的是电视节目而不是广告，因此，广告占有媒介的时间或版面的比率将影响广告效果。广告占有比率越高，表示受众所受干扰度越高。评估干扰度经常使用的方法是计算广告占有媒介的比率。表7-15的数据表明B刊物的干扰度最大，C刊物的干扰度最小。表7-16的数据表明，B节目的干扰度最大，A节目的干扰度最小。

表7-15 平面媒介干扰度比较

刊物	总页数	广告页数	比率（%）
A	90	16	18
B	120	24	20
C	145	20	14

表7-16　电波媒介干扰度比较

节目	总长度（秒）	广告长度（秒）	比率（%）
A	1 800	150	8
B	3 600	600	17
C	4 500	500	11

在计算干扰度的过程中，同类竞争产品在同一媒介播放或刊出对广告主的品牌影响最大。因此，广告主在计算干扰度时，可以将直接竞争品牌的广告页数（秒数）作为权重，以便更加客观准确地计算广告媒介的干扰度。

3. 编辑环境

编辑环境指的是媒介本身所提供的信息编辑内容与广告主的品牌及广告创意的适合性。这种适合性可以分为两个方面：媒介的形象与地位。

（1）媒介形象。任何媒介在市场上开展相关的营销传播活动之后，都会在受众心目中留下一种印象。当受众成为某一媒介的实际阅读者或观看者，就会对该媒介的形象与风格形成固定的看法。比如，该媒介是严肃的还是幽默的、高端的还是大众的、前卫的还是传统的等。媒介本身的形象与风格将有可能吸引具有相似气质与个性的人成为其忠诚受众。与媒介形象和风格相类似的品牌产品，更容易被该媒介的受众认知和理解，因此，选择这种媒介投放广告无疑可以为广告主带来较高的投资回报率。

（2）媒介地位。媒介地位是指某媒介在其所属类别当中具有的地位。如《南方周末》（见图7-6）和《体坛周报》就分别在时事新闻类报刊和体育类报刊中占有领导地位。媒介的地位与媒介的视听众多少有关，但不能反过来说视听众越多的媒介，其地位就越高。媒介地位对广告效果的意义在于：具有领导地位或较高地位的媒介对视听众往往有更大的影响力，该媒介所投放的广告也具有较大的劝服力。

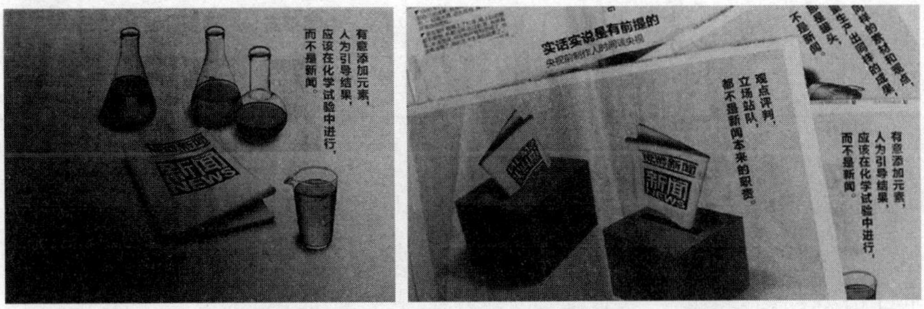

图7-6　《南方周末》报纸广告创意作品

说明：《南方周末》以其独立客观的报道与翔实深刻的分析形成了在媒介中少有的品牌形象，拥有大量的忠实读者，相应地，在该报纸上投放的广告显然更具劝服效果。

4. 广告环境

广告环境指的是刊登或播放广告所呈现的媒体环境。它与干扰度不同，干扰度是计算媒介广告投放的量，广告环境则是指媒介广告投放的质。对广告环境评估的意义在于：如果媒介所登载或播放的广告都是形象较佳的品牌产品，则本品牌产品也会被受众归为同等形象的品牌产品。如果媒介所登载或播放的广告皆为吹嘘不实、假冒伪劣、粗制滥造的品牌产品，则受其拖累，本品牌产品也将会被受众归为此类产品。

5. 相关性

相关性是指产品或创意内容与媒介本身在主题上的相关性。如运动类商品的广告信息投放在运动类媒介上就比较容易受到目标消费者的关注。媒体相关性的评估意义在于：目标受众对于某类媒介有较高的兴趣，他们选择接触该类媒介并受到该类媒介上所投放的广告的影响也更大一些。

三、广告媒介量与质的综合评估

对于广告媒介质的评估由于缺乏量化数据，只能以主观判断为主，评估的结果常常与量的评估结果互相矛盾。在这种情况下，企业就应该从品牌所处的竞争地位和营销传播所要达到的目标来综合分析和运用媒介质与量的分析评估结果，并依据各个评估项目的重要性设定比值，计算出媒介在质与量两个方面的综合指数，据此来选择广告投放媒介。

表7－17为电视媒介质与量的综合评估。

表7－17　电视媒介质与量的综合评估

	量化评估				质化评估					加权指数
	收视率（%）	收视率指数	CPR（元）	CPR指数	关注度指数	干扰度指数	编辑环境指数	广告环境指数	相关性指数	
重要性权重		20%		40%	20%	5%	5%	5%	5%	100%
A节目	30	100	73 333	91	100	60	90	90	100	93
B节目	18	60	66 667	100	80	100	60	80	60	83
C节目	24	80	75 000	89	70	80	100	90	80	83
D节目	9	30	88 889	75	90	90	60	100	70	70
E节目	15	50	100 000	67	50	60	80	60	70	60

资料来源：陈俊良．广告媒体研究．北京：中国物价出版社，1997：88.

下面我们对表7－17各个项目的分析和评估的要求及方法做一个说明。

其一，为了综合分析媒介的相关数据，企业必须首先将所有项目的数值换算成指数，再整合成综合指数。

其二，在将数值转换成指数的过程中，有些项目是正相关，即数值越大越好，如收视率、关注度、广告环境及相关性等项目，有些项目则为负相关，即数值越小越好，如CPR、干扰度等项目。企业在整合各正负相关项目时，必须注意计算方式的不同。

其三，正相关项目的计算方式是：以项目中最高的数值为固定分母，其余数值除以该最高数值。如果设定最高数值指数为100，则其他数值指数应按比率递减。如在表7－17的收视率项目中，A节目30%的收视率为最高，因此可以将30设定为分母，其他节目的收视率数值除以30再乘以100，即得到该节目的收视率指数。B节目的收视率指数为$18 \div 30 \times 100 = 60$，C节目的收视率指数为$24 \div 30 \times 100 = 80$。

其四，表7－17中各负相关项目的计算方法与正相关项目的计算方法正好相反，即以项目中最低数值为固定分子，再除以其余数值。如设定最低数值指数是100，则其他指数依比率递减。如表7－17中的CPR项目中B节目的数值最低，其CPR指数为 $66\,667 \div 66\,667 \times 100 = 100$，A节目的CPR指数为 $66\,667 \div 73\,333 \times 100 = 91$，C节目的CPR指数为 $66\,667 \div 75\,000 \times 100 = 89$。

其五，企业对媒介的量化与质化评估，应根据自身品牌产品进行广告推广的重要性设定权重值。如对媒介的综合评估比值为100%，则量化评估的权重比值应占60%，质化评估的权重比值则可以占到40%；在量化评估各项目中，投资效率是最为重要的，其所占权重比值可以设定为40%，收视率则可以设定为20%；在质化评估各项目中，关注度最为重要，故其所占权重比值为20%，其余各项目可各占5%。

其六，加权指数是根据各评估项目的重要性所设定的比值计算出来的各节目的综合指数，为企业决定在哪个节目投放广告提供依据。计算方法是节目各项所得指数乘以该指数重要性权重比值的总和。比如，A节目的加权指数的计算公式为：

$$100 \times 20\% + 91 \times 40\% + 100 \times 20\% + 60 \times 5\% + 90 \times 5\% + 90 \times 5\% + 100 \times 5\% \approx 93$$

7.3 广告媒介策略

广告媒介策略是整合营销传播活动的重要组成部分。所谓媒介策略，就是采用最具投资效益的媒介组合来达到营销传播目的的决策过程。在整合营销传播活动中，利用传统媒介开展广告活动是投资最大也是风险最大的活动，广告活动的绝大部分投资是花在媒介的版面和时段的费用。制定科学合理的广告媒介策略，使用有限的投入达到有效的传播效果，是所有企业必须面对的挑战。

一、设定媒介传播目标

媒介传播目标可以反映企业通过广告活动所希望达到的品牌信息传播的目标。媒介传播目标可以描述为一个企业如何使目标消费者接触到广告信息，如何让媒介所传递的信息最大限度地影响消费者的购买行为。在设定媒介传播目标的过程中，有两个相当重要的测量指标，即到达率和接触频次，这两个指标可以从信息传播给受众的广度和深度两个角度测量媒介传播的效果。

1. 到达率的概念及其计算

到达率是指在某一时间段内目标受众一次或多次接触同一传播媒介的百分比。当新品牌的广告通过媒介向目标受众传播相关信息时，由于目标受众都不曾接触过该广告信息，该新品牌的广告媒介的到达率将会呈现快速增长的态势，但过一段时间之后，许多受众已经接触过该品牌广告信息，该品牌的广告媒介的到达率的增长就会变得非常缓慢，乃至停步不前。从理论上说，由于少部分受众从不接触媒介，因此，几乎任何媒介的到达率最高也只能是接近100%而不可能达到100%。

对于到达率，不同类型的媒介有不同的计算方法。

电波媒介的到达率是以收听率或收视率来计算的。比如，东方卫视某栏目的收视率为40%，则其到达率亦接近40%。某栏目的受众越多，其到达率也就越高。然而，到达率只是受众收听或收看某电波媒介的某栏目的百分比，并不能反映这些受众就一定会接触投放在该栏目的广告信息，因此，到达率并不完全等同于某一广告信息被受众接触的实际到达率。

平面媒介的到达率计算比较简单，基本上等同于该平面媒介的销售量。不过，笔者认为还是有必要强调一下平面媒介的数量概念，平面媒介的数量概念主要有以下三种，即印刷量、发行量、实际销售量。比如，我们假设《凤凰周刊》（见图7-7）的印刷量是60 000本，发行量是59 000本（用印刷量减去发行过程中的损耗、出版单位收藏等），实际销售量是58 000本（用发行量减去没有销售完的杂志数量），理论上，该杂志的到达率就应等同于其销售量，但是平面媒介还有一个阅读率的概念，也就是某一平面媒介实际阅读人数的问题。比如，《凤凰周刊》的每期销售量为58 000本，但是实际阅读者可能并不只有58 000人，而是要超出58 000人，某读者购买了某期《凤凰周刊》，除了本人会阅读该杂志外，他的家人或同学、室友也有可能阅读该杂志。这就需要专业调查机构对平面媒介的阅读率进行评估，也就是评估平均每份杂志或报纸的实际阅读者数量。我们假设平均每本《凤凰周刊》的实际阅读者为1.3人，则该杂志的阅读率为1.3，《凤凰周刊》的到达率就应该是58 000×1.3=75 400。

图7-7　《凤凰周刊》2019年第29期

户外广告媒介的到达率是用大城市中24小时内路过发布品牌信息的户外广告牌的汽车总数的百分比计算。如果重庆市主城区机动车总数为70万辆，交通统计表明24小时内通过机场高速路段的机动车数量是7万辆，则该路段户外广告牌的到达率是10%，但交通统计难以区分重复计数。

网络广告媒介的到达率是以受众的点击率来计算的，受众的一次点击即为一次广告信息接触，这对于网络管理者而言非常简单，但是网络管理者不容易掌握网络受众的区域分布状况，因此网络管理者都会要求网民注册，填写他们的真实信息以便掌握受众的分布情况。

直邮广告和电话营销的到达率计算就更加简便，即根据直邮广告的发送或电话营销中给多少个家庭拨打电话的数量来统计到达率。比如，中国太平洋人寿保险公司向其所在区域（共有50万个家庭）的5万个家庭拨打推销保险的电话，到达率就是10%。直邮广告的到达率计算方法与此相同。

不可能找到一种到达率为100%的媒介，这也是企业在营销传播策划中经常进行媒介组合的原因，但到达率不是几种媒介的简单相加。比如，某电视频道的到达率是 60%，某报纸的到达率是 50%，当我们选择这两种媒介投放广告时，其到达率并不是 110%，因为两种媒介的受众会有重复，所以两者组合后的到达率远小于 100%。

2. 目标市场到达率

大多数企业并不指望其广告能到达自己所选择的传播媒介的所有受众，因为这些媒介的受众中有相当大的一部分既不是消费者，也不是潜在消费者，因此，媒介策略的决策最好以目标市场到达率为基础。目标市场到达率是指某传播媒介的受众同时也是某品牌产品的目标消费者占全部受众的百分比。

假设雪花啤酒在中国啤酒市场的份额是 20%，那么雪花啤酒进行广告传播的目标市场到达率就是这 20%。相比较而言，营销人员对目标市场到达率更感兴趣，因为目标市场到达率对于销售更有参考价值。要知道目标市场到达率首先要识别媒介的受众之中有多少人是本品牌产品的目标消费者或潜在消费者。假设雪花啤酒准备在江苏卫视《非诚勿扰》栏目和央视第 5 频道的《CBA 篮球直播赛场》栏目中选择其一投放电视广告，除了需要对这两个栏目的收视率和千人成本进行评估之外，更重要的是对这两个栏目的目标消费者或潜在消费者的数量进行评估。假设《非诚勿扰》栏目的受众人数为 4 000 万人，其中只有 40% 的受众（1 600 万的受众）同时也是雪花啤酒的目标消费者，对于雪花啤酒而言，该栏目的目标市场到达率为 40%；《CBA 篮球直播赛场》栏目的受众为 1.8 亿人，其中有 60% 的受众（1.08 亿的受众）同时也是雪花啤酒的目标消费者，该栏目的目标市场到达率就是 60%。雪花啤酒在央视第 5 频道的《CBA 篮球直播赛场》栏目投放广告就是正确的选择。

3. 接触频次

接触频次是指在一定时段中那些接触媒介的受众有机会接触到品牌信息的平均次数。到达率与接触频次是有区别的，到达率关注的是接收信息的人数，接触频次关注的是受众接收信息的次数。

为了确保品牌信息能够被目标受众接触到，媒介投放策略的制定者必须保证广告在媒介发布或投放的频次多于 1，即最少同时采用两种媒介投放广告。这就涉及另一个概念：媒介组合。媒介组合是指在同一时期内运用各种媒介发布内容基本相同的广告。媒介组合是许多企业常用的媒介策略，它比运用单一媒介的广告效果要好得多。使用媒介组合策略不仅可以使媒介的目标受众接触广告的机会增多，还能造成一种大的声势，容易引人关注。大多数受众对在同一媒介上出现两次以上的广告普遍感到厌烦，因为这些广告破坏了受众观看电视节目的兴致，如果企业在一个媒介上连续投放广告，所产生的效果显然不如将广告分散投放在两个或两个以上的媒介。

4. 有效接触频次

受众接触品牌信息到底要达到多少次才有反应，这是一个难以回答的问题（见表 7－18）。总体而言，一个品牌希望受众留下某种程度的印象，信息重复的次数应该在 3～10 次。现实中，由于各个品牌的具体情况不同，重复次数并没有什么指导意义，而且 10 次的预算是 3 次的 3 倍多，许多企业没有这么高的媒介预算。

表7-18 受众接触广告频次的反应模型

接触频次	引起的反应	接触频次	引起的反应
第1次	没看见	第11次	“它说的好处对我有意义吗”
第2次	没注意	第12次	“它可能是个有价值的东西”
第3次	“有一个新广告”	第13次	“应该是个好产品”
第4次	“这广告我看过”	第14次	“我要买一个试试”
第5次	“我来看看它在说什么”	第15次	“太贵了！我买不起”
第6次	“我再仔细看看”	第16次	“没关系，等我有钱了就去买”
第7次	“哦，原来是说这个”	第17次	“我把它记下来，免得忘记”
第8次	“又是这个广告”	第18次	“唉，我真穷”
第9次	“它到底想干什么”	第19次	“算算看我有多少钱”
第10次	“不知道别人是否用过”	第20次	“买了它”

表7-18的受众对广告频次的反应模型只是一种理论上的分析与参考，在现实生活中，受众未必在接触广告20次之后才采取购买行动。一般而言，受众从第一次接触广告到最后采取购买行动，将经历品牌认知、品牌理解、品牌偏好、品牌购买意愿和实际购买这样一个过程，实现这一过程有赖于一定频次的累积。

广告的有效接触频次之所以难以确定，原因是不同的品牌产品类别、不同的市场消费习惯、不同的市场竞争程度、不同的媒介环境以及不同的广告创意都将在很大程度上影响广告传播的效果，这就必然使得广告的有效接触频次因上述变量的不同而有所不同。

5. 总收视点

到达率与接触频次具有内在的关联性，将两者相结合即为总收视点。总收视点又称为毛评点（GRP），它是将到达率与接触频次相乘所得到的数值。该数值可以比较清楚地反映广告媒介传播的影响力。总体而言，广告媒介的总收视点数值越高，其影响力也就越大。比如，凤凰卫视《军情观察室》栏目的到达率为10，接触频次为2，则总收视点为20。如果总收视点数值超过100，则说明该媒介接触频次有重复发生。通过比较分析总收视点的数值变化，企业可以比较清楚地知道自己将投入多少成本，会吸引多少目标受众关注本品牌产品。

6. 频率分配分析

频率是一个受众接收品牌信息的平均值，有的受众可能接触多一些，有的可能要少一些。媒介策划者经常会做频率分配分析（是一种将目标受众分为相等的部分，每个部分的受众都有相应的平均频率，在此基础上对于应分配的频率所做的分析；五分法特指将目标受众平均分为五组的一种分析法）。

在表7-19中，媒介策划人员利用五分法将目标受众平均分成五个小组，划分的依据是受众接触电视媒介的频率次数。第一组（已经退休的55岁以上的目标受众）在两周内接触电视广告12次（经过市场调查人员所做的调查分析得出的数据，以下同）；第二组（45~54岁的目标受众）在两周内接触电视广告9次；第三组（35~44岁的目标受众）在两周内接触电视广告9次；第四组（25~34岁的目标受众）在两周内接触电视广告4次；第五组（18~24岁的目标受众）在两周内接触电视广告1次。如果将前三组的数据合并，便会发现有60%的目标受众接触电视广告信息的次数多于7次。如果我们确定7次是能够让目标受众理解特定品牌信息的基数，就必须要有一个大体上为10甚至更高的频率，以确保大多数的目标受众至少有7次接触品牌信息的机会。

表7-19 频率分配分析举例

五分法	频率
第一组：目标受众的20%	12
第二组：目标受众的20%	9
第三组：目标受众的20%	9
第四组：目标受众的20%	4
第五组：目标受众的20%	1

二、制定媒介策略

确定媒介传播目标之后，下一步就要开始制定媒介传播策略，其主要内容包括媒介的选择策略、媒介的组合策略、媒介的投放策略等。

1. 媒介的选择策略

媒介的选择策略首先是对媒介的类别进行选择和确定；其次是对媒介的投放栏目或版面进行选择和确定。媒介选择本身并不困难，困难的是企业在选择媒介的过程中对影响媒介传播效率的相关因素做深入调查与研究，当企业分析比较这些因素之后，媒介的选择策略便呼之欲出了。这些因素包括品类关心度、广告商品对媒介的依赖度、广告商品与媒介的相关性以及消费习惯等。

（1）品类关心度。媒介受众（目标消费者）对不同商品的关心程度不同，这会在很大程度上决定他们对媒介传播的广告信息的接触度。一般来说，媒介受众（目标消费者）对于经验性快速消费品的关心度大都比较低，对搜索性耐用商品的关心度大都比较高。如果企业推广的商品属于经验性快速消费品，就应该选择电波媒介；如果企业推广的商品属于搜索性耐用商品，则应该选择印刷媒介。

（2）广告商品对媒介的依赖度。不同媒介由于自身特征的差异，对广告商品的创意表现和信息传播效果有较大差异。化妆品、手表、香水等高端商品应选择杂志而不应选择难以提供良好印刷效果的报纸做广告。企业还应先对广告创意的传播效果进行评估，在此基础上，再选择更能展现广告创意的媒介。

（3）广告商品与媒介的相关性。对广告媒介的选择还应考虑广告商品与媒介之间是否具有正相关性。广告商品与所投放的媒介相关程度越高，广告的传播效果自然也会更好一些。比如，体育用品的广告就应选择体育类刊物或栏目投放，女性商品的广告就应选择女性刊物或以女性受众为主的栏目投放，这些刊物或栏目的受众大都是相应商品的目标消费者，他们对相关商品的有关信息一般都会表现出较高的兴趣，企业在这些媒介上投放广告显然是正确的选择。

（4）消费习惯。消费习惯与媒介选择也具有关联性。比如，对于自助旅游商品而言，其消费对象及消费形态多为年轻人三两好友结伴出行，企业可以选择在电影院投放广告，或在年轻人休闲的场所投放广告，引发他们结伴出游的兴趣，这样的传播效果远比以一对一的媒介进行个别诉求要有效得多。

总之，媒介选择策略实际上就是企业在众多的广告媒介中选择更合适、更有效，能创造出较高投资收益的媒介，实现企业所制定的营销传播目标（见表7-20）。

表7-20　广告媒介选择策略参考

创意诉求	电视媒介	广播媒介	报纸媒介	杂志媒介	户外媒介	说明
权威性诉求 新闻性诉求	C	D	A	B	E	报纸以报道真实新闻为主，具有较高权威性与新闻性
美感诉求或表现商品高级感	B	E	D	A	C	印刷精致的杂志再现能力较强，可以较好地传达美感诉求
以“大”为诉求	B	E	C	B	A	所有媒介中只有户外媒介可以最大尺寸传达创意
使用示范	A	D	C	C	E	电视媒介最符合该创意要求
娱乐性	A	B	C	D	E	电视媒介更符合该创意要求
活动告知	A	C	A	D	E	简单的活动信息以电视媒介传播效果为好，复杂的信息则以平面媒介传播为宜
剧情故事性	A	C	D	B	E	电视媒介更合适，户外媒介次之
呈现幽默	A	B	C	D	E	电视媒介更合适
悬疑神秘性	B	A	D	C	E	广播媒介最合适
秘密性	C	B	D	A	E	杂志媒介最合适
包装识别	C	E	C	B	A	户外媒介最合适
功能比较	C	D	B	A	E	杂志媒介最佳，报纸媒介次之
引起食欲	B	D	C	A	E	杂志、电视媒介可以较好地传达此创意
音乐性	B	A	E	E	E	广播媒介为首选，其次为电视媒介

说明：表中的A，B，C，D，E是不同的创意诉求内容更适合使用哪种媒介的选项，A是首选，B是次选，C是再次选，D是再再次选，E是末选。

2. 媒介的组合策略

媒介的组合是指企业为提高广告传播的到达率，运用两种或两种以上的媒介发布内容基本相同的广告。由于任何一种媒介都不可能覆盖全部目标市场，企业在策划营销传播活动时常常不只使用一种媒介，而是有目的、有计划地利用多种媒介来开展营销传播活动，以便迅速扩大商品的知名度，提高目标消费者对商品的认知率，进而使其产生购买行为。

在具体介绍媒介组合策略之前，笔者认为有必要先介绍一下媒介权重的概念。媒介权重是指企业在确定两种或两种以上的媒介进行广告投放时，对媒介的传播价值进行评估，并设定各媒介所占的权重比值，再根据各媒介的权重比值确定相应的广告投放预算。

比如，国际知名品牌乐高至少使用两种媒介，即印刷媒介和电视媒介，印刷媒介的诉求对象是购买者（家长），电视媒介的诉求对象是使用者（儿童）。如果乐高的决策者经过评估认为电视媒介对使用者产生更大的影响，则可以将电视媒介的权重比值设定为60，将印刷媒介的权重比值设定为40。这样，如果乐高在某一个时间段内投放广告的总预算为100万元，其中60万元就应投放于电视媒介，40万元则应投放于印刷媒介。

企业对所使用的几种媒介进行权重评估时，可以比较各媒介所需投入的千人成本或各媒介的到达率与接触频次。对于一些全国性的品牌，对不同地区的媒介投放预算也可以根据不同地区的销售额占全国总销售额的比例确定。比如，长安福特锐界 SUV 2020 款预计 2020 年在上海市的销量是重庆市销量的 2 倍，那么长安福特锐界 SUV 2020 款 2020 年在上海市的广告预算就应该是重庆市的 2 倍。

媒介的组合策略主要有两种形式：集中的媒介组合策略和多样的媒介组合策略。

（1）集中的媒介组合策略。是指企业集中在一种媒介上发布广告。主要是集中影响细分目标受众。集中的媒介组合策略能创造出品牌易被大众接受的氛围，尤其对于那些接触媒介有限的受众。

企业使用集中的媒介组合策略的有利之处在于：使企业在一种媒介中相对于竞争对手占据主要地位；使消费者尤其是接触媒介范围狭窄的消费者更加熟悉品牌；激发消费者对产品或品牌的忠诚度；在高视觉性媒介上采用集中性策略，比如在电视的黄金时段或者在高档杂志中购买广告时段或版面，能激发消费者对产品或品牌的忠诚度；集中购买媒介可以获得大的折扣，为广告投放节省较多的广告预算。

（2）多样的媒介组合策略。是指选择多种媒介将品牌产品的信息传达给目标受众。这种策略对那些有多样细分市场的商品或服务更加有效，可以通过不同的媒介对不同的目标受众传达不同的信息。其优点在于：能向不同的目标受众传达关于品类或品牌的各种独特利益，不同媒介的不同信息到达同一目标受众可以加强目标受众对信息的理解；运用多样的媒介组合策略可以提高广告信息的到达率。多样的媒介组合策略也有缺点：不同的媒介需要不同的创意和制作效果，可能导致成本增加，增加制作费用，有可能影响其他重要目标的实现，比如毛评点（GRP）和总利用人数（GI）（GI = GRP × 媒介可利用者总数/100）。

多样的媒介组合策略在具体实施上有以下三种常用方法。

其一，视觉媒介与听觉媒介的组合。视觉媒介指借助视觉要素表现的媒介，如报纸、杂志、户外广告、招贴、公共汽车广告等。听觉媒介指借助听觉要素表现的媒介，如广播广告、音响广告。电视可以说是视听觉完美结合的媒介。视觉媒介更直观，给人一种真实感；听觉媒介更抽象，给人以丰富的想象。

其二，瞬间媒介与长效媒介的组合。瞬间媒介指广告信息瞬时消失的媒介，如广播、电视等电波媒介。由于电波广告一闪而过，信息不易保留，因而要与能长期保留信息、可供反复查阅的长效媒介配合使用。长效媒介一般是指那些可以较长时间传播同一广告的印刷品、路牌、霓虹灯、公共汽车等媒介。

其三，大众媒介与促销媒介的组合。大众媒介指报纸、电视、广播、杂志等传播面广、声势大的广告媒介，其传播优势在于“面”。这些媒介与销售现场相脱离，只能起到间接促销作用。促销媒介主要指邮寄、招贴、展销、户外广告等传播面小、传播范围固定、具有直接促销作用的广告媒介，它的优势在于“点”。若采用大众媒介的同时配合使用促销媒介，能使点面结合，起到直接促销的效果。

3. 媒介的投放策略

在制定完媒介的组合策略之后，企业的下一步工作就是制定具体的媒介投放策略。目前，大多数企业的媒介投放策略主要是以下三者之一或混合使用。

其一，间歇性媒介投放策略。间歇性媒介投放策略是指企业时断时续地在媒介投放广告。这种策略较适合季节性强的商品和广告媒介预算有限的企业采用。

此种策略的长处是：企业可以根据市场竞争的需要，选择最为有利的广告发布时机；有效地配合销售渠道的铺货进度或其他促销活动；在较短的时间里以较高的频次集中发布广告，以提高广告商品信息的有效到达率。

当然，这种策略也有缺点：广告停播的间歇期较长，往往导致目标受众对广告商品的记忆完全消失；为市场同类竞争品牌的广告投放提供了机会，即竞争对手在本品牌产品广告投放的间歇期高频次投放广告，这对本品牌产品构成了巨大威胁。

其二，持续性媒介投放策略。持续性媒介投放策略是指企业在一年的12个月内将广告预算平均分配，使目标受众每周都能通过媒介接触到本品牌产品的广告信息。这种媒介投放策略较适合广告预算充足且广告商品在全年当中销售稳定的企业采用。另外，当目标消费者对企业的商品的购买决策时间较长，潜在消费者又需要持续的广告信息提示时，这种策略就比较有效。

这种策略的长处是：广告商品信息长时间播放，可以不断积累目标受众对品牌产品的记忆，促进其采取购买行动；不间断的广告投放既可以提升品牌形象，增加消费者的使用信心，又能够加大竞争对手切入市场的难度，为本品牌产品在市场竞争中创造较为有利的发展态势。

其三，脉冲式媒介投放策略。脉冲式媒介投放策略是指企业在全年持续均衡地投放广告，在市场销售的旺季增加广告投放的频次，以增加该广告商品的市场销量或提高市场占有率。这种策略实际上是间歇性与持续性媒介投放策略的综合。这种策略较适合广告预算非常充足，广告商品的季节性特征不十分明显，且商品的利润率很高的企业采用。

这三种媒介的投放策略见图7－8。

企业在制定媒介投放计划时应该注意不要机械地运用上述三种媒介投放策略。在实际运用中，绝大多数的企业不可能只运用其中一种媒介投放策略，而是将上述三种媒介投放策略综合使用。比如，电影院的票房一般是在周末较高，针对电影院的媒介投放策略从年度来看当然是持续性的，但从每周来看又是间歇性的。又如，一些企业为了配合营销传播活动会在每年的不同时间段策划一些大型的事件营销，为了使大型事件营销达到既定的营销传播目的，就要在相应的媒介上投放广告，这种媒介投放策略从全年看属于脉冲式，但在事件营销期间又属于持续性（连续投放广告或跟踪报道）。企业在具体运用上述媒介投放策略时，一定要根据商品的性质、媒介自身的特点和市场竞争状况，灵活地使用相应的媒介投放策略。

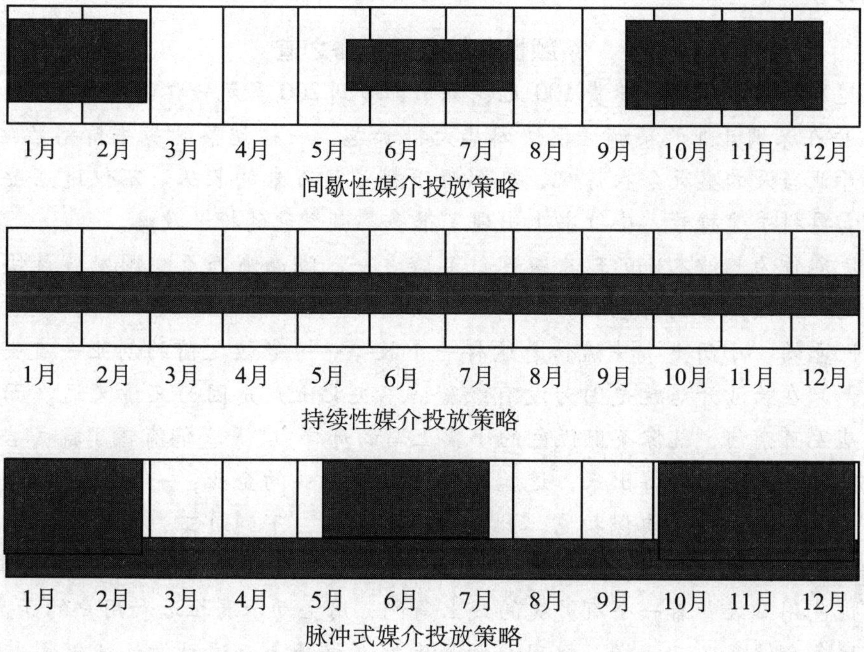

图7-8　三种媒介投放策略

关键术语

大众传播媒介	小众传播媒介	新媒介	开机率
收视人口	收视率	目标人口收视率	受众占有率
受众组成	千人成本	收视点成本	编辑环境
广告环境	到达率	目标市场到达率	接触频次
总收视点	媒介组合	媒介权重	

思考题

1. 电波媒介与平面媒介各有哪些特征?

2. 制定媒介计划之前首先要考虑什么?

3. 千人成本和收视点成本的计算方法各是什么? 两者之间有什么区别?

4. 你认为在平面媒介中有影响力的刊物是哪一种? 在电视媒介中收视人口较多的频道或栏目是哪一个?

课后实践

各小组根据之前所选定的品牌策划提案，进一步完成该策划案的媒介选择、媒介组合、媒介投放策略、媒介投放预算和媒介传播效果评估等。

案例分析

茶颜悦色的品牌传播之道

排队超8小时、外卖跑腿费100元、黄牛价炒到200多元一杯……

2021年在深圳开业的茶颜悦色快闪店大排长龙，一杯奶茶的黄牛价格已经炒到200多块钱，开业当天的盛况令人惊叹，在烈日下排了几百米的长队。不仅进店要排队，购买奶茶也需要拼手速抢号，小红书上出现了很多茶颜悦色的抢号攻略。

茶颜悦色作为长沙本地的现象级网红品牌之一、湖南省乃至全国发展最快的新中式茶饮品牌之一，极具营销特色。

茶颜悦色的“小历史”中流传着这样一个故事——老板之前的创业一直失败，什么都没干成，只在长沙开店就是因为没有经验，不去北上广是因为又贵又远。面对各种盗版的奶茶店无可奈何，就像茶颜悦色的小票上写的那样：“等我们有钱了就去告他们”。

从小票的字里行间看得出来，这就是一个艰难创业的企业，一个赚钱难、维权困难的弱势企业，人们天然想要保护它。此外，上到老板，下到员工，都有自己的人设，比如，老板自称卖茶的怪叔叔、设计师们叫鸡仔、公众号运营人员则称自己为“摸鱼侠”。

茶颜悦色用心经营着一个有灵魂的线上角色，用主动示弱拉近和用户的距离。

茶颜悦色会像星巴克一样，把用户的姓氏写在杯子上，这种做法能够引起顾客的好感。这背后有个心理学知识：禀赋效应。禀赋效应指的是，我们会认为自己拥有的东西价值更高。人们对自己的名字是很敏感的，如果杯子上写上顾客的姓氏，能够增强顾客的拥有感。

茶颜悦色还把门店装饰成中国风，12款造型的杯子印上霸王别姬等图案，很有韵味。

茶颜悦色很擅长制造传播话题，翻看微博上“茶颜悦色”的超话你会发现，它默默地给用户带来了很多暖心的瞬间，这些暖心瞬间可以让用户产生自发传播的行为。茶颜悦色上线了外卖，店员们会在外卖单子上给用户写情话，画小仓鼠，让人感觉很亲切、很有趣，很多用户会把这些外卖单发到网上，配文：“锁胃就算了，现在怎么还开始撩人?”

在竞争激烈的奶茶市场上，茶颜悦色能占据一席之地，并且在网络上爆火，迅速成长为网红奶茶品牌，其中不乏其区域性饥饿营销的功劳。

“只开在长沙的奶茶店”，在一定程度上满足了长沙消费者的优越感，加深长沙消费者对茶颜悦色的好感度。对于外地消费者来说，在其他地方喝不到的奶茶极大地激起了他们的好奇心和购买欲。加上茶颜悦色的网络评价很高，各地的奶茶爱好者都想来一探究竟。茶颜悦色的区域性饥饿营销不但提升了茶颜悦色的奶茶销量，甚至带动了长沙旅游业的发展。

问题

茶颜悦色的品牌传播的成功之道是什么？请加以分析。

第8章 互联网媒介与数字营销①

| 本章要点 |

1. 互联网媒介的特征及其广告表现形式。
2. 社交媒体的形式及其运用策略。
3. 数字营销的基本策略。
4. 另类营销的概念及其实施策略。

引 例

褚橙——打造高溢价的农产品电商

本来生活网运营中心副总经理唐宋在《像可口可乐一样卖水果》一文中提及，在做褚橙2021年的品牌营销时，考虑的问题是如何将非标准化的东西做成标准化，以及如何面对年轻人做推广。

本来生活网以“讲故事＋文化包装＋食品安全＋社会化媒体营销＋产销电商一条龙”的方式令褚橙2021年大卖。将大数据技术和社会化广告技术结合，通过“褚橙故事”传播＋预售促销活动相互配合的形式为褚橙的售卖做预热的方式值得借鉴。

（1）利用大数据技术为社会化广告投放提供方向和依据。

精准锁定目标人群，进行定向推广。收集信息范围包括产品潜在粉丝、竞品消费者、意见领袖等。

（2）为产品传播进行内容营销。

制定了三组适合社会化传播的内容方向，包括：褚橙产品安全方向、褚时健故事励志方向、微博粉丝独享优惠方向，建立起与目标消费者联系的桥梁。

（3）将大数据技术捕捉到的精准画像与内容方向进行匹配。

制定不同的投放组合计划，测试出互动率最高的传播组合进行重点推广，确保每一

① 本章部分内容参考肯尼斯·洛克、唐纳德·巴克所著《广告、促销与整合营销传播（第8版）》（中国人民大学出版社，2021）。

分推广费用都花在刀刃上。

（4）邀请达人品尝励志橙活动——开展“无任何门槛”形式的馈赠活动。

面向1 000名不同行业的“80后”创业达人进行褚橙无偿激励赠送活动。30%的达人接受了赠送，后续带来了更多围绕褚橙的热议话题。

互联网的出现彻底改变了人们的沟通方式和企业的运营方式，既为生产制造商提供了一个全开放的商品销售平台，又为消费者提供了更多的商品选择与比较的机会。因此，互联网不仅创新了商业规则，还实现了高效的商业运营模式。

8.1 互联网媒介

互联网作为继报刊、广播、电视之后的第四大媒介，自20世纪90年代兴起以来，使信息传播方式发生了革命性的变革，互联网传播已经成为当代企业开展整合营销传播活动的重要方式之一。根据中国互联网络信息中心的统计，截至2022年12月，中国的网民规模达到10.67亿，中国互联网普及率为75.6%，互联网对中国的影响巨大。

一、互联网媒介概述

互联网媒介是一个相对的概念，它是指随着卫星通信、数字化、多媒体、计算机、网络技术的发展而产生的有别于传统媒介的具有实时互动特点的新型媒介。

（一）互联网媒介的定义

互联网媒介是指运用电子计算机网络及多媒体技术传播信息的媒介。多媒体原指由两种或两种以上传播形式结合到一起的电子媒介，又称混合媒介，现在主要用来指将多种电子媒介（包括广播、电视、电话、传真、计算机等）连接起来，对声音、图像、文字和数据进行综合快速处理并传输的双向信息系统。国际互联网则提供了一个集各种媒介于一身的新型传播系统，声音、影像、文字完美地结合在一起。以多媒体媒介为主体的网络媒介在世界范围内获得了迅速发展。

网络媒介有多种功能。首先，网络媒介能够播放广播电视节目，具有广播和电视媒介的功能；其次，网络媒介能通过互联网传播和接收报纸、杂志、图书等信息，具有平面媒介的功能；再次，网络媒介具有网上聊天、洽谈生意等类似于人际传播的功能；最后，网络媒介能直接传播众多商品信息，具有全天候的广告媒体功能。

（二）互联网媒介的特征

与传统媒介相比，互联网媒介的基本特征是：传播方式的双向性、传播功能的融合性、传播技术的先进性和传播内容的全球性。具体而言，其特征包括数字化、全球性、多样性与无限性、可存储、易复制、易检索、多元性、自由性、个性化、迅捷性、多媒体化和交互性。

1. 数字化

数字化是互联网媒体存在的前提。正像原子是构成物质世界的基本单元一样，比特是构成信息世界的基本单元。在互联网上无论是文字、图像、声音，归根到底都是通过“0”和“1”这两个数字信号的不同组合来表达。这使得信息第一次不仅在内容上，而且在形式上获得了同一性。数字化的革命意义不仅是便于复制和传送，更重要的是方便不同形式的信息之间的相互转换，如将文字转换为声音。

2. 全球性

与传统媒体的传播相比，网络传播的范围更广，具有一种全球性的特征。这种全球性实际上也表明了网络的传播具有一种开放性的特征，这就意味着人们使用的这个网络，不管是谁发明了它，都将是属于全人类的。这种全球性并不是一个政治口号，而是有技术保证的。互联网的结构是分布式网络，因此在技术层面上，互联网不存在中央控制的问题。也就是说，不可能存在某一个国家或者某一个利益集团通过某种技术手段来完全控制互联网的问题。反过来，也无法把互联网封闭在一个国家之内——除非这个国家不打算建立互联网，而是要建立别的什么网络。

互联网媒体是一种名副其实的全球化传播媒体。其全球化特征主要体现在传、受双方，即信息传播的全球化和信息接收的全球化。互联网媒体打破了传统媒体的传播范围多受限于本地、本国的束缚，其受众遍及全世界。互联网媒体的这一特征，有利于地方性媒体和全国性媒体、弱势媒体与强势媒体的竞争，甚至个人网站亦可在一夜之间成为全世界网民关注的对象。

3. 多样性与无限性

这是指网络媒体在信息传输量上具有无限的丰富性，在信息形态上具有纷繁的多样性。无论是报纸、广播、电视，在单位时间（节目）和空间（版面）中所传播的信息，都是有限的，而互联网媒体存储和发布的信息量巨大，近似于无限。也因此，网络媒体的信息又被称为“海量”信息。

4. 可存储、易复制

美国麻省理工学院媒体实验室主任尼古拉·尼葛洛庞蒂曾指出：信息社会，其基本要素不是原子，而是比特。比特与原子遵循着完全不同的法则。比特没有重量，易于复制，可以以极快的速度传播。在它传播时，时空障碍完全消失。原子只能由有限的人使用，使用的人越多其价值越低；比特可以由无限的人使用，使用的人越多其价值越高。

5. 易检索

互联网媒体通过超文本链接的方式，将无限丰富的信息加以存储和发布，用户可以很方便地输入关键词进行检索。

6. 多元性

互联网媒体的多元性特征，首先表现在传播主体上。在互联网媒体世界，政府、企事业网站乃至个人网站都有能力发布新闻，成为传播新闻的主体。其次，互联网媒体的全球化特征，决定其文化的多元性，它通过超链接、超文本的手段，运用数字技术，将全球文化用网络的方式联结在一起。再次，互联网媒体的传播方式具有多元性的特点。传统媒体的传播方式一般是点对面的传播，而互联网媒体除了点对多即网站向网民、某一网民向不特定的其他网民发布信息这一方式之外，还有点对点即网民通过网络向其他某个网民发电子邮件的方式，众多网民向某一个网站发送信息、反馈意见的多对点方式，以及网上聊天室、电子公告牌等多对多的传播方式。

7. 自由性

受众可以在自己许可的时间与地点上网，接收信息、消化信息、分享信息，甚至还可以与他人进行互动交流。也就是说，网络媒介的自由性这一特征一方面在自然属性上完全打破了时空限制，另一方面在社会属性上信息的发布者完全可以独立做出判断而不需要他人对信息进行审核，主客体双方也就是信息的发布者和信息的接收者可以在任何时间、任何地点上传、分享和接收相关信息，结果就是使得信息可以更为自由地流动而难以被封锁和限制。

8. 个性化

无论从理论上还是实践上看，每个网民只要愿意都可以在网上通过公众号或自媒体发布信息，从这个意义上看，网络媒体的传播是真正个性化的传播，其内容设计，大多是出自受众的个体需要。因此，有人说互联网媒体传播最温馨、最具有人情味。

9. 迅捷性

互联网媒体的信息传播速度快，信息来源广泛，信息制作发布简便，因此，互联网媒体可以随时发布新闻，尤其是在报道突发性事件和持续发展的新闻事件中，互联网媒体的“刷新”功能比传统媒体的“滚动播出”更胜一筹。网络信息传播速度很快，具有很强的时效性。如新浪网对悉尼奥运会的报道等。因此，网络媒体在新闻传播上又表现出一种实时传播的特征。

10. 多媒体化

互联网媒体整合了报纸、广播、电视三大媒介的优势，实现了文字、图片、声音、图像等传播符号和手段的有机结合。

11. 交互性

交互性是指互联网媒体带来了传、受双方的双向互动传播。自从国际互联网出现后，公众与媒介的传、受地位发生了重大变化，尼葛洛庞蒂对这种变化有详细而形象的描述：“数字化会改变大众传播媒体的本质，‘推’送比特给人们的过程将变为允许大家（或他们的电脑）‘拉’出想要的比特的过程。这是一个剧烈的变化，我们以往媒体的整个概念是，通过层层的过滤之后，把信息和娱乐简化为一套‘要闻’或‘畅销书’，再抛给不同的‘受众’。”由“推”到“拉”不仅仅是一个动作的变化，更重要的是把网上信息变成一个世界范围的“信息超级市场”，网民在其中可按自己的意愿各取所需。

二、互联网媒介的广告表现形式

网络广告简单地说就是通过网络媒介发布的广告。广义的网络广告是指企业在网络上发布的一切商业信息。网络广告的形式有很多，可以按照不同的标准分类。比如，按照广告在网页上占据的面积（此种分类源于传统的平面媒介）及其呈现形式，可以将网络广告划分为旗帜广告、按钮广告、插页广告、墙纸广告等；按照广告在网页上的不同位置，可以将网络广告划分为首页广告、内页广告和弹出广告等；按照网络广告依托的不同载体，可以将网络广告划分为网页广告、流媒体广告和即时通信工具广告等。下面根据最后一种划分标准介绍几种不同类型的网络广告。

（一）网页广告

网页广告又称页面广告，是指在视频点播的各页面中放置的各种形式的链接广告，包括各类门户网站、其他网站（如论坛）上的广告，甚至是电子邮箱界面和博客页面等网页上横幅、Flash、文字链接等类型的广告。通常出现在文字、视频、富媒体或者视频内容的边框，一般在视频或广告内容的旁边。页面广告的主要目的是在网页中展示广告主的名称、品牌和产品。页面广告还可以依靠点击实现交互，或者通过富媒体促成进一步的信息传递。包括横幅广告、标识广告、按钮广告、墙纸广告等。

（二）流媒体广告

流媒体广告是以流媒体技术在网络上传播产品、服务或品牌信息的广告。流媒体实际上是指一种新的媒体传送方式而非一种新的媒体。流媒体技术全面应用后，人们可在网上直接进行语音和视频聊天；人们在网上看到感兴趣的商品，点击后客服人员和商品的影像就会跳出来；流媒体还可以播放新闻。

近年来我国的流媒体技术快速发展，许多人比较熟悉的 PPlive 网络电视、PPSTREAM 网络电视盒、QQ 直播等就是典型的流媒体。

网民利用流媒体软件观看视频文件时，视频文件在打开之前会有一个缓冲阶段。在这短暂的时间里，网民的注意力一般会比较集中，广告商充分利用这个时间段，适时地插入品牌产品的广告，这种形式的广告就是典型的流媒体广告（见图 8－1）。

图 8－1　网络流媒体广告作品

（三）即时通信工具广告

Instant Messager（即时通信工具、实时传讯工具）的缩写是 IM，这是一种可以让使用者在网络上建立某种私人聊天室的实时通信服务工具。大部分的即时通信服务工具提供了状态信息的特性——显示联络人名单、联络人是否在线及能否与联络人交谈。在互联网上受欢迎的即时通信软件包括 QQ、AOL Instant Messenger、Yahoo! Messenger、NET Messenger Service、Jabber、ICQ 等。

由于即时通信工具的应用非常广泛，网民一旦应用往往会滞留较长的时间，在即时通信工具中出现的广告的注目率和曝光率都是比较高的。中国移动、可口可乐、阿迪达斯等知名品牌与即时通信工具的提供商进行多方面合作，将即时通信工具作为其网络传播工具之一。

即时通信广告的价值在于其表现方式，其位置特征又是最为重要的，即选择一个好的位置，提高与受众的接触率，再加上优秀的广告创意内容，一定会提高受众的关注度和点击率。

即时通信广告与电视广告不同的是，它不以时间段来决定人们对广告的注目程度，它强调的是广告在电脑屏幕中的位置设置。目前，即时通信广告的位置主要安排在对话框、迷你首页、主菜单和消息位置，不同的位置会有不同的优势和劣势。

（四）游戏嵌入式广告

游戏嵌入式广告是指内嵌在游戏中的广告，它把游戏变成发布广告的一种载体。它以游戏的用户群为基础，通过固定的条件，在游戏中的适当的时间，在适当的位置出现广告。从游戏和广告的结合形式上看，游戏广告是一种内嵌在游戏程序之中的广告。它在游戏场景中出现，在玩家玩游戏的同时起到广告传播的作用。

与普通的商业广告有所不同，这种形式的广告借助的载体是一种全新的媒体介质——游戏。这种将游戏与广告合为一体的媒体文件实际上将含有品牌信息的广告内嵌在游戏的程序之中，使游戏玩家在玩游戏时不知不觉地接收广告信息，同时，游戏玩家可能会在玩游戏的过程中把对游戏的归属感和亲切感转移到游戏内嵌的广告上，对广告信息中出现的品牌产品产生认同感。比如，网上流行一款赛车游戏《极品飞车》，该游戏中车手驾驶的是宝马汽车，这就是企业巧妙地将品牌产品内嵌到游戏当中的典型案例（见图8－2）。需要指出的是，在游戏中嵌入的广告出现的位置和时间必须恰到好处，以不妨碍玩家正常操作为前提，否则会引起玩家的反感，适得其反。

图8－2　网络游戏《极品飞车》内嵌广告

（五）电子杂志广告

电子杂志又称网络杂志、互动杂志，目前进入第三代，以Flash为主要载体独立于网站存在。电子杂志是一种非常好的媒体表现形式，它兼具平面媒介与互联网媒介的特点，融入图像、文字、声音、视频、游戏等多种手段，将信息以更加生动形象的方式呈现给读者。此外，它还包含超链接、互动等网络元素。电子杂志延展性强，未来可移植到 PDA、手机、MP4、PSP 以及数字电视等多种个人终端。

由于电子杂志是由网民根据兴趣与需要主动订阅的，所以此类广告更能准确有效地面向潜在客户。在电子杂志上投放广告，效果也非常显著，能够在很短的时间内将广告信息推广出去。见图 8－3。

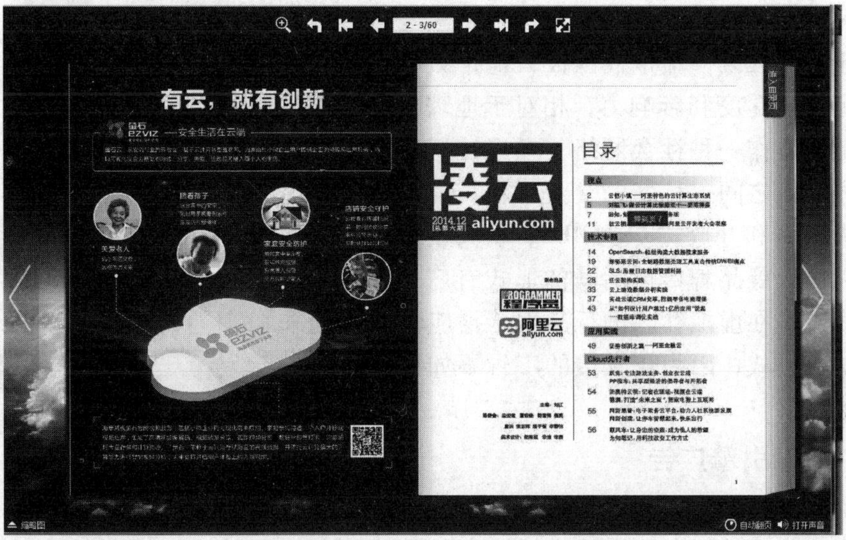

图 8－3　阿里云电子杂志广告作品

（六）电子邮件广告

电子邮件广告是指通过互联网将广告发送到用户电子邮箱的网络广告形式，它针对性强、传播面广、信息量大，其形式类似于直邮广告。电子邮件广告的制作和维护比传统媒体简单、快捷。

电子邮件广告可以直接发送，但有时也使用搭载发送的形式，比如通过用户订阅的电子刊物、新闻邮件和免费软件以及软件升级等一起附带发送。也有的网站使用注册会员制，聚集忠实群（网上浏览者），将客户广告连同网站提供的每日更新的信息一起准确送到该网站注册会员的电子信箱中。

电子邮件广告具有针对性强、费用低的特点，且广告内容不受限制。其针对性强的特点，可以让企业针对某一用户或某一特定用户群发送特定的广告，为其他网上广告方式所不及。电子邮件是网民最经常使用的互联网工具。30% 左右的网民每天上网浏览信息，有超过 70% 的网民每天使用电子邮件。

（七）广告主网站

广告主网站是企业在互联网上进行网络营销和形象宣传的平台，相当于企业的网络名片，不但对企业的形象是一个良好的宣传，同时可以辅助企业的销售，企业可以利用网站进行产品资讯发布等。广告主网站是企业通向互联网的平台和门户，是企业开展网络营销的重要工具。广告主网站的作用是展现公司形象，加强消费者服务，完善网络业务等。除此之外，广告主网站还可以与潜在消费者建立商业联系。见图 8－4。

（八）虚拟社区广告

图8－4　苏泊尔网站广告

虚拟社区是指一群主要借由计算机网络彼此沟通的人们，他们彼此有某种程度的了解、分享知识和信息，在很大程度上如同朋友般彼此关怀，所形成的团体。除此之外，人工智能的虚拟人物所组成的社区，也可以称做虚拟社区。

相对于传统社区，虚拟社区极大地扩大了人与人之间交流的范围、深度和影响力；相对于地理概念，虚拟社区更多地被看作一种社会网络。虚拟社区是一个沟通平台，是人与人之间一种新的交流平台。虚拟社区包括专业垂直类网站和开放式专题BBS、聊天室等。广告主利用虚拟社区开展品牌传播活动的形式有广告、活动与事件和博客等。在虚拟社区进行品牌传播应该尽可能采取潜移默化的方式，因为较直接的广告不如情感交流方式有效。

（九）搜索引擎广告

搜索引擎广告是指广告主根据自己的产品或服务的内容、特点等，确定相关的关键词，撰写广告内容并自主定价投放的广告。当用户搜索到广告主投放的关键词时，相应的广告就会展示出来（关键词有多个用户购买时，根据竞价排名原则展示），并在用户点击后按照广告主对该关键词的出价收费，无点击不收费。

这种广告根据网民使用搜索引擎的方式，尽可能利用网民搜索信息的机会将企业的广告信息传递给网民。简单来说，搜索引擎广告就是基于搜索引擎平台的网络营销，它利用网民对搜索引擎的依赖及其使用习惯，尽可能在网民搜索信息时将营销信息传递给网民。目前，各大搜索引擎都建立了自己的广告运营体系。从公布的2021年搜索引擎市场份额来看，百度依然是一家独大。由于搜索引擎广告只出现在相关搜索结果或相关主题网页中，因此搜索引擎广告比传统广告更加有效。

总体而言，搜索引擎广告的优势是：针对性强，网民可以主动找到自己需要的信息；成本容易控制，企业可以根据自己的市场营销传播战略灵活地制定合理的成本预算；网民点击的起步价低，能为中小企业扩大品牌知名度和影响力提供较为理想的展示平台。

搜索引擎广告与互联网植入式广告有相似之处也有相异之处。植入式广告，也称作植入式营销，业界通常有一种误解，认为一定是要将产品或服务的广告信息植入到一定的影视动画场景或者故事情节中，才可以称得上是植入式广告。其实并不是这样，以文字植入方式渗透到各个网站的互联网广告，才是真正最大规模的植入式广告。搜索引擎广告无疑就是借助搜索引擎的强大流量而产生的一种广告模式，以竞价排名和关键词搜索为主基调。

（十）BBS 广告

BBS 广告是利用论坛这种网络交流的平台，通过文字、图片、视频等方式发布企业的产品和服务的信息，让目标客户更加深刻地了解企业的产品和服务，最终达到宣传企业的品牌、加深市场认知度的网络传播活动。

BBS 是信息传播和扩散最为理想的媒介平台，也是企业开展口碑营销、病毒式营销的首选媒介。该媒介平台的优势在于其用户或网民群体大都是根据某些行为或个性划分的，同属一个群体的网民往往具有大致相同的个性或气质特征，这为企业选择目标消费者提供了较为理想的信息发布平台，在 BBS 上发布的信息也很容易在同一个受众群体中得到传播和扩散。

（十一）博客广告

博客广告，顾名思义，就是利用博客平台为企业推销产品和服务、塑造品牌、树立产品形象做广告，简而言之就是发布在博客网站和个人博客上的广告，是网络广告的一种形式。具体而言，博客广告是指广告主通过一定的策划与创意，在博客网站上发布有关产品和服务的信息，并劝说诱导用户购买和消费其产品和服务的信息传播活动。它的基本作用是借助博客这种传播载体，传递商业资讯，发布广告信息，刺激购买欲望，引导消费潮流，从而推动商品经济的蓬勃发展。

8.2　社交媒体

社交媒体是人们彼此之间用来分享意见、见解、经验和观点的工具和平台，现阶段主要包括社交网站、微博、微信、博客、论坛、播客等等。社交媒体在互联网的沃土上蓬勃发展，爆发出令人眩目的能量，其传播的信息已成为人们浏览互联网的重要内容，不仅制造了人们社交生活中争相讨论的一个又一个热门话题，更吸引传统媒体争相跟进。

一、社交媒体网站

在社交媒体上，大批网民自发贡献、提取、创造新闻资讯，然后传播。有两点需要强调：一个是人数众多，一个是自发传播，缺少任何一点都不会构成社交媒体的范畴。社交媒体的产生依赖的是 WEB 2.0 的发展，如果网络不赋予网民更多的主动权，社交媒体就失去了群众基础和技术支持，也就失去了根基。如果没有技术支撑那么多的互动模式，那么多互动的产品，网民的需求就只能被压制而无法释放。如果没有意识到网民对于互动及表达自我的强烈愿望，也不会催生出那么多眼花缭乱的技术。社交媒体正是基于群众基础和技术支持才得以发展。

（一）微信

1. 微信简介

微信是腾讯公司于 2011 年 1 月 21 日推出的一个为智能终端提供即时通信服务的免

费应用程序，由张小龙带领的腾讯广州研发中心产品团队打造。微信支持跨通信运营商、跨操作系统平台通过网络快速发送免费（需消耗少量网络流量）语音短信、视频、图片和文字，同时，也可以使用基于位置的社交插件“摇一摇”“朋友圈”“公众平台”“语音记事本”等服务插件。

2. 微信营销

微信营销是网络经济时代企业营销模式的一种创新，是伴随微信的流行而兴起的一种网络营销方式。微信不受距离的限制，用户注册微信账户后便可与其他注册用户联系。用户订阅自己所需的信息，商家通过向用户提供其所需的信息推广自己的产品，从而实现点对点的营销。

微信营销主要体现为以手机或者电脑的移动客户端进行的区域定位营销。商家通过微信公众平台，结合微信会员管理系统展示商家的微官网、微会员、微推送、微支付、微活动，这样就形成了线上线下微信互动营销方式。

（二）微博

1. 微博简介

微博是基于用户关系的社交媒体平台，用户可以通过电脑、手机等多种移动终端接入，以文字、图片、视频等多媒体形式，实现信息的即时分享、传播互动。微博基于公开平台架构，使用户能够公开实时发表内容，通过裂变式传播，让用户与他人互动并与世界紧密相连。作为继门户、搜索之后的互联网新入口，微博改变了信息传播的方式，实现了信息的即时分享。

2. 微博营销

如果以微博作为营销平台，每个粉丝都是潜在的营销对象，企业可以通过微博向网友传播企业信息和产品信息，并树立良好的企业形象和产品形象。企业可以每天更新微博内容，或者发布网友感兴趣的话题，这就是微博营销。

企业可以在不同的消费阶段与客户互动，逐步与其建立情感关系。在认知阶段，企业可以主动发现潜在客户的需求，帮助其了解产品的基本功能；在购买阶段，企业可以有针对性地答疑，以促进客户做出购买决策；在使用阶段，企业可以通过贴心的互动让客户有更好的体验；最后，要倾听客户对产品的评价和使用产品的体验，给予客户关注和奖励，使客户更有动力向身边的朋友推荐企业产品。

案例8-1

成功的微博营销——韩寒的《后会无期》

韩寒导演处女作《后会无期》在零点首映场取得410万元票房，首映日票房为7 650万元，最终票房超6亿元。票房的背后，是营销的成功。我们一起来分析一下韩寒在《后会无期》电影发布前的营销脉络。

1月31日，韩寒在微博上发布了一张女儿小野的照片，有网友在回复中称韩寒为“岳父大人”，韩寒将该条回复转发到微博上，“国民岳父”的美名自此迅速走红。阿信、冯绍峰等明星也竞相在微博上称韩寒为岳父，有人还开辟了“国民岳父韩寒”的微博话题，该话题的讨论量亦超过 10 万，阅读量则达到 121 万。

随后，“国民岳父韩寒”开始卖电影。各种花絮照自不必说，最成功的是《后会无期》的 3 支 MV，其中又以《平凡之路》反响最热烈。《平凡之路》的发布同时宣告了朴树的复出。朴树和韩寒联手复活了千万“80 后”关于青春的记忆。这两位青年领袖成为引发热烈讨论的网络人物，该 MV 转发量最终突破 40 万，这首歌也登上了当天虾米、腾讯网的音乐排行榜榜首。

“国民岳父”韩寒，堪称“营销教父”，整个营销战役从社交话题的制造、时机的选择、营销节奏的把控以及品牌的维持，都做得很到位。“听过很多道理，依然过不好这一生”的宣传语既是对影片主题的概括，也是韩寒文字作品的一种延续。

《后会无期》最后也收获了不错的票房。

资料来源：成功的广告创意案例．百度文库，2022－03－08.

（三）豆瓣

豆瓣是一个社区网站，由杨勃创立于 2005 年 3 月 6 日。该网站以书影音起家，提供关于书籍、电影、音乐等作品的信息，无论描述还是评论都由用户提供，是 Web 2.0 网站中具有特色的一个。网站还提供豆瓣 FM、豆瓣读书、豆瓣阅读、豆瓣电影、豆瓣音乐、豆瓣同城、豆瓣小组等线下同城活动、小组话题交流等多种服务功能，它更像一个集品味系统（读书、电影、音乐）、表达系统（我读、我看、我听）和交流系统（同城、小组、友邻）于一体的创新网络服务，一直致力于帮助都市人群发现生活中有用的事物。见图 8－5。

图 8－5　豆瓣网标识

（四）知乎

知乎是一个中文互联网高质量的问答社区和创作者聚集的原创内容平台，于 2011 年 1 月正式上线，以“让人们更好地分享知识、经验和见解，找到自己的解答”为品牌使命。

知乎凭借认真、专业、友善的社区氛围、独特的产品机制以及结构化和易获得的优质内容，聚集了中文互联网科技、商业、影视、时尚、文化领域最具创造力的人群，已成为综合性、全品类、在诸多领域具有关键影响力的知识分享社区和创作者聚集的原创内容平台，建立起了以社区驱动的内容变现商业模式。

（五）抖音

抖音，是由字节跳动孵化的一款短视频社交类软件。该软件于 2016 年 9 月 20 日上线，是一个面向全年龄段受众的短视频平台。

用户可以通过抖音拍摄短视频，形成自己的作品并在平台上分享，还可以观看其他视频发布者发布的视频，抖音会根据用户的喜好，利用大数据来推荐用户喜爱的视频。近年来，抖音直播也很受用户欢迎。

（六）腾讯 QQ

QQ，是腾讯 QQ 的简称，是一款基于互联网的即时通信软件。QQ 已经覆盖了 Windows、macOS、iPadOS、Android、iOS、Windows Phone、Linux 等多个主流平台。其标志是一只戴着红色围巾的小企鹅。腾讯 QQ 支持在线聊天、视频通话、点对点断点续传文件、共享文件、网络硬盘、自定义面板、QQ 邮箱等多种功能，并可与多种通信终端相连。

二、社交媒体营销的优势及其策略

社交媒体营销是指企业使用互联网上的社交媒体平台传播和推广企业的产品和服务的线上营销方法。社交媒体营销是企业接触潜在消费者的有效方式。

（一）社交媒体营销的优势

目前，有越来越多的人愿意花更多的时间在社交媒体上，社交媒体的世界正在以惊人的速度变化。相关数据表明，社交媒体拥有庞大的潜在用户群体。社交媒体为企业创造了巨大的商机。具体而言，社交媒体营销对于成熟品牌和初创企业来说具有以下八大优势。

1. 增加流量和提升品牌形象

社交媒体可以为品牌网站带来流量，比如访问者点击网站上嵌入的 URL 可进入品牌网站界面。企业的营销传播人员利用社交媒体吸引用户访问企业的线下实体店。在 B2B 中，社交媒体产生销售线索，供销售人员跟进，其中包括现场销售人员、电话推销员或电子邮件销售人员。

2. 提高搜索排名

社交媒体可以提高搜索引擎的自然搜索排名。搜索引擎的商家排名上升主要有两个原因：一是用户在社交媒体网站上频繁地检索品牌名称，搜索引擎上的大多数算法都会检索被设定词语的提及次数；二是如果品牌内容或品牌评论与搜索词语相匹配，那么交互的质量就会提高，各种搜索引擎也会赋予该品牌更高的可信度。

3. 收集用户信息

倾听社交聊天即社交聆听，能够为市场营销人员提供启发性的信息。

（1）对消极反馈做出反应。用户在线上的评论对于品牌而言大都是好坏参半，但在大多数的情况下用户会对于其使用的品牌商品做出真实的评价。收集用户信息是一件十分重要的事情，但在收集用户信息之后迅速做出反应则更为重要也更为不易。

（2）发现问题。通过社交聆听，营销人员可以发现本品牌商品或本企业存在的潜在问题，以便在尽可能短的时间内解决问题。例如，通过监测社交媒体上的用户评论，品牌经理可以避免对少数用户的意见做出反应，因为这些用户的意见可能并非代表大多数品牌用户的意见。企业在改变产品或采取行动之前，营销人员应该尽快确定社交网络上的用户所表达的意见是代表了一小部分用户的意见还是代表了大部分用户的意见。

（3）收集品牌内容的话题。社交聆听为品牌内容提供了极好的创意来源。消费者所面临的问题以及寻求的信息都可以在品牌内容的页面上呈现。通过了解用户在社交媒体上发布的相关信息，企业就可以在第一时间与消费者保持一致的步调，努力满足消费者的需求。

（4）预测趋势。Sparks and Honey 数字营销公司负责为各个品牌监测社交聊天的内容。除了计算品牌被提及的次数外，该公司还设计了一个情绪评分系统，表明消费者聊天内容的积极程度或者消极程度。该公司还开发了“爆发指数”来帮助企业了解其需要以何种程度对社会上出现的趋势做出反应，或者是否有必要做出反应。

（5）挖掘观点或发现观点的转变。除了识别趋势，营销传播人员还可以通过社交聆听察觉消费者的观点及其转变。企业通过社交聆听发现少数用户对品牌广告的内容有负面观点之后，企业应该采取积极主动的方法予以应对，而不是被动消极地回避。

（6）识别品牌的忠诚者。社交聆听能够帮助企业识别品牌忠诚者。社交媒体营销平台的研究数据表明，一个品牌 4.7% 的粉丝就几乎可以创造全部的社交热点，而有的研究公司则认为这个数字应该是 20%，但一个明显的事实是只要一小部分的线上用户针对某一品牌所发表的话题就可以产生相当大的品牌影响力，而绝大多数人习惯于保持沉默而很少发表自己的意见。因此，无论这一小部分人是占 4.7% 还是更多一些，只要企业能够识别出这部分用户，对于一个品牌而言无论如何都是价值非凡的。在社交互动的过程中，品牌忠诚者通常会表现出三个特点：行为承诺、情感联结和优秀的沟通技巧。

4. 增加销售额和建立品牌忠诚度

增加销售额和建立品牌忠诚度是企业制定社交媒体营销计划的最终目标。如果社交媒体用户仅仅将社交媒体推广计划看成一种品牌商品的推销，他们就很可能会选择远离社交媒体。因此，营销人员应该设计出一种能够吸引消费者的社交媒体计划，增加销售额则应该被看作社交媒体计划所产生的附加价值。

可口可乐的一项研究表明，线上热议或社交媒体上的品牌讨论并没有对商品的销售产生明显的影响，也就是说，这一研究并未发现商品的销售额与社交媒体热点之间存在正相关的关系。不过，麦肯锡的一项研究揭示了商品的销售额与负面热点之间的关系，即由于社交媒体上对麦肯锡品牌的负面评论，麦肯锡的一个电信客户的销售额下降了 8%。

5. 高性价比

社交媒体营销可能是广告策略中最具成本效益的营销方式。几乎所有的社交网络平台都允许免费注册和创建个人资料。与其他营销策略相比，社交媒体营销的成本是非常有竞争力的，它可以让企业看到更高的投资回报，同时为其他营销和业务支出保留更大的预算。如果企业决定使用付费社交媒体广告，只需投入少量时间和金钱，就可以显著提高转化率并最终获得初始投资的回报。

6. 更高的转化率

在社交媒体上的文章、照片、视频或评论都有可能为企业带来流量。通过人性化因素，社交媒体营销可以让企业给人留下深刻的印象。当企业在社交媒体上分享内容、评论和更新状态与客户互动时，其实品牌就已经人格化了。

7. 讲述品牌故事

使用社交媒体来分享企业品牌使命和故事是一种很好的方式。好的故事会对品牌形象产生重大影响。比如，讲述使用过产品或服务的人的故事。

8. 使用社交媒体进行再营销

重新定位和再营销是一种出色的社交媒体营销方式。一般来说，只有2%的访客会在他们第一次访问相关内容时进行购买。提高产品转化率的一种方法是投放再营销广告，再营销的工作原理是保留网站或社交媒体的访问者列表并在他们的浏览器中放置匿名“Cookie”。当他们访问社交媒体网站时，重新定位服务会显示广告。

（二）社交媒体营销的基本原则

1. 用户永远第一

不管是产品开发、客户运营还是社交平台运营，社交媒体营销的原则是一定要把用户的利益放在第一的位置，否则，任何营销策略都将毫无意义。

性格外向、情感丰富的用户大都喜欢将自己使用某特定品牌商品之后的体会和感受通过社交媒体向外界发布，这就在某种程度上使得这些用户成为某特定品牌商品的代言人。因此，不管是邀请用户推送的反馈，还是用户主动发的推文，广告商都要善加利用。

2. 把社交平台看作橱窗展示

广告商在社交平台推送的内容相当于橱窗展示，目的是把更多的消费者吸引到广告商的实体店或网上商店里采取购买行为。社交渠道主要是给品牌商品和店铺提供一个展示的机会，以便让受众接触到广告商家所销售的更广泛的产品系列，帮助每个潜在消费者找到合适的产品。

3. 高效利用微影响力网红

网红营销对于企业来说是一种双赢的市场策略，企业既能够获得内容，又能够增加销量。但是，网红营销的持续走红也意味着企业营销预算的飞涨，2020年网红营销已经成长为年收入达100亿美元的行业。

对于预算有限的企业来说，不一定非要投资知名网红，微影响力网红反而更具成本效益。既能节省成本，又能大规模创建内容，兼具客户获取及营销目标。

4. 最大限度延长网红营销的影响力

通常来说，网红营销的影响和效果都很难衡量，而且从社交营销的快速遗忘本质来说，网红营销的影响力也可能非常短暂，这时就一定要使用联合推广、互转、互动的方式，延长网红的影响力。

（三）社交媒体营销策略

数字营销和社交媒体有各种测量标准可以测量社交媒体营销策略的实施效果，企业的营销人员应该不断地分析这些测量数据从而确定企业是否朝着原营销目标发展，如果企业的营销计划没有取得实质性的进展，营销人员就应该考虑对营销策略进行调整。

1. 内容植入

内容植入是指企业向社交媒体的用户提供激励措施，鼓励其分享有关品牌商品的使用后的体验感受。价格激励措施是许多企业常用的措施，但是这种措施未必最有效。企业可以考虑提供对于消费者而言更有价值的信息或者任何可以吸引消费者并鼓励他们分享的激励措施。

内容植入与口碑营销有相似之处也有不同之处。两者的区别是：内容植入带有比较明显的广告主的意愿，消费者在一定程度上是收到广告主的激励而现身说法去发表关于某品牌的正面的、积极的体验感受；口碑营销则是消费者在没有广告主的利益驱动下完全自觉主动地发表关于某品牌的良好的使用体验。因此，内容植入在使用过程中一定要注意分寸，不可过度，否则会使消费者产生反感。

2. 口碑营销

口碑营销是指消费者或网民通过网络（如论坛、博客、播客、相册和视频分享网站等）渠道分享的关于对某品牌、产品或服务的正面的、积极的消费体验的信息内容。

传播学理论认为，受众对于信息的接收是有定量限额的，这就导致受众在接收外部信息的过程中具有选择性和过滤性。因此，只有让受众感到亲切或客观中立的信息源，才能获得受众更多的关注和认知。从广告心理学的角度来看，消费者对广告的反应具有明显的选择性和局限性，由于知觉容量有限，消费者并不能感受到呈现的所有广告。在外来刺激超出人们的正常阈值时，消费者就会从心理上对一部分刺激产生排斥。因此，过度投放广告进行地毯式轰炸的营销推广手段已经被越来越多学者质疑，而利用网络特点进行的口碑营销的价值正日益被业界重视。互联网的作用远不止产品销售，它其实也是一个公共论坛，消费者在此交流他们最直接的消费体验和感受及想法，这些信息往往对品牌形象的塑造与传播有巨大的影响。在社交媒体时代，网络口碑在消费者购买决策中扮演着越来越重要的角色，消费者乐于查看以往消费者对于该商品的评价，从而最大限度地减少购买风险，通过了解品牌在社交媒体上的口碑，消费者极易改变原有的对该品牌的态度。

3. 事件营销

事件营销是指企业通过策划、组织和利用具有名人效应、新闻价值以及社会影响力的人物或事件，引起大众媒体、社会团体的广泛而持续的关注，从而扩大品牌商品的知名度并促进品牌商品的销售的品牌传播活动。

例如，2013 年奥利奥利用新奥尔良超级穹顶体育馆在比赛期间的停电事故所开展的品牌推广活动就是事件营销。当时，在停电事故发生五分钟后，奥利奥就迅速在推特上发文称“在黑暗中”也可以浸泡奥利奥饼干，该文在发布之后的 14 个小时内被转发了 15 000 次。

有效的事件营销需要事先进行规划，而不是所谓的灵光乍现。营销人员应该精心策划，以确保所开展的品牌推广活动能够与消费者产生共鸣并与品牌的整体形象和整合营销传播计划保持一致。

4. 视频营销

视频营销是企业以品牌传播为目的，策划并制作感染力强、创意新颖的视频内容，通过互联网等媒体进行传播的广告活动。

视频广告可以放在片前（视频播放前）、片中（视频播放期间）和片后（视频播完结束）。其中，片后的视频广告点击率更高，因为用户已经看完视频内容；片前的视频广告效果更好；片中的视频广告的完成率最高。当企业希望用户能够对本品牌商品形成良好的印象或提高记忆度时，应该选择投放片前视频广告；当企业期望提高品牌认知度或提升品牌形象时，则应该投放片中视频广告，因为受众往往会看完整个广告；片后视频广告最适合用于将直复广告与某种类型的行动相呼应。

通常情况下，电子广告的浏览量会超过实体广告。除了投放视频广告之外，广告主还会制作发布一个视频来解释广告的制作过程或制作花絮，许多受众会觉得这些信息很有意思，这种方式通常也会增加视频广告的受众与品牌的互动。

5. 意见领袖营销

意见领袖营销是指个人在社交媒体上为某品牌代言的一种推广方式。该策略可以为品牌传播积极的口碑评论，这些评论往往来自在社交圈中被视为思想领袖或意见领袖的人，或者在某个特定领域的专家。许多代理机构就专门为潜在的意见领袖与打算采用意见领袖营销策略的品牌方牵线搭桥。

个人的影响力并不总是与他的社交网络规模相匹配，一个人可以有21 000名粉丝，但这个人非常有可能不被消费者认为是某个特定领域的意见领袖。最专业的影响者往往是那些可以引导对话并形成观点的人物。因此，一些名人虽然拥有大量的粉丝，却未必是意见领袖营销活动的最佳选择。

意见领袖往往都有扩大粉丝圈的目标。实现这一目标的一种方式就是在线上分享品牌内容，尤其是独家或提前发布内容，从而被视为意见领袖。例如，对于相机而言，意见领袖可以提供美化照片的方法，分享如何利用佳能或尼康相机制作特效，意见领袖还可以分享佳能主办摄影比赛的信息，或者佳能公司举办的在线特别研讨会。

6. 互动博客

博客是一种单向的沟通工具。吸引粉丝并鼓励他们积极参与可以使博主变得更加强大。这种互动也会带来一定的风险，因为这相当于创建博客的企业放弃了对内容的部分掌控。虽然员工可以压制或删除对于品牌的负面评论，但这种做法会破坏博主在粉丝心目中的可信度从而损坏其声誉。企业的营销团队应该诚实地面对任何批评，努力寻求解决问题和不满的方法。互动博客有以下三种类型：

第一种类型是由企业或品牌创建的博客。操作博客的企业员工可能会对负面信息以及客户如何看待企业的信息更加敏感。不过，这类博主很难与疑心较重的消费者进行坦诚的互动交流。

第二种类型是由企业或品牌赞助的博客。美国联邦贸易委员会出台新的规定，要求由企业或品牌赞助的博主必须在博客上声明赞助信息，赞助信息必须包括赞助方和赞助方式（商品、金钱或者其他赞助方式）。虽然这些博主可以自由发表个人的意见，但是他们必须对品牌保持积极的态度才能继续得到企业或品牌的赞助。

第三种类型是由没有企业或品牌赞助的个人创建的博客，博主喜欢在博客上讨论生活方式、时尚等话题。出于对某品牌的认可，他们乐于谈论某品牌，并喜欢与他人进行品牌互动。这类博客与企业没有任何关系，其发表的意见和看法更具有客观性和立场的中立性，因而对于访问者就更具有影响力，营销团队可以发现消费者对企业的商品或服务的真实看法。

7. 消费者评论

消费者评论是指消费者自觉地、理性地就能否寻求特定利益、满足某种需要而对商品的属性进行评价的个体行为。今天的消费者已经越来越多地使用在线评论，而提供在线评论的网站数量也在迅速增加。企业营销团队应该仔细研究消费者关于品牌商品的评论，这些评论十分真实地反映了消费者对品牌商品的整体印象，并且涉及本品牌商品与竞争品牌商品之间孰优孰劣的比较，这些评论信息对于企业制定营销传播计划、进行产品调整和制定服务策略都至关重要。随着消费者评论的不断增加，市场营销的挑战将变成如何有效管理消费者的口碑传播从而增加品牌资产和提升产品的销量。

8. 病毒式营销

病毒式营销是指通过病毒传播方式，利用受众已有的社交网络去扩大品牌知名度或者达到其他的市场营销目的。病毒式营销是从信息源开始，再依靠受众自发的口碑传播，达到一种将信息传向数以万计的受众的快速滚雪球式的传播效果。

病毒式营销信息包括广告、超链接促销、在线新闻通讯、流媒体视频和游戏。病毒式营销是否成功的关键是专注于产品或服务、确定用户传递信息的原因、提供激励、个性化和跟踪结果并分析数据。

8.3　数字营销

数字营销是指借助互联网、计算机通信技术和数字交互式媒体来实现营销目标的一种营销方式。数字营销将尽可能地利用先进的计算机网络技术，最有效、最省钱地谋求开拓新的市场和挖掘新的消费者。

一、电子商务

数字营销由电子商务、网络营销和移动营销组成，包括任何具有数字痕迹的内容。消费者和企业均可以通过互联网查询商品、比较商品、阅读其他消费者对商品使用后的评论、进行互动并最终购买商品。

（一）电子商务的基本概念

电子商务通常是指在全球各地广泛的商业贸易活动中，在互联网开放的网络环境下，基于客户端/服务端应用方式，买卖双方不谋面地进行各种商贸活动，实现消费者的网上购物、商户之间的网上交易和在线电子支付以及各种商务活动、交易活动、金融活动和相关的综合服务活动的一种新型的商业运营模式。电子商务有 B2B 和 B2C 商业模式。

电子商务是一个不断发展的概念。IBM 于 1996 年提出了 Electronic Commerce（E-Commerce）的概念，到了 1997 年，该公司又提出了 Electronic Business（E-Business）的概念。中国在引进这些概念的时候都翻译成电子商务，很多人对这两者的概念产生了混淆。事实上这两个概念及内容是有区别的，E-Commerce 应翻译成电子商业，有人将 E-Commerce 称为狭义的电子商务，将 E-Business 称为广义的电子商务。E-Commerce 是指实现整个贸易过程中各阶段贸易活动的电子化，E-Business 是利用网络实现所有商务活动业务流程的电子化。

（二）电子商务网站运营成功的九大要素

电子商务的形成与交易离不开以下四方面的要素：第三方电子商务交易平台、第三方交易平台经营者、第三方交易平台站内经营者和支付系统。电子商务网站运营成功的要素主要有以下九个方面。

1. 搜索优化设计

2016 年皮尤研究中心对美国 4 787 名成年人进行的调查显示，79% 的受访者曾在网上购物。根据这项研究，15% 的受访者至少每周一次在网上购物，28% 的受访者网购频率为每月几次。只有 20% 的受访者表示，他们从不网购。在皮尤研究中心 2000 年首次开展网购调查时，只有 22% 的受访者表示曾有过网购经验。这项调研的数据显示有越来越多的消费者已经习惯网上购物，而中国消费者的网上消费人数比美国的消费者更多。由于大多数的消费者都会在搜索引擎上搜索商品，电子商务网站应该充分重视优化搜索结果。

2. 以客户为中心的网页设计

网页设计的目的就是帮助消费者方便快捷地找到自己心仪的商品，因此，电子商务网站（页）的设计必须以消费者的需求为中心，其商品索引应该采用消费者在搜索商品时习惯使用的词语，而不是专业语言或技术用语。网站（页）的设计应尽可能提供人性化的搜索功能以便消费者只需点击一两次即可找到所需的商品。

3. 移动优化设计

移动优化设计在实际的运用中有两大优点：一是目前已经有 50% 的消费者通过移动设备完成购物行为，这一比例只会越来越大；二是相关的调查数据表明，缺乏移动优化设计的网站在搜索引擎的搜索页面中排名处于较低的位置，也就是说，自适应设计可以促进更高的转化率、更多的在线购买行为和更高的排名。

4. 快捷良好的用户体验

无论是使用台式电脑、平板电脑还是智能手机的用户都希望获得快捷良好的网页体验，缓慢糟糕的网页体验在大多数情况下都会导致用户不满、减少购买甚至用户流失。

5. 渠道整合

当广告主同时通过线上和线下两个渠道开展销售业务时，其有意识地对线上和线下两个渠道的销售信息予以整合就显得非常必要。比如，某水果经销商在实体店销售水果，又在网上开设了网店，该水果经销商至少应该使其水果产品的纸质印刷目录与其网站上的水果产品目录相一致。麦德龙超市向消费者提供了商品目录快速订购系统，消费者只需将商品纸质印刷目录的商品编号输入网页并结账就完成了购物行为，这就为消费者节省了很多宝贵的时间。

6. 消费者与品牌互动

电子商务网站都设计了用户与品牌互动的程序，消费者可以在电子商务网站上通过博客、反馈程序和评论等方式与品牌方进行互动，而广告主也可以通过举办与用户相契合的活动进一步提高品牌的美誉度和影响力。

由于在品牌与消费者互动的过程中消费者有可能会对品牌进行消极负面的评论，许多广告主对于是否在网站上添加评论和反馈选项的设计程序犹豫不决。不过，用户评论已经成为 Web 4.0 环境下电子商务网站的新趋势，这种反馈的互动机制虽然有广告主所担忧的负面作用，但是也为品牌与消费者之间提供了更多的相互认知的机会，有利于提升消费者对品牌的忠诚度，并鼓励消费者对品牌形成积极的口碑效应。

7. 购物车放弃策略

据调查数据显示，有一些在线消费者在挑选完商品后在结账时选择放弃购买，原因虽各不相同，但最常见的原因主要是以下三点：该商品含有隐藏费用、结账困难以及要求用户先注册再支付。

8. 激励措施

逐利是绝大多数人的基本行为准则，因此，无论是线下还是线上的商家都会实施既定的激励措施来吸引消费者。就电子商务网站而言，任何旨在吸引用户进入网站的诱惑都是网络诱惑。最常见的网络诱惑是价格激励、便利激励和增值激励。

价格激励显然可以在很大程度上诱使用户首次购买或再次进入网站，其具体措施包括商品降价、免运费和提供电子优惠券等。

便利激励是指广告主简化购物过程，鼓励用户访问网站。该激励方式能够鼓励用户在办公室、家中或是在旅行途中完成购物行为从而减少去实体店购物的消费行为，同时保证和鼓励用户在任何时间和任何地点下单。这种便利激励提供给消费者的便利性和及时性促使越来越多的消费者由线下购物转向线上购物并逐渐形成一种全新的消费习惯。

从长远的角度来看，增值激励能够引导消费者逐步改变消费行为习惯。所谓增值激励就是广告主通过软件识别和分析消费者的购物习惯、购买历史和搜索习惯，向目标消费者提供与其相匹配的商品的营销过程，这种激励措施又称为定制购物。

9. 线下营销整合

随着品牌竞争的激烈程度日益加大，广告主一方面要借助线上的网络营销来扩展市场；另一方面仍然必须借助线下的广告或营销活动来留住或吸引消费者。因此，电子商务网站的营销活动就必须与线下的营销传播活动相结合。杂志广告、电视广告或其他媒体提供的商品信息必须与网站所提供的商品信息相匹配。在理想的情况下，广告主的每一份营销传播资料都必须在醒目的位置标识出公司网址。

二、移动营销

截至 2022 年 12 月，我国移动网络的终端连接总数已达 35.28 亿户，移动物联网连接数达到 18.45 亿户，网民用网环境持续改善，万物互联基础不断夯实。

（一）移动营销的概念及其运作模式

1. 移动营销的界定

移动营销是广告主通过移动终端（智能手机或平板电脑）直接向目标受众定向和精确地传递个性化的即时信息，并试图在与目标受众的互动过程中达成市场营销目标的行为。移动营销早期称作手机互动营销或无线营销。移动营销是在强大的云端服务支持下，利用移动终端获取云端营销内容，把个性化即时信息精确有效地传递给消费者，达到一对一的互动营销目的。移动营销是互联网营销的一部分，它融合了现代网络经济中的网络营销和数据库营销，亦为经典市场营销的派生物，是各种营销方法中最具潜力的方法，但其理论体系才刚刚开始建立。

2. 移动营销的运作模式

移动营销的运作模式可以用“4I 模型”来概括，即分众识别（individual identification）、即时信息（instant message）、互动沟通（interactive communication）和我的个性化（I）。

①分众识别。移动营销是通过用户的移动设备（主要是手机）与用户（目标消费者）进行一对一的沟通。由于每一部手机及其使用者的身份都具有唯一对应的关系，并且可以利用技术手段进行识别，所以广告主就能与目标消费者建立确切的互动关系，能够确认消费者是谁、在哪里等问题。

②即时信息。移动营销可以随时随地向目标消费者传递广告主的商品或服务的信息，这就具有其他媒介所不具备的即时性特点，为广告主获得目标消费者的动态反馈和互动跟踪提供了可能。当广告主对消费者的消费习惯有所了解时，就可以在消费者最有可能产生购买行为的时间段发布产品信息。

③互动沟通。移动营销“一对一”的互动特性，可以使企业与消费者形成一种互动、互求、互需的关系。这种互动特性可以甄别关系营销的深度和层次，针对不同需求识别出不同的分众，从而使广告主的营销传播的资源做到有的放矢。

④我的个性化。移动设备的属性是个性化、私人化、功能复合化和时尚化，人们对于个性化的需求比以往任何时候都更加强烈。利用手机进行移动营销也具有强烈的个性化色彩，所传递的信息具有鲜明的个性化。

（二）移动设备的媒介特征

移动设备与其他媒介相比具有以下特征，即个性化、地理定位、双向沟通和手机传感器。

1. 个性化

移动设备的个性化是指使用移动设备的基本上都是一个特定的人（移动设备用户、信息受众、商品消费者），尤其是智能手机的用户，这就为广告主通过移动设备与消费者进行互动提供了机会，而商家也可以通过与消费者的互动交流促进消费者增进对品牌商品的认知与了解并完成购买行为，直至成为品牌商品的忠诚消费者。

2. 地理定位

当消费者感到某商家的营销传播活动给自己的生活带来烦恼时，就有可能拒绝接收该商家的商品信息，此时，商家就只能暂时放弃与消费者的沟通。不过，商家还是可以借助于GPS、信标或近场通信（NFC）技术实现移动设备的跟踪功能以确定消费者的地理位置，在最适当的时间和最适当的地点向消费者传递最有价值的信息。

3. 双向沟通

移动设备的双向沟通的特点不同于短信、社交媒体和互联网，商家与移动设备的使用者可以实现随时随地的对话、多种形式的互动，从而保证商品信息在传递的过程中不会被消费者误读，进而使得商品信息在传播的过程更具有准确性和有效性。同时，移动设备的相机、视频技术和语音识别功能都可以大大提高商家与消费者之间的互动质量。

4. 手机传感器

移动设备包含有许多传感器。例如三星手机就设计有 9 个传感器，这些传感器可以用来监测天气温度、气压和人体温度与人体手势，还可以收集移动设备的时间、地点和使用信息等。

三、数字营销策略

电子商务的终端运用从台式电脑到笔记本电脑、平板电脑和智能手机的转变促使营销传播人员在网页设计方面不断地去适应多屏幕格式。移动通信技术的飞速发展创造了全新的数字营销机会，同时也给营销传播活动带来了匹配不同设备与屏幕的压力。

（一）互动营销

1. 互动营销的基本概念

互动营销是指在企业与消费者之间以品牌商品为主题创造互动、双向沟通和用户参与的线上营销传播活动。互动营销活动能够进行的关键点是：第一，从企业的角度而言，互动营销可以帮助营销人员使用个性化信息定位用户，尤其是定位现有消费者和潜在消费者；第二，从消费者的角度而言，互动营销可以帮助消费者与品牌开展互动，使消费者成为互动营销活动的主动参与者而不是被动接受者。

2. 互动营销的基本特征

互动营销的基本特征主要有互动性、舆论性、关注性、热点性和营销性。

（1）互动性。互动营销的意义与价值在于商家与客户之间的信息分享与沟通互动。在实际的运作过程中，一般都是商家经过前期的精心策划，然后针对某一话题，借助网络营销公司的幕后推手引导，接着网友开始参与其中，这是比较常规的互动模式。在企业营销推广的同时，更多信息应该融入目标受众感兴趣的内容之中。认真回复粉丝的留言，用心感受粉丝的想法，更能唤起粉丝的情感认同。这就像朋友之间的交流一样，时间久了会产生一种微妙的情感连接而非利益连接。

（2）舆论性。互动营销主要是通过网民之间的回帖活动，间接或直接对某个商品产生了正面的或者负面的评价。其中意见领袖的作用很重要。《快乐大本营》的主持人曾说过："我们微博转什么产品，什么产品就卖到脱销。"这正说明了名人效应对消费者的影响力巨大，同时也表明在市场竞争日益激烈的情况下，意见领袖对企业的品牌口碑作用不可小觑。

（3）关注性。互动营销就是要吸引网民的眼球，一起互动营销事件如果不能吸引网民的眼球，就是失败的。互联网本身就是眼球经济，如果没有网友的关注，就谈不上互动。当然想要获得很多的互动，不应只考虑到眼球经济，更为重要的是定位要精准。

（4）热点性。互动营销有两种事件模式：一种是借助热点事件来炒作；另一种是自己制造事件来炒作。自己制造事件，基本上是采取网民们喜闻乐见的形式，要想引起网民的关注，无疑需要抓住网民内心的需求。

（5）营销性。互动营销一般都是为了达到某种营销目的而进行的事件炒作和互动。网络营销公司借助互动营销来帮助客户传播企业的品牌或者促进产品的销售。

（二）内容营销与原生广告

由于越来越多的消费者忽视或拒绝传统广告和数字广告，这就迫使许多企业不得不开始研究新的营销传播方法来吸引消费者的注意，这些新的营销传播方法就是内容营销与原生广告。

1. 内容营销

内容营销是指以改变和培养目标消费者的消费行为为目的，由企业向目标消费者传递与企业或品牌商品有关的有价值的信息传播活动。

内容营销包括两种形式，即品牌内容营销和赞助内容营销。品牌内容营销主要是在品牌网站或迷你网站上向潜在消费者提供有价值的信息和商品使用解决方案。赞助内容营销与品牌内容营销基本相似，但是赞助内容营销的信息由第三方托管，品牌不拥有或者不经营该网站。

2. 原生广告

原生广告是2012年由美国营销传播界提出的一个全新的概念，是指一种通过在信息流里发布与品牌信息具有相关性的内容并通过与消费者形成互动产生价值，进而提升用户体验的特定的商品信息的传播模式。原生广告形式更多元，可能是图片、影音或是文字，只要是消费者体验的一种，都可以视为原生广告的形式。

（三）地理定位广告

移动手机的普及使得营销传播人员能够开展基于手机用户位置的营销活动。

1. 地理定位广告

地理定位广告是指广告商根据消费者的地理位置向其提供商品或服务信息的营销推广方式。针对特定位置用户的地理定位标准各不相同，但大多数广告商使用IP地址定义活动范围。地理定位广告是移动营销的一个最具独特优势的广告方式。例如，大米先生中式快餐店可以通过App来识别某手机用户的位置以便向其显示离其最近的地铁出口或向其提供步行或行车路线。

地理定位广告的一个典型例子是在社交媒体或搜索引擎上使用本地点击付费（PPC）广告。例如，当用户在浏览器上查找“我附近的快餐店”时，最上面的结果将是针对该搜索词优化的广告和本地列表。

这样做是为了优化公司运营区域的广告资产。如果大米先生中式快餐店只在重庆市销售快餐，那么向重庆市以外其他城市的手机用户展示其广告显然是没有多少意义的。

如果某快餐店希望吸引更多消费者到本店用餐，数字营销人员可以为其广告配置地理定位。一种方法是通过广告平台的综合地图服务确定位置；另一种方法是使用设备的IP地址。通过这种方法，营销人员缩小潜在客户的范围。

2. 信标

信标是指用于发送和接收低电频蓝牙信号的协议和硬件发射器。信标传感器安装在商店周围，有时甚至离实际的商店更远。当顾客进入信标范围时，它可能会给这些顾客发送一个销售或促销通知（也称为“广告”）。

信标广告背后的概念类似于在一个地点周围撒网以吸引顾客。但是，信标无法区分 VIP 客户和普通客户。这是因为信标不能区分一个人和另一个人，它只是用来扫描一个区域的信标设备。此外，还可以让附近的购物者收到来自附近设备的相关信息。一旦客户超出范围，信标将停止向他们发送个性化信息。

信标在零售商店中尤其受欢迎。梅西百货、塔吉特等都是这项技术的早期使用者。这些零售商使用信标来作推广，从吸引人的移动内容到店内假日活动。

3. 地理围栏

地理围栏是一种基于位置的营销策略，它使用全球定位系统（GPS）、射频识别（RFID）、WiFi 和蜂窝数据来定义地理目标市场。顾名思义，它在企业场所或城市周围设置虚拟围栏，这些地理围栏由设备发出的信号激活。

地理围栏和信标的工作原理相同。它们可以告诉商家潜在客户是否在附近。当顾客进入或离开一个被虚拟围栏限制的空间时，会触发响应。这些响应内容可以通过应用内提醒、短信、电子邮件的形式发送。与信标不同的是，激活地理围栏不需要专门的硬件，只需要简单的软件，很少或根本不需要编码。

地理围栏在交通和超市行业中很普遍。一个经常被引用的成功案例是全食商店（Wholefoods）的成功案例，它使用地理围栏将目标市场与正确的广告和报价相匹配，以完善其目标市场。

总体而言，创建成功的地理定位广告需要满足两个基本条件：一是用户需要主动参与，他们需要选择加入应用程序；二是广告商应该为消费者提供折扣或者对消费者而言有价值的东西。相比于其他类型的数字广告，遵循上述原则的地理定位广告通常会产生更好的参与效果和广告效果。

（四）行为定位广告

行为定位广告是网络广告发展的最新趋势，它是指广告商利用技术手段分析网民浏览信息的行为习惯，再通过后台的内容匹配设定将网民感兴趣的商品信息展示在页面上以期影响网民并促进其产生购买行为的广告活动。

行为定位广告和二次营销广告的区别在于：二次营销广告是通过品牌网页或者应用程序给客户发送商品或服务信息；行为定位广告则是广告商根据客户浏览行为特征有选择性地向客户发送客户感兴趣的商品或服务信息，而不是根据客户访问过的特定网站发送信息，也就是说，行为定位广告关注的不是网站而是人。

行为定位主要有以下三种形式。

1. 跟踪用户在互联网上访问的页面

行为定位最常见的方法就是跟踪网民在网上的浏览信息的痕迹。例如，计算机中的 Cookie 功能可以追踪网民从一个网站转移到另一个网站的数据、记录网民访问网站的类型、浏览信息、搜索信息和购买记录等。广告商在深入分析网民的浏览习惯爱好和消费习惯之后就可以将商品广告投放在消费者习惯浏览的网站上。如果某位网民经常访问关于旅游的网站，该网民的平板电脑或手机的屏幕上将会显示国内外旅游景点、酒店、餐饮等相关商品或服务的广告。此外，营销人员还可以在广告上注明优惠券或其他形式的网络诱饵以鼓励网民点击广告。

2. 关键字搜索或内容读取

行为定位的第二种形式是检索用户的搜索行为。这种形式将识别用户在搜索引擎中输入的关键字以及用户在搜索内容中的浏览痕迹。如果某消费者使用搜索引擎查找有关汽车的信息，就有可能看到丰田或其他品牌的汽车广告。如果该用户经常浏览SUV车型的信息，那么他所看到的汽车广告将更有可能是与SUV车型有关的汽车广告，而不是轿车或其他类型的汽车广告，同时，这些广告通常会出现在该用户正在使用的搜索引擎上。

3. 基于网站的历史访客

行为定位的第三种形式是基于网站的历史访客。亚马逊曾经使用这种方法来推荐书籍和电影，以此来吸引可能购买商品的目标消费群体。其具体定位方法是：当网民将书籍或电影加入购物车或结账时，行为定位广告就会生成。当某网民在网上购买了一本书之后，行为定位广告就可以生成，向该网民显示购买了该书的其他客户还购买了哪些书籍。

（五）二次营销

应用数字技术可以向品牌网站或品牌应用程序的访问者发送广告。因此，有学者认为二次营销更应该叫经营客户，即商家实际上是对相同的客户在不同时期、不同地点的不同需求的商品信息的管理。二次营销或者经营客户有一个重要的条件就是要求公司有较强的客户关系管理系统或者管理能力。

在具体操作过程中，二次营销广告大都会在用户下次访问网站或使用移动设备时显示用户感兴趣的相关品牌的广告信息。二次营销广告的一个重要特征就是即时性，这个特征能够帮助商家迅速找到对某类品牌商品表现出一定兴趣的目标消费者。

由于大多数的消费者通常会对某几个类别的品牌有兴趣，他们对这些品牌的网站或网页浏览的次数自然也就会多一些，因此，商家针对这种类型的消费者采用二次营销广告的转化率会远远高于一般的横幅广告或搜索广告。

四、搜索引擎优化

在线上广告的支出中，商家用于搜索引擎的广告支出的占比最大，一般要达到所有线上广告支出的50%左右。商家之所以愿意花费如此多的广告预算，是因为大约80%的网络流量是源于搜索引擎。

（一）搜索引擎优化的基本概念

搜索引擎优化，又称为SEO，即Search Engine Optimization，它是一种通过分析搜索引擎的排名规律，了解各种搜索引擎怎样进行搜索、怎样抓取互联网页面、如何确定特定关键词的搜索结果排名的数字技术。搜索引擎采用易于被搜索引用的手段，对网站进行有针对性的优化，通过提高网站在搜索引擎中的自然排名来吸引更多的用户访问网站，从而提高网站的销售能力和宣传能力，进而提升网站的品牌效应。

（二）搜索引擎优化的三种主要方式

1. 付费搜索插入

第一种方式是当网民搜索某些商品或信息时，其电脑或手机的屏幕页面会出现一个付费插入，商家可以通过注册各种搜索引擎来帮助自己的网站被目标消费者检索到，还可以为顶级位置支付更高的费用。广告在搜索页面上的位置在很大程度上将取决于商家向搜索引擎支付的价格以及搜索引擎用于确定广告与特定搜索词语或短语的相关性的算法。如今，大多数搜索引擎都会使用一个小的“广告”图标显示这是一个付费的搜索结果。

2. 增加识别度

第二种方式是商家通过自然或有机搜索（organic search）来增加识别度。这种方法可以开发有效的有机搜索结果。每个搜索引擎使用一组稍有不同的算法来识别与搜索框中输入内容匹配的关键短语。要想在有机搜索中排名靠前，需要投入大量的时间和精力。通常一个新网站不太可能出现在搜索结果的顶部，因为搜索引擎需要时间来匹配站点。

研究数据表明，自然筛选的搜索结果列表往往令人印象深刻。一般而言，出现在搜索首页或排名在前十位的网站，其网络流量可以增加9倍；出现在第二页和第三页的网站列表，其网站流量则可以增加6倍；就销售额而言，排在前十位的商家第一个月的销售额增长可达42%，第二个月的销售额增长则可达100%。

3. 付费搜索广告

第三种方式为付费搜索广告，包括文本框或展示广告（输入一个特定的词语时会弹出）。研究显示，即使消费者没有点击付费搜索广告也会对品牌知名度、认知度和购买意愿有很大的积极影响。

如今，越来越多的商家更愿意将大量的线上广告资金投入到搜索引擎上，因为线上广告的点击率一般只有0.2%左右，而搜索引擎广告的点击率则达到5%左右。不过，营销人员需要明白的是搜索引擎优化是一项长期的投资。进入搜索引擎前十名的位置可能需要几个月甚至几年的时间，因为需要优化内容、编程和理解搜索引擎的工作原理。

（三）搜索引擎优化的基本策略

1. 主题要明确，内容要丰富

在设计制作网站之前，要明确设定网络的主题、用途和内容。根据不同的用途来定位网站特性，以符合用户体验为原则。对于一个网站来说，优化网站的主题与内容是最为重要的。一个网站需要有鲜明的主题、丰富的与主题相关的内容并及时更新。

2. 引出链接要有人气

搜索引擎判断网站好坏的一个标准是网站上外部链接的多少以及所链接的网站质量。创建有人气的、有意义的引出链接，提高链接广泛度，一方面可以提高在搜索引擎的排名，另一方面可以起到互相传播的作用。研究表明：当一个网站的链接PR值达到4～6，那么这个网页的访问量比较好；当链接PR值达到7以上，那么网站的质量与知名度都很高了。如果一个网页被其他网页链接得越多，那么该网页越有可能有最新的和最有价值的高质量网页。尽可能增加与行业网站、地区商务平台和合作伙伴网站之间的链接，被

PR值高的网站引用能更快地提高本站的PR值，同时开发人员可以在访问量较大、PR值较高的网站上发表与网站主题以及业务相关的信息，用户在别的网站看到这些信息，进而访问该网站，即通过外部链接来提高该网站的访问量。

3. 关键词设定要突出

网站的关键词非常重要，它可以决定网站能否被用户搜索到。因此，在关键词的选择上要特别注意。关键词的选择必须遵循一定的原则，如：关键词要与网站主题相关，不要一味地追求热门词汇；避免使用含义很广的一般性词汇；根据产品的种类及特性，尽可能选取具体的词；选取人们在使用搜索引擎时常用到的与网站所需推广的产品及服务相关的词。5～10个关键词是比较适中的，密度可为2%～8%。要重视在标题、段落标题这两个网页中最重要、最显眼的位置体现关键词。

4. 网站架构层次要清晰

网站尽量避免采用框架结构，导航条尽量不使用FLASH按钮。首先，要重视网站首页的设计，因为网站的首页被搜索引擎检测到的概率要比其他网页大得多。通常要将网站的首页文件放在网站的根目录下，因为根目录下的检索速度最快。其次，要注意网站的层次（即子目录）不宜太多，一级目录不超过两个层次，详细目录不要超过四个层次。最后，网站的导航尽量使用纯文字进行导航，因为文本要比图片表达的信息更多。

5. 页面容量要合理

网页分为静态网页与动态网页两种，动态网页是具有交互功能的网页，也就是通过数据库搜索返回数据，这样搜索引擎在搜索时所费的时间较长，而且一旦数据库中的内容更新，搜索引擎抓取的数据也不再准确，因此搜索引擎很少收录动态网页，排名结果也不好。静态网页不具备交互功能，即单纯的信息介绍，搜索引擎搜索时所费时间短，而且准确，因此愿意收录，排名结果比较好。网站要尽量使用静态网页，减少使用动态网页。

6. 网站发布要更新

为了更好地实现与搜索引擎对话，将经过优化的企业网站主动提交到各搜索引擎，让其免费收录，争取较好的自然排名。一个网站如果能够有规律地更新，那么搜索引擎更容易收录。因此合理更新网站也是搜索引擎优化的一个重要方法。

8.4 另类营销

另类营销是指企业避开传统营销方法，采用逆向思维，另辟蹊径所开展的营销活动。对于规模不大、处于劣势的企业来说，学习另类营销的思路和做法，可以以小博大，后来居上。

一、另类营销概述

开发另类营销的活动方案需要企业的营销传播团队具有丰富的创造力和想象力。首先，营销人员需要敏锐地发现消费者与品牌之间的交互点，或者创造出新的交互点；其次，营销人员还需要在交互点上创造引人注目的营销信息。这种更有针对性的另类营销能够在很大程度上弥补大众媒体和数字广告的不足。常见的另类营销方法主要有蜂鸣营销、隐性营销、游击营销、生活方式营销等。这些方法很少单独使用。例如，游击营销活动往往会与蜂鸣营销和生活方式营销同时使用。企业开展另类营销活动大都会同时使用数字广告、社交媒体广告和传统广告等。

（一）蜂鸣营销

蜂鸣营销是一种主要通过消费者或企业营销人员以口碑传播的形式向目标消费者传递企业商品或服务信息的营销推广的方法。许多企业更愿意采用这种方法开展营销活动是因为由品牌商品的实际消费者向周围的亲戚朋友或熟人进行品牌推荐显然比企业广告具有更高的可信度。

1. 蜂鸣营销的类型

蜂鸣营销的主要目标人群有以下三种类型：真正喜欢某品牌的消费人群、得到某品牌赞助的消费者和企业或代理机构的员工。

（1）真正喜欢某品牌的消费人群。理想的营销效果应该是那些从内心里真正喜欢某品牌商品的消费者，这部分消费者还愿意积极主动地向他人推荐该品牌商品。这部分消费者愿意通过人际传播的方式向亲朋好友推荐自己心仪的品牌商品，或者通过社交媒体向网民推荐。许多企业致力于在社交媒体平台上努力搜索这些对其品牌商品持有好感且拥有大量粉丝的用户，以期通过他们的口碑传播来扩大品牌影响力。

（2）得到某品牌赞助的消费者。一些企业还通过赞助经过挑选的消费者，让其作为本品牌的代理人（品牌大使）来介绍企业的新产品、分享企业的信息和开展特殊的传播活动。在开展品牌推广活动时，品牌大使可以选择与他人进行一对一的沟通交流来推荐品牌商品，也可以选择举办家庭聚会或街区派对将品牌商品推荐给自己的亲朋好友。

（3）企业或代理机构的员工。企业或代理机构的员工也可以成为品牌大使。一般而言，企业或代理机构的员工在向他人进行品牌推荐之前应该坦率、明确地表明自己是企业或代理机构的员工。

2. 蜂鸣营销的阶段

蜂鸣营销的过程与病毒式营销的过程有些相似，该过程大致可以分为三个阶段：接种期、潜伏期和感染期。接种期对应的是引入产品；潜伏期对应的是少数创新者或潮流引领者使用产品；感染期对应的产品被广泛使用。

3. 开展蜂鸣营销的前提条件

开展蜂鸣营销的四个前提条件是：其一，品牌形象必须做到独特和与众不同，或者至少要比竞争品牌表现得更好；其二，品牌在同类商品中要能够脱颖而出，相对于竞争品牌具有明显的优势；其三，广告一定要有创意，令人难忘，震撼人心的广告可以吸引受众注意并有助于形成消费者热议；其四，促进消费者积极参与可以增强口碑传播的效果。蜂鸣营销视图见图 8－6。

（二）隐性营销

隐性营销是另一种形式的蜂鸣营销，是指在不暴露推荐者与品牌商品的真实关系的

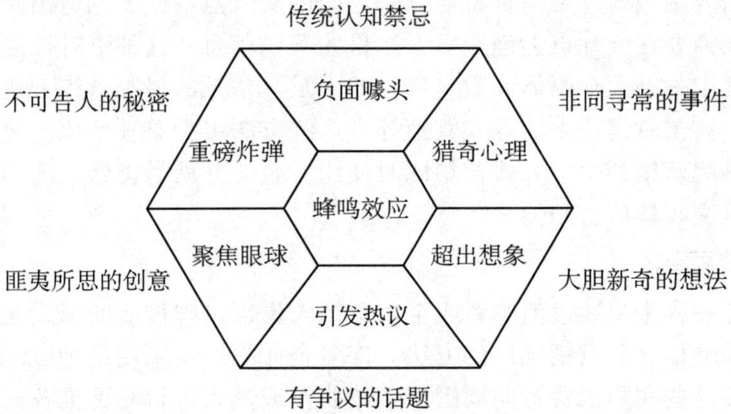

图8-6 蜂鸣营销视图

情况下，推荐者通过人际传播或网络传播的方式向他人推荐商品的营销手段。比如，冒充游客的营销人员可能会要求真正的游客使用他的尼康相机拍照，然后很自然地与游客谈论相机的功能等比较专业的信息，试图影响游客成为尼康相机的爱好者。在这种情况下，尼康公司会向推荐者支付费用。

不过，许多学者认为隐性营销是一种涉嫌违背商业伦理道德的营销手段。但是，由于隐性营销的商业诱惑仍然存在，许多企业还是愿意采用这种方法开展营销活动。关于隐性营销是否有违商业伦理的争论也将持续下去。

（三）游击营销

"游击营销"的理念是由美国资深营销专家杰伊·莱文森首创的，原本是教导中小企业如何用微薄的营销预算以小博大，吸引消费者注意，后来许多大型企业也开始采用游击营销。它的主要目标是通过与受众建立独特的、长久的联系来确立自己的品牌，一般不进行以价格为主要驱动力、以短期内提升销量为主要目的的终端促销行为。游击营销的目的是通过非传统的营销方法（投入更多精力做营销，而非仅仅投入更多资金）达到传统营销的目标（销售量和利润增长）。

游击营销通过利用另类的策略和渠道来挖掘独特的做事方式。为了取得成功，企业的营销团队必须改变思维方式。首先，营销团队需要寻找品牌与消费者的接触点，接触点包括消费者吃、住、行、购、娱等方面；其次，营销团队需要识别在一个或多个地方与消费者接触的独特难忘的方式，做到这一点需要营销团队人员具有丰富的想象力和非传统思维。

游击营销往往侧重于特定区域或地区，集中于个人传播，而不是国内或国际营销传播活动。游击营销的目标通常是创造兴奋点并通过口头交流和社交媒体传播给他人。游击营销不仅仅是发布商品信息，还需要与消费者互动、与消费者建立联系、引导消费者做出反馈来提高成功概率，其最终形成的关系有助于消费者建立品牌忠诚度和产生积极的口碑传播。

传统营销与游击营销的比较见表8-1。

表 8－1　传统营销与游击营销的比较

传统营销	游击营销
需要资金	需要精力和想象力
预算充足的大型企业	小企业
以销售额衡量营销效果	以利润衡量营销效果
基于经验和推断	基于心理学和人类行为
通过扩大消费群来实现增长	通过现有消费者推荐实现增长
针对大群体发布信息	针对个人和小群体发布信息
通过营销带动销售	通过营销获得消费者认可
“我的营销”，着眼于“我的”公司	“你的营销”，着眼于我们能够如何帮“你”

（四）生活方式营销

生活方式营销是指能够帮助企业在更多非传统的、轻松的环境中与消费者建立联系，并开展相关品牌商品的推广的营销方法。与目标消费者建立联系的场所可以是农贸市场、音乐节、汽车展销会、CNBA 比赛以及其他有大量人群聚集的场所。

不管是相对传统保守的生活方式还是前卫时尚的生活方式都有潜在的消费群体。能量饮料和能量棒零食的生产商向观看足球比赛的人们提供免费样品，原因是观看体育比赛的目标人群大都更愿意尝试这类商品。香奈儿向参加时装秀的女性提供化妆品，因为出席时装秀的女性往往更关注外表。在开展生活方式营销之前，企业需要先识别消费者寻求放松、刺激、社交或休闲的场所，然后开发与目标消费者相适应的营销方案。

二、广告植入与品牌娱乐

大多数营销人员都认为，让消费者关注商品已经变得越来越困难。许多企业为此增加了广告植入和品牌娱乐的支出，并且对每个策划的广告活动都考虑了品牌在特定娱乐平台上受欢迎的程度。

（一）广告植入

广告植入是指把品牌商品或品牌商品的标识符号融入影视或舞台剧等诸如此类的文化产品当中，使观众在观看的过程中不知不觉地对品牌商品形成较为深刻的印象，为今后观众成为该品牌的实际消费者奠定基础。

许多广告商认为植入式广告会提高观众的品牌认知度和偏好度，在少数情况下广告植入的品牌的市场销售额也会有所增加。不过，在大多数情况下，植入式广告并不会对销售额产生影响。尼尔森调查公司的研究揭示了一些关于植入式广告的数据：在情感介入型的电视栏目中，被植入的品牌会获得 43% 以上的观众认可；在享有盛誉的节目中植入的品牌，其知名度会提升 29%；在热门节目中植入品牌，观众对该品牌的积极感受度可以提高 85%。

（二）品牌娱乐

品牌娱乐是指品牌通过多彩的娱乐平台，与消费者实现最契合的情感沟通和多元互动，在整个“营销生态圈”内相互影响、融合的一种生动化营销方式。与传统的品牌营销传播方法相比，品牌娱乐有助于广告商的品牌渗透性更强，影响力更持久，同时将品牌价值、品牌特征阐释得更彻底、更完美，真正实现品牌投入产出最大化。品牌娱乐的本质就是通过综合性手段实现品牌文化、娱乐文化、营销文化的融合，从而引起消费者积极关注并参与其中，建立起一种情感联系，以此提高品牌知名度和美誉度，为市场营销奠定品牌基础。

1. 品牌娱乐的双重性

品牌娱乐不是简单的产品广告或产品植入，它通常由1～2个商家专门定制，目的是把品牌特质与娱乐节目完美结合，建立品牌与节目之间的良性互动联系，体现产品乃至企业的个性、形象和文化。这从根本上改变了品牌的参与方式，幕后团队具有营销机构和节目制作人的双重属性，在品牌理念和传播目标上有很好的沟通，而后将产品曝光和企业文化巧妙地融合进节目创意。传统的植入式广告是制作方寻找广告商，由商家购买时间或版面，将产品作为背景或道具等植入节目当中。品牌娱乐对企业目标消费者独特的娱乐偏好更具针对性，可以从整体把握娱乐风格和情节走向，注重营销传播和娱乐内容在强制介入度和顾客容忍度上的平衡。品牌娱乐可以不必紧盯产品展开，但要求不偏离品牌精神，商家可以在品牌和内容之间建立一定的表面或内在关联，达到传播效果。见图8－7。

图8－7　品牌娱乐示例

2. 品牌娱乐的形式

品牌娱乐与传统的娱乐营销相比，具有其“天然”的独特性，即品牌与受众的契合度高、形式灵活多样且与消费者互动，更具实操性。据此，笔者将品牌娱乐形式分为传统型、双合型，具体分析如下：

（1）传统型。该类型的品牌娱乐营销主要是以常规形式出现，如电视剧、电影、音乐会、户外主题活动等冠名，或者植入品牌、产品元素，或者插入软广告，将品牌营销有机嵌入娱乐内容，更好地影响目标受众。如“黄金搭档杯”CCTV模特大赛，《乡村爱情》中植入雪佛兰汽车、老村长酒等。单一地传递品牌信息、产品信息，产品和消费者之间的互动属于被动型，消费者很难真正体验产品和品牌价值，还会引起受众反感，影响品牌美誉度，降低产品关注度。

（2）双合型。该类型主要指基于品牌契合和受众契合的考虑，选择消费者愿意接受的时间，以消费者最习惯使用的渠道呈现他们最希望看到的内容，使品牌、产品、内容和受众之间能够形成良好的互动和融合。双合型品牌娱乐具有很强的锁定特点，根据契合的形式还可以细分为理念契合和主题契合两大类。

①理念契合。主要是娱乐节目与品牌双方在诉求理念方面一致，如 999 感冒灵，以情感元素为传播诉求，强调家人的关爱，赢得了广大消费者的信赖，“暖暖的，很贴心”的品牌理念与以温情为主线的大型亲子真人秀互动节目——《爸爸去哪儿》高度契合，从受众角度看，999 感冒灵分成人和儿童两种规格，所对应的消费者是大人和儿童两个群体，与《爸爸去哪儿》节目中的亲子组合形成巧妙关联，具有很高的契合度。

②主题契合。即娱乐节目与品牌诉求的主题具有很高的贴合度，如《中国好声音》与加多宝凉茶，二者都有“正宗”的主题诉求，实现品牌相互背书，加多宝凉茶因冠名《中国好声音》而销量大增，使品牌投入产出最大化。

（三）实施策略

广告植入与品牌娱乐的营销传播方式之所以有效，是因为这两种方式没有明显的品牌或产品诉求的煽动性语言，而是以一种潜移默化的方式向目标消费者传递品牌或产品的信息。当消费者喜爱的演员使用某个特定品牌或消费者喜爱的电视节目包含某个特定品牌时，消费者更有可能将自己对电影演员或电视节目的积极情感转移到品牌商品上。从年龄结构来看，15 ~ 34 岁的人群更容易注意到电影或电视节目中的品牌植入；从地域范围来看，北美和亚太地区的观众比欧洲的观众更乐于接受植入式广告。此外，当消费者发现所购买的商品做了植入式广告，有可能会更加肯定自己的购买决策是十分明智的。

如何将品牌植入电影或电视节目非常重要。当品牌的植入合乎电影的故事逻辑或电视节目的主题内容时其传播效果最好。

由于以下多种原因，广告商对于广告植入和品牌娱乐的预算一直稳步增加。其一，当品牌出现在非广告背景中，其吸引力将会大大增加。其二，他人对品牌的看法对消费者来说非常重要。对于许多人而言，他人的想法甚至比自己的想法还要重要。对于观众而言，电视节目、电影或书籍中的品牌植入会使得品牌更有时尚感和影响力。其三，看到他人使用某特定品牌商品时会使得已经购买该品牌商品的消费者更加肯定自己的购买决策。其四，对于那些不重视某品牌商品的消费者来说，品牌植入可以证明该品牌在营销传播方面的影响力，甚至有可能会促使这部分消费者重新考虑选择购买该品牌商品。

关键术语

互联网媒介　　网页广告　　流媒体广告　　游戏嵌入式广告

电子邮件广告	广告主网站	搜索引擎广告	BBS 广告
博客广告	微信广告	微博广告	内容植入
口碑营销	视频营销	消费者评论	病毒式营销
数字营销	移动营销	互动营销	内容营销
原生广告	地理定位广告	行为定位广告	另类营销
蜂鸣营销	隐性营销	游击营销	生活方式营销
广告植入	品牌娱乐		

思考题

1. 互联网媒介与传统媒介的区别是什么？其主要特征是什么？
2. 社交媒体的优势及其使用原则是什么？
3. 开展数字营销的基本策略有哪些？
4. 哪些企业更适合采用另类营销？另类营销的基本策略有哪些？

课后实践

请各小组同学在上一个实践的基础上，根据本章教学内容的要求对选定品牌确定数字营销的基本策略，包括选择网络媒体开展营销活动。

案例分析

网络营销实例分析

数字营销在网络信息社会中拥有越来越重要的地位，借助多元化的平台和形式，这种营销方式拥有更高的性价比。

数字营销在以往更多地借助广播、电视、短信等非网络渠道来进行，在当下借助网络渠道明显可以得到更快的传播速度和更广的范围，在推广上，有了网络，数字营销成为如今企业格外重视的主流营销方式之一。

成功的数字营销案例非常多，本文精选一些较新的、典型的成功案例，来分析在大数据环境下数字营销呈现的特点和变化。

1.《啥是佩奇》广告片

2019 年 1 月，临近春节，一个《啥是佩奇》的短片在网络上走红，成为刷屏的爆款短视频。佩奇是一部外国儿童动画片中的角色，在国内也有较高的热度，在短片中，一位农村老人听说城里的儿子一家要回村里过年，孙子很想要一只“佩奇”，于是马上开始寻找佩奇，并发出了“啥是佩奇”的疑问。在询问和寻找佩奇的过程中，发生了一系列令人捧腹的笑话，在历经波折后，老人终于亲手焊接出了一个佩奇“硬核手办”。

这个充满土味和温情的视频很快在网络上走红，虽然观众们在看完视频后才意识到这居然是一个广告视频，其目的是为即将上映的《小猪佩奇过大年》电影进行造势宣传。随着视频的火爆传播，其推广电影的目的也达到了。这一短片以近年来在儿童中非常流行的“小猪佩奇”为切入点，以城市与农村、老一辈与年轻一辈之间的差异为情感角度，结合春节和团圆的氛围，通过这样一个看似平淡但充满欢笑与温情的故事来体现亲情带给人们的感动。这种情感共鸣很容易戳中人们的内心，令其成为火热的讨论话题。

2. 芝华仕“时髦瘫”春夏大秀

家居和时尚圈的碰撞，将会擦出什么样的火花？芝华仕沙发用一场“时髦瘫”春夏大秀让大众耳目一新。著名的“葛优瘫”表情包风靡网络，芝华仕似乎是以此为灵感，策划一场“瘫”着的时尚大秀。

在这场大秀中，新品是各种各样时尚舒适的沙发，模特是身材长相都非常普通的素人，这十几个模特走秀的方式是以不同姿势“坐”或者“躺”来展示新品的面貌和特点。这场时尚走秀还请来人气偶像王琳凯压轴登场，还邀请了蛋蛋解说、MrYang 杨家成进行直播解说，充分兼顾到无法亲临现场的观众，一些微博 KOL 也被邀请到现场看秀。名人网红互动、瘫着走秀，再加上全球首场家居时髦大秀，这样一个话题在短时间内迅速登上热搜榜，在网络上成为热点。在最终的效果上，这场大秀开场仅一个小时，在虎牙、天猫上的直播观看量就突破 100 万，可谓赚足了网友们的眼球，让人大开眼界的同时也为芝华仕的创意营销感到惊艳。

家居作为相对传统的行业，在年轻市场中存在感并不突出，即使作为头部品牌，芝华仕的大名也并非耳熟能详。为了进行品牌的年轻化，芝华仕力求将产品和品牌理念更多地与时髦和潮流挂钩，以创意和个性吸引年轻人注意，将沙发等家居产品与网络知名的“葛优瘫”、时尚走秀相结合，借助网络名人和直播渠道，为品牌个性化以及在年轻市场的品牌传播打开了一个突破口。

3. 天猫 MV《用精致对抗时间》

天猫国际的一支《用精致对抗时间》的 MV 运用了动画画风，配上富有节奏感的音乐旋律，吸引了很多人观看和欣赏。这支 MV 广告的目的，其实是为天猫国际的世界妙物日全球精华专场进行推广，主打“你懒你先老”的护肤主题，目标为女性群体。为了更好地营造画面氛围，并兼顾到护肤年轻化的趋势，天猫采用了动画音乐 MV 的广告形式，在画面和音乐上进行雕琢，以带来更好的沉浸感受。

《用精致对抗时间》运用动画形式，以女性关注的美丽和护肤为主旨，通过生活中常见的皮肤和护肤问题，展示出很多年轻人的生活痛点，引发目标群体的共鸣。借助可爱简洁的动画风格和动听的音乐，这支 MV 俘获了众多芳心。此外，由于其二次元的画风与 B 站的风格非常契合，所以投放在 B 站上也引来了很多用户围观。

在这支 MV 中，除了展示内容画面外，还在后半部分植入了一些品牌和产品，和前半部分的主题内容较为相符，显得自然顺畅，也令很多人顺其自然地接收到了这些品牌的信息，有些网友还表示非常喜欢 MV 中的音乐，但没有想到是广告。天猫的这支 MV 获得很多年轻消费群体的关注，其目的也正是向年轻化的市场进行推广营销。

4. Kindle × 不方便面馆：方便图书馆

“盖 Kindle，面更香”，曾经被人们当作为一个梗的“Kindle 盖泡面”不仅成为 Kindle 后来的一句调侃性的文案，更是被 Kindle 认真对待，开始卖起了泡面，进一步坐实了自己身为“泡面盖子”的功能。

和“不方便面馆”合作推出的Kindle方便图书馆是一家只开三天的线下门店，位于广州的“不方便面馆”内，在此之前，Kindle将原先的入门版电子书阅读器增加了背光功能，并主打青年消费者市场，将其进阶为“青春版”。为了对这一产品进行推广并展示产品和品牌的新改变，Kindle不仅自己玩起了“泡面盖”的梗，还借助打造方便图书馆将这个梗落实到了线下场景。在方便图书馆内，可以持不同的面搭配不同的书，店内会向消费者提供一些固定的书单搭配，比如用《三体》搭配肥牛面，用《万历十五年》搭配红葱头XO酱拌面，等等。如果选择过少，便可以用“泡面孵化器”——青春版Kindle随意选择自己喜欢的书来和面搭配，还可以选择与面匹配的保护套，将其作为泡面盖子。

“盖Kindle，面更香”的文案在网络上走红后，Kindle进一步发挥了这个梗的话题度和影响力，趁热打铁和泡面品牌进行合作，开展了新奇有趣的线下活动，吸引了很多人的注意，不仅借助这一噱头为泡面和Kindle的销量做出了巨大贡献，还借此在青年消费者群体中树立了一个俏皮、富有个性同时具有文化气息的品牌形象。

5. 京东手机“真香”服务

借助网络流行元素和一些很火的梗来作文章是当下很多品牌的创意营销特点，京东手机的“真香”服务很明显脱胎于网络知名表情包“真香”和其来源王境泽。网络上盛行的“真香”梗的意思是“发誓绝不做某事但最后还是做了，并对此表示赞叹和认同的态度转变”，借助这个梗的热度，京东手机推出了“真香”服务，为了将借梗和“蹭热度”进行到底，京东手机和王境泽合作拍摄了关于“真香”的视频广告，演绎了生活中手机碎屏、想要以旧换新、想随时退货的一些问题，广告主要体现的正是京东手机为消费者提供的碎屏保、以旧换新、7天无理由退货三大“真香”服务。

“真香”服务借助热梗的话题度和王境泽本人的出镜成功引起了众多网友的关注，其广告内容也切中了很多消费者的内心诉求，其突出的“真香”服务针对这些诉求提供了非常周到优良的售后服务解决方案，让消费者打消了关于产品的许多后顾之忧，能够更加放心地进行产品体验和消费，从而增强消费者对京东手机的好感与信赖。

6. 耐克：甭信我，服我

耐克的营销向来为人所称道，2019年4月初的一句“甭信我，服我”点燃了整个京城的热情，也引发了营销界的热议。

“甭信我，服我”是耐克针对北京进行的“以城市为主导”主题系列广告，采用北京人的口音和北京运动爱好者中具有代表性的话语作为素材，制作成5则幽默感十足的30秒短视频广告。在广告中，除了朗朗上口、幽默有趣的话语文案外，还有北京人的日常生活和运动场景，借此来增添更多的情节性和戏剧化内容。比如其中一则《冠军》的内容就是几个男运动员正在奋力向终点狂奔，背景音提示还有最后一百米，但出人意料的是一位女运动员突然超越他们冲过了终点线。

充满戏剧化和幽默感，又诠释出运动与拼搏的品牌理念，还符合大众对于运动和健康的认同和追求，让北京人倍感亲切，这一系列广告获得成功也不难理解了。

从以上几个数字营销的案例，不难看出数字营销的特点与变化：

（1）除了借助多元化的网络社交媒体平台来进行传播推广外，还运用了更加多样的形式，其中最为流行的是短视频形式。

（2）在借助网络进行宣传时，实时结合线下增强体验。

（3）品牌的跨界联合和创意营销更为常见。

（4）运用多种形式进行营销，越来越注重内容方面的丰富和创意。

（5）品牌数字营销更多地面向年轻市场，其年轻化趋势似乎成为不可逆的大潮流。

问题

请分析案例中的企业是如何成功运用数字营销的？对企业营销有什么启示？

第9章 品牌推广活动策划

| 本章要点 |

1. 直接营销的起源、基本概念及方法。
2. 事件营销的基本概念、运作方式及效果评估。
3. 体验营销的基本概念及主要策略。
4. 销售促进的基本概念及工具。

引 例

天猫“618”微博抽奖活动

2018年“618”期间，天猫为了造势，在微博上发起了一个抽奖活动。按理说微博抽奖已经是企业熟悉得不能再熟悉的日常操作了，但这次天猫硬是把这种常规操作玩出了新高度。

这个微博抽奖活动是天猫和其他品牌方联合推出的，不同于以往直接在微博上互相@，这次的合作商家曝光及礼品设置都在评论区，这样设置的好处是，一些没有合作的商家也能通过留言评论的方式参与到这次抽奖狂欢中。

随着商家的不断增加，留言评论区所积累的“奖金池”越来越大，最终超过10万元，相当于天猫用微博抽奖完成了一次众筹，品牌方通过提供奖品的方式获得了曝光。

这次活动的难得之处不仅在于把微博抽奖的形式玩出了新花样，大量的品牌商家与用户进行互动，而且让商家参与活动的门槛变得非常低，品牌方若是愿意参与只需在活动微博下留言，另外，这个活动所带来的流量都在天猫那一条微博下，把握住了总体的流量价值。

不知道这种微博抽奖形式是不是首创，但确实让人耳目一新，当人们认为微博抽奖已经搞不出什么新名堂时，天猫给我们上了一课，在几乎没有渠道投放成本的情况下，最终总体曝光量突破6亿，而且在中奖名单出炉后，还有许多后续的媒体报道等公关操作。

这个案例是通过微博的形式创新，达到品牌传播层面上的四两拨千斤。

硬投放已经失效，软投放才是出路

媒介价值在于覆盖量，这没错，但是光看覆盖量的硬投放在互联网时代已经掀不起什么波澜了，用户注意力的碎片化让所有媒介的效果都大打折扣，生硬投放的效果必然不会好。我们应该找到软投放的路径，把媒介从一个硬性曝光渠道变为可互动、可引起主动传播的内容形式。

做营销策划时要更注重媒介运用上的创新，不要抱着只是买渠道、买流量的思路去看待媒介采买，而是想方设法在媒介运用上打造影响力。尽可能做一些媒介内容的互动创新，才能做到以小博大。

传播的目标就是造事件

在上述案例中，活动本身的人群覆盖面并不太大，也就是各个品牌商家的微博，但“618”可以说是个全民狂欢节了。突破渠道壁垒的方式就是策划和形成事件，只有形成了有影响力的事件，信息传播的层级才会扩大，形成大范围的跨平台传播。

资料来源：2018上半年，这些营销案例让人眼前一亮．智放营销，2018-10-22.

上一章我们对媒介的选择与组合策略及其方法做了较为全面的介绍，本章将对品牌推广活动的具体策略和方法进行探讨。虽然从总体上我们应该牢固树立营销与传播是一枚硬币的两面，是彼此不能分割的概念，但是营销与传播各有自己的理论体系，本章将重点介绍品牌推广活动中常用的直接营销、体验营销、事件营销和销售促进等方式。

9.1 直接营销

企业建立数据库不仅为整合营销传播战略的实施奠定坚实的基础，而且可以有效地推动直接营销活动的开展。直接营销是企业早已运用的营销传播方式，但是在计算机和网络普及之前，直接营销在信息收集、保存等方面受到人工的限制而难以有效地开展，数据库的建立则可以在更大范围内收集和保存客户的相关信息，也可以大大加快与客户的沟通速度，有效地提高直接营销传播效果。因此，随着数据库的建立，直接营销在企业的整合营销传播战略中将扮演更为重要的角色。

一、直接营销的起源及其基本概念

1. 直接营销的起源

直接营销起源于邮购活动。1498年阿尔丁出版社的创始人阿尔达斯·马努蒂乌斯在意大利威尼斯出版了第一本印有价目表的商品目录，该事件被业界普遍认为是有记载的最早的商业邮购活动。1667年，威廉·卢卡斯在英国出版了第一本园艺目录。后来，商业邮购活动在美国、意大利、英国等地有了一定的发展。到了1926年，谢尔曼和沙克海姆在美国创办了第一个现代图书俱乐部——每月图书俱乐部，他们开始采用免费试读方式，即先寄书后付款，直到消费者不再订购或者不再付款为止。这与传统的先收款后寄书的方式截然不同，这也是营销人员试图测量顾客终身价值的首次尝试。

世界著名的直接营销公司伟门的创办人莱斯特·伟门说，生产商 90% 的利润来自回头客，只有 10% 的利润来自零星散客，少损失 5% 的老顾客便可增加 25% 的利润。因此，从战略上讲，企业必须明确自己的营销目标是要争夺市场份额，还是要保持或培养顾客忠诚度。据专家分析，面对激烈的市场竞争，维持一个老顾客的成本只是寻求一个新顾客成本的一半，要使一个离开的老顾客重新成为本企业顾客的成本则是寻求一个新客户成本的 10 倍。企业通过传统广告投放得到的客户保持下去并转化为忠诚客户是进行直接营销的一个重要目的。

莱斯特·伟门在 1967 年首先提出直接营销的概念。他认为人类社会最开始的交易就是直接的、原始的一对一销售，这种方式是能最大限度地满足人们需要的方式，工业革命所带来的大量生产和大量营销是不符合人性的、是不道德的。当今市场充斥大量广告，被大家称为“眼球经济”，可以说过度广告已引起社会公愤。在当今社会条件下，人们更加追求个性化的产品和服务，这就是大量营销致命的弱点和大量营销时代衰败、终结的根本原因。

2. 直接营销的概念

作为一种营销传播工具，直接营销在许多企业的促销活动中得到了运用，只是受到信息技术的限制而成效不大，被认为是广告活动的一种辅助工具，并没有受到企业足够的重视。

直接营销英文为 direct marketing，它是个性化需求的产物，是传播个性化产品和服务的最佳渠道。最早人们对直接营销的理解是销售方“利用一种或多种媒体对目标消费者施加影响的所有活动的总称”①。英国直接营销协会对直接营销的定义是“直接营销是一种控制论的营销方法，它利用直接反馈广告进行市场探测、转化和保持”②。该定义涉及直接营销所包含的信息互动功能。1997 年美国直接营销协会（ADMA）将其定义为“任何有意针对消费者或企业客户，以期他们以订购、进一步查询、为购买某一商品或服务而光顾经营场所的形式作出反应的直接传播活动”③。

归纳这些定义的核心内容，可以大致总结出以下几个要点：第一，直接营销本身具有双向传播的功能；第二，直接营销是一个具有互动特征的营销与传播体系，因此又可称为互动营销；第三，由于这种营销传播方式可以及时记录顾客的反应和态度，营销者可以根据顾客的反应随时调整营销传播方法，直接营销具有可测量性和针对性的特征。

根据上述内容，笔者以为直接营销就是指企业（产品和服务的生产者或提供者）放弃中间商的环节，借助数据库驱动的信息系统，通过人际传播的方式主动而直接地与消费者形成即时的、双向互动的人际关系，在传播信息的同时强化和满足顾客对商品的需求，从而实现商品销售的传播活动。

我们可以从以下几个方面认识这一定义。

---

① 乔治·贝尔奇，等．广告与促销：整合营销传播展望．大连：东北财经大学出版社，2000：627.

② 吉姆·布莱思．营销传播精要．北京：电子工业出版社，2003：159.

③ 威廉·阿伦斯．当代广告学．北京：华夏出版社，2000：281.

第一，直接营销从本质上来说就是带有商业目的的人际（或网络）传播活动。这种人际传播活动得以进行的前提是传播双方有共同的愿望，即一方有传播信息和销售商品的愿望，另一方则有购买商品以满足需求的愿望。

第二，直接营销是借助数据库的信息系统，由企业有选择地根据目标消费者的消费需求所开展的营销传播活动，因此，这种营销传播方式更有目标性和针对性。

第三，直接营销是在同一时空下将传播与营销合二为一的营销传播方式，也就是将销售信息与需求的产生（通过传播某种信息来刺激和强化消费者需求）和满足（传递商品或需求信息）加以融合，从而在很大程度上提高了营销效果。

3. 基于互联网的直接营销

网络作为一种交互式的可以双向沟通的渠道和媒体，可以很方便地为企业与顾客架起桥梁。一方面，顾客可以直接通过网络订货和付款；另一方面，企业也可以通过网络接收订单、安排生产，直接将产品运送给消费者。基于互联网的直接营销的特点主要有以下四个。

第一，直接营销作为一种互动的体系，特别强调直接营销者与目标顾客之间的双向信息交流，以克服传统市场营销中单向信息交流方式下营销者与消费者之间无法沟通的致命弱点。互联网作为开放、自由的双向式的信息沟通网络，企业与消费者之间可以实现直接的一对一的信息交流和沟通，企业可以根据目标消费者的需求进行生产和营销，最大限度地满足消费者的需求，提高营销的效率和效果。

第二，直接营销的关键是企业可以为每个目标消费者提供直接向营销人员反馈信息的渠道，并根据消费者的反馈信息找出自身的不足，为下一次开展直接营销活动做好准备。互联网的方便、快捷性使得消费者可以通过互联网直接向企业提出建议和购买需求，也可以通过互联网获取售后服务的反馈信息。企业可以从消费者的建议、需求中找出自身的不足，按照消费者的需求调整经营管理，减少营销费用。

第三，直接营销强调在任何时间、任何地点都可以实现企业与消费者的双向交流。互联网的全球性和持续性的特性使得顾客可以在任何时间、任何地点直接向企业提出要求和反映问题，企业也可以利用互联网实现低成本地跨越空间和时间限制与消费者双向交流。

第四，直接营销最重要的特性是营销的效果可以测量。互联网作为最直接的沟通工具，可以很方便地为企业与消费者提供沟通和交易的平台，通过数据库技术和网络控制技术，企业还可以迅速地处理每一个消费者的订单和需求而不用管客户的规模大小、购买量多少，互联网的沟通成本和信息处理成本非常低廉，通过互联网可以实现以较低的成本来最大限度地满足消费者需求。

4. 直接营销的优势与劣势

（1）直接营销的优势。直接营销与其他营销方式相比较的最大优势是依托于数据库可以最大限度地维护和开发消费者。由于直接营销的目标消费者大都具有比较清晰的指向性，因此，直接营销更具有针对性和个性化，其劝服的效果也更加明显。由于直接营销可以真实地观察到目标消费者对商品的反应（如购买商品、索取信息、参观体验等），这就使得直接营销成为最具追溯性的营销传播形式。另外，直接营销还可以及时记录和保存目标消费者对商品的反馈意见，这就为企业之后开展的营销活动指明了方向。直接营销还可以在几天之内根据目标消费者的反馈意见或行为对所运用的传播策略进行调整和改进，从而有效地提升营销传播效果。

直接营销利用可寻址媒介（邮箱、电话、电子邮件、QQ 号码等）进行信息传播时，一方面由于具有较为明确的指向性而大大降低了媒介预算；另一方面由于可寻址媒介的广告创意的设计、制作和发送远比大众媒介的广告创意的设计、制作和发布要快得多，直接营销的投资回报率远远大于其他营销方式。

（2）直接营销的劣势。任何事物都不可避免地具有两面性，直接营销也不例外。首先，直接营销最主要的缺点就是投放在每个目标消费者或潜在消费者身上的相对成本更高。比如，直接邮寄的成本有可能达到每千人 2 000 元。相比较而言，由于规模经济的作用，投放在大众媒介的广告的千人成本可能只有 200 元。从性价比的角度而言，直接营销应该是生产原料或配件的居于产业链上游的企业在实施整合营销传播战略时更适合采用的一种营销传播工具。

其次，直接营销在借助媒介开展活动时，可能会打扰目标消费者，使消费者对直接营销方式甚至所营销的品牌商品产生反感。目前，越来越多的手机和电脑用户都针对垃圾邮件设置了保护措施，这种状况和趋势对直接营销的发展构成了十分严峻的挑战。

二、直接营销的方法

1. 直接营销的基本要素

直接营销在具体实施中有前端和后端两种业务，前端包括营销传播、内外部呼叫中心及其他可以引起消费者需求和企业销售的行为；后端则包括专职人员接收和处理商品订单、存货控制、装单、开票、处理退货及其他客服功能。前端的工作性质是制造消费者的需求，后端的工作性质则是努力帮助消费者实现需求。前端的构成要素是供给、数据库和反馈，后端的构成要素是执行。

（1）供给。这是指生产企业为了达成交易获取利润或满足消费者需求而向消费者承诺的所有有形或无形的商品或服务。也就是说，除了标价的商品之外，供给还包括商品交易的支付条件、送货期、退货或换货手续及其他承诺条款，以及品牌形象及其他无形的东西。

企业针对目标消费者的供给行为，实际上又是由以下环节所决定的，即如何引起目标消费者的注意并使他们对本商品或服务产生兴趣，还要努力通过各种方法去刺激他们对本商品或服务产生需求并促使其尽快购买。

由于绝大多数企业开展直接营销的目的都是希望引发消费者的购买行为，因此，直接营销活动在某种程度上与促销活动有相似之处，即两者都会以产品折扣、奖品、积分等激励手段刺激消费者做出购买行为，这种激励手段都是在某一特定的时间范围内才有效。不过，直接营销可以借助数据库和信息系统及时了解消费者的反馈意见，并根据这些意见及时调整营销传播方法，因此，直接营销的作用要远胜于一般意义上的促销活动。

（2）数据库。企业在没有建立数据库的情况下开展直接营销活动在理论上虽说是可行的，但是在实践上却难以做到，因为一个企业在没有掌握目标消费者的相关信息的情况下所开展的直接营销活动实际上与传统的促销活动并没有本质的区别。由于成本的关系，企业首次开展直接营销活动往往都不太可能产生利润，因此，企业在开展直接营销活动之前必须尽可能多地获取目标消费者的相关信息——姓名、联系方式、购买商品的习惯等，以便向其中有可能成为本品牌商品的消费者发送商品信息，努力使这部分消费者成为企业的利润来源。此外，企业如果没有数据库，则几乎无法说明哪一种促销手段更有效果，这往往又是直接营销能否成功的关键要素。

（3）反馈。在直接营销的过程中，反馈是指消费者针对某种营销传播信息所作出的行为反应。比如，消费者在获知企业发出的有关某商品或服务的信息之后，可以通过免费电话、浏览网站、接受邀请、出席展览会等对所接收到的信息作出各种不同形式的反馈。

消费者的反馈是直接营销有别于其他营销方式最重要也是最具优势的特征，企业可以根据消费者的反馈及时采取相应措施促成交易的发生，或者根据消费者的反馈意见适时调整营销传播策略。总之，消费者的反馈对于直接营销活动的顺利开展起着决定性的作用。

（4）执行。直接营销的效果是否显著关键在于执行，执行的主要优势在于其他营销手段所不具备的便捷、经济和及时地向消费者传播商品信息和交付商品。企业在直接营销过程中，其执行部门的主要职责不仅包括货物装箱，还包括管理库存、处理账单、追踪订单、补仓和处理退货及换货等。

在直接营销的过程中，时间是一个十分关键的要素。许多国家均有明确的法律规定直接营销的订单必须及时执行（完成交易行为），以及客户在实施交易行为之前必须被告知其享有无条件退货的权利。在实际的直接营销中，一个不容忽视的事实是客户常常在下订单之后和实际收到商品之前这段时间需求欲望呈递减趋势或对购买决策产生质疑。因此，企业必须在尽可能短的时间内完成商品的交易行为，否则，如果客户在下单之后等待商品交付的时间过长，客户就有可能取消订单或直接退货。

2. 直接营销的具体应用

（1）直接营销策略的实施。企业是否选择采用直接营销方式，必须先弄清楚一个基本事实，那就是并非所有的商品都适合采用直接营销方式。一般而言，对于生产规模大、消费速度快、消费者参与程度低的商品，直接营销方式就不太可能产生多大的作用。

从整合营销传播的角度来说，直接营销只是整合营销传播战略当中众多营销传播策略中的一种。企业在实施整合营销战略时是否采用直接营销策略，必须先解决以下四个问题。

第一，实施直接营销的意义何在？也就是说企业要明确向消费者提供的商品或服务是否具有使用直接营销的必要性，这些商品是否具有小规模生产、消费速度慢、消费者参与程度高的特点，企业能否清晰地界定目标消费者的构成等。如果企业对上述问题能够给予肯定的回答，则可以考虑实施直接营销，否则，就应该考虑放弃直接营销。

第二，企业是否建有目标消费者的数据库？如果企业实施直接营销是其实施整合营销传播战略的一部分，那么企业应该主动收集或保存现有消费者或目标消费者的基本信息。如果企业没有目标消费者的基本信息则可以通过一些方式获得，如向专业市场调查机构购买，或者通过促销活动和营销调研等方式获得。不论企业采取什么方法来获取目标消费者的信息，这些信息都要真实可靠，否则，建立在这些信息基础上的直接营销活动就失去了意义。

第三，企业应该如何向目标消费者传递品牌信息？直接营销是最典型的整合营销传播模式，因为直接营销将人员销售与信息互动合二为一，使营销与传播真正融为一体，企业在传播品牌信息的过程中也完成了品牌商品的销售。不过，由于直接营销对销售与传播的整合，常常使企业在具体的操作中对到底应该如何向目标消费者传递品牌信息感到困惑，是偏向于传播（着眼于未来的销售而树立品牌形象）还是偏向于销售（着眼于当下的销售）？从整合营销传播战略的角度考虑，直接营销的品牌传播意义显然大于销售意义。企业如果过于注重直接营销所产生的销售结果，势必会降低直接营销在整合营销传播战略中所发挥的品牌传播作用。企业在实施直接营销的过程中，应该尽可能地站在更高的层面处理好品牌形象传播与促进即时销售的关系，在此基础上确定品牌商品的传播内容。

第四，企业应该如何选择更为合适的直接营销传播工具？直接营销传播工具大致可分为四种：直接邮寄、电话营销、大众传媒和网络互动营销。企业如果在整合营销传播战略的规范下实施直接营销，出于对成本和效果的考虑，一般应选择一种直接营销传播工具为主，其他的可作为辅助传播工具以提醒目标消费者关注企业正在开展的直接营销活动。

（2）直接营销与其他营销传播方式的结合。在以往的市场营销实践中，直接营销在营销组合中常常处于可有可无的位置，但是随着互联网和信息技术的发展，直接营销已经成为整合营销传播战略中最重要的一种营销传播方式，也是越来越多的企业更愿意使用的营销传播方式。究其原因，主要是直接营销作为一种具有极大包容性的营销传播方式不仅可以与其他营销传播方式相互整合，而且能够将人际传播中实时互动的功能特征予以充分发挥。直接营销与其他营销传播方式的结合主要体现在以下几个方面。

第一，与广告传播结合。直接营销借助媒介开展活动本身就是一种广告传播形式。比如直接营销经常使用的直接邮件、产品目录、直接反应印刷品、直接反应电视和广播、网络互动媒介等实际上都属于广告传播的范畴，只不过在这些活动中都必然会包含一个可以免费邮寄的回执或清楚标明的400或800免费电话号码，方便顾客及时与企业进行联系，促使顾客作出购买决定（见图9-1）。

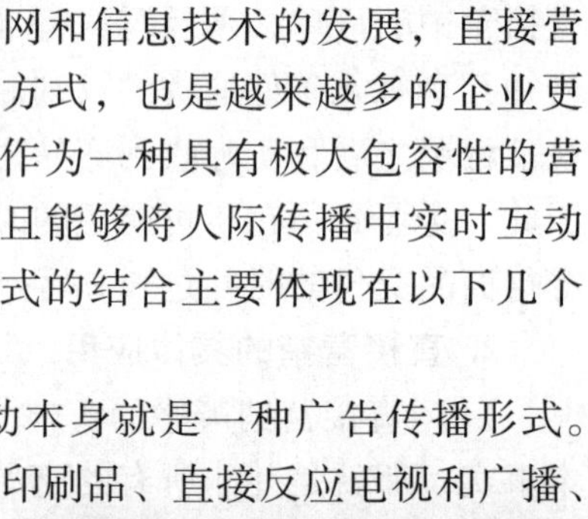

图9-1 400免费电话广告作品

第二，与公共关系结合。由于直接营销有十分明显的针对性、即时性和互动性的特点，许多规模较大的企业或机构在开展大型公共关系活动时更倾向于使用直接营销来传播企业的经营理念。比如，一些企业可能会利用直接营销方式来为慈善机构募集基金，或者建立带有公益色彩的会员俱乐部等。当然，企业在开展公共关系活动的过程中，其广告或促销活动都会提供企业400或800免费电话号码，以使其中的某些受众成为企业的顾客。

第三，与人员销售结合。直接营销如果不借助媒介传播，就只能以人员销售作为最主要的手段了。人员销售是最为传统的营销方式，人员销售具有解惑性和情境性的特点，常常能够在较短的时间里促进目标消费者做出购买决定，因此许多企业仍然愿意使用这种方式开展营销活动。随着一对一电子媒介的普及，人员销售的类型和形式也越来越多，其中，电子营销和人员直销是最常使用的方法。前者如电话营销、网络邮件等，这种传播方式的优点是不但传播对象十分精准，而且传播方式灵活多变，有助于提升品牌形象；后者则是许多日化产品企业所惯用的方法，如雅芳、安利等多年来一直坚持采用人员直销的方式，取得了极大的成功。

第四，与销售促进结合。销售促进是市场营销中很传统的方法，几乎所有的人都会在不同程度上受到过各种品牌商品促销活动的吸引。比如，企业利用直接邮件向目标消费者发送各种产品促销目录，或者邀请目标消费者参加与品牌商品有关的健康讲座，或者向目标消费者赠送新产品优惠券等（见图9-2）。在整合营销传播战略中，直接营销与销售促进结合所追求的目标并不只是销售效果，还把其看作企业或品牌与目标消费者的一次难得的人际交往活动，努力通过这种具象的、感性的接触与目标消费者进行交流与反馈，力图在品牌与目标消费者之间建立起彼此认同且稳定的关系。

图9-2　以销售促进为内容的直接营销活动

3. 直接营销的效果评估

直接营销的优势之一是可以对效果进行较为准确的评估。直接营销的评估方法也比较简单，计算直接营销的回应率和每单位销售成本即可。计算回应率需要用回应数除以所有发出的广告数量。比如，某企业向目标受众发送了50万份直邮广告，做出回应的目标受众有5万人，其回应率就是10%。

回应数/邮寄广告总数＝50 000/500 000＝10%

每单位销售成本的计算方法是先算出直邮广告的制作、印刷和投递的总成本，再除以最终达成销售的人数。假定上述企业所发送的50万份直邮广告的总成本是50万元，最终达成销售的有2 500人，那么该企业的商品每单位销售成本为200元。

9.2　事件营销

事件营销是近年来国内外十分流行的一种集市场推广、新闻传播、广告策划、公共关系、形象传播、客户关系于一体，并为新产品推介、品牌展示创造机会，以建立品牌识别和品牌定位、快速提升品牌知名度与美誉度为目的的营销传播手段。20 世纪 90 年代后期，互联网的飞速发展给事件营销带来了巨大契机。通过互联网，一个事件或者一个话题可以更容易地进行传播和引起关注，成功的事件营销案例开始大量出现。

一、事件营销的基本概念

1. 事件营销的概念

事件营销是指企业通过策划、组织和利用具有新闻价值、社会影响以及名人效应的创意性活动或事件，形成某种大众所关注和议论的焦点，吸引社会各界和媒体跟进报道，使该活动或事件得以在更大范围内传播，借此提高企业或品牌的认知度，树立良好的品牌形象，并最终达到提升品牌产品或服务的销售业绩的一种集营销与传播于一体的特殊的营销传播方式。

由于这种营销方式具有受众面广、突发性强，能使品牌产品的信息在短时间内达到最广泛的深度传播的效果，可以为企业节约大量的传播成本，近年来成为流行的一种公关传播与市场推广的手段。简单地说，事件营销就是通过把握新闻的规律，制造具有新闻价值的事件，并有步骤地操作，使得品牌产品的相关信息借助新闻事件得以传播，从而达到广告的效果。

之所以说事件营销是一种特殊的营销传播方式，是因为事件营销在策划与实施的过程中不可避免地会使用新闻学、传播学、广告学、公共关系学、品牌学、市场营销学等众多学科的相关理论与方法。虽然目前许多学者和业界人士将事件营销归类于营销工具，但是将事件营销归类于传播工具似乎也名正言顺。事件营销究竟应该如何归类并不重要，重要的是企业在实施整合营销传播战略的过程中，如何正确地运用事件营销这一特殊的营销传播工具。

2. 事件营销的运用背景

事件营销近年来之所以能够成为众多企业实施营销传播战略时使用频率最高的一种营销手段，除了其本身在具体运用中具有较好的投资回报率之外，在运用背景上主要有以下三个方面的原因。

其一，大众注意力的稀缺，这是运用事件营销的原始动机。在当今的信息时代，受众每天接触到的商业信息非常多，超出了受众信息接收的临界点，导致受众对任何缺乏吸引力的信息都不会注意，或者反过来说，受众在信息泛滥的环境里对任何信息都难以产生兴趣，即注意力稀缺。从理论上说，受众的注意力是对于某条特定信息的精神集中。当各种信息进入受众的意识范围之内，受众将关注其中特定的一条信息，然后决定是否采取行动。受众的注意力对于企业来说是一种可以转化为经济效益的资源，有效利用和把握受众的注意力是事件营销的动力。

其二，大众媒介议程设置，这是事件营销得以实现的桥梁。大众媒介议程设置简单来说，就是大众传播媒介具有一种为公众设置议事日程的功能，传媒的新闻报道和信息传播活动以赋予各种议题不同程度的显著性的方式，影响着人们对周围世界的“大事”

及其重要性的判断。如果企业想成功地实施一次事件营销，就必须善于利用大众传媒，借助传媒开展的新闻传播、广告传播等大众传播活动，营造出有利于企业的社会舆论环境，帮助企业达到借势或造势的目的，引起公众重视。

其三，整合营销资源，这是事件营销的必要途径。无论从理论还是实践的角度而言，事件营销应该是整合营销传播诸多实施工具中最具有整合意味的营销传播工具。在事件营销的实施过程中需要对多种营销和传播手段进行整合，也需要对企业的品牌信息予以整合，还需要在企业内部的各个部门之间进行整合，更需要对大众媒介传播和人际口碑传播加以整合，以使事件营销活动能够顺利有效地运作与执行。因此，整合各种营销传播资源，不仅是事件营销的理论与实践依据，更是事件营销有别于其他营销传播方式最为显著的特征之一。

3. 事件营销的构成要素

事件营销成功与否的关键在于事件本身是否具有新闻价值，新闻价值的大小则是由构成新闻的客观事实是否适应社会大众的某种需要所决定的。因此，事件营销的构成要素实际上也就是事件（新闻）的构成要素。这些要素主要包括关联性、独创性、整合性和参与性。

（1）关联性。事件营销的第一个构成要素是所策划的事件必须与品牌具有必然的关联性。如果策划出来的事件与品牌没有内在的关联性，即事件与品牌相脱离，其结果必然是事件被炒得很热闹，但是与品牌形象和品牌产品的销售没有关系。在策划的过程中，策划人员应该努力使品牌的诉求点、事件的核心点和公众的关注点重合在一起，形成三点一线并贯穿于事件营销活动的始终。总之，策划的事件与品牌的内在关联性越高，重合度越高，就越有可能将公众对事件的关注度和兴趣点转移到品牌上。

（2）独创性。事件营销的第二个构成要素是所策划的事件一定要有独创性。事件能否吸引公众的眼球，取决于事件本身是否具有新闻价值。企业策划事件营销的过程中，一定要努力做到构思巧妙、新颖独创，所策划的事件越有创意，公众的关注度就越高，传播效果也就越好。

（3）整合性。企业开展事件营销的最终目的就是要提升品牌形象在公众心目中的地位。任何一起事件营销就算当时极其成功，所产生的轰动效应也是短暂的，企业为维持事件营销对品牌所带来的良好影响，就需要在事件营销活动结束以后，将事件及品牌的相关信息不间断地传播给目标受众，并潜移默化地将公众对事件的注意力转化为对品牌的忠诚和实际的购买，这就需要企业在事件发散过程中和事件发散告一段落之后，自始至终地做好整合营销传播工作。

应该说，一起成功的事件营销策划就是一整套整合营销传播战略策划的简洁版，其中不乏对多种传播媒介、多种传播方式的综合运用。在事件营销的策划过程中，策划人员一定要善于利用各种营销传播工具传播经过整合的统一的品牌信息，如此才能发挥事件营销对品牌的增值效应。

（4）参与性。这是指企业所策划的事件必须能够吸引更多的公众广泛参与，这是事件营销的第四个构成要素。人们对事件的参与程度的高低大都取决于两个前提条件：一是该事件与人们的实际生活的关系密切程度；二是该事件与人们的兴趣点是否契合。

如发生在非洲的一些具有很高新闻价值的事件与我们的实际生活没有什么关系，也许在事件发生时会引起部分公众的注意，但很快就会被人们淡忘；如果事件就发生在人们的身边，或能够亲身参与由事件引起的相关活动，公众就会产生难以忘记的深刻印象。

在策划事件营销的过程中，所策划的事件只要具备上述四个要素中的一个就具备新闻价值，具备的要素越多、越全，该事件的新闻价值就越大。当一个事件同时具备上述所有要素时，肯定会有很高的新闻价值，成为所有新闻媒介竞相追逐的对象（见图9－3）。

宁波日报
NINGBO DAILY
A9 都市新闻
87000000
美国总统奥巴马成为
余姚“捕蝇王”的“免费代言人”

图9－3 余姚“捕蝇王”成功策划的事件营销

说明：以下是该新闻报道的内容：本报讯（记者王量迪　余姚记者站李郁莎）一年多前，有着中国“捕蝇王”之称的胡锡林，将两台环保捕蝇器从余姚寄往美国，通过国际环保组织转赠给奥巴马总统。如今，这一“旧事”再次引起轰动，刚刚出版的今年第1期《国际品牌观察》刊登的《美国总统奥巴马成“全球最佳免费代言人”》一文中，收录了6则与奥巴马有关的新闻事件，其中就有“捕蝇王”胡锡林给奥巴马送捕蝇器的经典案例。

许多人可能还记得这样一幕场景：2009年6月16日，美国总统奥巴马在白宫接受CNBC电视访问时用手拍死一只苍蝇，这一过程被全程直播。总统的身手显然不赖，但不满随之而来。善待动物组织发言人布鲁斯·弗雷德里克呼吁对一切动物都给予同情，不管它们体形大小、是否招人喜欢。

余姚民营企业家、“捕蝇王”胡锡林在获知这一消息后，很快联系上了总部设在美国的善待动物组织。这个组织了解到，这款由中国国家专利局授予专利的超声波捕蝇器，是世界上第一台利用生物和超声波技术的安全环保型捕蝇器，可以将屋内苍蝇活捉，放其回归大自然。由于这个产品非常符合善待动物组织的理念，善待动物组织欣然接受了胡锡林的请求，愿意将捕蝇器转交给奥巴马总统。

二、事件营销的运作方式

事件营销的运作主要是围绕事件开展，企业在策划事件营销的过程中，大体上可以将事件分为营销战略型事件和公益活动型事件两种。

1. 营销战略型事件

营销战略型事件是指企业在制定营销传播战略的过程中，根据新产品推广、分销渠道招商策略以及市场竞争状况所策划的与品牌产品有内在关联性的营销事件。此种事件营销策略较适合企业推广新产品或为既有品牌产品开辟新市场时采用。

比如，2010年9月初，淘宝网上演了一出疯狂的大价值商品团购，其销售目标就是奔驰 Smart 汽车。250 辆车不到 4 个小时被抢购一空，这应该是到目前为止最快的汽车网络团购记录。从营销角度来讲，这个网络事件最重要的意义并非“250 辆车”的销售数字这么简单，它是一次全新的尝试，并且获得了成功，消费者对 Smart 的关注度大幅提升，使 Smart 在线下的询问量明显增长，最为重要的是该活动还在很大程度上使消费者的汽车消费观念发生了改变：汽车就是一个交通工具，够用就行。

2. 公益活动型事件

公益活动型事件是指企业通过策划一些带有公益目的并能够引起公众关注的活动来塑造或提升品牌在大众心目中的形象和地位。此种活动具有明显的非商业性质，事件内容往往指向以文化、艺术、体育、环保以及社会责任等为主的活动。正是由于该类活动具有社会公益性质，对企业及品牌形象的传播与提升具有很大的促进作用，而且非商业化的活动更容易受到大众媒介的关注而成为社会性的讨论话题，具有相当广泛的传播影响力。比如，在北京奥运会临近开幕期间，海尔借鉴火炬传递的理念，策划并发起了在百度 1 473 个城市贴吧进行“奥运爱心火种传递”活动。活动结束后，海尔根据爱心指数，为参与热情最高的前五位城市的福利院送出海尔电冰箱。这次网络爱心传递活动吸引了近百万网友热情参与，有力地提升了海尔在公众心目中的品牌形象，推动了海尔品牌的市场销售。

三、事件营销效果评估①

事件营销效果评估主要分为两个阶段，第一阶段对事件本身进行评估，第二阶段对品牌影响进行评估。可以从静态和动态两个角度进行评估。静态评估是指经过此次事件后受访者对于相关品牌的评价，侧重于了解品牌目前的状态，便于企业对品牌进行长期监测。动态评估则是指在事件发生前和事件发生后分别对受访者进行调查，以了解受访者对品牌态度的改变情况，侧重于受众对品牌态度的变化程度。

第一阶段的评估指标主要包括受众对事件的知晓率、认知渠道分布状况和对具体活动的评价等。相对而言，此阶段的评估要简单一些。

第二阶段的评估主要从受众的认知、情感和意愿三个方面的主观感受加以评估，具体评估指标主要是品牌认知率、品牌认同度、品牌推荐等。

事件营销效果评估体系见图 9－4。

认知层面是评估品牌影响的第一个环节。有三层含义：一是认知的广度；二是认知的深度；三是品牌形象的认同度。通过认知层面的评估，一方面可以衡量经过此次事件营销活动相关品牌的认知率；另一方面可以了解受众对相关品牌在认知上的深刻程度。

情感层面是指受事件营销活动的影响，公众对于相关品牌在情感方面的变化情况。可以通过两个指标来测量：一是品牌偏好，即在事件营销活动之后，受众是否更加喜欢某个品牌，喜欢的变化幅度有多大等；二是品牌信任，即事件营销活动之后，受众是否

① 摘编自黄鹏、陈西军所著《整合营销传播：原理与实务》第十七章第 2 节（复旦大学出版社，2012）。

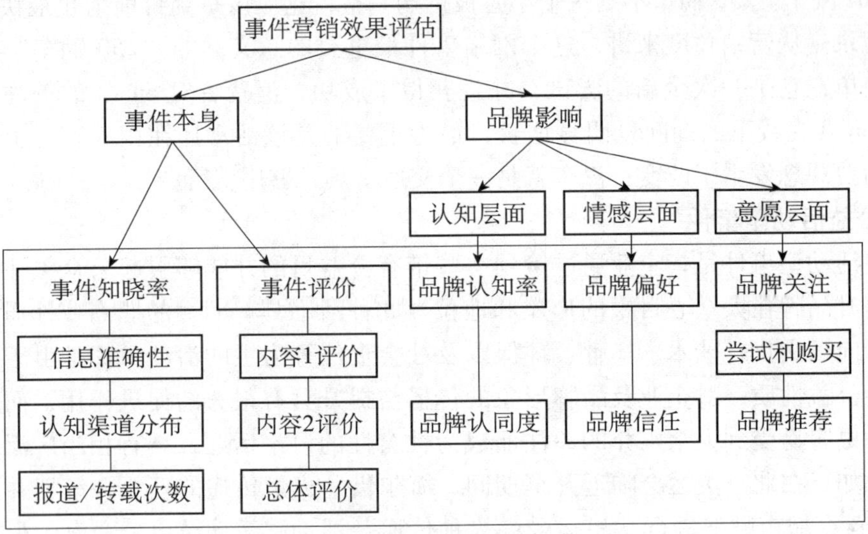

图9－4　事件营销效果评估体系

更加信任某个品牌，信任变化的幅度如何等。通过比较这两个指标的变化程度，评估者就能够较为准确地评估和判断事件营销活动对于受众在情感方面所产生的影响。

意愿层面是指受众受事件营销活动的影响对于相关品牌在最终购买行为上的变化程度。意愿层面也可以称为行为层面，即认知是基础，情感是过程，意愿才是真正的结果。对于意愿层面的评估，有三个指标：一是品牌关注，即通过此次事件营销活动公众对某品牌的关注度是否有了明显提升，这项指标可以通过企业的官方网站的日浏览量的变化予以测算；二是尝试和购买，即通过此次事件营销活动消费者是否更加愿意尝试购买某品牌产品，尝试购买的变化幅度如何等；三是品牌推荐，即通过此次事件营销活动，消费者在其家人或朋友准备购买相关产品时是否会积极地向他们推荐相关品牌的产品，以及推荐前后变化的幅度等。

公众最终购买行为的变化，在很大程度上取决于其对企业所开展的事件营销活动的认知和情感判断。品牌影响的评估程序见图9－5。

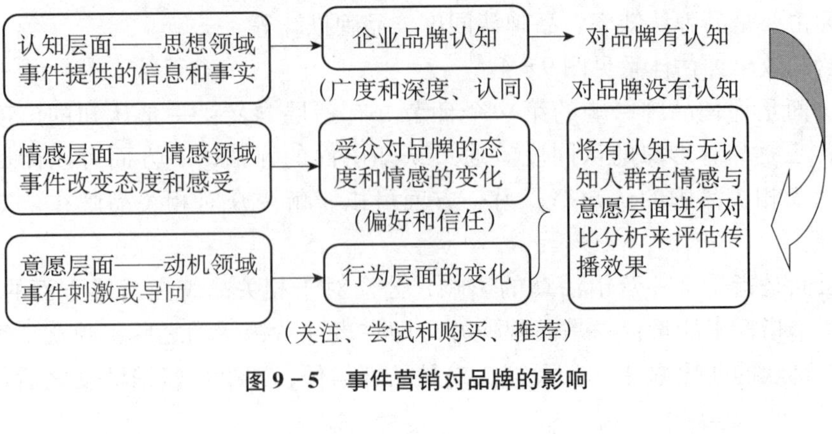

图9－5　事件营销对品牌的影响

9.3　体验营销

近年来体验营销得到越来越多企业的青睐，许多企业利用体验营销使自己的产品从激烈的竞争中脱颖而出。显然，体验营销在企业的市场营销与传播活动中扮演着重要的角色，也必将在整合营销传播战略中发挥其他营销传播工具难以取代的作用。

一、体验营销的基本概念

体验营销是20世纪末出现于美国，21世纪初传入我国的一种新型的营销传播方法。1998年，约瑟夫·派恩和詹姆斯·吉尔摩在《哈佛商业评论》上发表了一篇题为“欢迎体验经济的到来”的论文，首次提出了体验营销的概念，此后，体验营销的概念和实施方法迅速引起企业界的关注并传播开来。

1. 体验营销的概念

体验营销是指企业通过让目标顾客观摩、聆听、尝试、试用等方式，亲身体验企业提供的产品或服务，让顾客实际感知产品或服务的品质或性能，促使顾客认知、喜爱并产生购买行为的一种营销方式。这种方式以满足消费者的体验需求为目标，以服务产品为平台，以有形产品为载体，通过生产、经营高质量产品，拉近企业和消费者之间的距离。

这种方式突破了传统上“理性消费者”的假设，认为消费者消费时是理性与感性兼具的，消费者在消费前、消费中和消费后的体验才是购买行为与品牌经营的关键。比如当咖啡被当成“货物”贩卖时，一磅卖300元；当咖啡被包装为商品时，一杯就可以卖25元；当加入了服务，在咖啡店中售卖，一杯可以卖35～100元；如果能让顾客体验咖啡的香醇与生活方式，一杯就可以卖到150元甚至好几百元。星巴克真正的利润就来源于体验（见图9-6）。在伯尔尼·H. 施密特博士所提出的理论中，营销工作就是通过各种媒介传播（广告为其中之一）、产品、品牌、环境、网站等，刺激消费者的感官和情感，引发消费者思考、联想，使其行动和体验，通过消费体验，不断地传递品牌或产品的好处。

图9-6　星巴克咖啡馆

说明：星巴克咖啡之所以能够得到消费者的青睐，与其向消费者提供的体验式服务有着密切的关系。

体验营销由三个要素构成，即消费者主体、产品或服务客体以及环境。

体验营销理论认为消费者既是理性的也是感性的，消费者经过理性分析采取购买行为与因为追求乐趣、刺激而一时冲动采取购买行为的概率是大致相同的。消费者在售前、售中和售后对商品或服务的体验，才是其做出购买决定的关键所在。

营造体验营销环境的主要任务是确定一个体验主题。体验主题就是企业向顾客提供的混合体验中最核心、最能引起顾客共鸣的内容，整个体验营销活动将紧紧围绕该体验主题展开。体验营销环境的设计与营造包括顾客在体验场所能感受到（听、看、闻、触摸等）的各个方面，顾客通过这些视听觉体验来感受企业或品牌的相关信息，体验环境为顾客对品牌产品形成良好的印象奠定基础。比如，美国硬石餐厅的成功主要依赖于它所营造的摇滚音乐的独特环境（见图9－7），好莱坞饭店的成功则源于该饭店为客人提供播放经典影片和名人纪录片的服务。

图9－7　美国硬石餐厅的摇滚乐为客人提供了别具一格的独特体验

2. 体验营销的产生

体验营销是1998年美国战略地平线公司的两位创始人派恩和吉尔摩提出的，他们对体验营销的定义是："从消费者的感官、情感、思考、行动、关联五个方面重新定义、设计营销理念。"体验营销之所以能够在世界各地迅速被业界接受，可以归纳为以下几点原因。

其一，物质文明进步和消费者生活水平提高。伴随着物质文明的进步，人们的生活水平和消费需求也在不断提高。在农业社会，人们追求的是基本达到温饱；在工业社会，生活水平由物质产品的数量来衡量；在后工业社会，人们更加关心生活质量，关心自己在心理上和精神上获得满足的程度，体验可以说正是代表这种满足程度的经济提供物。可见，人们的消费需求从实用层次转向体验层次是社会发展的结果。

其二，产品和服务的同质化趋向。激烈的市场竞争使得技术传播的速度加快，同行业提供的产品和服务越来越趋同。产品和服务的同质化所造成的后果之一就是抹杀了产品和服务给人们带来的个性化、独特的感受和体验，因此，体验才显得如此珍贵。

其三，科学技术的飞速发展。现代人们接触到的许多体验，如网络游戏、网上聊天、虚拟社区、虚拟现实等都是基于现代科学技术来满足人们的体验需求。网络空间是一个提供体验的好地方，未来信息技术与电脑、电器、电信及生物技术不断融合，提供给人们的体验空间将更加广阔。基于科学技术的迅速发展，人们没有理由不期盼和要求更多的体验。

其四，先进企业对人们消费观念的引导和示范。许多体验性消费是由少数先进企业首先引导和示范的。例如，在索尼公司推出随身听之前，消费者并没有想到收听音乐如此方便；在苹果公司制造出苹果牌个人电脑之前，消费者不曾期望能够用上如此神奇的机器。先进企业深挖人们心中没有表达出来的潜在需求，使得消费者对于它们生产出来的新产品非常喜欢。

3. 体验营销6P组合分析

传统营销4P理论构成了企业开展市场营销活动的基本框架。在体验营销中，6P组合是指由产品、价格、位置、促销、氛围和人员这六种体验所构成的营销策略（参见图9－8）。

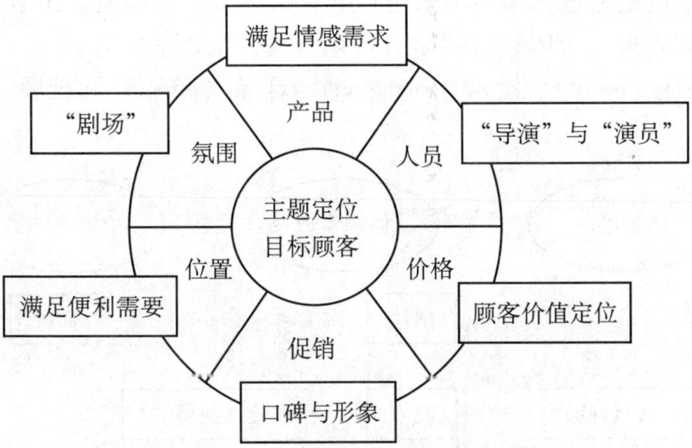

图9－8　体验营销六要素组合模型

（1）产品体验。企业在设计该项体验时，必须努力体现和发挥出通过产品的体验来满足消费者的情感需求这一核心功能，也就是说凡是能够让消费者觉得值得回忆的事物都具有较高的体验价值，都可以成为产品的体验内容。在开发设计产品时，企业要注重对消费者体验需求的分析和对产品心理属性的挖掘，有意识地为产品与服务增添愉悦感、审美感等成分，因此，努力提高产品和服务的体验程度以及吸引顾客参与其中是体验营销成功的关键所在。

（2）价格体验。对价格体验无论是企业还是顾客都会表现出一定的尴尬。其实，企业对顾客所体验的产品并不需要直接标出价格，可以先询问顾客愿意为得到这件商品花多少钱，这就是心理定价。企业还可以采用多种措施加强与顾客的交流，使顾客认识到该产品确实物有所值，并愿意在愉悦的心境下购买。

（3）位置体验。位置体验主要是产品能否及时出现在最合适的地方，并很方便地满足消费者的需求。为此，企业应使用高新技术，争取做到实时响应，更好地满足消费者的体验需求。

（4）促销体验。促销对消费者起着一种引导作用。促销体验是将图像、文本等符号化的东西和位置等元素结合起来，展现出动态的、具有较高仿真效果的日常生活状态，这对于勾起顾客对产品的需求欲望特别有效。

（5）氛围体验。在体验营销中需要强调的是体验现场就是“剧场”，它是由许多硬设施和软要素配合产生的一种特殊情境，能够使消费者在瞬间产生身临其境的强烈感受。

（6）人员体验。在体验现场的工作人员，如销售代表、客户代表、服务支持人员等，他们是体验活动的“导演”，同时又是体验活动的“演员”。要想使体验活动顺利进行，工作人员就必须事先对体验活动做详细的策划和准备，即“导演”的准备工作要做好。在顾客体验过程中，工作人员应善于与顾客进行沟通和交流，使顾客能够全身心地投入到对产品的体验中，达到理想的体验效果。

4. 体验营销6E组合分析

体验营销6E组合是从消费者的角度出发的体验营销策略。这种策略的思考方向是，既然体验营销的目的是通过顾客参与来生产和让渡体验，体验营销组合就应紧紧围绕着体验的生产和消费来进行。体验营销组合可以分为六大要素：体验（experience）、情境（enviroment）、事件（event）、浸入（engaging）、印象（effect）和延展（expand）。参见图9-9。

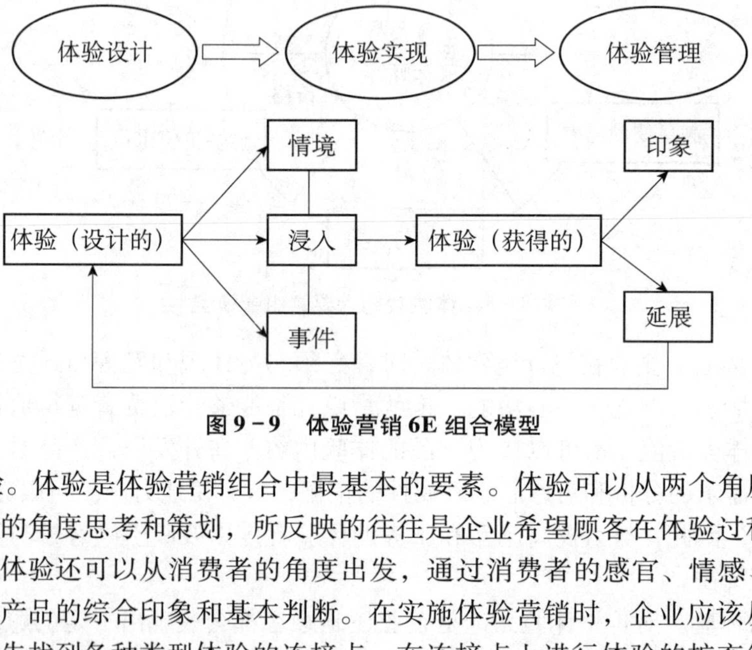

图9-9　体验营销6E组合模型

（1）体验。体验是体验营销组合中最基本的要素。体验可以从两个角度来理解：体验可以从企业的角度思考和策划，所反映的往往是企业希望顾客在体验过程中所得到的印象和判断；体验还可以从消费者的角度出发，通过消费者的感官、情感、思考、行动和关联形成对产品的综合印象和基本判断。在实施体验营销时，企业应该从两个不同的角度出发，首先找到各种类型体验的连接点，在连接点上进行体验的扩充组合，从而形成一个较为完整的顾客体验。

（2）情境。情境是体验营销活动的策划人员为顾客所营造的“表演舞台”，是顾客进行体验的外部环境。该“表演舞台”既可以设计成现实的场景，如安利纽崔莱中国工厂第五期工程的体验中心，也可以设计成虚拟的世界，如一些网站设计的虚拟社区。在情境设计过程中，设计人员可以借鉴戏曲理论、心理学、社会学等方面的知识和技巧，使设计出的情境能够对顾客产生较好的心理暗示作用。

（3）事件。事件是指体验营销活动策划者为顾客设定的一系列“表演程序”。企业必须对表演的过程进行特别设计，从而形成事件。根据事件与体验活动的松散或紧密程度，可以将事件分为两种模式：一种是设立严格的程序，如在线游戏；另一种是设立相对宽松的程序，存在一定的弹性，如迪士尼的农场体验活动，体验者可以充分发挥自己的想象力，在农场里体验农家生活。

（4）浸入。浸入是指在体验活动中顾客的参与程度。体验营销活动成功与否的关键就在于顾客能否主动参与，浸入就是通过精心策划使顾客能够真正参与到企业所设计的事件当中，给顾客设计一个什么样的角色是非常关键的。浸入要求在角色设计过程中尽可能使顾客成为一个真正的“演员”。顾客只有真正参与，才能真正进入到情境之中，才会愿意达成购买行为。

（5）印象和延展。印象是指顾客通过体验活动对产品形成的记忆，企业可以有意识地对顾客的印象进行有效的管理。体验营销在向顾客提供体验的同时，必须注意维护顾客终身价值，而不仅仅是单次交易的价值。企业可以对顾客的体验过程录像、拍照留念、赠送纪念品、建立体验会员俱乐部等来维护和延展顾客对品牌产品所形成的印象，并努力使顾客成为忠诚顾客。

二、设计顾客体验

设计顾客体验是企业在指定的时间和地点，根据目标顾客的兴趣、态度、个性和教育背景，通过整合营销传播，将商品作为道具、服务作为舞台、环境作为布景，使顾客在商业活动中得到美好的体验，甚至在体验过程结束之后，体验的价值还长期留存，使顾客拥有美好的回忆、值得纪念的产品及娱乐活动的过程。设计顾客体验主要按以下三个步骤展开。

1. 设计体验主题

企业一旦决定开展体验营销活动，就必须首先确定开展体验营销所希望达到的目标，之后就要围绕该目标对体验活动内容和过程进行精心设计。体验设计的第一个环节是设计体验主题。体验主题是指体验营销活动最核心也最能引起顾客共鸣的主题内容，整个体验营销活动都应该围绕体验主题展开。

（1）设计体验主题的前提。体验主题的设计必须以目标消费者为中心，努力站在他们的角度来思考问题，全面深入地对目标顾客的心理需求进行调查、分析、研究，把握好人的优点和缺点，引领他们在设定的程序里完成体验活动。一个正确的体验主题可以将企业多方面的优势集中到一个中心点上，大大加深顾客对产品的印象。

（2）设计体验主题的出发点。总体而言，企业在设计体验主题时，应努力使所设计的主题与企业的品牌定位或经营理念保持一致。如果体验主题与企业的产品特性或经营理念完全没有关联，就会使顾客无所适从，即便顾客参与了体验活动，也难以形成明确清晰的体验指向。

2. 设计顾客品牌接触点

品牌接触点是消费者或潜在消费者在接触一个品牌产品的广告、服务、电话咨询和维修等活动时所产生的体验，通过这些体验形成对某品牌产品的认知和判断。在体验营销活动中，消费者对品牌产品的体验来自其每一次与品牌接触的感受，企业必须注意在目标消费者与本品牌产品接触的每一个节点上都能够给顾客营造一种始终如一的良好印象，从而为本品牌产品在目标消费者心目中建立良好的形象打下基础。

（1）设计顾客接触平台。大多数企业与顾客接触的平台包括三种形式，见表9-1。

表9-1　顾客与企业接触的平台的形式

接触形式	说明	表现形式
面对面接触	发生在店内的互动（对于最终用户）；企业的销售人员或服务人员与顾客的接触（对于企业顾客）	咨询、娱乐活动等
人与人之间有一定距离的接触	企业的服务人员和顾客不在同一场合发生的接触	电话交流、传真文件、互通信件等
电子化接触	以个人化的面貌出现，属于大众化沟通的一种	网站、电子邮件、微博、微信等

（2）设计顾客接触点。从理论上说，消费者与品牌的接触点大致分为三种，即售前接触点、售中接触点和售后接触点。在实际生活中，由于大多数企业还没有建立功能强大的数据库，企业不太可能全部掌握消费者与品牌产品的接触点，更不可能对这些接触点进行有效的管理。不过，企业还是可以通过市场调查和分析，列出目标消费者与本品牌产品的接触点，并判断其中哪些接触点最为关键，在此基础上设计体验营销活动的节点。设计顾客接触点的步骤见表9-2。

表9-2　设计顾客接触点的步骤

步骤	具体内容
了解尽可能多的接触点	列出一张足以影响品牌产品购买的各类接触点的清单，展示消费者接触品牌产品的通常途径，营销人员使用该清单，通过深入访谈，找出诱发顾客联想到品牌产品的重要接触点。
确认有效接触点	营销人员要确认大部分消费者所记得的接触点，如被访者第一次购买某品牌产品的时间、地点以及获知品牌信息的途径等。
确认关键接触点	对顾客做出购买决定起决定性作用的品牌接触，包括最能影响顾客决策的关键点，最能说服潜在消费者、传递品牌信息的关键点，最能引发顾客再次购买的关键点等。
控制接触成本	计算信息控制成本以及每一个接触点收集顾客信息的成本。
制定信息决策，确定互动方式和接触标准	通过有效接触点和关键接触点向目标消费者和潜在消费者传递信息并提供服务，同时还应考虑哪些接触点可以传达额外的信息或加强有意义的对话。

3. 设计体验环境

企业在确定体验主题之后，就要在体验主题的指导之下设计一个体验环境。体验环境既是顾客进行体验活动的背景，又是顾客体验活动的内容，因此，设计和营造一个良好的环境氛围是体验营销活动成功的重要因素。

（1）体验环境的特征。体验营销活动所创造的是“有价值的顾客体验”，这些体验之所以有价值，就在于体验主体在特殊的体验环境中所感受到的亲历性、感受性、价值性和回忆性等。具体参见表9－3。

表9－3　体验环境特征

体验环境的特征	说明
亲历性	由环境设计所创造的体验多是在顾客身临其境、亲身经历时所产生的。
感受性	顾客接触环境时，受到刺激或有所触动，从而产生一定的实际感受。
价值性	环境给予顾客的体验可以给顾客带来具有积极意义的、满足生理需求和精神需求的价值，为顾客创造愉快的心情。
回忆性	环境给顾客创造的体验既可以给顾客留下深刻的印象，又可以使顾客长久回味体验活动给自己带来的愉悦感。

（2）体验环境设计的要求。在某种程度上说，体验环境的设计决定着体验营销活动的成败，因此，在设计体验环境时，企业一定要全面考虑顾客的体验要求。

首先，体验环境的设计一定要以顾客为中心，要以顾客的心理活动和心理需求作为设计的出发点；其次，要努力给顾客营造出一种身临其境的感受；再次，要注意增加对顾客的感官刺激，造成强烈的视觉、听觉等感官冲击，给顾客留下深刻的印象；最后，突出体验主题，围绕体验主题展开想象，使顾客产生的印象能够与体验主题产生紧密的关联。

三、体验营销的主要策略

体验营销的构成要素主要是设施、产品、服务和体验过程，当我们将这些要素单独或混合使用时，就构成体验营销策略组合。这些策略从不同的方面对目标消费者产生作用。关于如何选择使用这些策略，应该根据自身的营销目标和品牌产品的特征予以综合判断。

1. 感官式体验营销策略

感官式体验营销是指企业利用视觉、听觉、触觉、味觉与嗅觉对顾客实施体验式情境销售，其诉求目的是创造顾客的知觉体验，有效调动顾客的消费欲望。

（1）视觉体验营销策略。通过刺激目标消费者或潜在消费者的视觉器官达到增加品牌产品市场销量的目的。在体验营销活动中，最易刺激消费者产生对某产品购买欲望的就是消费者的视觉器官，视觉器官接收的信息占一个人每天所接收信息的80%。能够引起消费者在瞬间接收信息并作出准确反应的，第一是色彩，第二是图形，第三是文字。企业应该注意在品牌产品的广告传播、产品包装、商场展示、企业VI系统、人员服饰、购物袋等所有细节使用统一的色彩或图形创意，向消费者传达出品牌统一的风格个性。

（2）听觉体验营销策略。听觉体验营销策略是将悦耳的音乐和品牌形成一对一的关系，达到独特的、有别于竞争品牌的传播效果。使用听觉体验营销策略最为成功的品牌是英特尔，英特尔的广告给受众留下深刻印象的就是其结尾处与众不同的音乐。

（3）触觉、味觉及嗅觉体验营销策略。触觉、味觉及嗅觉体验营销策略是企业开展的以触觉、味觉、嗅觉为传播形式的感官体验营销活动。如希尔顿饭店在浴室内放置一只造型可爱的小鸭子，客人爱不释手并可带回家留作纪念，还成为客人与周围朋友的谈资。另外，在超级市场购物时许多顾客常常会闻到烘焙面包的香味而产生购买面包的动机。

（4）感官体验营销整合策略。整合视觉、嗅觉、听觉、触觉的感官体验营销是一种投入不高，效果却很明显的体验营销策略。如香水的体验营销活动采用的就是典型的感官体验营销整合策略：在顾客必经之路上喷洒香水吸引顾客注意或靠近香水产品的柜台——利用嗅觉；销售人员专业性极强的现场劝服——利用听觉；设计精美的店面广告和产品包装——利用视觉；造型优美、令人爱不释手的香水瓶——利用触觉。参见图9-10。

图9-10　迪奥香水在其广告创意上体现出感官体验营销整合策略

2. 服务体验营销策略

在体验经济时代，企业之间有形产品的竞争逐渐被无形服务的竞争取代。企业不仅要向消费者提供品质优异的产品，还要提供全方位的服务，并努力做到使服务个性化、特色化和品牌化。企业向消费者提供的服务不仅要使消费者满意，更要使他们感动，成为他们难以忘怀的体验。

在体验营销活动中，企业不再是产品与服务的提供者，而是体验活动的策划者与展示者。企业有意识地以服务为舞台，以商品为道具，使消费者融入其中，制造服务体验，并以此作为竞争的基础，将商品、服务、品牌体验化，使企业的服务感性化，建立起品牌独特的个性形象，为品牌创造无形价值。

（1）服务与体验的区别。体验经济内生于服务经济，是服务经济发展到相对成熟阶段的产物。服务与体验的本质区别是：服务者与被服务者有明显的主动性和被动性，即服务者处于主动地位，顾客则是被动接受者；体验活动则是互动的，基本上不存在主体与客体之分，甚至在很大程度上主体与客体发生了反转，即顾客已然成为主体，体验的提供者却成为客体。

（2）服务体验营销策略。在体验经济中，企业的生产和服务发生了很大变化，消费者更加看重在消费过程中获得美好的体验，这种体验既存在于零售环节中，也存在于服务过程中，甚至在顾客的社会交往以及相关活动中也可以体现。消费者在接受服务的过程中拥有美好的体验，服务体验营销策略切实贯穿于体验营销的全过程，创造出品牌的真正价值。

3. 思考式体验营销策略

思考式体验是启发消费者，创造性地让消费者获得认识和解决问题的体验。它运用惊奇、计谋和诱惑，引发消费者产生同样或各异的想法。在宣传高科技产品时，思考式体验营销策略被广泛使用。由乔布斯主持研发的苹果系列产品开创了移动通信及娱乐产品的新时代，这得益于这些产品的独创性，也得益于苹果公司多年来坚持实施的思考式体验营销策略。例如，与英国作家乔治·奥威尔创作的经典小说《1984》同名的《1984》经典电视广告（这个广告被各大媒体评为“史上最伟大的广告”，在产品完全没有露出的情况下，在播出后 100 天里就帮苹果卖出了 7.2 万台电脑，比预期高出一倍）；1997 年乔布斯回归苹果公司需要一个广告来抹掉这几年来苹果在顾客心目中平庸的形象，同时要让员工再次为苹果公司感到自豪，此时横空出世的 *Think Different* 系列广告作品可以说完美地实现了该目标。在未推出新品的情况下，该系列广告通过向苹果的“英雄”、那些“相信自己能改变世界的狂人”致敬，告知世界苹果就是独特的具有与众不同想法的一个不断创新的公司。当广告刺激消费者去思考苹果电脑为何与众不同时，也促使他们思考自己的与众不同之处，通过使用苹果电脑使他们有成为创意天才的感觉。参见图 9－11。

图 9－11　图灵——咬下一口苹果的人

说明：艾伦·马西森·图灵（Alan Mathison Turing，1912—1954），英国数学家、逻辑学家，被称为计算机科学之父、人工智能之父。1931 年图灵进入剑桥大学国王学院，毕业后到美国普林斯顿大学攻读博士学位，第二次世界大战爆发后回到剑桥，曾协助军方破解德国的密码系统 Enigma，帮助盟军取得了胜利。1952 年，英国政府对图灵的同性恋取向定罪。1954 年 6 月 7 日，图灵吃下含有氰化物的苹果中毒身亡，享年 41 岁。2013 年 12 月 24 日，在英国司法大臣克里斯·格雷灵的要求下，英国女王伊丽莎白二世向图灵颁发了皇家赦免。图灵对于人工智能的发展有诸多贡献，提出了一种用于判定机器是否具有智能的试验方法，即图灵试验，至今，每年都有试验的比赛。此外，图灵提出的著名的图灵机模型为现代计算机的逻辑工作方式奠定了基础。

4. 娱乐体验营销策略

娱乐体验营销策略是以消费者的娱乐体验为诉求，在体验营销中注入娱乐元素，用音乐、舞蹈、影视、游戏、节奏、颜色、形状、宠物等给消费者带来多重感观体验，吸引消费者注意，进而达到刺激消费者购买的目的。

从商业经济发展的趋势来看，娱乐经济蓬勃发展，企业可以将文化资源转化为需要付钱的个人经历和娱乐体验以创造财富。娱乐经济要发挥其独特优势，必须具备注意力、参与性和多赢性这三大要素。注意力是指企业将消费者有限的注意力更多、更持久地吸引到企业自己身上，这也是所有商业项目运作的重中之重，它构成了娱乐经济的精髓。参与性是指在娱乐体验活动中，消费者不再是被动地接受娱乐，而是主动地参与娱乐，在娱乐中得到自我实现的快感。多赢性是指娱乐体验活动的参与者众多、影响力大，往往可以实现企业、媒体与顾客三方共赢。

9.4 销售促进

在传统的营销组合中，销售促进与人员推销、广告及公共关系一样，被视作营销组合的基本要素之一。销售促进具有其他几种营销方式所不具备的重要特征，那就是它在刺激消费者产生购买行为方面可以发挥重要作用。虽然企业也明白在营销活动中频繁地使用销售促进对品牌形象和产品销售具有双刃剑的作用，不过，对于大多数企业尤其是以生产快速消费品为主的中小型企业来说，销售促进仍然是它们经常采用的营销方式。

一、销售促进的基本概念

销售促进是营销活动的一个关键工具。在国内早期的市场营销相关著作中，销售促进被翻译成营业推广、促进销售、营业提升、促销推广、促销等，国内学术界和管理界最常用的就是促销。其实，在国外学术性论文中，也有类似的习惯用法。在市场营销理论中，促销与销售促进是有区别的。促销概念有广义和狭义之分，狭义的促销仅指销售促进，广义的促销则包括销售促进、广告、人员推销和公共关系等。

1. 销售促进的定义

销售促进是指生产商或者批发商在某一时间段内使用打折、让利、赠品、派送、积分等鼓励措施，刺激零售商或消费者尽可能快和多地购买商品。销售促进本质上仍然是一种沟通活动，即企业通过各种媒介向目标消费者或潜在消费者发出刺激信息，以影响他们的态度和行为。

由于企业在使用销售促进时常常需要广告的配合，以引起目标消费者的关注，因而一些人将销售促进等同于广告，显然这是不正确的。从表面上看，销售促进虽然与广告有某种共同之处，即都对目标消费者起着一种信息沟通作用，但是细究起来，我们可以发现，两者在与消费者进行沟通的目标设定上还是有较大的差异：广告的目的是引起目标消费者或潜在消费者对商品产生认知、理解和兴趣；销售促进的目的则是诱使目标消费者或潜在消费者对所推广的商品采取购买行为。

长期以来，营销人员对于销售促进的基本功能认识仍然停留在“以创造一种即时的销售为主要目的，对销售人员、分销商或终端消费者提供额外的价值或奖励的一种激励”。因此，他们常常将销售促进看成广告或人员销售的补充。但是从实际情况来看，销售促进绝不只是广告和人员销售的补充那么简单。美国《促销》杂志关于企业对营销传播投入的一份研究报告显示：企业在销售促进上所投入的资金要大于在广告上投入的资金。因此，将销售促进看成是广告的补充显然与事实不相符。另外，从整合营销传播的角度看，该理解也不全面，企业所开展的整合营销传播活动，并不只是希望与消费者建立一种简单的一次性交易关系，而是力求与消费者建立一种长期的关系。如果我们将销售促进看作整合营销传播的一个重要手段，就不应该将销售促进仅仅局限在单纯的短期激励活动上，而是应该将其上升到树立品牌形象和增强品牌关系的高度。

企业对广告与销售促进的投资构成参见图 9－12。

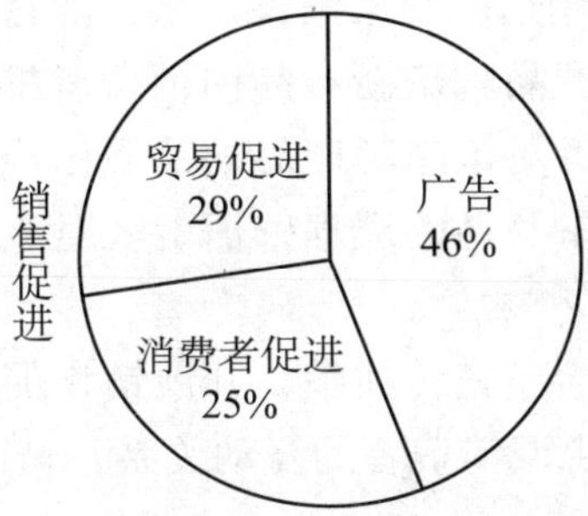

图 9－12　企业对广告与销售促进的投资构成

资料来源：汤姆·邓肯．整合营销传播：利用广告和促销建树品牌．北京：中国财政经济出版社，2004：542.

2. 销售促进的作用

在任何社会化大生产和商品经济条件下，一方面，生产者不可能完全清楚哪些消费者或潜在消费者在什么时间、什么地点、愿意支付多少钱购买哪种档次的商品；另一方面，消费者也不可能完全清楚每种商品由谁供应、何地供应、何时供应、价格高低等。正因为客观上存在着这种生产者与消费者之间信息分离的“产”与“销”的矛盾，企业必须通过沟通活动，利用广告、人员推销和销售促进等手段，把品牌产品的相关信息传递给经销商和消费者，以使其了解、信赖并购买本企业的产品，达到扩大销售的目的。随着企业竞争的加剧和产品的增多，消费者收入的增加和生活水平的提高，买方市场上的广大消费者对商品要求更高，挑选余地更大，企业与消费者之间的沟通就显得更为重要，也更需要进一步开展销售促进活动，以促使消费者尽快采取购买行动。

销售促进是市场竞争中的一把利剑，其基本作用是对产品施加推力，使产品能够更快地进入市场和扩大市场占有率。在市场上并非每一个企业都必须做广告，但是几乎每一个企业都开展过促销活动。这足以证明，销售促进虽然是一种非常古老的营销手段，但是至今仍然扮演着重要的角色。

具体来说，销售促进有以下几个作用。

（1）吸引新老顾客分别做出首次购买或重复购买的决定。比如，企业在指定的时间段内开展特价销售的活动，能够有效地吸引和刺激消费者抱着试一试的心理做出购买决定，不管这类新顾客今后是否会继续购买本品牌商品，但是至少在近期他们不太可能去购买同类竞争品牌商品。对于老顾客而言，他们本来对本品牌商品就比较熟悉，如果能够以更便宜的价格购买，他们自然更愿意购买。

（2）增加消费者的购买频率和数量。就大多数消费者而言，在有品质保证的前提下，价格因素或者说消费者在交易中能够获取更多的利益往往是他们选择商品最为重要的依据，因此，企业开展买一送一等销售促进活动，往往会刺激消费者增加对商品的购买数量和购买频率。

（3）建立顾客数据库和提高顾客保留率。企业开展销售促进活动除了可以扩大销售之外，更为重要的是还可以借此建立顾客数据库，以便了解和掌握在本品牌商品的顾客中，哪些是长期客户，哪些是短期客户，并据此设计一些项目维护那些最有价值的顾客，以便在今后的营销活动中与这些顾客开展更有针对性的沟通，与之建立长期的关系。

（4）交叉销售和扩展商品用途。交叉销售是指企业在开展销售促进活动中将企业所生产的新产品以半价或购买老产品配赠新产品向消费者推广的一种营销方法。这种方法之所以比较有效，是因为消费者对该品牌产品的品质已经相当了解，甚至对该品牌的形象也有一定的信任度，根据爱屋及乌的道理，消费者对该品牌的新产品或其他产品就比较容易接受。

（5）巩固品牌形象。在整合营销传播中，开展销售促进绝不仅仅是为了提高销售业绩，还要增进与目标消费者和忠诚消费者的互动关系，赢得他们对品牌的信任和自豪感。

3. 销售促进的优势与劣势

销售促进是一把双刃剑，它的优势与劣势同样明显，企业在具体运用时必须尽可能地发挥其优势的一面，减少其劣势的一面，努力做到扬长避短。

（1）销售促进的优势。首先，能够在短期内有效地推动市场销售，迅速为企业创造销售利润；其次，能够加强与顾客之间的关系，巩固品牌形象。销售促进作为整合营销传播的一部分，在实施过程中切记不能只重视眼前利益而忽略长期利益。通过销售促进活动，可以增进品牌与顾客之间的互动关系，为提升品牌形象和品牌价值奠定基础。

（2）销售促进的劣势。从短期来看，销售促进确实可以显著提升产品的销售业绩，从长期和投资回报率的角度来看，其劣势可以归纳为以下几点。

其一，在很多情况下，企业开展销售促进都是得不偿失的（即使该活动有可能提高品牌知名度）。美国的一项研究表明，2000年以来美国企业所开展的销售促进活动中只有16%的销售促进活动为企业带来了收益，其余84%的销售促进活动则使企业产生了亏损。另外，销售促进活动因为只能吸引那些过于看重价格、毫无品牌忠诚度的顾客而受到业界的普遍质疑。

其二，如果企业过多地使用销售促进就有可能培养消费者的期待心理，即消费者对早已看中的品牌产品因为嫌价格较高而迟迟不愿购买，只等该品牌开展销售促进活动时才购买；或者反过来说，消费者只认同销售促进活动期间的价格并购买，拒绝认同品牌产品在正常营业期间的价格，这就使企业所制定和开展的正常的营销活动失去了意义。另外，滥用销售促进会对品牌形象造成难以挽回的损害。

其三，对顾客的诱惑策略可能涉及道德问题。对于既没有多少品牌影响力，也不具备大规模生产能力的商家而言，它们并没有多少预算进行营销活动，也不需要去培养忠诚客户或建立自己的品牌形象，它们最关心的就是如何在最短的时间里将产品销售出去，以避免产品积压而导致经营上的亏损。对于这些商家来说，销售促进无疑是最理想的营销手段。从表面上看，销售促进力图为顾客创造最大的价值，但实际上有些商家正是利用顾客贪图便宜的心理围绕价格制定“明少暗多、明降暗升”的销售促进策略，其结果是商家占了便宜，许多消费者也明白了有些商家是利用销售促进活动来算计消费者，这在实质上构成了主观上有意识的欺骗行为，触犯了道德标准。比如，我们以下所列举的销售促进手段就涉及道德问题。

一是“半价销售”。消费者看到这个广告的第一反应是该商场所有商品均半价销售，但是当消费者前去挑选商品并准备购买时得到商家对“半价销售”的解释是：当消费者以全价购买了甲商品之后才可以半价购买与甲商品价值相等或略低的乙商品。

二是“全部商品 1 折起”。商家对此广告的文字处理肯定是尽可能放大“1 折”两个字而尽可能缩小“起”字，不仔细看的话，消费者大都会认为该商家所有的商品都按 1 折销售，但实际上只有部分商品是 1 折，其他商品并不打折或在 5 折以上，这里的关键就是一个“起”字。从某种程度上说，销售促进活动实际上已经成为商家与消费者之间的智力比拼游戏。

三是“买 200 送 80”。这种销售促进活动对于利益冲动型的消费者来说更有诱惑性，也是许多商家喜欢使用的销售促进活动之一。从字面上看，消费者会认为购买 200 元的商品只需付出 120 元即可，但商家肯定不会这样解释，商家的解释及销售的步骤是：消费者购买商品满 200 元以上并已实际付款之后，可获商家奉送的价值 80 元但只有指定柜台的指定产品才能使用的折价券。理论上，该消费者只要到指定柜台挑选一件价格 80 元的商品即可，但实际上，商家在指定柜台出售的指定商品的价格往往都高于 80 元，这就迫使消费者不得不再向商家支付超出 80 元部分的现金才能获得该“附赠”商品。

从法律的角度讲，商家所开展的这些暗藏玄机的销售促进活动不能说是违法的，但是否触犯了道德是一个值得探讨的问题。无论如何，上述这些销售促进活动都会不同程度地损害或降低消费者对品牌的信任与尊敬。与品牌形象受损的结果相比，为企业所带来的短期利润实在微不足道。

二、销售促进的工具

根据销售促进的作用对象不同，可以将销售促进分为消费者销售促进和 B2B 销售促进。以下我们介绍的销售促进工具主要广泛用于消费者销售促进，这些工具大多数也适用于 B2B 销售促进。

1. 价格折扣

价格折扣是指生产企业或商家在某一指定的时间段内，为鼓励消费者的购买行为而对所出售的商品制定的优惠价格，是商家经常使用也是最为简便和经久不衰的销售促进手段。主要有节假日折扣、季节性折扣、过季产品折扣、老产品折扣、每日特定产品折扣等，具体的折扣形式可以是直接为商品打折，也可以是向消费者返折价券，还可以是买一赠一等。

当市场竞争过于激烈，或者产品库存积压较为严重、资金周转不畅时，企业采用价格折扣是能在短时间里见到成效的方法。

价格折扣的另一种形式是折价券。折价券的基本使用方式是：消费者在商家指定的商品范围内购买了规定数额及以上的商品后，即可获得商家所赠的折价券，如我们在前文中提到过的“买200送80”就属于这种方式。大多数商家都会承诺消费者在获得折价券之后既可当场兑现，也可在商家的促销活动结束之前兑现。对于消费者而言，绝大多数人都会选择当场兑现，即购买与折价券价值相同或超出其价值部分的商品。在美国，折价券的运用形式还包括：消费者在购买商品之后，商家承诺在一个月之内将折价现金按消费者所填写的地址寄给该消费者；或者生产商通过大众媒介发布某品牌产品的销售促进活动并附上折价券，消费者可以剪下该折价券到指定的商家以优惠价格购买该产品。

2. 赠品

赠品是指生产企业或商家旨在激励消费者做出某种预期的反应，以免费形式或低于正常市价提供给消费者的商品。运用赠品可以帮助企业或商家达到改善或提升品牌形象、获得良好商誉、扩大顾客基础、即时增加销售额以及回报消费者等目的。赠品的具体实施方式主要有两种：一是将赠品直接放入产品包装物内；二是将赠品附在产品包装物之外。商家经常使用的赠品主要有两种，即消耗性赠品和收藏性赠品。消耗性赠品主要是指那些一次性即可消费完毕的商品，如饮料、食品、牛奶、汽油等。对于消费者而言，这种形式的赠品所体现出来的常常是经济价值。收藏性赠品主要是指那些具有一定纪念意义的小商品，如印有品牌标志的T恤、太阳帽、咖啡杯等，其所体现出来的常常是精神价值。由于收藏性赠品更具有独特性和纪念性，更受到消费者的青睐。

与商家所销售的正品相比，附带的赠品成本显然要低于正品，否则商家就要亏本。商家往往会向消费者强调赠品是“免费”的，事实上，消费者要想获得赠品还是要满足商家设定的基本条件，即购买商家指定的全价商品，如此一来，消费者所获得的赠品其实也就不是免费的了。与商家的价格折扣方式相比，附带赠品更容易使商家获利。

如果企业或商家在开展销售促进的过程中使用赠品的方式，需要注意解决好以下几个问题：所选择的赠品能否吸引大多数消费者，能否引起他们对正品的购买行为？能否与季节以及节假日的氛围相适合？是否与品牌形象以及所开展的营销活动主题相适应等。如果这些问题能够得到满意的答案，商家的赠品活动就可以达到较为理想的营销效果。

3. 样品赠送

样品赠送是指企业向目标市场赠送所研发的新产品，让消费者在较短的时间里通过对新产品的实际使用而产生购买行为的一种十分有效的销售促进方法。使用这种方法的前提是：第一，样品的所属品牌在消费者心目中具有较高的认知度；第二，企业向消费者派发的样品具有较高的品质；第三，企业有较为充足的销售促进的预算。

经常以样品赠送方式开展销售促进的企业主要集中在洗发水、化妆品、食品等类企业，这些产品通常需要消费者用嗅觉和味觉认知，其他的销售促进方式或者广告都难以满足消费者的这一要求（见图9-13）。企业通常会在店内或活动现场发放赠品，以瞄准目标市场或潜在客户。研究发现，样品赠送对女性尤为有效（73%的女性会因此做出积极的购买行为，男性的比例只有57%）。①

图9-13　夏士莲洗发露样品派送销售促进活动

4. 纪念品赠送

纪念品赠送是指企业针对其现有顾客或老顾客所开展的一种销售促进活动。与其他销售促进活动有所区别的是，这种销售促进活动的着眼点并不是在短时间里获得更多的销售利润，而是树立良好的品牌形象，希望未来目标消费者能够成为本品牌的忠诚顾客。

纪念品赠送既适用于消费者，也适用于B2B营销或针对经销商开展的销售促进活动。针对消费者市场，企业通常向消费者赠送日历、茶杯、手表、钢笔等低值商品。针对B2B市场，企业可能会对与自身有业务联系的管理人员或其代表赠送较为昂贵的纪念品，如办公用品、字画、手机、公文包、高档皮带、高档手表等。

5. 实物抽奖和顾客竞赛

（1）实物抽奖。这是企业和商家利用消费者的边际获利心理所开展的旨在扩大商品销售的一种销售促进手段。从消费者心理学的角度而言，当消费者对购买某件商品犹豫不决时，实物抽奖活动有可能助推消费者采取购买行为，因为买了商品之后消费者还会有一次抽奖的机会，至于能否中奖则是另一回事，关键是多了一次中奖的可能和希望。虽然中奖的概率较低，但是消费者都不会轻易放弃抽奖的机会，这就使得这种销售促进方法容易获得消费者的积极响应（见图9-14）。

商家运用实物抽奖方法开展销售促进活动有利于促进消费者对品牌产品的认知与记忆，激发消费者对商品采取即时的购买行为，有利于消费者成为品牌产品的重复购买顾客。企业在实施抽奖活动时必须事先对消费者的中奖概率和实物奖品的价值进行精确的计算和评估。如果想达到刺激消费的目的，中奖率和奖品设置就必须科学合理。中奖率太低，难以刺激消费者参与抽奖；中奖率太高，但奖品又过于廉价，会使消费者降低甚至失去抽奖的热情。

（2）顾客竞赛。这是指企业或商家通过组织消费者参加与本品牌产品相关的产品知识、使用技巧等为主题的比赛活动，使消费者对品牌产品留下积极的良好印象。顾客竞赛与一般意义上的销售促进活动有一定的区别。一般意义上的销售促进活动的目的都是

① 汤姆·邓肯.整合营销传播——利用广告和促销建树品牌.北京：中国财政经济出版社，2004：549.

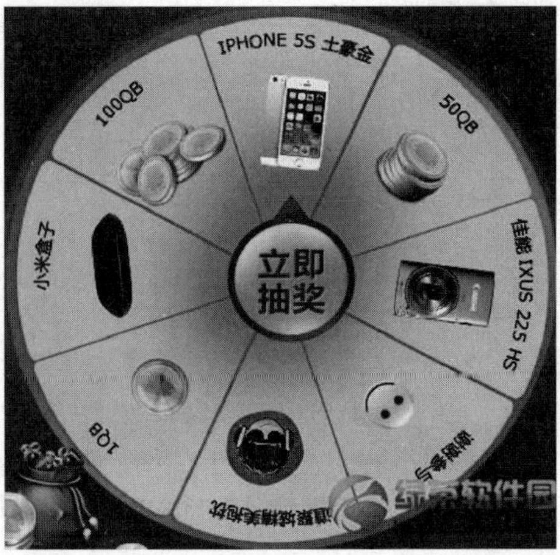

图9-14　商家利用实物抽奖方式开展销售促进活动

刺激目标消费者对所推广的商品产生即时购买；顾客竞赛的目的则偏重于培养目标消费者对产品和品牌形象的认知，间接地引发目标消费者今后对产品形成持续性购买。

顾客竞赛惯用的形式是要求参与活动的消费者回答有关产品或企业的问题。这种形式既有利于传播产品特点，又利于树立品牌形象。有时为了激发消费者的兴趣，在竞赛活动中有意识地注入产品观念和销售观念。如海南养生堂的女性美容营养保健品朵尔胶囊，其营销传播的观念是推崇女人“由内而外的美丽”。该企业为了传播和推广这种观念，在所开展的顾客竞赛活动中，专门设计了竞赛的主题“女人什么时候最美”，取得了理想的传播效果。还有其他多种多样的顾客竞赛形式，如商品命名、征求广告语等。这些竞赛对企业形象及产品推广的意义要远远大于直接的产品促销。从传播的形态和方式上来说，顾客竞赛与其说是销售促进活动，不如说是一种特殊的广告。

企业开展实物抽奖和顾客竞赛等销售促进活动，有利之处是能够获得忠诚而稳定的顾客，不利之处则是传播的范围有限且过于依赖广告活动的支持，企业不得不为此投入较高的活动预算。另外，要想使这些活动取得成功，企业还要尽可能争取经销商和零售商的支持与协助，否则，这些活动将难以达到理想的效果。

三、销售促进策划与忠诚顾客计划

企业在策划销售促进活动之前，必须首先明确开展销售促进活动所能达到的目的是什么。目的不同，企业所制定的计划和执行手段自然也会有所不同。具体而言，企业开展销售促进活动的目的无非有两种：一是增加销售量，刺激消费者产生即时购买行为；二是提升品牌形象，培养目标消费者成为忠诚顾客。从整合营销传播的角度看，如果企业认为有必要开展销售促进活动，其目标显然是后一种。

1. 销售促进的策划步骤

销售促进与广告既有相似之处，又有不同之处。在策划销售促进活动的过程中，企业必须在整合销售促进与广告的各种手段的基础上，对销售促进活动进行全方位的策略思考。一般而言，企业如果提出开展销售促进的设想，总是基于当前的市场营销现状的，当然，也有少数企业开展销售促进活动是基于其品牌整合营销传播的总体策划。无论出于何种考虑，对于一般的销售促进策划，大体上可以分为以下几个步骤。

第一步，确定开展销售促进活动的目的。企业首先应该明了开展销售促进活动想要解决什么问题，这就需要企业事先设定一些可以量化的活动目标。其设定程序和内容主要包括以下几点：销售目标的具体要求；活动范围与目标对象的要求；为达到目标所采用的销售促进工具；销售促进活动的预算额度；销售促进活动的具体起止时间等。

企业对上述每一项内容都应该尽可能予以量化。在策划过程中，由于销售促进对象和目的不同，企业对销售促进工具的选择和投入的预算也会有所不同。

第二步，销售促进工具的选择。企业在这一步主要是对众多销售促进的工具进行评估和分析，以便选择具有较高投资效益、更能体现品牌特征、更能吸引目标消费者的销售促进工具。

第三步，销售促进活动的基本构想。对销售促进活动的每一个步骤进行精心的安排和设计，其核心内容是如何实施和操作。比如，企业在上一步已经确定开展一次样品赠送活动，那么在这一步中，相关人员就要确定样品赠送的对象、时间、地点，促销人员的来源、培训以及活动期间的人力成本预算等。简而言之，企业要对上述问题进行综合考虑，以便制定出较为完善的活动策划方案。

第四步，销售促进活动的实施。策划就是将活动开展过程中的每一个细节都事先周密安排，以尽可能提高销售促进活动的效果，同时，企业所开展的销售促进活动毫无例外地从属于企业的整合营销传播活动。如何将销售促进活动与企业已经开展或即将开展的其他营销传播活动予以整合，如何巧妙地利用媒介推进销售促进活动等都需要企业予以全盘考虑。另外，还要事先分析销售促进活动的实施对中间商和零售商会产生什么影响，影响是积极的还是消极的，如果是消极的，企业又应该怎样应对和解决。最后，开展大型销售促进活动还应事先准备好应急预案。比如，大规模的样品赠送活动在执行过程中稍有疏忽，就有可能在公共场所导致人群拥挤乃至混乱，对此，企业相关人员必须按照应急预案采取补救措施，尽可能减少意外损失的发生。

第五步，销售促进活动的效果评估。大多数企业开展销售促进活动的目的都与即时销售直接相关，因此，要评估分析销售促进活动的效果，最为简便的方法就是将销售促进活动开展前后的产品销售额进行比较。另外，通过消费者固定样本连续调查方法调查销售促进活动之后消费者对品牌的持续性消费状况的变化，也能反映销售促进活动的实施效果。

2. 忠诚顾客计划

忠诚顾客计划是指企业为将本品牌的现有顾客培养成忠诚顾客所制定的具有针对性的销售促进活动方案。销售促进绝不仅仅是一种在短时间里刺激消费者购买行为的营销活动，作为整合营销传播战略的一部分，销售促进应该更多地发挥巩固品牌形象和发展与目标消费者持久关系的重要作用，这就涉及营销传播的另一个概念，即针对品牌的老顾客所开展的忠诚度营销。过去企业所制定和开展的忠诚顾客计划大都是对品牌现有顾客或老顾客赠送礼品和提供价格折扣，随着消费观念的转变，许多消费者看重的不再是企业或商家能提供给自己多少物质利益，而是更加看重企业或商家能否提供给自己更多的精神利益。因此，企业在销售促进活动中，如果能够重点对现有顾客或老顾客开展一些有针对性、互动性、参与性的活动，增加现有顾客在消费过程中的个人体验和美好回忆，无疑对将现有顾客培养成忠诚顾客产生重要的作用。

忠诚顾客计划的设计目的就是尽可能多地保持现有顾客以及增加现有顾客购买本品牌产品的数量。开展忠诚顾客计划的前提是企业必须建立功能强大的数据库，并掌握一定数量的现有顾客的基本资料，否则，忠诚顾客计划将不知对谁诉求而无法实施。

忠诚顾客计划在实施之前，企业应该尊重本品牌现有消费者或潜在消费者的意愿，不应该在未经消费者本人同意的情况下，将其列入忠诚顾客计划的名单，强制性的做法有可能会冒犯现有消费者或潜在消费者，使其产生反感情绪，这种结果显然与企业培养忠诚顾客的初衷背道而驰。

实施忠诚顾客计划的关键在于企业能否有效地控制投入成本。比如，航空公司在实施忠诚顾客计划时常常利用某航线的某班次的空余座位对老顾客进行奖励，但是在航空客流的高峰期则不会提供这种奖励。另外，企业在策划忠诚顾客计划时，还应设计好退出该计划的策略，以便在实施忠诚顾客计划后万一出现无法获利的情况，企业既能够安全退出，又不至于引起顾客的反感。

忠诚顾客计划的优点主要是可以稳固现有顾客，并使这部分顾客在较长的一段时间内成为本企业的忠诚顾客。这对于企业而言，既可以增加产品的销售量，又可以降低产品的销售成本。开展忠诚顾客计划还可以及时了解现有消费者更为全面和详细的信息以及他们对产品还有哪些未满足的需要，有利于企业根据这些信息及时调整营销传播策略，为扩大市场占有率或提升品牌形象奠定坚实的基础。实施忠诚顾客计划还能够在一些特殊情况下化解顾客对企业的不满情绪。比如，飞机航班晚点、行李被错放到其他的航班等，此时，如果航空公司及时根据忠诚顾客计划采取相应的紧急措施，将此种突发事件当做一次与顾客沟通的机会，竭诚为顾客提供优质的服务，相信大部分顾客以后还是会继续选择乘坐该航空公司的航班的。

当然，忠诚顾客计划具有一定的局限性，即企业在开展忠诚顾客计划之后，很难评估和计算出投入的成本与产出的效益之间的比值。比如，当飞机晚点时，航空公司通常需要花较高的费用才能平息乘客因为晚点给自己的工作和生活带来诸多不便而产生的怨气，但究竟是投入一大笔资金消除乘客的不满并希望乘客今后继续乘坐本公司的航班更有价值，还是除了口头道歉之外并不采取任何实际补偿措施更有价值，往往是航空公司的两难选择。

关键术语

直接营销	销售促进	价格折扣	顾客竞赛
事件营销	营销战略型事件	体验营销	忠诚顾客计划

思考题

1. 企业开展直接营销需要具备哪些基本条件？

2. 企业开展销售促进活动是利大于弊还是弊大于利？

3. 事件营销的本质是什么？哪些企业更适合采用事件营销？

4. 体验营销所追求的是为顾客提供服务和体验感受，这种营销方式更适合哪些行业的企业运用？

5. 中国企业开展公共关系活动的现状和前景如何？为什么？

课后实践

各小组根据之前所选定的品牌策划提案，进一步完成该策划案的市场推广活动的创意与实施。

案例分析

2018 年世界杯最大赢家华帝

2018 年夏天，法国队在世界杯上夺冠，最开心的除了法国，还有华帝公司，它妥妥的是最大的赢家。

7 月 16 日法国夺冠当天华帝的微信指数暴涨 3 016.96%，除此之外，华帝还霸占着微博热搜，股价最高上涨 9.93%，逼近涨停（见图 9－15）。

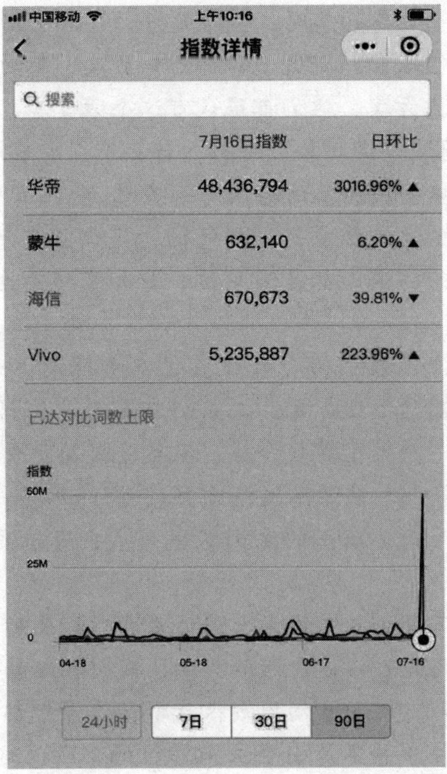

图 9－15　2018 年 7 月 16 日华帝微信指数暴涨

梅花网迅速联系到本次“法国队夺冠华帝退全款”营销事件的幕后操刀者——“之

外创意”郑大明，让我们一起听听这条刷屏级创意的幕后故事。

梅花网：客户最初的构想是什么？在这次“法国队夺冠华帝退全款”活动中，“之外创意”承担了什么样的角色？

郑大明：最初的构想就是“618+世界杯”的营销战役，这次“法国队夺冠华帝退全款”营销活动全权由“之外创意”负责，从策划、创意、执行、视觉、媒介策划到部分购买。客户也做了大量工作，包括完善改进方案、风险控制、危机公关、线上线下一系列的落地物料等。

梅花网：“法国队夺冠华帝退全款”创意是怎么来的？

郑大明：这个创意的构思时间是四五天，我们先想出一个核心创意，然后在此基础上做了延伸。

讲一件比较好玩的事情，我偶然在网上看到一条新闻：在英超利物浦效力的埃及球星萨拉赫一直表现神勇，于是沃达丰埃及电信公司宣布，萨拉赫今后每打进一球，所有用户都将获得11分钟的免费通话时间。我觉得这个事情很有意思，现在回头想想这条新闻也是我的创意灵感之一。

梅花网：这个创意的执行还算顺利吧？

郑大明：很顺利，基本都是按照我们的计划进行的。当然，这一次营销有不可复制性，如果没有法国队的神勇表现，也不会有这次活动的成功。

梅花网：当时提出这个创意构想时，华帝是什么样的反馈？

郑大明：其实当时我们跟客户提出了两个创意方案，不过客户最终敲定了“法国队夺冠华帝退全款”这个创意方案，他们都很认可这个方案。

梅花网：“法国队夺冠华帝退全款”营销为什么能引发刷屏？

郑大明：这次能够引爆全民关注的原因有很多吧。

首先，我们公司对于创意的标准是很严苛的，我们首先想到的是原创性。这个活动是前所未有的、有冲击力的，观众越是没见过，就越觉得有趣，当然对原创创意的要求也是比较高的。

其次，在活动的设计上，我们为受众设置了双重驱动：一是利益驱动，“退全款”的活动规则涉及金额，最高达5 000元；二是好玩驱动，把活动跟一个未知的结果联系到一起，很有悬念，就像一个大型游戏一样，显然能激发受众参与。

再次，当然离不开世界杯和法国队这两个热门IP的加持。四年一次的世界杯每届都能引发一次全民热潮，不乏天才球星的法国队也一直拥有很高的人气，本届世界杯法国队更是夺冠的热门球队。

最后，做营销活动离不开企业的诚意，这也是我对行业的一个思考。

企业有诚意是什么意思呢？以这次活动为例，我们在活动规则制定上尽量简单透明，退款的条件就是法国队夺冠，这个活动规则很清晰，消费者都能看得懂。

另外，法国队夺冠这件事并不是由企业来掌控的，所以这件事就很公平。因为规则很公平，所以消费者愿意参与。

梅花网：“法国队夺冠华帝退全款”活动刷屏超出您的预料吗？

郑大明：意料之外，情理之中吧。

说个背后的小故事，当我在公司会议上提出这个创意时，整个办公室的同事都嗨了，大家都觉得被震动了，如果你的创意能打动身边的人，那么也会打动更多的人。

梅花网：您觉得这次营销中华帝是最大的赢家吗？

郑大明：我觉得是。最直观的就是，它的销售额上去了，活动期间线上加线下零售额预计总共为10亿元，同比增幅分别超过20%和30%。

另外，华帝在此前的知名度不算特别高，很多人都不知道，但这次活动之后，品牌的美誉度和知名度都提升了，同时，在消费者的印象中也会长期将华帝这个品牌和世界杯进行绑定，这个价值是无限的。

梅花网：本次营销活动有没有什么难点？

郑大明：难点就是整个活动风险的把控吧，最开始我们提出的是全线拉动，虽然更刺激，但风险更大。最后华帝提出了“夺冠套餐”的游戏规则，我们很认可，“夺冠套餐”的产品选择有限，销售额占比较低，即使全额退款，对一个经销商来说也完全承担得起。

同时我们也算了一笔账，“夺冠套餐”若按照每套5 000元、销量3万套（以往华帝产品套餐最高销量是2万套）计算最终退款总额就是1.5亿元，这个营销费用对于华帝来说也是合理的。

资料来源：梅花网，2018－07－17.

问题

1. 请对华帝策划的2018年世界杯事件营销活动予以客观评价，如果认为该策划非常成功，请具体说明。

2. 该事件营销策划是否还有不足之处？如果是你为华帝进行事件营销的策划，你将如何开展具体的策划？

参考文献

[1] 凯文·莱恩·凯勒．战略品牌管理：第3版．北京：中国人民大学出版社，2009.

[2] 里克·莱兹伯斯，巴斯·齐斯特，格特·库茨特拉．品牌管理．北京：机械工业出版社，2004.

[3] 西尔维·拉福雷．现代品牌管理．北京：中国人民大学出版社，2012.

[4] 道格拉斯·霍尔特，道格拉斯·卡梅隆．文化战略——以创新的意识形态构建独特的文化品牌．北京：商务印书馆，2013.

[5] 马丁·林斯特龙．品牌洗脑．北京：中信出版社，2013.

[6] 何佳讯．品牌形象策划——透视品牌经营．上海：复旦大学出版社，2000.

[7] 杨海军，袁建．品牌学案例教程．上海：复旦大学出版社，2010.

[8] 艾丽丝·M. 泰伯特，蒂姆·卡尔金斯．凯洛格品牌论．北京：人民邮电出版社，2006.

[9] 保罗·M. 莱斯特．视觉传播——形象载动信息．北京：北京广播学院出版社，2003.

[10] 大卫·爱格．品牌经营法则——如何创建强势品牌．呼和浩特：内蒙古人民出版社，1999.

[11] 大卫·艾克．品牌领导——管理品牌资产 塑造强势品牌．北京：新华出版社，2001.

[12] 奥美公司．奥美的观点Ⅳ. 北京：中国人民大学出版社，2006.

[13] 周安华，苗晋平．公共关系——理论、实务与技巧．3版．北京：中国人民大学出版社，2010.

[14] 阿尔·里斯，劳拉·里斯．公关第一 广告第二．上海：上海人民出版社，2004.

[15] 程宇宁．广告创意——从抽象到具象的形象思维．北京：中国传媒大学出版社，2009.

[16] 唐锐涛，劳双恩．智威汤逊的智．北京：机械工业出版社，2005.

[17] 保罗·唐波拉尔．亚洲品牌之路．上海：上海交通大学出版社，2001.

[18] 贝恩特·施密特，亚历克斯·西蒙森．视觉与感受——营销美学．上海：上海交通大学出版社，1999.

[19] 苏特·杰哈利．广告符码——消费社会中的政治经济学和拜物现象．北京：中

国人民大学出版社，2004.

［20］让·波德里亚. 消费社会. 南京：南京大学出版社，2006.

［21］保罗·梅萨里. 视觉说服——形象在广告中的作用. 北京：新华出版社，2004.

［22］菲利普·科特勒，凯文·莱恩·凯勒. 营销管理：第 12 版. 上海：上海人民出版社，2006.

［23］J. 托马斯·拉塞尔，W. 罗纳德·莱恩. 克莱普纳广告教程：第十五版. 北京：中国人民大学出版社，2005.

［24］杰斯帕·昆德. 公司精神. 昆明：云南大学出版社，2002.

［25］钟伟. 品牌营销策划与管理. 北京：科学出版社，2009.

［26］李彬. 大众传播学. 北京：中央广播电视大学出版社，2000.

［27］卫军英. 整合营销传播理论与实务. 北京：首都经济贸易大学出版社，2009.

［28］马克·布莱尔，理查德·阿姆斯特朗，迈克·墨菲. 360 度品牌传播与管理. 北京：机械工业出版社，2004.

［29］汤姆·邓肯. 整合营销传播——利用广告和促销建树品牌. 北京：中国财政经济出版社，2004.

［30］丁俊杰，董立津. 品牌——企业核心价值的开发. 北京：中国工商出版社，2005.

［31］杰克·特劳特. 显而易见——终结营销混乱. 北京：机械工业出版社，2012.

［32］李杰. 战略性品牌管理与控制. 北京：机械工业出版社，2012.

［33］肖阳. 品牌传播策划实验——策略、流程与工具运用. 北京：经济科学出版社，2008.

［34］刘世忠. 品牌策划实务. 2 版. 上海：复旦大学出版社，2012.

后　记

我对于品牌理论的接触与学习是1997年前后的事情，在那一年前后我开始到广告公司从事兼职的策划工作，后来做到了策划总监这一职位。在那些年里，我主持策划了许多国内企业的品牌营销与广告策划传播项目，其中有些项目涉及品牌策划与实施的全部环节，包括客户沟通、市场调查、品牌定位、营销策划、品牌VI（视觉识别）设计、品牌广告创意、广告文案与设计以及影视广告拍摄与制作等。这些经历使我得以从三个不同的角度来看待和理解品牌：一是广告公司的角度；二是企业的角度；三是大学教师这一比较单纯的品牌研究人员的角度。总体来说，前两者属于实战派，后者则称为学院派。实战派的专家常常以不屑的眼光藐视学院派，认为他们只会夸夸其谈；反之，学院派的学者往往以俯视的目光看待实战派，认为他们只会追逐小利。我不认为自己是学院派，当然，我也不认为自己是实战派。事实上，我是先从事了品牌策划的相关实践活动，然后才系统地学习和研究品牌的相关理论，我希望自己的这种独特经历能够帮助我从不同的角度对品牌策划与推广有一个更接近全面的认知与理解。

本书是在笔者所著的《品牌策划与推广》第2版的基础上修订而成，其中，将品牌理论研究分析的内容进行压缩，充实了品牌策划与推广的实践操作内容，包括案例分析、品牌策划的分析和工具的具体运用等，目的是尽可能使本书的内容适应应用型教学的需要。

由于笔者水平有限，本书中难免会有不足之处，希望能够得到广大同仁的批评和指教，以便今后再版时对本书的架构、内容予以修正与完善。

程宇宁

图书在版编目（CIP）数据

品牌策划与推广：数字教材版/程宇宁，黄梅荣著. --3版. --北京：中国人民大学出版社，2023.4
普通高等学校应用型教材. 市场营销
ISBN 978-7-300-31577-5

Ⅰ.①品… Ⅱ.①程… ②黄… Ⅲ.①品牌-企业管理-高等学校-教材 Ⅳ.①F273.2

中国国家版本馆CIP数据核字（2023）第056627号

普通高等学校应用型教材·市场营销
品牌策划与推广（第3版·数字教材版）
程宇宁　黄梅荣　著
Pinpai Cehua yu Tuiguang

出版发行	中国人民大学出版社		
社　　址	北京中关村大街31号	**邮政编码**	100080
电　　话	010－62511242（总编室）		010－62511770（质管部）
	010－82501766（邮购部）		010－62514148（门市部）
	010－62515195（发行公司）		010－62515275（盗版举报）
网　　址	http://www.crup.com.cn		
经　　销	新华书店		
印　　刷	北京七色印务有限公司	**版　　次**	2016年10月第1版
开　　本	787 mm×1092 mm　1/16		2023年4月第3版
印　　张	18 插页1	**印　　次**	2024年12月第3次印刷
字　　数	410 000	**定　　价**	55.00元

中国人民大学出版社　管理分社

教师教学服务说明

中国人民大学出版社管理分社以出版工商管理和公共管理类精品图书为宗旨。为更好地服务一线教师，我们着力建设了一批数字化、立体化的网络教学资源。教师可以通过以下方式获得免费下载教学资源的权限：

★ 在中国人民大学出版社网站 www.crup.com.cn 进行注册，注册后进入“会员中心”，在左侧点击“我的教师认证”，填写相关信息，提交后等待审核。我们将在一个工作日内为您开通相关资源的下载权限。

★ 如您急需教学资源或需要其他帮助，请加入教师 QQ 群或在工作时间与我们联络。

中国人民大学出版社　管理分社

教师 QQ 群：648333426（工商管理）　114970332（财会）　648117133（公共管理）
教师群仅限教师加入，入群请备注（学校＋姓名）

联系电话：010-62515735，62515987，62515782，82501048，62514760

电子邮箱：glcbfs@crup.com.cn

通讯地址：北京市海淀区中关村大街甲 59 号文化大厦 1501 室（100872）

管理书社　　人大社财会　　公共管理与政治学悦读坊